"岭南学丛书"
系列二

左鹏军/主编

岭南文献与文学考论

左鹏军◎著

中山大学出版社
·广州·

版权所有　翻印必究

图书在版编目（CIP）数据

岭南文献与文学考论/左鹏军著 . —广州：中山大学出版社，2016.9
（岭南学丛书/左鹏军主编．系列2）
ISBN 978-7-306-05608-5

Ⅰ. ①岭… Ⅱ. ①左… Ⅲ. ①地方文献—研究—广东省 ②地方文学—文学研究—广东省 Ⅳ. ①K296.5 ②I209.965

中国版本图书馆CIP数据核字（2016）第027003号

出 版 人：	徐　劲
策划编辑：	嵇春霞
责任编辑：	翁慧怡
封面设计：	林绵华
责任校对：	陈　霞
责任技编：	何雅涛
出版发行：	中山大学出版社
电　　话：	编辑部 020-84111996，84113349，84111997，84110779
	发行部 020-84111998，84111981，84111160
地　　址：	广州市新港西路135号
邮　　编：	510275　　传　真：020-84036565
网　　址：	http://www.zsup.com.cn　　E-mail:zdcbs@mail.sysu.edu.cn
印 刷 者：	广州家联印刷有限公司
规　　格：	787mm×1092mm　1/16　24.25印张　410千字
版次印次：	2016年9月第1版　2016年9月第1次印刷
定　　价：	64.00元

如发现本书因印装质量影响阅读，请与出版社发行部联系调换

广东省普通高校人文社会科学"十一五"规划研究项目"岭南近代稀见文学文献调查与研究"(06JDXM75004)成果

广东省普通高校人文社会科学重点研究基地华南师范大学岭南文化研究中心项目成果

"岭南学丛书"缘起

　　吾国土地广袤，生民众多，历史悠远，传统丰硕。桑田沧海，文化绵延相续，发扬光大；高谷深陵，学术薪火相传，代新不已。是端赖吾土之凝聚力量者存，吾民之精神价值者在。斯乃中华文化之壮举，亦人类文明之奇观。抑另观之，则风有四方之别，俗有南北之异；学有时代之变，术有流别之异。时空奥义，百转无穷；古今存续，通变有方，颇有不期而然者。

　　盖自近代以降，学术繁兴，其变运之迹，厥有两端，一为分类精细，一为学科综合。合久当分，分久宜合；四部之学而为七科之学，分门之学复呈融通之相，亦其一例也。就吾国人文学术言之，旧学新学，与时俱兴，新体旧体，代不乏人。学问之夥，盖亦久矣。是以有专家之学，许学郦学是也；有专书之学，选学红学是也。有以时为名之学，汉学宋学是也；有以地为名之学，徽学蜀学是也。有以范围命名之学，甲骨学敦煌学是也；有以方法命名之学，考据学辨伪学是也。外人或有将研究中国之学问者概称为中国学者，甚且有径将研究亚洲之学问者统名为东方学者。是以诸学之广博繁盛，几至靡所不包矣。

　　五岭以南，南海之北，或曰岭表岭外，或称岭海岭峤；以与中原相较，物夕节候殊异，言语习俗难同，盖自有其奇骇者在。岭南文化，源远流长。新石器时代，已有古人类活动于斯；汉南越国之肇建，自成其岭外气象。唐张曲江开古岭梅关，畅交通中原之孔道；韩昌黎贬阳山潮州，携中原文明于岭表。宋寇准苏东坡诸人被谪之困厄，洵为岭隅文明开化之福音；余靖崔与之等辈之异军突起，堪当岭外文化兴盛之先导。明清之岭南，地灵人杰，学术渐盛。哲学有陈白沙湛甘泉，理学有黄佐陈建，经史有孙蕡屈大均，政事有丘濬海瑞。至若文学，则盛况空前，传扬广远，中土嘉许，四方瞩目，已非仅岭南一隅而已。明遗民诗家，自成面目；南园前后五子，各领风骚。韶州廖燕，顺德黎简，彰雄直狷介之气；钦州冯敏昌，嘉应宋芷湾，显本色自然之风。斯乃承前启后之关键，亦为导夫先路之前驱。晚清以还，诸学大兴，盛况空前。其颖异者，多能以先知先觉之智，兼济天下之怀，沐欧美之新风，栎西学之化雨，领时代之风骚，导历史之新潮，影响远播海外，功业沾溉后世。至若澳门香港之兴，则岭海之珠玉，亦华夏之奇葩。瞭望异邦，吾人由斯企足；走向中国，世界至此泊舟。故曰，此诚岭南之黄金时代也。然则岭南一名之成立，则初由我无以名我，必待他者有以名我而起，其后即渐泯自我他者之辨，而遂共名之矣。

晚近学者之瞩目岭南，盖亦颇久矣。刘师培论南北学派之不同，尝标举岭南学派，并考其消长代变；汪辟疆论近代诗派与地域，亦专论岭南诗派，且察其时地因缘。梁任公论吾国政治地理，言粤地背岭面海，界于中原，交通海外；粤人最富特性，言语习尚，异于中土。盖其所指，乃岭南与中原之迥异与夫其时地之特别也。梁氏粤人，夫子自道，得其精义，良有以也。斯就吾粤论之，其学亦自不鲜矣。有以族群名之者，若潮学客家学；有以宗派名之者，若罗浮道学慧能禅学；有以人物名之者，若黄学白沙学。晚近复有以各地文化名之者，若广府、潮汕、客家、港澳，以至雷州、粤西、海南之类，不一而足；且有愈趋于繁、愈趋于夥之势。

今吾侪以岭南学为倡，意在秉学术之要义，继先贤之志业，建岭南之专学，昌吾土之文明。其范围，自当以岭南为核心，然亦必宽广辽远，可关涉岭南以外乃至吾国以外之异邦，以岭南并非孤立之存在，必与他者生种种之关联是也。其方法，自当以实学为要务，可兼得义理考据、经济辞章之长，亦可取古今融通、中西合璧之法，冀合传统与现代之双美而一之。其目标，自当以斯学之成立为职志，然其间之思想足迹、认识变迁、求索历程均极堪珍视，以其开放兼容之性质，流动变易之情状，乃学术之源头活水是也。倘如是，则或可期探岭外之堂奥，究岭表之三灵，彰岭峤之风神，显岭海之雅韵也。

考镜源流，辨章学术，为学当奉圭臬；学而有法，法无定法，性灵原自心生。然何由之从而达于此旨，臻致此境，则时有别解，地有歧途；物有其灵，人有其感。唯所追慕向往者，则殊途同归、心悟妙谛之境界也。吾辈于学，常法朴质之风；吾等之怀，恒以清正为要。今此一名之立，已费踌躇；方知一学之成，须假时日。岭南学之倡导伊始，其源远绍先哲；岭南学之成立尚远，其始乃在足下。依逶迤之五岭，眺汪洋之南海；怀吾国之传统，鉴他邦之良方。愿吾侪之所期，庶能有所成就也。于时海晏河清，学术昌明有日；国泰民安，中华复兴未远。时势如斯，他年当存信史；学术公器，吾辈与有责任。

以是之故，吾等同仁之撰著，冠以岭南学丛书之名目，爰为此地域专学之足音；其后续有所作，凡与此相关相类者，亦当以此名之。盖引玉抛砖，求友嘤鸣，切磋琢磨，共襄学术之意云耳。三数著作既成，书数语于简端，略述其缘起如是。大雅君子，有以教之；匡其未逮，正其疏失，为吾侪所綦望且感戴焉。

左鹏军
丁亥三秋于五羊城

序

　　左鹏军教授的新著《岭南文献与文学考论》即将付梓，要我为此书作序。左鹏军是20世纪80年代末来华南师范大学攻读中国近代文学专业硕士研究生的，是我教过的研究生中学习成绩最为突出的一位。后来他又在中山大学取得博士学位、在复旦大学作过博士后研究，这就为他的学术研究打下了更为扎实的基础。左鹏军教授现在是华南师范大学中国近代文学研究和岭南文化研究领域的学术带头人。作为他的老师，看到学生成材，薪火相传，这是当老师得到的最好回报和喜悦。

　　《岭南文献与文学考论》是一部以多篇论文组合、定格在从文学视角探究岭南文化、岭南文学稀见文献并进行专题研究的学术著作，着重对岭南文化独特面貌的形成和演变、岭南文学精神的形成和发展作多方面的探求，很见新意和功力。我通读了全书，从内容上看大概可以分为四个部分。

　　厓山书写、厓山记忆与岭南遗民精神的发生，包括屈大均的广东情结与遗民情怀、岭南情怀，以及东莞遗民文献与岭南遗民精神，是该书的第一部分。宋末元初，在广东新会厓门发生过一次空前惨烈的海战。这场海战不仅标志着南宋王朝的彻底灭亡，也改变了中国历史上长期由汉族贵族统治中国的历史，从此蒙古贵族入主中原。厓山书写、厓山记忆也从此具有了昭示民族精神、反映历史兴亡的象征意义，成为宋代及其后绵延不绝的岭南遗民精神的寄托和象征。这种岭南遗民精神在尔后满族贵族灭亡明朝入主中国后又一次大为昌盛。民国时期日寇侵略中国，厓山所昭示的民族精神又被赋予了反侵略爱国的情感特征和精神内涵。此书以厓山书写、厓山记忆的论述开篇，从厓山书写、厓山记忆的诗作，从屈大均和东莞遗民的诗文探寻岭南文学文献的历史价值，似乎是要以此为导引，为全书立竿树标，凸显岭南人的心灵精神史、文化思想史，及其成为中国人心灵心态史、文化思想史的组成部分的历史文献意义和现世价值，也为全书昭示岭南人的民族意识和政治生态定下了基调。

该书的第二部分从中国近代文学的发展变化切入，论述这个时期几位岭南籍具有举旗树标意义的重要作家黄遵宪、丘逢甲、康有为、梁启超和吴趼人等的诗歌、戏曲、小说创作在岭南文献与文学中的历史价值。在论述黄遵宪、丘逢甲的诗歌创变、诗学观念与文化选择时，突出的不仅是诗人在诗学上的成就，而且着意在于相关文献史实所体现的为中国近代文学发展、思想变革以及文化转型所做出的重要贡献，体现诗人的思想情感、理想信念，与探寻中国富裕强盛、民族复兴道路的后来者们一脉相承、息息相通。从康有为与众不同的诗题、诗序和诗注中，显现诗人在"诗界革命"中卓然不凡的文学观念、创作特点及其体现的诗歌创新变革的趋向。通过梁启超在小说戏曲中运用粤语的现象及其文体意义与文献价值的考察，反映中国近代文学在中外文化接触中，空前丰富的地域化、多样化形态时代的到来。在《吴趼人的小说观念与〈月月小说〉的编辑策略》一文中，浓墨重笔论述在中西冲突、古今嬗变的社会文化背景下，中国近代小说脱蛹蜕变、异军突起，出现了中国历史上从未有过的小说繁荣景象，出现了从未有过的职业小说家现象，论述了以吴趼人为代表的这批职业小说家的职业特点、知识结构和文化水平等因素对其小说创作造成的限制与影响。作者还很有见地地指出，由于有了崭新的小说期刊的商业意识、经营策略，才有可能出现小说传播形式、传播途径的现代化变革，从而使小说获得了空前广阔的园地和生存空间，才能出现小说在整体上空前繁荣的客观条件，近代小说观念与小说创作的转换也体现了中国近代文学具有重要文化史意义的深刻变革。

该书的第三部分论述了从民国进入新社会的学者、文人的著作所体现的岭南文化、岭南文学的文献价值。从这一部分可以明显地看出著者是怀着对岭南文化的深厚感情和扎实的整理辨析文献的功力，对原来散见于私藏或典籍中的有关文献进行收集整理，使之显现出其历史价值。书中所论述的学者、文人包括陈融、詹安泰、黄咏雩、屈向邦、陈寅恪、冼玉清、侯过、孙诚曾、吴剑青、孙金声等。其中，詹安泰先生是我在中山大学中文系读书时的老师，吴剑青先生是我在华南师范学院中文系（今华南师范大学文学院）工作时的指导老师。该书中的相关论述，再次引发我对他们高尚人品和深厚学识的深切怀念。对于文献的评述，著者在《近现代岭南文史考辨六题》中有一段对陈融《越秀集》的评述文字："以明清之际的广东文人史事为中心，确是抓住了岭南文学与文化的一个重要时刻，具有把握关键、衡古论今的独特价值。从岭南文学和文化发展过程与兴盛变化的角度来看，这一时期文学精神、文化思想发生的变化和呈现出来的独特面貌，对于岭南文学精神的形成和发展、对于岭南文化独特面貌的形成与演变，都具有关键价值。"这真知卓论，不仅是对《越秀集》而发，也可以看作是对岭南稀见文献评述的总体意向，反映了著者的文学观念、心态心境和文化态度，也是著作从不同角度考证论述近代以来岭南文学、学术乃至文化发展演变的时代特点和地域特征的努力。书中还有一篇《近现代香港文献考论三题——兼及寓港学者的文献意识与文化情怀》，值得一说。著者根据许多稀见文献，对20世纪寄寓港澳学者的内心情感和文化情怀，对岭南文化、文学的传承做了很具学术价值的论述，钩沉探微，功力深厚，并做出具有思想深度和学术见地的评价："从更加广阔的世运推移和文化变迁角度来看，这种关注传承岭南文献、探究阐发岭南文化精神的执著努力，由此形成的值得注意的学术文化现象，实际上反映了近现代由于种种原因寓居香港的一批文人学者空前清晰的保护乡邦文献意识，寄托着极为紧迫的传承岭南人文传统的悠远情怀。近现代寓港岭南文人学者的这种精神感受、文化态度和学术行动，与明末清初处于鼎革动荡之际的屈大均于晚年撰著《广东新语》、编选《广东文集》和《广东文选》，不仅在行为方式上多所相似，而且在精神寄托和文化态度上更有相通之处。甚至可以将这种现象理解为近现代寓港岭南学者对先贤屈大均思想方式、精神追求和学术态度的自觉继承和着意发扬。"这样的认识，对于我们今天研究岭南文化和岭南文学，探索这些文献的历史价值和现世意义，不是也很有启迪吗？

该书的第四部分有三篇关于岭南文化研究的走向及"岭南学"构建的战略性阐述。著者从学术立场、现实情怀、感性体悟与理性精神等方面阐述在改革开放时期如何在历史与现实的交汇点上寻找岭南文化研究的发展空间和人文价值，使之具有对岭南文化未来发展的战略性思考和前瞻的意义。著者有感而发地呼吁，关于岭南文化研究，构建"岭南学"体系，既不能无视客观现实，缺乏学理依据，大言欺世，沽名钓誉，又必须实事求是，在学术传统、建设发展和岭南社会文化变革对学术文化领域提出更高要求的基础上，以新的学术视野和更高的学术期待，建立岭南文化研究新的学术体系，使之走向系统化、学科化通途，使"岭南学"地域性专学的构建更具历史性、科学性和现实意义，使之同当前全国其他地域文化专学如楚学、湘学、徽学、闽学、蜀学、晋学、桂学、上海学、北京学等并驾齐驱、各显风骚。关于"岭南学"的基本概念、学术重点，因为提出的时间还不长，目前尚处于理论探索和实践尝试阶段，还可以进一步发动文化界、学术界及广大群众作深入讨论研究，通过传媒作广泛宣传启导。关于构建"岭南学"地域文化专学，我很同意著者的意见："一方面必须与岭南文化传统、特殊地位与文化精神的总体趋势、基本构成相适应，另一方面也必须与现代学术观念、理论方法相适应"，才能使"岭南学"具有真正的学术内涵、理论价值和实践可能，使之汇入各种地域文化专学建设与发展的进程中，共同为方兴未艾的地域文化研究做出贡献，推进中国文化研究和当代文化建设的繁荣。

关于岭南文化研究，时兴时谈。新中国成立后先后出版过"广东地方文献丛书""岭南文丛""岭南文库"等。20世纪80年代，在广东省高教局的领导下，曾成立广东高校"岭南丛书"编委会，对岭南学者、作家之著述，及其他有关岭南之文献，包括文学、史学、哲学、地理学、经济学、法学诸类，作过一次普查，并出版了"岭南丛书"。近年又相继兴起对广府文化、客家文化、潮汕文化的研究热。华南师范大学在广东省教育厅的领导下，在20世纪80年代成立的岭南近现代思想文化研究中心的基础上，成立了广东省普通高校人文社会科学重点研究基地华南师范大学岭南文化研究中心，在构建"岭南学"方面有了实质性的规划和发展，开始出版学术辑刊"岭南学"和"岭南学丛书"等，该基地近期又被批准为广东普通高校国家重点培育平台，在推进岭南文化研究与"岭南学"建构方面将取得更多成绩，发挥更大作用。但总的说来，岭南文化仍有很多尚待研究的空间。地域文化建设，是惠及当代、造福子孙的文化工程，予于此深有厚望焉！

钟贤培
2015年7月13日

目　录

崖山记忆与岭南遗民精神 ··· 1
崖山记忆与岭南遗民精神的发生 ··· 31
屈大均的广东情结与遗民情怀 ··· 47
屈大均《广东新语》的诗性精神与岭南情怀 ························· 61
东莞遗民文献与岭南遗民精神 ··· 72
黄遵宪的诗歌创变、诗学观念与文化选择 ····························· 84
黄遵宪的文化姿态与思想经验 ··· 114
丘逢甲的台湾情结与广东认同 ··· 130
康有为的诗题、诗序和诗注 ··· 156
梁启超小说戏曲中的粤语现象及其文体意义 ····················· 173
吴趼人的小说观念与《月月小说》的编辑策略 ··················· 195
论诗绝句的集成与绝唱
　　——陈融《读岭南人诗绝句》的批评史和文体史意义 ······ 213
詹安泰的诗学观念与创作趣味 ··· 236
黄咏雩诗中的兴亡感慨与家国情怀 ····································· 257
近现代岭南文史考辨六题 ··· 270

近现代香港文献考论三题
　　——兼及寓港学者的文献意识与文化情怀……………… 291
岭南近代戏曲史实文献考辨四题………………………………… 315
岭南文化研究的学术立场与现实情怀…………………………… 335
从岭南文化研究走向岭南学构建………………………………… 343
岭南文化研究与岭南学构建
　　——就研究方法与学术构想问题答友人问………………… 352

后　　记…………………………………………………………… 367

厓山记忆与岭南遗民精神

厓①山位于广东新会县南近海一个大岛的南端，西与汤瓶山夹银洲湖对峙如门，北扼海港，南控大海，以地理位置的特殊和地势的险峻而成为战略要冲、形胜之地。宋末元初之际，由于中国历史上规模最大的一次海战在厓山发生，其结果完全改变了宋元两军的力量对比，也完全改变了双方的战局。这场极其惨烈的战争的结束标志着南宋王朝的彻底灭亡，使远在天南的厓山不仅成为具有重要军事史、政治史意义的战略要地，而且成为追忆历史兴亡、纪念英雄烈士的文化遗址。

不仅如此，这场惨烈的战争导致了对于南宋王朝而言灾难性的后果，使得蒙古族入主中原、统治整个中国成为不可避免的历史现实，遂使厓山具有了昭示民族精神、反映历史兴亡的特殊的象征意义，成为宋代及其后绵延不绝的岭南遗民精神的寄托与象征，成为岭南历代文化记忆中一个具有特殊政治内涵与历史意味的标志，甚至是岭南遗民精神、不屈意志的一个精神原点，也成为历代许多非岭南籍汉族人士遗民精神的追忆和纪念。

黄宗羲曾在《谢时符先生墓志铭》中说："嗟乎！亡国之戚，何代无之？使过宗周而不悯《黍离》，陟北山而不忧父母，感阴雨而不念故夫，闻山阳笛而不怀旧友，是无心人矣。故遗民者，天地之元气也。"② 可见对遗民品格的推重。明末屈大均《广东新语》卷二《地语》专设"厓门"一条云："厓门，在新会南，与汤瓶山对峙若天阙，故曰厓门。自广州视之，厓门西而虎门东。西为西江之所出，东为东北二江之所出。盖天所以分三江之势，而为南海之咽喉者也。宋末陆丞相、张太傅，以为天险可据，奉幼帝居之。连黄鹄、白鹞诸舰万馀，而沉铁碇于江。时寅势尽，卒致君臣同溺，从之者十馀万人。波涛之下，有神华在焉。山北有一奇石，

---

① 厓：现为崖。本书尊重原文，"厓""崖"二字均有使用。
② 黄宗羲：《南雷诗文集·碑志类》，见沈善洪主编《黄宗羲全集》第十册，浙江古籍出版社1993年版，第411页。笔者对原标点略有调整。

书'镇国大将军张弘范灭宋于此'十二字,御史徐瑁恶之,命削去,改书'宋丞相陆秀夫死于此'九字。白沙先生谓当书'宋丞相陆秀夫负帝沉此石下',瑁不能从。光禄郭棐谓,如白沙者,则君臣忠节胥备,其有关于世教更大。而予则欲书'大宋君臣正命于此',凡八字,未知有当于书法否?"① 对于厓门巨石上所书何字、当书何字所作的不厌其烦的辨析,显然具有作者评价宋代灭亡经验教训的深意寓于其中。

黄淳等所撰《厓山志》卷三"奇石"条云:"奇石在厓山北,旧有元书'镇国大将军张弘范灭宋于此'十二字,成化丙午,御史徐瑁命工削去,改书'宋陆秀夫死于此'九字。白沙陈献章语知县丁积曰:'宋亡时,死者数万,不独秀夫也,宜书"宋丞相陆秀夫负帝沉此石下"'。积以告瑁,瑁不从。"② 明许炯《厓山旧志》开篇即云:"《厓山志》继《宋史》而作者也。宋亡于夷狄,古今之大变;君臣士卒同死社稷,古今之大节;继绝举废,崇德报功,古今之大典。斯志之所以作也。……宋亡二百余年,元亡又百余年。时移运改,陵谷变迁;山高水深,草生邱墟,而谈其事者耿耿若在目前。信乎忠义之在人心,有须臾不可离者!以祠以庙,风采凛然,亿万斯年,犹有生气。"③ 对于此,明黄淳也感慨道:"自古未有夷狄之入主中国,亦自古未有夷狄得祸如此之酷,足为万世夷狄之戒。中言全节大忠,以祠以庙,亿万斯年,凛然犹生,又足以作万世忠义之气,是大有关系文字,当与厓山并存也。"④ 由对于与厓山有关的重要人物、史实与遗迹的着力考察、仔细辨析中,俱可见对于厓山及其历史内涵、象征意义的关注,从另一角度来看,也可以说是厓山对后世产生的深远影响。

一、厓山诗歌与厓山记忆的书写

在历代关于厓山的载记中,诗歌是最重要的书写形式,也是具有决定

---

① 屈大均:《广东新语》,中华书局1985年版,第35页。
② 黄淳等撰:《厓山志》卷三,广东人民出版社1996年影印本,第301~302页。标点为笔者所加。"'宋陆秀夫死于此'九字"仅七字,显有误。据屈大均《广东新语》卷二《地语》"厓门"条,此九字当作"宋丞相陆秀夫死于此",夺"丞相"二字。中华书局1985年版,第35页。
③ 黄淳等撰:《厓山志》,广东人民出版社1996年影印本,第5~6页。标点为笔者所加。
④ 许炯:《厓山旧志序》后黄淳识语,黄淳等撰《厓山志》,广东人民出版社1996年影印本,第7~8页。标点为笔者所加。

意义的部分。人们关于厓山的历史记忆首先是通过诗歌来记录、抒写和传播的。

清邵廷采《宋遗民所知传》指出："两汉而下，忠义之士至南宋之季盛矣。……此则天运，非人力可及焉。是以迁洛之顽，经三纪而不变；辅横之客，群一死以如饴。六七王之泽不可忘，赤帝子之炎莫能逼也。"① 他又在《明遗民所知传》中说："於乎！明之季年，犹宋之季年也；明之遗民，非犹宋之遗民乎？曰节固一致，时有不同。宋之季年，如故相马廷鸾等，悠游岩谷竟十馀年，无强之出者。其强之出而终死，谢枋得而外，未之有闻也。至明之季年，故臣庄士往往避于浮屠，以贞厥志。非是，则有出而仕矣。僧之中多遗民，自明季始也。"② 确乎如此。最早的厓山诗歌来源于宋朝文臣武将的书写。他们作为战争和历史的直接参与者，留下了原初的厓山诗歌和厓山记忆，成为后来历代厓山诗歌的起点。其中最为突出、影响也最为深远的当属文天祥。他的《过零丁洋》云："辛苦遭逢起一经，干戈寥落四周星。山河破碎风抛絮，身世飘摇雨打萍。惶恐滩头说惶恐，零丁洋里叹零丁。人生自古谁无死？留取丹心照汗青！"③ 又《坐北舟中望厓门诗》云："二月六日，海上大战，国事不济。孤臣天祥，从北舟中，向南恸哭，为之诗曰：……南人志欲扶昆仑，北人气欲黄河吞。一朝天昏风雨恶，炮火雷飞箭星落。谁雌谁雄顷刻分，流尸漂血海水浑。昨宵南船满厓海，今朝只有北船在。昨夜两边桴鼓鸣，今朝船船鼾睡声。北兵去家八千里，椎牛酾酒人人喜。惟有孤臣两泪垂，冥冥不敢向人啼。……"④ 此诗写宋祥兴二年二月初六日（1279年3月19日）宋元决战事，可视为历代咏厓山诗的发端之作。又《哭崖山》云："宝藏如山席六宗，楼船千叠水晶宫。吴儿进退寻常事，汉氏存亡顷刻中。诸老丹心付流水，孤臣血泪洒南风。早来朝市今何处？始悟人间万法空。"⑤ 他的《南海》云："朅来南海上，人死乱如麻。腥浪拍心碎，飙风吹鬓华。一

---

① 邵廷采：《宋遗民所知传》，见《思复堂文集》卷三，浙江古籍出版社2010年版，第194页。
② 邵廷采：《明遗民所知传》，见《思复堂文集》卷三，浙江古籍出版社2010年版，第205～206页。
③ 张大年选编：《厓山诗选》，香港广角镜出版社有限公司1991年版，第47页。
④ 张大年选编：《厓山诗选》，香港广角镜出版社有限公司1991年版，第50～51页。
⑤ 张大年选编：《厓山诗选》，香港广角镜出版社有限公司1991年版，第52页。

山还一水，无国又无家。男子千年志，吾生未有涯。"① 又《正月十三日》云："去年今日遁崖山，望见龙舟咫尺间。海上楼台俄已变，河阳车驾不须还。可怜羝乳烟横塞，空想鹃啼月掩关。人世流光忽如此，东风吹雪鬓毛斑。"② 后来又有《集杜诗·南海》，序云："余被执后，即服脑子约二两，昏眩久之，竟不能死。……厓山之败，亲所目击。痛苦酷刑，无以胜堪。时日夕谋蹈海，而防闲不可出矣。失此一死，困苦至于今日，可胜恨哉？"诗云："开帆驾洪涛（《遣遇》），血战乾坤赤（《送李判官》）。风雨闻号呼（《草堂》），流涕洒丹极（《别蔡著作》）。"③ 均可见文天祥的坚定思想与复杂感受，也在很大程度上奠定了历代厓山诗的思想基础与风格趋向。

还有一些宋代诗人也留下了一些关于厓山的诗作，也成为宋代厓山诗歌与厓山记忆的一个重要组成部分。宋度宗咸淳元年（1265）进士、曾参与文天祥抗元斗争的广东东莞人赵必𤩽，入元后即不受俸禄，隐居于乡里，以遗民自居。他的《南山赏梅分韵得观字》中有句云："梅花酷怕渠点涴，所以未破冰雪颜。与其玉堂兮金屋，孰若竹篱茅舍幽且闲？与其状元兮宰相，孰若收香敛华林壑间？逆知梅意同我意，诗人合作如是观。"④ 又《钱尹权宰》二首之二云："老我江湖倦送迎，故人此别若为情。绨袍气谊千金重，故纸功名一缕轻。我辈何心争鹜粒，人生到处有鱼羹。何时握手孤山路，共折梅花醉月明。"⑤ 又《怀梅水村用张小山韵》云："十年骑鹤梦悠悠，天地无情白发愁。归到咸阳还似客，几回肠断望并州。"⑥ 虽然没有直接写到厓山，但诗人隐逸自适的人生态度却反映了宋代岭南遗民的政治选择与文化精神，成为后世岭南遗民精神的重要思想资源。

此外，宋香山沙涌马南宝《感赋》（一作《哭祥兴帝》）二首之一云："翔龙宫殿已蓬飘，此日伤心万国朝。目击厓门天地改，寸心难与夜潮消。"之二云："黄屋匡扶事已非，遗黎空自泪沾衣。众星耿耿沧溟底，恨

---

① 张大年选编：《厓山诗选》，香港广角镜出版社有限公司1991年版，第52页。
② 张大年选编：《厓山诗选》，香港广角镜出版社有限公司1991年版，第53页。
③ 张大年选编：《厓山诗选》，香港广角镜出版社有限公司1991年版，第60页。笔者对原标点有所调整。
④ 温汝能纂辑，吕永光等整理：《粤东诗海》，中山大学出版社1999年版，第100页。笔者对原标点有所调整。
⑤ 温汝能纂辑，吕永光等整理：《粤东诗海》，中山大学出版社1999年版，第101页。
⑥ 温汝能纂辑，吕永光等整理：《粤东诗海》，中山大学出版社1999年版，第101页。

不同归一少微。"① 宋湖南道州唐泾《厓山亡》云："万里舆图入朔方，摇摇孤注海之阳。石尤风恶云藏轸，天驷星沉月掩房。岛上有人悲义士，水滨无处问君王。羲和指着乌云飞，去去虞渊暮色苍。"② 虽然不是亲身经历，但由于时间较近，感受强烈，仍然非常真切地传达出宋朝厓山惨败给汉族同胞造成的巨大影响。

元代虽在蒙古族的统治之下，于前朝往事颇多忌讳，还是有一些诗人或由于到过厓山，或忆及有关人物史事，写了表现历史兴亡、纪念民族英雄的厓山诗歌。元河北容城人刘因《白雁行》云："北风初起易水寒，北风再起江水干，北风三吹白雁来，寒气直薄朱厓山。乾坤噫气三百年，一风扫地无遗残。万里江湖想潇洒，停看春水雁来还。"③ 广西柳州人姚燧《题陆秀夫抱帝入海图》云："紫宸黄阁共楼船，海气昏昏日月偏。赤县已无行在所，丹心犹数中兴年。身藏鱼腹不见水，手挽龙髯直上天。板荡纯臣有如此，流芳千古更无前。"④ 江西南丰人刘壎《过厓山宋故宫行朝诗》五首其一有句云："竭蹶意委顿，臣谋匪不臧。运去天莫留，力尽心弥强。终不负吾主，名义天地长。怀玺从龙游，举室水中央。"⑤

假如说宋代诗人所作的厓山诗歌表明了有意为之的厓山诗歌和厓山记忆的开端，那么元代诗人所作的厓山诗歌则是这种诗歌创作与文化记忆进一步的发展和延续。而且，对于汉族人士而言在异族统治之下有意进行的厓山书写，当有其深刻的政治文化用意，也显示出厓山精神对元代汉族士人的深刻影响。

明代的厓山书写得到进一步的发展，无论从作品的数量上来看还是从影响来看都较此前大大发展了一步。这主要是因为由汉族人建立的明王朝给了汉族士人又一次重新认识自己的民族传统并确认自己的民族文化人身份的机会。这在从宋末到元代的中国历史上，还是第一次。由此带来的对于汉族正统文化的追忆、对于宋代兴亡教训的反思、对于汉族遗民文化精

---

① 张大年选编：《厓山诗选》，香港广角镜出版社有限公司1991年版，第63页。
② 张大年选编：《厓山诗选》，香港广角镜出版社有限公司1991年版，第65～66页。
③ 张大年选编：《厓山诗选》，香港广角镜出版社有限公司1991年版，第78页。
④ 张大年选编：《厓山诗选》，香港广角镜出版社有限公司1991年版，第81页。笔者对原标点有所调整。
⑤ 张大年选编：《厓山诗选》，香港广角镜出版社有限公司1991年版，第79页。据《解题》，此诗五首总题《补史十忠诗》，本首题《参政行丞相事陆公秀夫》。

神的体认就远较以往广泛而深刻。因此可以认为明代是厓山记忆的确立与成熟时期。

明代的厓山诗歌主要由因仕宦及其他原因曾到过厓山或岭南的诗人或未到岭南的其他诗人构成。无论是否亲历厓山与岭南，由于历史时空的变化与历史经验的积淀，诗人们对于厓山发生的震撼古今的历史事实的认识和抒写都更加充分，更加深切，也更能唤起后世人们的精神感应和思想共鸣。明福建晋江人、广东提学赵瑶《观厓山奇石》云："忍夺中华与外夷，乾坤回首重堪悲。镌功奇石张弘范，不是胡儿是汉儿。"① 江苏武进人、广东按察司佥事徐紘《读大忠祠记》云："厓门陈迹久荒凉，争为孤儿力主张。草色近随春雨绿，林容高并晚山苍。千年庙貌三臣祀，万古忠魂一瓣香。此日岿然人极在，不知元宋孰兴亡。"② 明福建兴化府莆田人、肇庆同知顾叔龙《与白沙先生泛厓山谒大忠祠》云："我来敬约白沙翁，夜话沧溟一棹同。山路至今犹劲草，海涛终古撼悲风。君臣鱼水魂应在，胡虏腥膻事已空。铁缆江头三片石，前身吾讶是三公。"③ 明安徽绩溪人、高州同知摄雷州事戴嘉猷《从白沙先生游崖山谒大忠祠作》云："风雨潇潇暮，厓门系客思。生当天地变，死出古今奇。祠宇名昭揭，英雄泪暗垂。不堪涛震撼，昏旦有馀悲！"④ 明长洲人吴宽《大忠祠》四首之一云："独上高丘望大洋，晚风吹泪湿衣裳。何人忍耻修降表，当日临危进讲章。海岛全身惟叛相，潭州无事却勤王。史家未识留燕意，便把祥兴系宋亡。"⑤ 明湖南茶陵人李东阳《大忠祠》四首之一："国亡不废君臣义，莫道祥兴是靖康。奔走耻随燕道路，死生惟着宋冠裳。天南星斗空沦落，水底鱼龙欲奋扬。此恨到今犹不极，厓山东下海茫茫。"之二："汴城杭国总丘墟，三百年来此卜居。海外河山非汉有，岭南人物是周馀。行宫草草慈元殿，讲幄勤勤大学书。辛苦相臣经国念，有才无命欲何如！"之三："北风吹浪覆龙舟，溺尽江南二百州。东海未填精卫死，西川无路杜鹃愁。君

---

① 张大年选编：《厓山诗选》，香港广角镜出版社有限公司1991年版，第86页。黄淳等撰《厓山志》卷五收录此诗，题作《观厓山奇士书》，"士"当为"石"之误，广东人民出版社1996年影印本，第602~603页。

② 张大年选编：《厓山诗选》，香港广角镜出版社有限公司1991年版，第114页。

③ 张大年选编：《厓山诗选》，香港广角镜出版社有限公司1991年版，第114页。

④ 张大年选编：《厓山诗选》，香港广角镜出版社有限公司1991年版，第115页。

⑤ 张大年选编：《厓山诗选》，香港广角镜出版社有限公司1991年版，第116页。

臣宠辱三朝共，夷夏兴亡万古雠。若遣素王生此世，也须重纪宋春秋。"① 明江苏华亭人夏寅《大忠祠》云："六龙行拥万貔貅，云断苍梧忆舜游。何处英魂愁不散？只今遗恨水东流。亦知沧海非天堑，要使厓山异石头。元宋兴亡俱已矣，堂堂祠庙在千秋。"② 明丹徒人、广东提学副使丁玑《凭吊大忠祠》云："诸老丹心悬落日，楼船王气逐秋风。生如卖国荣犹辱，死得成仁败亦功。蹈海名高齐义士，运筹人泣陆宣公。崖山一片凄凉月，谁遣啼鹃入故宫？"③ 明安徽合肥人杜璁《崖山吊古》云："崖山独占海滨奇，云树深深路转歧。太后妥灵全节庙，宗臣遗像大忠祠。存孤隐忍天徐定，夹日宁论力不支。地下有知应自慰，胡元今已属明时。"④ 江苏昆山人顾炎武《井中心史歌》有句云："忽见奇书出世间，又惊胡骑满江山。天知世道将反覆，故出此书示臣鹄。三十馀年再见之，同心同调复同时。陆公已向厓山死，信国捐躯赴燕市。昔日吟诗吊古人，幽篁落木愁山鬼。呜呼！蒲黄之辈何其多，所南见之当如何？"⑤

由明朝至清朝，满族统治者的入主中原彻底改变了明朝形成的民族关系和政权形态，这种变化从整个中国历史上看都可以说是非常特殊也是极其深刻的。明末清初，汉族人士的民族意识和遗民精神的生存与发展经历了严峻的考验，遭遇了极大的困难，但与此同时也得到了空前的高涨和着意的弘扬。在这样的政治文化背景下，厓山书写和厓山记忆进入了一个特殊而且重要的阶段。在明清两朝均曾出仕为官的江苏常熟人钱谦益作有《后秋兴十三首》，就表现这种情绪，其中一首云："海角崖山一线斜，从今也不属中华。更无鱼腹捐躯地，况有龙涎泛海槎。望断关河非汉帜，吹残日月是胡笳。嫦娥老大无归处，独倚银轮哭桂花。"⑥ 尽管写得隐忧深重，世变之际的沧桑之感与兴亡之慨仍然如此强烈。

由于处于满族贵族的统治之下，清代汉族文士的厓山书写尽管仍在延

---

① 张大年选编：《厓山诗选》，香港广角镜出版社有限公司1991年版，第117～118页。黄淳等撰《厓山志》卷五，广东人民出版社1996年影印本，第597～598页。
② 张大年选编：《厓山诗选》，香港广角镜出版社有限公司1991年版，第118～119页。
③ 张大年选编：《厓山诗选》，香港广角镜出版社有限公司1991年版，第119页。黄淳等撰《厓山志》卷五收录此诗，题作《大忠祠》，广东人民出版社1996年影印本，第603页。
④ 张大年选编：《厓山诗选》，香港广角镜出版社有限公司1991年版，第187页。
⑤ 张大年选编：《厓山诗选》，香港广角镜出版社有限公司1991年版，第199页。笔者对原标点略有调整。
⑥ 张大年选编：《厓山诗选》，香港广角镜出版社有限公司1991年版，第196页。

续，其中一些人士还在有意强化已经过去了三四百年的厓山记忆，但相当明显，由于政治上的顾忌更多、思想压力更大，写来也就更沉重、更婉曲。清江苏吴县潘耒《吊陆丞相》云："厓山尚住宋遗民，文陆当年事苦辛。穷海不春犹正朔，孤帆无主自君臣。忠魂郁作潮头怒，浩气蒸成蜃阙新。异代流风多感激，草间时有纳肝人。"① 山东新城王士禛《厓山》云："风雨厓山事渺然，故宫疏影自年年。何人寄恨丹青里？留伴冬青哭杜鹃。"② 江苏阳湖人赵翼《厓山》云："日落苍山海气昏，曾传残宋水师屯。六更漫续庚申帝，一旅难支甲子门。身入胶舟无返驾，胆焚铁斗有忠魂。可怜不及章安镇（明州宋高宗航海泊舟处，见东巡记），犹保东南半壁存。"③ 浙江钱塘人袁枚《登圭峰望崖门》云："圭峰远望崖门影，南宋遗踪不可求。万里山河无片土，一朝臣主有孤舟。纪侯去国何时返？芈叔违天到此休。毕竟忠魂吹未散，瓣香犹作阵云浮。"④ 至清末，出生于台湾苗栗、后因抗日失败迁回原籍广东镇平的丘逢甲作有《拜大忠祠回咏木棉花》二首，其一云："枯木寒鸦吊大忠，力回阳九气熊熊。化身待挽芙蓉劫（花能解鸦片烟毒），洒血疑开杜宇宫。铜鼓哀歌春庙古，铁椎奸魄满庵红。扫除冰雪持炎运，合率群花拜祝融。"其二云："阳枢星化木森森，撑拄南天夜不阴。赤制待除花九锡，紫琼分琢玉千林。五云拥护朝天面（花皆上开），万烛光明坠地心（山中民扫落花，云备药材并可熬油）。锦绣江山春一统，西台朱鸟莫哀吟。"⑤ 丘逢甲所咏的大忠祠在广东潮阳东山山麓，文天祥于宋祥兴元年（1278）尝率军驻潮阳。在台湾积极开展抗日战争而遭失败，饱尝了家国之痛的丘逢甲对于文天祥的追忆与崇敬，不仅更加真切生动，而且包含着感同身受的深切感受；也可见厓山书写和厓山记忆的深远影响。

---

① 张大年选编：《厓山诗选》，香港广角镜出版社有限公司1991年版，第130页。
② 张大年选编：《厓山诗选》，香港广角镜出版社有限公司1991年版，第192页。此诗原题《题胡玉昆宋梅图为程翼苍》。
③ 张大年选编：《厓山诗选》，香港广角镜出版社有限公司1991年版，第193页。
④ 张大年选编：《厓山诗选》，香港广角镜出版社有限公司1991年版，第198页。此诗原题《到新会同侯苇原明府，登圭峰，望海上崖门南宋张陆诸公殉国处》。
⑤ 丘逢甲：《岭云海日楼诗钞》，安徽人民出版社1984年版，第100～101页。广东丘逢甲研究会编《丘逢甲集》收录此诗，第二首第二句"拄"作"柱"，是。岳麓书社2001年版，第340页。张大年选编《厓山诗选》收录其第一首，不采诗中原注，香港广角镜出版社有限公司1991年版，第215页。

假如说有清一代以剪除异端、思想控制、政治专断为重要特点，那么则可以说民国初年以时局动荡、王纲崩解、寻求新生为特点。在这样的政治文化背景下，厓山诗歌得以延续和发展，特别是一批革命诗人将厓山书写、遗民精神与方兴未艾的反清政治思潮、民主革命运动相联系、相结合，从而赋予厓山记忆以全新的时代政治内涵，将延续了六百多年的厓山诗歌和厓山记忆推进到了一个全新的阶段。台湾台南连横《柴市谒文信国公祠》五首之一："一代豪华客，千秋正气歌。艰难扶社稷，破碎痛山河。世乱人思治，时乖将不和。秋风柴市上，下马泪滂沱。"之二："宏范甘亡宋，思翁不帝胡。忠奸争一瞬，义节属吾徒。岭表驱残卒，崖门哭藐孤。西台晞发客，同抱此心朱。"① 虽然不是直接写广东新会厓山，但通过对文天祥在北京就义处的凭吊追怀，表达的仍然是浓重的关于忠奸善恶、治乱兴亡的感慨。江苏吴江陈去病《厓门》四首序云："新会县南之厓门，宋陆丞相负少帝蹈海处也。余于仲冬七日，自江门独游至此。宿全节庙一夕而去。风雨四合，阴森怖人，赋此志哀。"其一首云："江门南去即厓门，一水微茫白日昏。烟雨忽来山聚合，桄榔生处庙犹存。苍凉独有遗民拜，惝恍难招少主魂。自数兴亡亦常事，不堪胡骑遍中原。"② 陕西泾阳于右任《宋亡台》云："桑海遗闻剩此台，兴亡转眼更堪哀。要知地尽心难尽，留得遗民吊古来。"③ 睹物思古人古事，都是明确地以"遗民"身份凭吊厓山，从国家兴亡、民族荣辱的高度书写厓山的历史并为当时的政治局势提供借鉴。福建闽侯曾克耑《宋王台》："遗台片石九龙环，驻梦镌哀宿泪斑。事去漫訾胡运数，我来重酹宋江山。孤忠柴市天宁鉴，末路厓门帝不还。摩眼兴亡问谁忞？寒潮呜咽野云闲。"④ 也是从汉族文化兴亡、反思历史经验的角度抒写厓山的人物故事特别是其中的民族英雄，通过厓山书写将厓山记忆的历史内涵与时代意义表现得非常充分。

可以看到，文天祥的厓山诗歌标志着有意识的厓山书写的开端，以诗歌为主要形态的厓山书写以文天祥之诗为首要标志，不仅基本确定了厓山书写的内容选择和运思方向，而且在很大程度上影响了厓山诗歌的风格特

---

① 张大年选编：《厓山诗选》，香港广角镜出版社有限公司1991年版，第219页。
② 张大年选编：《厓山诗选》，香港广角镜出版社有限公司1991年版，第221～222页。
③ 张大年选编：《厓山诗选》，香港广角镜出版社有限公司1991年版，第232页。此诗原题《与陆一、恺钟、柏生、祥麟同游宋台，一九三二年作》。
④ 张大年选编：《厓山诗选》，香港广角镜出版社有限公司1991年版，第263页。

色与美感特征。其后的厓山书写和厓山记忆也经常以文天祥的人格与事迹而传之久远，后世诗人最多歌咏凭吊的对象就是文天祥，而广东、北京、真州等地文天祥祠的建立，更使这种无形的情感有形化、物质化，更加易于睹物思人地直接抒发这种深沉复杂的精神感受，也利于厓山记忆的传之久远。在大量的厓山诗歌中，经常被纪念的当然还有幼帝赵昺、陆秀夫、张世杰等人。在厓山书写中，诗人们最多谴责的，并不是对宋朝作战取得最终胜利的以忽必烈为代表的蒙古族统治者，而是为蒙元王朝效力建功最多的汉族人张弘范。也就是说，在后来的厓山诗歌中，诗人们更多地表现的是汉族人士的"忠奸"之辨而不是一般所说的"夷夏"之辨。

随着中国宗法制王朝的数次更替，特别是由元到明、由明到清所经历的社会动荡与文化隆替，在元、明、清至民国初年持续出现的大量厓山诗歌中，厓山书写得到有意的延续和加强，厓山记忆的民族文化、政治历史内涵也不断深化与丰富，从而使厓山书写和厓山记忆成为一种具有重要文学意义与政治意味的文学创作现象甚至是精神文化现象。而其核心便是以忠奸、善恶、夷夏、生死、兴亡等的辨析、追问与评价为旨归的遗民精神和怀旧情结。

二、厓山象征与岭南遗民精神的形成

南宋以降，不同时代、不同地域的不少诗人曾对厓山予以关注，曾留下了许多关于厓山及其历史故事的诗篇，成为厓山书写与厓山记忆的重要组成部分。在关于厓山书写和厓山记忆的创作中，岭南诗人无疑充当了最为重要的角色，发挥了至为关键的作用。这是因为，没有其他任何地域的诗人可以像岭南诗人那样如此直接、如此近距离地感受、体会甚至见证厓山的厮杀呐喊、血雨腥风，品味与反思厓山战役之后的兴亡成败、王朝更替。因此，古今遗民思想中临大节而不可夺的信仰、忠义精神、英雄气概、烈士情怀等等，在岭南诗人的厓山书写中得到了空前充分、空前深入的表现。

从南宋末年开始，特别是到了明代前中期以后，随着汉族统治的日益稳固，汉族江山的逐渐恢复，厓山与厓山故事越来越经常地进入岭南诗人的视野，厓山所承载和表现的历史经验与文化精神也越来越深入地进入岭南诗人及其他人士的心灵。在许多岭南人的思想意识中，厓山已经成为岭南诗人的一种文化符号和精神象征，成为承载和传达民族意识、烈士精神、不屈意志、故国情怀的一个重要的文化符号。在这种连续性的文化感知、思想反思和文学表现中，厓山逐渐成为岭南遗民文学的一个精神原点，厓山象征直接促成了岭南遗民精神的形成，并由此向其他地区、向后世传布和延伸开来，产生了极其深远的历史影响。

在厓山象征与岭南遗民精神的形成过程中，明代江门的陈献章起到了至为关键的作用。这不仅因为陈献章着意创作的大量关于厓山历史与人物的诗歌成为明代岭南诗人厓山书写中所具有的开创性价值，成为明代岭南诗人厓山书写的重要标志；而且因为集哲学家、思想家、诗人于一身的陈献章在岭南地区以外所具有的崇高地位和产生的超地域性的深远影响。由于有了陈献章的屡次凭吊和多番歌咏，不仅大大加强了厓山成为一种精神象征的文化可能性，而且大大加强了岭南以外的广阔地区的人士接受并认同厓山象征意义的可能性。这对于厓山书写、厓山记忆和厓山象征的建构与形成具有特别重要的文化意义，对于以厓山记忆和厓山精神为思想原点的岭南遗民精神的形成，也具有特别重大的意义。

如同习惯于以诗歌记载和表达哲学思想一样，陈献章也经常有意地以诗歌表达对于厓山人物故事的追怀及其中蕴含的精神价值，留下了丰富的厓山诗歌。《祭大忠祠》云："天地神祠此大忠，百年舟楫更谁同？苍厓不是无春色，吹尽斜阳一笛中。"①《重过大忠祠》云："宋有中流柱，三人吾所钦。青山遗此庙，终古厌人心。月到崖门白，神游海雾深。兴亡谁复道，猿鸟莫哀吟！"②《游崖山次李九渊韵》二首之一："前劫消磨尽，中原恨未沉。兴亡先有谶，秦贾竟何心？一一凭天地，劳劳笑古今。千秋厓石角，泛艇一来临。"之二："不待祥兴后，神州已陆沉。孤臣空有泪，大块本无心。索寞皇图旧，经营庙宇新。暂携二三友，斜日共登临。"③《吊厓》云："天王舟楫浮南海，大将旌旗仆北风。义重君臣终死节，时来胡虏亦成功。身为左衽皆刘豫，志复中原有谢公。人众胜天非一日，西

---

① 张大年选编：《厓山诗选》，香港广角镜出版社有限公司1991年版，第112页。陈献章著，孙通海点校《陈献章集》似未收此诗。

② 陈献章著，孙通海点校：《陈献章集》，中华书局1987年版，第367页。张大年选编：《厓山诗选》，香港广角镜出版社有限公司1991年版，第112页。

③ 张大年选编：《厓山诗选》，香港广角镜出版社有限公司1991年版，第177页。陈献章著，孙通海点校《陈献章集》第一首第三句作"兴亡先有识"，误。中华书局1987年版，第398页。

湖云掩鄂王宫。"① 《奉陪方伯东山刘先生往崖山舟中作》云："且作东山管病翁，乾坤今古笑相同。高松落落都擎日，寒水粼粼又起风。附子大黄天下药，虫妖鼠怪世间凶。数声鼓角沧溟暮，奇石船头鬼拜公。"② 《东山至厓山，议立慈元庙，因感昔者梦中之言，成诗呈东山》云："海上一陵何处封，刘翁今日问陈翁。天翻地覆诸王世，草死崖枯十月风。慷慨尚馀精爽在，依稀犹作梦魂通。江山指点真还我，栋宇商量果待公。"③ 关于此事，《新会黄志》引《贾志》云："孝宗弘治四年（一四九一）辛亥冬十月，建全节庙于厓山，布政使刘大夏与检讨陈献章所议也。"④ 可知陈献章在设立全节庙过程中所起到的关键性作用。陈献章《力疾书慈元庙碑记》云："北窗一榻羲皇前，青灯碧玉眠三年。慈元落落吾所怜，雨崖山高青阁天。厓门之水常湒湒，一碑今为东山传。虚言不扶名教颠，久病江湖落日前。呜呼此意谁与言！"⑤ 《题慈元庙》云："慈元一片石，长留何处山？厓门潮日生，雪浪飞天关。"⑥ 《奉陪赵提学厓山慈元殿吊古》云："信国诸臣近有碑，一陵濒海尚堪疑。荒山野水无人到，落日轻风送我旗。天地几回人变鬼，风波万里母将儿。萋萋芳草慈元下，邂逅渔樵问旧时。"⑦

陈献章又有《与廷实同游圭峰，别后奉寄，且申后来厓山之约》二首，之一云："弄罢飞泉下玉台，青天何处首空回？城中春雨君高卧，竹

---

① 陈献章著，孙通海点校：《陈献章集》，中华书局1987年版，第402页。张大年选编《厓山诗选》题作《厓山大忠祠》，香港广角镜出版社有限公司1991年版，第113页。

② 陈献章著，孙通海点校：《陈献章集》，中华书局1987年版，第402页，"粼"误作"鄰"。张大年选编《厓山诗选》收录此诗，并为正"粼"字。香港广角镜出版社有限公司1991年版，第176页。

③ 陈献章著，孙通海点校：《陈献章集》，中华书局1987年版，第463～464页。又见张大年选编：《厓山诗选》，香港广角镜出版社有限公司1991年版，第102页。

④ 张大年选编：《厓山诗选》，香港广角镜出版社有限公司1991年版，第102页。

⑤ 陈献章著，孙通海点校：《陈献章集》，中华书局1987年版，第324页。张大年选编《厓山诗选》收录此诗，末句"呜呼此意谁与言"重复一遍，香港广角镜出版社有限公司1991年版，第103页。

⑥ 陈献章著，孙通海点校：《陈献章集》，中华书局1987年版，第511页。张大年选编《厓山诗选》收录此诗，第二句作"长留何处去"，误。香港广角镜出版社有限公司1991年版，第106页。

⑦ 陈献章著，孙通海点校：《陈献章集》，中华书局1987年版，第406页。张大年选编：《厓山诗选》，香港广角镜出版社有限公司1991年版，第105页。

下茅亭客未来。坐隔谈锋终日笑,碑封丹迹几回开。孤舟莫负秋来约,同到厓门白浪堆。"之二云:"千寻岭上更登台,再到丹丘忘却回。雨歇山斋人已去,月明江舫梦还来。不拚铁柱磨针利,岂乏金篦刮眼开。回首厓山多感慨,英雄枯骨漫成堆。"①《宋行宫》云:"宋若早枭奸桧首,乾坤何得有行宫?三闽四广成虚语,金房胡元尽下风。结缨他日悲丞相,鸳履何人识魏公?到此输赢如反掌,厓山犹自纪元功。"②《晚发厓山》云:"江水初宽白鹭飞,厓山欲莫赤枫微。孤舟独背汤瓶去,不共前川钓艇归。"③《游厓山泊奇石下风雨夜作》云:"千寻铁索锁江云,南北当年一水分。晚泊孤舟奇石下,两厓风雨夜深闻。"④《厓山杂诗》六首之一:"寒云黯黯日模糊,南有苍厓对捻须。今夕孤舟不成寐,白鸥飞尽我踟蹰。"之二:"北风半夜卷沧溟,杖屦船头候晓晴。满目寒云吹不散,一帆细雨湿汤瓶。"之三:"万古青山自落晖,白鸥穿破水云飞。孤舟江畔无情思,闲与儿童咏《绿衣》。"之四:"北风何事更长吹,尽日孤帆逗水湄。吟遍天涯归未得,江神应爱石斋诗。"之五:"肩舆讶我走冲烟,山鸟窥人下啄舷。十里风光奇石角,一江晴色雾潭前。"之六:"白鸥黄犊任西东,沙草伤心对朔风。今日江边题舫子,诗人若是半山翁。"⑤《登厓山观奇石碑》云:"长年碑读洗残潮,野鬼还将野火烧。来往不知亡国恨,只看奇石问渔樵。"⑥《哀歌亭诗》云:"祠堂千顷压江波,张陆之名更可磨。只少当时

---

① 陈献章著,孙通海点校:《陈献章集》,中华书局1987年版,第439页。张大年选编《厓山诗选》收录,第二首第二句"丘"作"邱",第五句"拚"误作"拌",香港广角镜出版社有限公司1991年版,第194页。
② 张大年选编:《厓山诗选》,香港广角镜出版社有限公司1991年版,第80页。陈献章著,孙通海点校《陈献章集》第四句作"金□□元尽下风",中华书局1987年版,第504页。
③ 陈献章著,孙通海点校:《陈献章集》,中华书局1987年版,第661页。张大年选编《厓山诗选》,香港广角镜出版社有限公司1991年版,第179页。
④ 张大年选编:《厓山诗选》,香港广角镜出版社有限公司1991年版,第86页。陈献章著,孙通海点校《陈献章集》似未收此诗。
⑤ 陈献章著,孙通海点校:《陈献章集》,中华书局1987年版,第662页。张大年选编《厓山诗选》收录第二首、第五首,香港广角镜出版社有限公司1991年版,第179～180页。
⑥ 张大年选编:《厓山诗选》,香港广角镜出版社有限公司1991年版,第88页。陈献章著,孙通海点校《陈献章集》此诗题作《登厓山观奇石》,且多有阙文,作:"长年碑读洗残潮,□□还□野火烧。来往不知亡国恨,只看□石□□□",中华书局1987年版,第694页。

文相国，一间亭子表哀歌。"① 《寄贺柯明府建三忠祠于阳江》前半云："夷狄犯中国，妻妾凌夫君。此风何可长，此恨何由申？仲尼忧万世，作经因感麟。往者宋元间，适逢大运屯。仰天泣者谁？屈指张陆文。临事诚已疏，哀歌竟云云。一正天地纲，我祖圣以神。缺典谁表章，厓山莽荆榛。寥寥二百年，大忠起江濆。慈元庙继作，烂映厓山云。近者阳江尹，一念何精勤！作祠比厓山，两庙存三仁。"② 《吊陆公祠》云："伤心欲写厓山事，惟看东流去不回。草木暗随忠魂吊，江淮长为节臣哀！精神贯日华夷见，气脉凌霜天地开。耿耿圣旌何处是？英灵抱帝海涛隈。"③ 《次韵孙御史拟吊厓》云："瞬息人间三百年，寻常兴废不须怜。羌胡此贼真无赖，中国何年坏守边？信国不来知有罪，鲁齐当仕岂忘天！太空不语乾坤病，万载千秋老泪涟。"④ 可以说，在此之前，还没有任何一位诗人像陈献章这样如此周详全面、如此满怀深情地记载厓山、歌咏厓山。厓山的思想内涵和精神象征由于陈献章着意进行了"厓山诗史"书写而变得空前深刻辽远。

南海平步孙蕡《厓山有感》云："崖山峙海门，乃宋沉国所。双龙如九渊，义士赴强虏。妻子驱先沦，焚香亦何补。我来吊忠魂，但见浪花舞。底用玺发光，凄其为怀古。"⑤ 香山黄佐《宋行宫》云："沙涌清夜月，曾照故行宫。未抵黄龙府，空悲白雁风。丹心思蹈海，正气化成虹。若遂厓门愿，吾乡有大忠。"⑥ 《全节庙诗》云："极目黄尘暗帝畿，楼船南去逐斜晖。已无虎帐传金柝，只有龙潭葬宝衣。精卫何时填海满？苍梧终日见云飞。贞魂若化吴宫燕，应是年年一度归。"⑦ 《祭大忠祠》云：

---

① 张大年选编：《厓山诗选》，香港广角镜出版社有限公司1991年版，第91页。陈献章著，孙通海点校《陈献章集》似未收此诗。
② 张大年选编：《厓山诗选》，香港广角镜出版社有限公司1991年版，第128页。
③ 张大年选编：《厓山诗选》，香港广角镜出版社有限公司1991年版，第131页。陈献章著，孙通海点校《陈献章集》似未收此诗。
④ 陈献章著，孙通海点校：《陈献章集》，中华书局1987年版，第481页。张大年选编：《厓山诗选》，香港广角镜出版社有限公司1991年版，第160页。
⑤ 张大年选编：《厓山诗选》，香港广角镜出版社有限公司1991年版，第182页。
⑥ 温汝能纂辑，吕永光等整理：《粤东诗海》，中山大学出版社1999年版，第370页。张大年选编《厓山诗选》收录此诗，题作"（沙涌）宋行宫"，文字亦有异同：第六句作"正气化长虹"，第七句作"若遂厓门志"，香港广角镜出版社有限公司1991年版，第89页。
⑦ 张大年选编：《厓山诗选》，香港广角镜出版社有限公司1991年版，第107～108页。

"谁扶黄屋此长征？华夏分明万古情。百粤波涛非帝宅，两厓风雨是天声。气吞蛇豕频挥剑，力尽驰驱尚请缨。再拜高祠回首地，满山松挂月微明。"①《厓山吊古》七首之一："北风吹浪作龙楼，疑是乾坤正气浮。闻说当时杨太后，间关挥泪渡中流。"之二："宋室逢厓事可知，燕台犹梦整天欹。黄冠不到江南路，长使遗民叹黍离。"之四："两厓形胜自天开，夺港犹思卷土来。千古海陵遗恨在，云涛回望重堪哀。"新会许相《厓山哀歌亭读文信国诸诗》云："南国游魂悲帝子，燕台残梦老孤臣。谁知赤县中兴计，犹属黄冠后死身。慷慨扶天曾入梦，须臾沧海已扬尘。游人莫唱招魂曲，风雨空山泣鬼神。"②其子许炯《厓门奇石》云："海门铁柱镇龙宫，障尽洪涛是此中。去国孤臣心似石，风波不改旧时容。"③又《厓门吊古》三首之一："中原杀气随胡马，南粤楼船作帝宫。十万貔貅同捧日，一朝风雨尽从龙。沧波渺渺英魂在，禾黍离离故国空。千载神游知不远，翠华摇落海门东。"之三："古祠牢落对行宫，朝市荒凉夕照中。玉玺久归沧海去，铜驼空见碧苔封。已无抔土藏遗剑，犹有馀民泣堕弓。一曲雍门歌不尽，满山松柏起悲风。"④又《崖门泛舟》云："沧溟万顷片帆开，击楫中流亦壮哉。风定波光明似镜，雨馀山色净如苔。黄龙翔后烟犹暝，白浪堆前潮自来。夷夏兴亡千古恨，故宫残垒总生哀。"⑤明广东顺德欧大任《三忠祠》云："乾坤何黯黮，闽广日凄迷。填海惟精卫，啼山有子规。三臣肝胆裂，二曜震惊低。一自哀歌后，沧波恨不西。"⑥

陈白沙弟子、广东顺德人何绛《崖门谒三忠祠》云："双峰如阙水迢迢，恍惚洪涛怒未消。使相有祠遗海裔，书生无泪哭前朝。空闻谢豹啼荒殿，无复黄龙起暮潮。礼罢苔阶频太息，两崖风雨正萧萧。"⑦广东顺德人、白沙弟子梁景行《从白沙先生游厓山谒大忠祠作》云："忠祠奇石屹，正气大江流。此日悲狂浪，伤心覆御舟。三仁心矢日，一旅运逢秋。

---

① 张大年选编：《厓山诗选》，香港广角镜出版社有限公司1991年版，第120页。
② 张大年选编：《厓山诗选》，香港广角镜出版社有限公司1991年版，第92页。
③ 张大年选编：《厓山诗选》，香港广角镜出版社有限公司1991年版，第89页。
④ 温汝能纂辑，吕永光等整理：《粤东诗海》，中山大学出版社1999年版，第394页。张大年选编《厓山诗选》收录第一首，香港广角镜出版社有限公司1991年版，第164页。
⑤ 温汝能纂辑，吕永光等整理：《粤东诗海》，中山大学出版社1999年版，第395页。
⑥ 张大年选编：《厓山诗选》，香港广角镜出版社有限公司1991年版，第121页。
⑦ 张大年选编：《厓山诗选》，香港广角镜出版社有限公司1991年版，第122页。

千古厓山上，哀猿处处愁。"① 广东番禺人、白沙弟子张诩（字廷实）《次白沙先生约游厓山韵》云："行宫数十尚荒台，龙驭宾天竟不回。忠节月临还日照，兴亡汐去又潮来。鹃啼宿雨孤坟闭，浪打厓门两庙开。帝子神游应过此，玉笙声在碧云堆。"② 番禺人释今无《拜三忠祠》云："穷崖极岸拜崇祠，万古山河又一时。波浪独深臣子泪，死生惟有老僧知。鱼龙国冷人如梦，乌鹊枝危月亦悲。最是不堪投吊草，乾坤若个哭男儿。"③ 顺德梁有誉《厓门吊古》三首之一云："谁悟当年谶已真？汴杭回首总成尘。愤无句践三千士，死恨田横五百人。海上乾坤春梦短，厓前风雨客愁新。贞魂若作啼鹃去，葛岭山头哭万巡。"④ 高明欧大伦《厓门吊古》四首之一："忆昔浮厓日，山河一苇存。三臣同恋主，列士总衔恩。海日乖殷夏，华夷易宋元。驱除圣主力，冠履正乾坤。"之二："厓门一片水，客至每愁增。断壁无元字，空山有宋陵。胶舟悲不返，填海恨常凝。千载经祠庙，凄然感废兴。"⑤ 高明欧大相《厓门览古》五首选三："遗恨前朝事，吾来问水滨。乾坤存一旅，社稷有三臣。惨淡勤王志，间关护主身。至今厓畔石，风雨洗胡尘。""万里穷何路，双厓壮北门。吁天惟决战，航海岂图存。虏骑能追宋，王师实灭元。聊持一尊酒，波上酹忠魂。""亡国遗墟在，扁舟访古行。厓无灭宋字，波有撼胡声。冠履元华夏，乾坤仗圣明。回思驱逐日，极塞虏尘清。"⑥ 南海陈子升《望圭峰》云："圭峰历历树灯残，回首冈州落照寒。欲上峰头散愁思，厓门东下水漫漫。"⑦

在厓山象征意义的发掘与建构和岭南遗民精神的发现与形成过程中，明末世乱之际出现的一批岭南人士发挥了至关重要的作用。从岭南思想文化史的角度来看，这批杰出人士的出现，不仅使厓山书写得到进一步丰

---

① 张大年选编：《厓山诗选》，香港广角镜出版社有限公司1991年版，第115页。
② 张大年选编：《厓山诗选》，香港广角镜出版社有限公司1991年版，第195页。
③ 张大年选编：《厓山诗选》，香港广角镜出版社有限公司1991年版，第124页。
④ 张大年选编：《厓山诗选》，香港广角镜出版社有限公司1991年版，第161页。温汝能纂辑，吕永光等整理《粤东诗海》收录，首句第一字作"惟"，疑误；第六句首字作"崖"。中山大学出版社1999年版，第511页。
⑤ 张大年选编：《厓山诗选》，香港广角镜出版社有限公司1991年版，第165页。温汝能纂辑，吕永光等整理《粤东诗海》，中山大学出版社1999年版，第778页。
⑥ 张大年选编：《厓山诗选》，香港广角镜出版社有限公司1991年版，第168页。温汝能纂辑，吕永光等整理《粤东诗海》收录第一首，中山大学出版社1999年版，第766页。
⑦ 张大年选编：《厓山诗选》，香港广角镜出版社有限公司1991年版，第197页。

富，使厓山记忆和厓山象征得到了更加充分的彰显，而且将岭南遗民精神与世变之际的政治选择、人生命运空前紧密地联系在一起，从而使这种文化精神获得了具有理想追求色彩的实践品格，也使岭南文化精神中的英雄气概、烈士情怀、报国激情得到了一次空前绝后的展示，将岭南遗民精神提高到了一个全新的思想高度。

广东顺德陈邦彦《崖门吊古》四首之一："万顷烟波接杳冥，双峰如阙控重溟。草藏宋血还馀碧，浪洗胡尘尚带腥。鱼腹有灵迎玉玺，龙髯无地树冬青。中原极目今戎马，凭吊先朝一涕零。"之二："百万貔貅一壑中，后人空自说三忠。每疑木石衔精卫，时向烟波现白虹。燕市可堪仍履地，海灵谁复断孤篷。慈元旧殿今芜没，愁杀江门老钓翁。"之三："日日偏舟访海滨，莺花寥落度深春。驭戎异代俱无策，汉帝由来自有神。荒树几行催蜀魄，怒涛千尺泣波臣。数乘此险惭明发，只恐微丹后古人。"之四："往事苍茫不可寻，东风吹雨昼阴阴。精魂拟共湘波怨，遗恨长留越客吟。赖是圣明回汉甸，只今邦计仗南琛。春陵佳气中兴日，借取当年义士心。"①《狱中步文丞相韵》云："生涯少壮但传经，通籍才周两岁星。乡国愁看成陨箨，室家宁计问飘萍。万言旧疏凭谁乙？五木严刑拚备丁。泉路若逢文信国，不知双眼可谁青？"②《狱中自述》云："去岁承恩桂海湏，何期国步倍多迍？室中自起金戈衅，天外俄惊铁骑尘。入梦翠华频想象，招携乌合每逡巡。经年辛苦惭何补，应识皇明有死臣。"③ 都是诗人铮铮铁骨和反抗精神的诗性显现。广东南海邝露《吊厓》云："组练曾驱锦浪堆，中流弥识济川才。挥戈不返羲和御，入海空闻薤露哀。璧月玺浮天上下，鲲溟龙战水潆洄。扪萝已灭磨厓字，风雨年年长绿苔。"④ 也都是从对厓山的凭吊中感慨古今兴亡、抒写国破之痛的心声。

稍后出现并堪可代表明清之际岭南思想与文学成就的"岭南三大家"，即番禺屈大均、顺德陈恭尹、南海梁佩兰三人，以其明清易代的切肤之痛和生长岭南的地利之便，同样对厓山予以特别的关注，并写下了大量的诗

---

① 温汝能纂辑，吕永光等整理：《粤东诗海》，中山大学出版社1999年版，第976页。张大年选编《厓山诗选》收前二首，香港广角镜出版社有限公司1991年版，第166页。
② 张大年选编：《厓山诗选》，香港广角镜出版社有限公司1991年版，第141页。
③ 温汝能纂辑，吕永光等整理：《粤东诗海》，中山大学出版社1999年版，第976页。笔者对原标点略有调整。
④ 张大年选编：《厓山诗选》，香港广角镜出版社有限公司1991年版，第159页。

篇，对厓山象征和岭南遗民精神进行了着力的表现。《广东新语》卷十一《文语》即以"广东文集"条弁首，中有云："予尝撰《广东文集》，其序云：……嗟夫！一国之人文，天下之人文也。知天下于一国，知一国于一人。此一人者，其出则必如文献，处则必如文恭者也。典型既往，后学无师。吾安得不为斯文之绪有深虑乎？……嗟夫！广东自汉至明千有馀年，名卿巨公之辈出，醇儒逸士之蝉连，操觚染翰，多有存书。其或入告之嘉谟，或谈道之粹论，或高文典册，纪载功勋，或短章数行，昭彰懿行。其义皆系于人伦，其事多裨乎国史。作者深衷，鬼神可质，岂可挂一漏十，令其泯没无传？将一邦人物之盛，著作之宏多，反不如玛珠翠羽，犀象珊瑚，水沉伽南诸珍怪，犹能尽见于世，是岂有志好古敏求者之所忍乎？……嗟夫！广东者，吾之乡也。一桑梓且犹恭敬，况于文章之美乎？文者道之显者也，恭敬其文，所以恭敬其道。道在于吾乡之人，吾得由其文而见之，以为尚友之资，以为畜德之本，岂非吾之所以为学者乎？其不能一一镂版以传，则以贫也，有所待于有力者也。然予将终身以之，若愚公之徙太行，精卫之填东海，不以其力之不足而中辍也。知者鉴诸！"① 结合屈大均生活的时代和思想行事，特别是考察他写作《广东新语》的纯学术目标以外更加重要、更值得体认的政治文化动机，可以认为此种言论不仅是有意为之，而且有深意存焉。

屈大均的多首诗歌也反映了对厓山及其精神象征的关注，更加清晰地表达了既属于他个人又具有代表性的岭南遗民精神。其《吊厓》云："虎头门外二洋通，想像精灵满海东。一代衣冠鱼腹里，千秋宫阙蜃楼中。乾坤开辟无斯变，龙凤驱除亦有功。万古人伦能再造，高皇神烈自无穷。"②《吊永福陵（在冈州厓山）》三首之一："一路松林接海天，荒陵不见见寒烟。年年寒食无寻处，空向春风拜杜鹃。"之二："万古遗民此恨长，中华无地作边墙。可怜一代君臣骨，不在黄沙即白洋。"之三："北狩南巡总寂

---

① 屈大均：《广东新语》，中华书局1985年版，第316～320页。
② 陈永正主编：《屈大均诗词编年笺校》，中山大学出版社2000年版，第171页。欧初、王贵忱主编《屈大均全集》收录此诗，第七句"伦"误作"偏"，人民文学出版社1996年版，第854页。笔者按：张大年选编《厓山诗选》（香港广角镜出版社有限公司1991年版）不收此诗，可怪也。

寥，空留抔土是前朝。凭君莫种冬青树，恐有人来此射雕。"① 将"遗民"之感表达得空前充分，这在此前的岭南诗歌中尚不多见。《恭谒三大忠祠》之一："宋代江山今已非，海门阴雨见龙旗。中华此度君臣尽，万国何年玉帛归？地有三公为狱渎，天馀一客在芝薇。南园俎豆凄凉甚，欲识忠魂是落晖。"之二："祠堂寂寞越城边，一片风吹绿草烟。词客旧多亡国恨，骚人今有礼魂篇。将军（张公世杰）力向天风尽，丞相（陆公秀夫、文公天祥）心为海日悬。羡绝当年孙典籍，太平光在圣人前。"② 《和易训吊厓山诗》云："乾坤于此尽，海底有中华。鱼腹怀忠义，鹃啼为国家。双峰天作辟，两庙地沉沙。岁岁苹蘩荐，劳君此水涯。"③ 《登圭峰顶望崖门》云："怅望江门烟雨浓，先朝空有玉台钟。湘妃万古馀斑竹，望帝三春在碧峰。挥断金戈时已尽，歌残薤露去无从。天边岛屿多遗殿，绿草离离积几重？"④ 以历史故事人物映衬古今沧桑，将雄浑之气与沧凉之感如此密切地结合在一起，反映了屈大均诗歌创作的思想深度和艺术个性。

屈大均无疑是明清之际岭南遗民群体中最有影响力的核心人物之一，也是岭南遗民精神的杰出代表。屈大均对自己的遗民身份是很清楚的，甚至是有意强化的，比如他的《春山草堂感怀》十七首其一："地因滨海湿，人以著书贫。况复多风雨，弥令叹苦辛。半生游侠误，一代逸民真。菽水劳妻子，窗间刺绣频。"其十二："慷慨干戈里，文章任杀身。尊周存信史，讨贼作词人。素发垂三楚，愁心历九春。桃花风雨后，和泪共沾巾。"⑤ 此诗作于康熙九年（1670）屈大均继室王华姜卒后；春山草堂是大均番禺故里之居室名，从中可知诗人当时的思想与情感状态。他还在《咏史》中写道："匕首频虚发，无成愧丈夫。心悲虽故国，事去未穷途。

---

① 欧初、王贵忱主编：《屈大均全集》，人民文学出版社1996年版，第1273～1274页。张大年选编《厓山诗选》题作《吊厓山宋永福陵》，收录前二首，第一首首句"林"作"楸"，香港广角镜出版社有限公司1991年版，第83页。

② 张大年选编：《厓山诗选》，香港广角镜出版社有限公司1991年版，第127页。

③ 张大年选编：《厓山诗选》，香港广角镜出版社有限公司1991年版，第183页。

④ 欧初、王贵忱主编：《屈大均全集》，人民文学出版社1996年版，第855页。笔者对原标点略有调整。张大年选编《厓山诗选》收录此诗，将首句"江"改为"崖"，并指出："'怅望崖门'的'崖'字，原诗作江门的'江'字，有误。今特校正为'崖门'，才吻合诗意"，香港广角镜出版社有限公司1991年版，第197页，笔者按："江"字义、诗意均不误，改之无据。

⑤ 陈永正主编：《屈大均诗词编年笺校》，中山大学出版社2000年版，第320～322页。

巨野堪为盗，朱家且作奴。如何惭一母，无食向江湖。"①他的《临危诗》则更加充分地表明了这一点："丙子岁子朝，占寿于古哲。乃得邵尧夫，其年六十七。我今适同之，命也数以毕。所恨成仁书，未曾终撰述。呜呼忠义公，精神同泯物。后来作传者，列我遗民一。生死累友人，川南自周恤。独漉题铭旌，志节表而出。华跌存后人，始终定无失。林屋营发冢，俾近冲虚侧。"②诗中的"成仁书"指的是《皇明四朝成仁录》一书，可见屈大均对此书的看重，更可见屈大均对自己这种文化选择的清醒认识。除诗歌创作外，屈大均所结交、所钦重的具有遗民品格的岭南人士和中原人士，都一再证明着这一点。

与野蛮杀戮的南下清军（实际上是清朝统治者）结下家仇国恨的陈恭尹，也毫不意外地在诗中表现了对厓山的追忆和凭吊之情，以此表达极其深痛的故国故园情思。《秋日西郊宴集，同岑梵则、张穆之、家中洲、王说作、高望公、庞祖如、梁药亭、梁颙若、屈泰士、屈翁山，时翁山归自塞上》云："黍苗无际雁高飞，对酒心知此日稀。珠海寺边游子合，玉门关外故人归。半生岁月看流水，百战山河见落晖。欲洒新亭数行泪，南朝风景已全非。"③《哭王础尘》十首之二："武昌江上覆舟时，天道悠悠莫可知。总是人间不成事，廿年重活更何为？"之四："献策曾承相国知，三加亲为结冠绥。痛来礼数从兹绝，不独西台恸哭时。"《秋夜王东村、梁药亭、刘汉水、王蒲衣、梁王顾、家夔石过宿独漉堂，读先司马遗集，枉赠名篇，赋答》云："九原不可作，古道更谁陈？夜烛开遗草，寒斋共故人。星横骑尾气，霜老枕戈身。一读投湘赋，泉扉自此春。""千古伤心地，当年洒泪馀。空还新息革，终负贾生书。绛阙恩虽满，苍生望尚虚。乾坤同气在，异代岂云疏。"④俱可见陈恭尹对华夷之辨的着意强调，对遗民身份的深切体认，亦可见对遗民精神的有意坚守。

岭南三大家中的另一位，也是三人中最年长的一位、广东南海梁佩兰，原为陈邦彦弟子，起初也抱有甘当遗民的决心，后来却有投靠仕清的经历，因此不再可能属于为"明朝"人，当然也不可能称之为"遗民"。这一点，不论梁佩兰本人是否愿意、是否乐于接受，都不得不如此。但是

---

① 陈永正主编：《屈大均诗词编年笺校》，中山大学出版社 2000 年版，第 521 页。
② 陈永正主编：《屈大均诗词编年笺校》，中山大学出版社 2000 年版，第 1058～1059 页。
③ 陈恭尹著，郭培忠校点：《独漉堂集》，中山大学出版社 1988 年版，第 75 页。
④ 陈恭尹著，郭培忠校点：《独漉堂集》，中山大学出版社 1988 年版，第 138 页。

梁佩兰在追随陈邦彦左右并与一批岭南文士为伍的时候，也曾写下表现亡国之痛、遗民情怀，表彰民族气节的诗篇。如《秋夜宿陈元孝独漉堂，读其先大司马遗集感赋》六首之一："大节平生事，文章复不刊。墨痕犹似渍，碧血几曾干？自得乾坤正，谁知事势难。草堂灯一点，霜气迫人寒。"之二："竟使神京陷，皇天亦不仁。衣冠生乱贼，草莽起孤臣。卧剑雷常动，挥鞭日欲新。弘光诸疏草，侃侃究天人。"之四："至今亡国泪，洒作粤江流。黑夜时闻哭，悲风不待秋。海填精卫恨，天坠杞人忧。一片厓山月，空来照白头。"之五："往日鸣珂里，孤儿应羽林。姓名麟阁重，骨肉主恩深。叹命嗟何适，浮湘欲断吟。及门诸弟子，同有伯夷心。"① 尽管梁佩兰后来尽违初心，这些诗作仍然可以视为岭南遗民精神的表现，不失其应有的价值。梁佩兰其人其诗还有另外一个方面的价值，就是从中可以看到人性的复杂、命运的残酷、由己与不由己的两难，当然也可以由此感受到生前的悲欢与死后荣辱之间种种变化。

关于岭南三大家的分合异同，《清代文字狱档》第二册《屈大均诗文及雨花台衣冠冢案》有云："查岭南向有三大家名号：一名屈大均，号翁山；一名陈恭尹，号元孝；一名梁佩兰，号药亭。俱有著作诗文，流播已久；第以粤抚任内，事务冗繁，臣办理不暇，故未觅其书集看阅。……查梁药亭诗文，词无悖谬；而翁山、元孝书，文中多有悖逆之词，隐藏抑郁不平之气。又将前朝称呼之处，俱空抬一字，惟屈翁山为最，陈元孝间亦有之。臣观览之际，不胜骇愕发指。……不意有食毛践土之屈翁山、陈元孝狗彘居心，虺蝎为念，秉彝尽丧，乖戾独钟，既不知天高地厚之深恩，妄逞狼嗥犬吠之狂词，诋毁圣朝，盗窃微名。此实覆载所不容者。"② 从这种咬牙切齿、痛心疾首的恶毒言论中，正可以看出屈大均、陈恭尹与梁佩兰诗歌与思想行事的重大差异，甚至是根本性的不容忽视的差异。而屈大均和陈恭尹的诗歌创作之所以引起清统治者如此强烈的不安与愤怒，最根本的原因就是作品中表现的反清意识和遗民精神。

可见，在宋代以及元代有关厓山书写的基础上，明代的岭南诗人对厓山的关注与书写更加充分，更加深入，无论其思想深度还是艺术深度，都

---

① 梁佩兰著，吕永光校点补辑：《六莹堂集》，中山大学出版社1992年版，第59页。
② 上海书店出版社编：《清代文字狱档》，上海书店出版社2007年版，第129~130页。笔者对原标点有所调整。

达到了空前的水平，这种书写与明代其他地域诗人的崖山书写相呼应，形成了一个令人瞩目的崖山创作高峰。这种崖山象征和岭南遗民精神，前有以诗人哲学家陈献章为代表的一批岭南士人的阐发弘扬，后有以学者思想家屈大均为代表的又一批岭南士人的身体力行，在经过了明代前中期至明末的延续发展之后，终于得以成熟并产生了空前深远的影响。明代以岭南诗人为主体的崖山创作形成了具有重要思想史、文学史意义的崖山象征；崖山象征的精神内涵就是以崖山为精神原点的岭南遗民文化精神。

三、岭南遗民精神的传布与演化

清代广东新会林奕美《崖门吊古》诗云："忍看崖海日横流，太息当年帝业休。一派波涛馀宋恨，三忠剩骨赖谁收？华夷兴废鱼龙寂，祠殿荒凉草木稠。幸有词人品题在，君臣姓字播千秋。"① 非常充分地表现了对崖山故事和崖山精神的追怀与崇敬之情。明代以后，即便在清代那样一个汉族人士多受打压、思想备受钳制的环境下，汉族遗民和遗民文化依然不可能被完全毁灭，统治者甚至在不构成威胁其统治大局的前提下，不得不对遗民文化采取默许的态度。在这种情况下，以崖山历史经验教训为思想内涵的岭南遗民精神得以在不利的时代文化环境下继续生存并得到传布，成为岭南遗民精神的又一个重要发展阶段。

清末民初广东东莞人陈伯陶曾在所编《胜朝粤东遗民录》中说："盖明季吾粤风俗以殉死为荣，降附为耻，国亡之后，遂相率而不仕不试，以自全其大节，其相勖以忠义，亦有可称者。……此亦可见吾粤人心之正，其敦尚节义，寖成风俗者，实为他行省所未尝有也。"② 同为东莞人张其淦（署名豫道人）在此书的跋语中亦有云："有明一代，士大夫争尚气节，死事之烈，逸民之众，超越前史。……迨夫甲申之变，怀宗殉社稷，杀身成仁之士，史不绝书，往往阖室自焚，肝脑涂地。……当是时也，吾粤陈文忠公、陈忠愍公、家文烈公，起兵殉义，英魂毅魄，岭海生光。其馀义师蜂起，指不胜屈，琐尾遗黎如陈乔生、独漉两先生及家璱子先生，咸有著作，表见于后世。维时同道，得朋履洁全贞，所在多有，其姓名泯

---

① 张大年选编：《崖山诗选》，香港广角镜出版社有限公司1991年版，第167页。
② 陈伯陶（号九龙真逸）：《〈胜朝粤东遗民录〉自序》，见谢正光、范金民编《明遗民录汇辑》附录，南京大学出版社1995年版，第1375～1376页。

没而不彰者,何可胜道?"① 所论虽不无出于乡邦观念和遗民情怀的有意推重之意,却提出了岭南遗民与遗民精神的表彰、延续及其对于文化承传的意义等重要问题。而《胜朝粤东遗民录》一书的编纂活动本身,已经具有了这样的文化学术意义。

从诗歌创作的角度来看,入清以后,仍有不少岭南诗人书写厓山、歌咏厓山精神,留下了丰富的厓山记忆,彰显着岭南遗民精神的延续与发展过程,也反映了起源于南宋末年、形成于明代中后期、勃兴于明清之交的岭南遗民精神对于后世的深远影响。清广东顺德何惠群《永福陵》云:"寂寞古硐州,有陵号永福。宰树无冬青,但见白杨木。宋家三百年,末造几颠覆。间关赵氏孤,殉身向海曲。半夜辒车驰,九原坏土筑。空馀几尺坟,埋此一块肉。故都有先茔,发掘成坑谷。死帝悲头颅,遗民惨心目。兹坟寄荒陬,幸免真伽毒。虽无麦饭浇,时有杜鹃哭。况闻慈元陵,近在崖山麓。帝子盍归来,地下魂相逐。"② 清广东顺德大良罗天尺《宋宫都宁山(补题)》云:"舟过大鱼塘,东望半边月。怪石高嶙峋,人指宋宫阙。云是都宁山,赵氏经残劫。庙宇何巍然,俎豆三忠烈。空山叫白鹇,青草沦碧血。我来吊古迹,旧典半明灭。史无王旦名,地传刘义节。欲续崖门线,终同块肉绝。山风史我衣,愁恨千古结。"③ 清广东新会何朝昌《谒全节庙》云:"风涛万里此间关,一代纲常炳宇寰。石烂已磨元日月,庙存犹认宋河山。天潢别派传南粤(今赵姓分三派致祭),坤德常贞峙百蛮。呜咽不须留旧恨,女魔亡国见羞颜。"④ 清广东新会谭锡朋《全节庙》云:"波涛山立撼厓门,一代君臣大义存。十万有兵皆节烈,九重无地尚陵园。苍天莫补娲皇力,碧海难填精卫魂。惟有白沙碑版上,争光日月耀乾坤。"⑤

清广东番禺张维屏《宋三大忠祠》句云:"堂堂宋室三大忠,死有先后同鞠躬。两河百郡等灰烬,所不灭者惟臣衷。慈元殿上垂帘日,执笏讲

---

① 张其淦(号罗浮豫道人):《〈胜朝粤东遗民录〉豫道人跋》,见谢正光、范金民编《明遗民录汇辑》附录,南京大学出版社1995年版,第1377页。笔者对原标点略有调整。
② 张大年选编:《厓山诗选》,香港广角镜出版社有限公司1991年版,第85页。
③ 张大年选编:《厓山诗选》,香港广角镜出版社有限公司1991年版,第98页。笔者对原标点略有调整。
④ 张大年选编:《厓山诗选》,香港广角镜出版社有限公司1991年版,第109页。
⑤ 张大年选编:《厓山诗选》,香港广角镜出版社有限公司1991年版,第110页。

官犹壁立。攫天龙黑失沧溟，堕地星红飞霹雳。"① 新会陈梦梅《舟次崖门谒全节庙吊古》句："穷山极川逃至崖，泽国权为渐安国。剩水残山何凋荒，嗟嗟遗命惟有同根托。……一夫当关隘，万夫莫争界。崖民间有情，崖众心成城。崖木可制艇，崖草群疑兵。崖云布帐幕，崖嶂罗翰屏。崖樵入崖樵薪足，崖田可耕居积谷。运粮况有崖水通，崖海鱼肥充军腹。饱来崖石横磨刀，厉声扬威震崖谷。以此地险家天关，长江天堑谁飞还？岂知彼苍原厚宋，留他忠义壮河山。"② 顺德简朝亮《陈白沙慈元庙碑》云："苍茫三百十年间，风雨茅龙出海山。碧玉楼高神有梦，黄陵庙古死无还。临江南渡方千里，定策东开第一关。问是何人先纵敌？骑驴客早泪痕斑。"③ 又《谒乡三忠庙》云："吾闻父老昔勤王，登岸军声递海疆。百里厓山明改邑，千年遗庙宋开乡。黄龙府北添秋草，朱雀旗南失夕阳。回首舟师沉落处，题诗留照古人光。"④ 新会赵允闲《游厓吊古》十首选二："兴亡百代自循环，大节无亏讵可攀。一旅勤王扶社稷，三仁报国重河山。血漂碧草枫逾赤，泪点苍台竹亦斑。千古忠魂无限恨，丹心留取照人间。""胜负兵家本是常，大忠祠辟破天荒。元无尺土元安在？宋有三仁宋不亡。义正君臣扶日月，节防胡虏凛冰霜。镌功书灭何能贬？万古厓门俎豆香。"⑤ 原籍浙江会稽、后隶籍番禺的吴道镕《宋皇台》云："中兴成族苦经营，凭吊荒台泪漫倾。百万义师齐卷甲，伤心尚有庾兰成。"⑥

可见，从清代前中期到清末，尽管清朝统治者的文化政策发生了重大变化，中外时势也发生了根本性的变化，包括清朝专制统治力量的逐渐削弱，特别是中国在当时世界局势中的真实处境逐渐被一些比较清醒、比较先进的中国人所认识，但是岭南诗人对于厓山的诗歌书写仍在持续，对于厓山记忆、厓山象征中所承载与蕴含的岭南遗民精神也随着厓山书写的持续而得到传布和延伸。

从20世纪初叶起，随着清朝统治者的日趋腐败、政治改革与社会变

---

① 张大年选编：《厓山诗选》，香港广角镜出版社有限公司1991年版，第125页。
② 张大年选编：《厓山诗选》，香港广角镜出版社有限公司1991年版，第210页。笔者对原标点有所调整。
③ 张大年选编：《厓山诗选》，香港广角镜出版社有限公司1991年版，第208页。
④ 张大年选编：《厓山诗选》，香港广角镜出版社有限公司1991年版，第214页。
⑤ 张大年选编：《厓山诗选》，香港广角镜出版社有限公司1991年版，第223页。
⑥ 张大年选编：《厓山诗选》，香港广角镜出版社有限公司1991年版，第235页。

革思潮的逐渐兴起，为国粹思潮、民族意识、遗民精神的复兴提供了适宜的机会，可提供了现实的可能，包括厓山记忆、厓山象征在内的岭南遗民精神也再度得到发展。特别是民国建立前后，随着以民主革命思想为主流的反清复汉思想、汉民族主体意识、民族精神的蓬勃发展，也由于岭南在近代民主革命运动中的特殊地位和重要作用，以厓山记忆、厓山象征为核心内容的岭南遗民精神也再一次得到了传布弘扬的机会。广东顺德黄节在《题陈白沙先生自写诗卷后》中写道："风雨茅龙落笔奇，文章万古在南陲。荒崖莽莽三忠庙（崖山慈元庙碑为先生所书，又有句云'苍崖不是无春色，吹尽斜阳一笛中'），奇石阴阴一字碑（奇石在崖山之北，有'张弘范灭宋于此'数字，先生为冠一'宋'字于其首，更于石阴题诗云：'忍夺中华与外夷，乾坤回首重堪悲。镌功奇石张弘范，不是胡儿是汉儿'）。我已汍澜频掩卷（先生作慈元庙碑云'为之掩卷，不忍复观之矣'），不堪零落未收辞。休论三百年来事，野马游尘满绢丝。"① 从黄节对陈献章所作厓山诗歌的考订性文字中，可见这位革命家、学者、诗人对于厓山所承载的历史经验教训、汉族文化传统、遗民文化精神的深刻思考和深度认同，也可见厓山记忆、厓山象征和岭南遗民精神在清末民初的岭南延续和影响。广东番禺陈树人《宋王台》亦云："临江片石尚崔巍，七百年间认劫灰。人共河山沉默里，夕阳西下宋王台。"② 所写虽不是新会厓山，而是位于香港九龙的宋王台，但同样可见厓山故事的广泛传布和产生影响的痕迹，特别是对民国初年的岭南人士的思想影响。对于清末民初的许多岭南士人来说，厓山记忆、厓山象征已经成为他们地域文化观念、民族文化意识中的一个重要组成部分，并对他们的现实文化选择、思想政

---

① 黄节：《黄节蒹葭楼诗定稿本》（五杜山房丛书），2004年甲申冬日刊印，"乙未"第6页。笔者按：诗前有长序不录。第五句自注中"为之掩卷，不忍复观之矣"之语，见陈献章《慈元庙记》："以及度宗之世，则不复惜，为之掩卷出涕，不忍复观之矣。"孙通海校点：《陈献章集》，中华书局1987年版，第50页。此又作《慈元庙碑》，见黄淳等撰《厓山志》卷四，广东人民出版社1996年影印本，第418～421页，上引语段见该书第419页。张大年选编《厓山诗选》收录此诗，诗注多有省减，云："风雨茅龙落笔奇，文章万古在南陲。荒崖莽莽三忠庙，奇石阴阴一字碑。我已汍澜频掩卷，不堪零落未收辞。休论三百年来事，野马游尘满绢丝。"后注明第四句下有注云："奇石在崖山之北，有张弘范灭宋于此数字，先生为冠一宋字于其首。"香港广角镜出版社有限公司1991年版，第236页。

② 张大年选编：《厓山诗选》，香港广角镜出版社有限公司1991年版，第233页。笔者对原标点略有调整。此诗原题《晚登九龙宋王台同潘冷残》，作于1927年作者游香港时。

治信仰等的形成产生显著的影响。

由厓山书写而形成的厓山记忆、厓山象征以及由此产生出来的岭南遗民文化精神，在经过了清代前中期至清末民初近三百年间以深化叠加为主要方式的传播流布之后，到 20 世纪 40 年代末发生了一次空前深刻的转变。这种深刻的转变从内容到形式、从价值观到影响力、从思想方式到认识方式都表现得非常明确。可以视为厓山与厓山记忆、厓山象征以及岭南遗民精神传布过程中的一次重大变化，也可以说是具有终结意味的变化。

尽管是在一种全新的意识形态、政治话语、文化观念之下，但在一部分具有明晰的乡邦文化意识、传统文化情怀的诗人的创作中，依然可见一些表现厓山记忆、厓山象征及其所承载的民族情感和民族意识、岭南遗民精神的内容，反映了已流传数百年的厓山记忆及其精神象征在新的文化环境下的艰难延续。广东顺德陈荆鸿《厓山谒慈元庙》云："仓皇梅蔚复冈州，绝域难为块肉留。千古夏夷从此变，一湾天水为禁愁。萋萋荒草黄陵庙，落落遗碑碧玉楼。莫便兴亡问前事，两厓无语对东流。"① 新会莫仲予《崖门怀古》云："秋风极海话兴亡，忍死来投万里荒。中土无家南有国，偏安犹痛晚多伤。从来史笔严夷夏，终古君心重抑扬。莫指山河千岁在，可知人世几沧桑。"② 澄海黄雨《崖门吊古》云："七百年前亡国恨，滔滔浊浪拍崖门。伤情岂为赵宗庙？我独来招壮烈魂。"③ 非常明显，这些延续传统思想意识的诗人已经处于绝对的非主流状态，他们发出的歌吟虽然微弱，仍具有昭示和传承厓山文化精神的意义，但终因已不可能成为主导性的文化观念、占统治地位的文化精神中的组成部分，而无法产生重要的影响。不得不承认，传统文化意义上的厓山书写、厓山记忆、厓山象征和与之密切相连的岭南遗民精神的薪火至斯而熸，而且再无死灰复燃的可能。这种深刻变化留下了巨大的文化反思、思想重建的空间，也可以说是留下了巨大的思想文化空白。

另一方面，这一时期出现得最多的是从现代国家、民族观念出发对于厓山故事、厓山人物的重新认识与解读，也是采用另一种行为方式、话语系统对厓山及相关历史事实进行重构和书写，从而使古老的厓山、流传了

---

① 张大年选编：《厓山诗选》，香港广角镜出版社有限公司1991年版，第238页。
② 张大年选编：《厓山诗选》，香港广角镜出版社有限公司1991年版，第258页。
③ 张大年选编：《厓山诗选》，香港广角镜出版社有限公司1991年版，第258页。

数百年的厓山记忆、厓山象征和岭南遗民精神进入了新的文化语境，获得了新的精神内涵。这一时期在厓山留下诗歌的主要是这样一批重要政治人物或主流诗人。董必武《游崖门》（1958）云："渔村奇石已无碑，国母官涌旧有祠。往事海天何处问？随潮上下只鸥知"，"骂名留得张弘范，义士争传陆秀夫。大是大非须要管，华人爱汉耻崇胡"①，仍然表现出对忠奸善恶、华夷汉胡的分辨和历史沧桑感。田汉《厓门纪游》二首（1962）云："云低岭暗水苍茫，此是厓山古战场。帆影依稀张鹄鹞，涛声仿佛斗豺狼。艰难未就中兴业，慷慨犹增百代光。二十万人齐殉国，银湖今日有馀香"，"宋末三忠异代传，丰碑十丈耸厓门。将军屡败犹能战，丞相临危不幸存。铁戟有时埋岸草，血波千古打渔村。摩挲奇石斜阳里，应将精神教后昆"②，也是将厓山故事所反映的英雄精神、烈士情怀与后来人的精神铸造、思想修养联系起来，显示出难得的思想深度。关于田汉在厓山，多年后又有载记云："近在六十年代，著名剧作家田汉在原有的奇石上，改刻为'宋少帝与丞相陆秀夫殉国于此'。"③ 对厓山奇石所刻文字的考究与重刻，显然也是由张弘范所刻"镇国大将军张弘范灭宋于此"引发，在徐瑨、陈献章、屈大均对奇石所刻文字、应刻文字的再三考究辨的基础上进行的一次再解读。可见田汉对厓山书写、厓山记忆及其所承载和反映的文化精神的基本理解，也反映了一种文化态度。

郭沫若《厓门》（1959）云："远望厓门气势雄，一天云海啸晨风。古祠已毁倭夷火，危石犹存宋帝踪。地到尽头留胜迹，人原有力代天功。请看新会长锋社，面面红旗映日红。"④ 陶铸《崖门凭吊》云："太息崖门葬烈魂，遗碑不见吊何言？狂风似为添幽怨，骤雨无须涤旧痕。纵使三臣能复国，也难五族共图存。于兹四海同亲日，海水何分上下门？"⑤ 郭小川《游崖门》（1962）之《登奇石》云："危石孤舟水茫茫，今见崖门古战场。春风无兴说赵昺，喜听开山黄道娘。"又《纪慈元殿》云："红棉紫荆绿蕉林，浓阴苍苔旧碑文。最是公社新居好，为访今人忘古人。"又《崖门纵目》云："北望青山南望云，此是伤心古崖门。江海浪接新潮涨，

---

① 张大年选编：《厓山诗选》，香港广角镜出版社有限公司1991年版，第249页。
② 张大年选编：《厓山诗选》，香港广角镜出版社有限公司1991年版，第253页。
③ 张大年选编：《厓山诗选》，香港广角镜出版社有限公司1991年版，第86页。
④ 张大年选编：《厓山诗选》，香港广角镜出版社有限公司1991年版，第250页。
⑤ 张大年选编：《厓山诗选》，香港广角镜出版社有限公司1991年版，第252页。

红旗破晓扫旧痕。"① 黎安之《厓门吊古》（1981）云："苍茫烟雾漫无垠，杜宇啼声听乱神。千顷波涛吞宋室，两厓风雨泣孤臣。三忠徒系西山日，一偾成功北地春。论说兴亡原往事，华夷今是一家人。"② 这些诗歌最值得注意的已不是传统意义上的厓山书写、厓山记忆和厓山象征，甚至也不是古典诗歌的意象运用和艺术水平，而是以几乎全新的文化观念、思想方法、认知方式、话语系统对厓山这一古老的文化遗迹的重新解读，其中不乏在当时看来非常主流、非常时尚的表白。在这样的情况下，关于厓山的传统话语已经完全被生硬地转换、被强势地取代；由于传统思想意识、文化观念甚至文化情怀的迅速湮没和消解，与厓山记忆、厓山象征密切相关甚至连为一体的岭南遗民精神传统意识也由此而被湮没和消解。至此，不得不说，厓山书写、厓山记忆、厓山象征和岭南遗民精神已经成为既往的历史和消逝的陈迹了。

四、结语

岭南遗民精神正式发生于南宋灭亡、元朝建立之际，这一点与整个汉民族精神传统中的遗民精神的发生是一致的。正如李瑄指出的："遗民观念的明确树立是在南宋灭亡以后，体现为'遗民'词汇与某种特殊身份——以旧朝故人自任，不肯与新朝合作者——的对应。这点前文已述。遗民观念在此时大体完成，以遗民观念为纽带聚集起来的士人群体——遗民群体也开始形成。"③ 又说："遗民观念的正式形成是在南宋灭亡以后，而这也正是基于南宋遗民群体产生之后，遗民身份意识的不断加强和社会对他们的普遍认同。"④ 对于汉族士人来说，异族入主中原并成为稳定的统治者，成为遗民精神发生的最直接触发点。

在中国思想史和文学史上，虽然广义的遗民现象源远流长，遗民现象和遗民精神历代均有其承传方式与表现形态，但是有两次遗民精神的勃发表现得最为强大，影响也最为深远。一次是蒙元入主中原以后的南宋遗民，另一次则是清政府统治全国之后的明遗民。很显然，汉民族文学与思想中的遗民精神总是与江山易主、改朝换代之际被突显与强化的夷兴与夏

---

① 张大年选编：《厓山诗选》，香港广角镜出版社有限公司1991年版，第255页。
② 张大年选编：《厓山诗选》，香港广角镜出版社有限公司1991年版，第260页。
③ 李瑄：《明遗民群体心态与文学思想研究》，巴蜀书社2009年版，第34页。
④ 李瑄：《明遗民群体心态与文学思想研究》，巴蜀书社2009年版，第42～43页。

亡、本族与异族、正统与异端的观念息息相关。而岭南遗民现象和遗民精神的兴起并产生深远的影响，则与厓山有着最为密切的关联。不论是关于厓山的诗性书写、关于厓山的文化记忆，还是对于厓山象征意味的体认，无不与作为曾经改变历史方向、决定历史命运的厓山直接相关。方勇曾指出："作为一种独特的地域文化现象，广东东莞遗民诗人群体的形成和存在主要有两大原因，一是厓山战役的直接影响，另一是赵必瑑的领袖作用。"① 从岭南遗民精神与厓山的关系、赵必瑑与文天祥、与岭南遗民精神的发生的角度来看，这两个因素实际上可以归结为一个，即厓山所发生的那场最终决定宋朝与元朝命运的决战。

岭南遗民精神由宋末元初江山易主易族之际的岭南人的厓山书写、厓山记忆、厓山象征开始，在明代广东新会思想家、哲学家、诗人陈献章的着意阐发弘扬之下得到包括岭南和岭南以外越来越多的人士的认识与认同，这是厓山记忆、厓山象征与岭南遗民精神的第一次充分彰显。与此同时，由于陈献章等人的直接影响，明代其他岭南以及非岭南人士的厓山书写、厓山记忆使岭南遗民精神得以光大，并产生越来越广泛的影响，甚至启发了明代其他地域的人士对于遗民和遗民精神的书写与体认。

厓山与岭南遗民精神的再次彰显则发生于又一次天崩地解、江山再度易主易族的明末清初。明清之际的岭南遗民精神一方面是岭南宋遗民影响之下的结果，另一方面是从宋到元、从明到清这种历史的相似性使岭南士人更直接、更深切地体会到遗民文化精神的当代价值。在许多岭南士人看来，南宋为蒙元所取代，明朝被清朝所取代，不仅具有极大的相似性，而且距广东是如此之近甚至如厓山战役这样的重大事变就发生在岭南人的面前，真切的时局动荡、改朝换代的巨变就发生在他们身边，历史仿佛重新上演了一次令汉族同胞伤心不已的亡国哀曲。于是，在明清之际的岭南，产生了另一批遗民文人群体，而且这一群体较宋末元初那一次更加强大。这是岭南遗民精神最充分的一次彰显，也是最有光彩的一次闪耀，标志着岭南遗民精神的形成。应当认为，这种惊天动地的岭南遗民精神与一向备受关注的以江浙为中心的东南地区的遗民精神相比，毫不逊色，明清易代之际的岭南遗民精神及其思想价值和历史影响极堪关注。

清代前中期，厓山和岭南遗民精神尚能在相当特殊的政治文化环境下

---

① 方勇：《南宋遗民诗人群体研究》，人民出版社2000年版，第98页。

传承延续，但是由于清朝统治者对于包括民族意识、遗民精神在内的许多汉族传统观念的戒备甚至压制，岭南遗民精神从总体上看只能处于寻求生存之路、谋求生存之计的状态，难以发扬光大，也难以产生深广的历史影响。这种情况至清末民初发生了根本性的变化，一方面由于清潮统治者由于内忧外患而造成的自顾不暇，一方面由于近代民族、民主、革命观念的日渐影响广泛，从而形成了厓山与岭南遗民精神的又一次兴盛。这也是厓山书写、厓山记忆、厓山象征和岭南遗民精神的最后一次闪耀。

20世纪40年代末期以后，虽然厓山书写仍时有出现，与厓山记忆、厓山象征密切相关的岭南遗民精神也偶有表现，但是政治观念、思想方法、文化环境、话语方式发生了整体性、根本性的改变，致使传承了数百年、影响极为广泛的厓山记忆、厓山象征与岭南遗民精神迅速终结和消解。这种迅速而彻底的根本性变革，留下的不仅是巨大的时空差异和文化空白，更值得注意的是，也留下了至今仍可深长思之的文化经验与历史教训。

但无论如何，历代岭南诗人的诗性的厓山书写、留下的厓山记忆和由此形成的厓山象征，还有与厓山精神密切相关、浑为一体、传承了数百年之久的岭南遗民精神，不仅是岭南人心灵精神史、思想文化史的一项核心内容，反映了岭南文化精神的一个重要侧面，而且应当成为中国人心灵心态史、文化思想史的一个组成部分。而且，从尊重文化传统和思想遗产、探寻中国传统文化传承发展、创新新生、复兴强盛道路的角度来看，还应当充分认识到，厓山书写、厓山记忆及其传达的岭南遗民精神作为一份丰富的思想文化遗产，其中的主要内容和所传达的时代精神、文化情怀，在今天仍具有扬弃借鉴和深入体认的现世价值。

厓山记忆与岭南遗民精神的发生

宋末元初之际，由于中国古代历史上规模最大的一次海战在厓山发生，其结果完全改变了宋元两军的力量对比，也完全改变了双方的战局。这场极其惨烈的战争的结束标志着南宋王朝的彻底灭亡，也使远在天南的广东厓山不仅成为具有重要军事史、政治史意义的战略要地，成为追忆历史兴亡、纪念英雄烈士的文化遗址。不仅如此，由于这场惨烈的战争导致了对于南宋王朝而言灾难性的后果，使得蒙古族入主中原、统治整个中国成为不可避免的历史现实，遂使厓山具有了昭示民族精神、反映历史兴亡的象征意义，成为宋代及其后绵延不绝的岭南遗民精神的寄托与象征，成为岭南历代文化记忆中一个具有特殊政治内涵和历史意味的标志，甚至是岭南遗民精神、不屈精神意志的一个思想原点和文化象征。

一、厓山书写的缘起

明末屈大均《广东新语》卷二《地语》专设"厓门"一条云："厓门，在新会南，与汤瓶山对峙若天阙，故曰厓门。自广州视之，厓门西而虎门东。西为西江之所出，东为东北二江之所出。盖天所以分三江之势，而为南海之咽喉者也。宋末陆丞相、张太傅，以为天险可据，奉幼帝居之。连黄鹄、白鹞诸舰万馀，而沉铁碇于江。时穷势尽，卒致君臣同溺，从之者十馀万人。波涛之下，有神华在焉。山北有一奇石，书'镇国大将军张弘范灭宋于此'十二字，御史徐瑁恶之，命削去，改书'宋丞相陆秀夫死于此'九字。白沙先生谓当书'宋丞相陆秀夫负帝沉此石下'，瑁不能从。光禄郭棐谓，如白沙者，则君臣忠节胥备，其有关于世教更大。而予则欲书'大宋君臣正命于此'，凡八字，未知有当于书法否？"① 对于厓门巨石上所书何字、当书何字所作的不厌其繁的辨析，显然是作者的有意为之，具有评价宋代灭亡经验教训的深意寓于其中。明代许炯《厓山旧

---

① 屈大均：《广东新语》，中华书局1985年版，第35页。

志》开篇即云:"《厓山志》继《宋史》而作者也。宋亡于夷狄,古今之大变;君臣士卒同死社稷,古今之大节;继绝举废,崇德报功,古今之大典。斯志之所以作也。……宋亡二百馀年,元亡又百馀年。时移运改,陵谷变迁;山高水深,草生邱墟,而谈其事者耿耿若在目前。信乎忠义之在人心,有须臾不可离者!以祠以庙,风采凛然,亿万斯年,犹有生气。"①对于此,明代黄淳也感慨道:"自古未有夷狄之入主中国,亦自古未有夷狄得祸如此之酷,足为万世夷狄之戒。中言全节大忠,以祠以庙,亿万斯年,凛然犹生,又足以作万世忠义之气,是大有关系文字,当与厓山并存也。"② 从对于与厓山有关的重要人物、史实与遗迹的着力考察、仔细辨析中,俱可见对于厓山及其历史内涵、象征意义的关注,也可以看到厓山及有关人物事件对后世产生的深远影响。

事实确乎如此。宋代以来,历经元明清及民国时期,直至现当代,不管时代风气、民族关系、国家局势怎样变化,各个时代都有一些文学家对厓山及有关历史事件和人物予以特别关注,并以文学作品进行描述、表现和抒发,留下了大量的诗词、文章、小说、戏曲作品,以至于形成了一个值得关注并且可以称之为"厓山文学"的创作现象。

在历代关于厓山的文学创作中,诗歌是最重要的书写形式,也是影响最大的一种书写形式。厓山的故事和人们关于厓山的历史记忆首先是通过大量的诗歌来记录、抒写和传播的。这大抵与诗人在中国古代文学家及其他文人儒士的创作中占有最大比例相关,也与诗歌的内容和体制特点、诗歌在众多文体中的显赫地位密切相关。

清邵廷采《宋遗民所知传》指出:"两汉而下,忠义之士至南宋之季盛矣。……此则天运,非人力可及焉。是以迁洛之顽,经三纪而不变;辅横之客,群一死以如饴。六七王之泽不可忘,赤帝子之炎莫能逼也。"③他又在《明遗民所知传》中说:"於乎!明之季年,犹宋之季年也;明之遗民,非犹宋之遗民乎?曰节固一致,时有不同。宋之季年,如故相马廷鸾等,悠游岩谷竟十馀年,无强之出者。其强之出而终死,谢枋得而外,

---

① 黄淳等撰:《厓山志》,广东人民出版社1996年影印本,第5~6页。标点为笔者所加。
② 许炯:《厓山旧志序》后黄淳识语,见黄淳等撰《厓山志》,广东人民出版社1996年影印本,第7~8页。标点为笔者所加。
③ 邵廷采:《宋遗民所知传》,见《思复堂文集》卷三,浙江古籍出版社2010年版,第194页。

未之有闻也。至明之季年，故臣庄士往往避于浮屠，以贞厥志。非是，则有出而仕矣。僧之中多遗民，自明季始也。"① 的确，当历史过程以转瞬即逝的方式发生之后，就再也无法复原或重现。而最早的厓山故事来源于宋朝文臣武将的诗歌书写和着意传播。他们作为厓山战役和宋末历史的直接参与者，留下了原初的厓山诗歌和厓山记忆，从而成为后来历代厓山书写的起点。

最为突出、影响也最为深远的诗人当属文天祥。其《过零丁洋》已经成为流传最广远的古典诗歌之一："辛苦遭逢起一经，干戈寥落四周星。山河破碎风抛絮，身世飘摇雨打萍。惶恐滩头说惶恐，零丁洋里叹零丁。人生自古谁无死？留取丹心照汗青！"② 从厓山书写的角度来看，这也是最为人们所熟知的一首诗歌。又《坐北舟中望厓门诗》云："二月六日，海上大战，国事不济。孤臣天祥，从北舟中，向南恸哭，为之诗曰：……南人志欲扶昆仑，北人气欲黄河吞。一朝天昏风雨恶，炮火雷飞箭星落。谁雌谁雄顷刻分，流尸漂血海水浑。昨宵南船满厓海，今朝只有北船在。昨夜两边桴鼓鸣，今朝船船鼾睡声。北兵去家八千里，椎牛酾酒人人喜。惟有孤臣两泪垂，冥冥不敢向人啼。……"③ 此诗写宋祥兴二年二月初六日（1279年3月19日）宋元决战事，是一首具有诗史价值的作品，亦可视为历代咏厓山诗的发端之作。又《哭厓山》云："宝藏如山席六宗，楼船千叠水晶宫。吴儿进退寻常事，汉氏存亡顷刻中。诸老丹心付流水，孤臣血泪洒南风。早来朝市今何处？始悟人间万法空。"④《南海》云："曷来南海上，人死乱如麻。腥浪拍心碎，飙风吹鬓华。一山还一水，无国又无家。男子千年志，吾生未有涯。"⑤ 都是以厓山为中心，表现国破家亡、兴亡陵谷巨变的沉痛诗篇。他后来还有《集杜诗·南海》，在序中云："余被执后，即服脑子约二两，昏眩久之，竟不能死。……厓山之败，亲所目击。痛苦酷刑，无以胜堪。时日夕谋蹈海，而防闲不可出矣。失此一

---

① 邵廷采：《明遗民所知传》，见《思复堂文集》卷三，浙江古籍出版社2010年版，第205～206页。
② 张大年选编：《厓山诗选》，香港广角镜出版社有限公司1991年版，第47页。
③ 张大年选编：《厓山诗选》，香港广角镜出版社有限公司1991年版，第50～51页。
④ 张大年选编：《厓山诗选》，香港广角镜出版社有限公司1991年版，第52页。
⑤ 张大年选编：《厓山诗选》，香港广角镜出版社有限公司1991年版，第52页。

死,困苦至于今日,可胜恨哉?"① 俱可见面对天地苍茫、时空无垠的南宋故臣文天祥坚定的忠君思想与复杂的精神感受,也在很大程度上奠定了历代厓山诗歌感慨兴亡、怀念故国的思想基调和沉郁忧怨、劲直遒上的风格趋向。

南宋以降,不同时代、不同地域的不少诗人曾对厓山予以关注,曾留下了许多关于厓山及其历史故事的诗篇,成为厓山书写与厓山记忆的重要组成部分。其中,岭南诗人无疑充当了最为重要的角色,发挥了至为关键的作用。这是因为,没有其他任何地域的诗人可以像岭南诗人那样如此直接、如此近距离地感受、体会甚至见证厓山的厮杀呐喊、血雨腥风,品味和反思厓山战役之后的兴亡成败、江山易主。因此,古今遗民思想中临大节而不可夺的精神信仰、忠义品格、英雄气概、烈士情怀等等,在岭南诗人的厓山书写中得到了空前充分、空前深入的表现。特别值得关注的是宋度宗咸淳元年(1265)进士、曾参与文天祥抗元斗争的广东东莞人赵必𤩪,入元后即不受俸禄,隐居于乡里,以遗民自居。其《南山赏梅分韵得观字》中有句云:"梅花酷怕渠点涴,所以未破冰雪颜。与其玉堂兮金屋,孰若竹篱茅舍幽且闲?与其状元兮宰相,孰若收香敛华林壑间?逆知梅意同我意,诗人合作如是观。"② 又《钱尹权宰》二首之二云:"老我江湖倦送迎,故人此别若为情。绨袍气谊千金重,故纸功名一缕轻。我辈何心争鹜粒,人生到处有鱼羹。何时握手孤山路,共折梅花醉月明。"③ 又《怀梅水村用张小山韵》云:"十年骑鹤梦悠悠,天地无情白发愁。归到咸阳还似客,几回肠断望并州。"④ 虽然没有直接写到厓山,但诗人隐逸自适的人生态度却反映了宋代岭南遗民的政治选择与文化精神,成为后世岭南遗民精神的重要思想资源。⑤

元代虽然在蒙古族的统治之下,于前朝往事颇多忌讳,但还是有一些

---

① 张大年选编:《厓山诗选》,香港广角镜出版社有限公司1991年版,第60页。笔者对原标点有所调整。

② 温汝能纂辑,吕永光等整理:《粤东诗海》,中山大学出版社1999年版,第100页。笔者对原标点有所调整。

③ 温汝能纂辑,吕永光等整理:《粤东诗海》,中山大学出版社1999年版,第101页。

④ 温汝能纂辑,吕永光等整理:《粤东诗海》,中山大学出版社1999年版,第101页。

⑤ 方勇曾指出:"作为一种独特的地域文化现象,广东东莞遗民诗人群体的形成和存在主要有两大原因,一是厓山战役的直接影响,另一是赵必𤩪的领袖作用。"见所著《南宋遗民诗人群体研究》,人民出版社2000年版,第98页。

诗人或由于到过厓山，或忆及有关人物史事，写下了一些表现历史兴亡、纪念民族英雄的厓山诗歌。元浙江山阴人张宪《崖山行》云："三宫衔璧国步绝，烛天炎火随风灭。间关海道续萤光，力战崖山犹一决。午潮乐作兵合围，一字舟崩力不支。樯旗倒仆百官散，十万健儿浮血尸。皇天不遗一块肉，一瓣香焚海舟覆。犹有孤臣卧小楼，南面从容就刑戮。"① 福建浦城人杨载《题文丞相书梅堂》有句云："大厦就倾覆，难以一木支。惟公抱忠义，挺然出天姿。死既得所处，自愿乃不疑。恻怆大江南，名与日月垂。"② 四川仁寿人、曾随父母避乱广东的虞集《挽文丞相》云："徒把金戈挽落晖，南冠无奈北风吹。子房本为韩仇出，诸葛宁知汉祚移？云暗鼎湖龙去远，月明华表鹤归迟。不须更上新亭望，大不如前洒泪时。"③ 江西南丰人刘麟瑞《丞相陆公秀夫》云："八面兵威八面攻，冯夷飞血洗千篷。波翻水寨乾坤震，风仆樯旗社稷空。百辟散班奔蠋首，孤臣扈跸憩龙宫。茫茫南国重回首，一片丹心照海红。"④

假如说宋代诗人的厓山诗歌表明了厓山书写和厓山记忆的开端，那么元代诗人所作的厓山诗歌则是这种文学书写与文化记忆的进一步发展和延续。而且，对于汉族人士而言，在异族统治之下有意进行的厓山书写和有意强化的厓山记忆，当有其深刻的政治文化用意，特别值得注意的是在频繁发生的改朝换代、江山易主的一般含义之外，又增添了关乎民族兴亡、文化存灭的敏感而深刻的时代精神，当然也显示出厓山精神对元代汉族士人的深刻影响。

二、厓山记忆的展开

对于正统观念之下的汉族士人，特别是对于他们的政治信念和文化信仰而言，取代元蒙统治的明朝仿佛具有先天的合理性与合法性。经过九十年的蒙古贵族统治之后终于脱离了异族统治的明代士人，即便经历了明代前中期长达一个多世纪的政治黑暗和文化专制，也天真地觉得汉族的江山

---

① 张大年选编：《厓山诗选》，香港广角镜出版社有限公司1991年版，第180页。
② 张大年选编：《厓山诗选》，香港广角镜出版社有限公司1991年版，第155页。
③ 张大年选编：《厓山诗选》，香港广角镜出版社有限公司1991年版，第137页。王颋点校《虞集全集》收录此诗题作《挽文文山丞相》，第七句作"何须更上新亭饮"，天津古籍出版社2007年版，第162页。
④ 张大年选编：《厓山诗选》，香港广角镜出版社有限公司1991年版，第129页。

重新回到汉族统治者手中是天道使然。在民族矛盾又退居比较次要地位的背景下，明代的厓山书写得到了进一步发展，无论从作品的数量上来看还是从影响来看，都较此前大大发展了一步。这主要是因为由汉族人建立的明王朝给了汉族士人又一次重新认识自己的民族传统并确认自己文化身份的机会。这在从宋末到元代一个多世纪的中国历史上，还是第一次。由此带来的对于汉族正统文化的追忆、对于宋代兴亡教训的反思、对于汉族遗民文化精神的体认就远较以往广泛而深刻。

明代的厓山诗歌主要由因仕宦及其他原因到过厓山或岭南的诗人或未到岭南的其他诗人构成。无论是否亲历厓山与岭南，由于历史时空的变化和历史经验的积淀，诗人们对于厓山发生的震撼古今的历史事实、人物故事的认识和书写都更加充分，更加深切，也更能唤起后世人们的精神感应和思想共鸣。

在厓山记忆与岭南遗民精神的形成过程中，广东新会（今江门）的陈献章发挥了至为关键的作用。这不仅因为他着意创作的大量关于厓山历史与人物的诗歌在明代岭南诗人厓山书写中所具有的开创性价值，成为明代岭南诗人厓山书写的重要标志；而且因为他集哲学家、思想家、学者、诗人于一身的特殊身份使其在岭南地区以外所具有的崇高地位和产生的超地域的深远影响。陈献章的屡次凭吊和多番歌咏，不仅大大加强了厓山成为一种精神象征的文化可能性，而且大大加强了岭南以外的广阔地区的人士接受并认同厓山象征意义的可能性。这对于厓山书写、厓山记忆和厓山象征的建构与形成具有特别重要的文化意义，对于以厓山记忆和厓山象征为思想原点的岭南遗民精神的形成，也具有特别重大的意义。

如同习惯于以诗歌记载和表达哲学思想一样，陈献章也经常有意识地以诗歌表达对于厓山人物故事及其中蕴含的精神价值的追怀，留下了数量颇多、内容丰富的厓山诗歌。《祭大忠祠》云："天地神祠此大忠，百年舟楫更谁同？苍厓不是无春色，吹尽斜阳一笛中。"① 《重过大忠祠》云："宋有中流柱，三人吾所钦。青山遗此庙，终古厌人心。月到涯门白，神游海雾深。兴亡谁复道，猿鸟莫哀吟！"② 《游崖山次李九渊韵》二首之

---

① 张大年选编：《厓山诗选》，香港广角镜出版社有限公司1991年版，第112页。陈献章著，孙通海点校《陈献章集》似未收此诗。

② 陈献章著，孙通海点校：《陈献章集》，中华书局1987年版，第367页。张大年选编：《厓山诗选》，香港广角镜出版社有限公司1991年版，第112页。

二:"不待祥兴后,神州已陆沉。孤臣空有泪,大块本无心。索寞皇图旧,经营庙宇新。暂携二三友,斜日共登临。"①《吊厓》云:"天王舟楫浮南海,大将旌旗仆北风。义重君臣终死节,时来胡虏亦成功。身为左衽皆刘豫,志复中原有谢公。人众胜天非一日,西湖云掩鄂王宫。"②《与廷实同游圭峰,别后奉寄,且申后来厓山之约》二首之二云:"千寻岭上更登台,再到丹丘忘却回。雨歇山斋人已去,月明江舫梦还来。不拚铁柱磨针利,岂乏金篦刮眼开。回首厓山多感慨,英雄枯骨漫成堆。"③《吊陆公祠》云:"伤心欲写厓山事,惟看东流去不回。草木暗随忠魂吊,江淮长为节臣哀!精神贯日华夷见,气脉凌霜天地开。耿耿圣旌何处是?英灵抱帝海涛隈。"④ 非常明显,陈献章对于厓山精神象征、文化内涵的把握已经非常深入全面,厓山及有关人物、事件中所蕴含的忠义、节烈、英雄精神得到了空前突出的强调,其中对于神州陆沉、华夏易主、君臣共命的感慨凭吊之意也如此明显地表现出来,而对于国家兴亡、民族存续、华夷之辨的着意考究也蕴含着强烈的民族情感和深沉的遗民情怀。在此之前,还没有任何一位诗人像陈献章这样如此周详全面、如此满怀深情地记载厓山、歌咏厓山。厓山的思想内涵和精神象征由于有了陈献章诗史性的书写而变得空前深刻辽远。

不仅如此,陈献章还积极参与了纪念厓山历史事件和人物的实际行动,率先提议在厓山建立慈元庙(又名全节庙),寄托对于南宋王朝的怀念和追忆之情。其《东山至厓山,议立慈元庙,因感昔者梦中之言,成诗呈东山》诗云:"海上一陵何处封,刘翁今日问陈翁。天翻地覆诸王世,草死崖枯十月风。慷慨尚馀精爽在,依稀犹作梦魂通。江山指点真还我,

---

① 张大年选编:《厓山诗选》,香港广角镜出版社有限公司1991年版,第177页。陈献章著,孙通海点校《陈献章集》第一首第三句作"兴亡先有识",误,中华书局1987年版,第398页。

② 陈献章著,孙通海点校:《陈献章集》,中华书局1987年版,第402页。张大年选编《厓山诗选》题作《厓山大忠祠》,香港广角镜出版社有限公司1991年版,第113页。

③ 陈献章著,孙通海点校:《陈献章集》,中华书局1987年版,第439页。张大年选编《厓山诗选》收录,第二首第二句"丘"作"邱";第五句"拚"误作"拌",香港广角镜出版社有限公司1991年版,第194页。

④ 张大年选编:《厓山诗选》,香港广角镜出版社有限公司1991年版,第131页。陈献章著,孙通海点校《陈献章集》似未收此诗。

栋宇商量果待公。"① 关于此事,《新会黄志》引《贾志》云:"孝宗弘治四年(一四九一)辛亥冬十月,建全节庙于厓山,布政使刘大夏与检讨陈献章所议也。"② 他还于生病初愈之时亲自撰写了《慈元庙记》,中有云:"宋室播迁,慈元殿创于邑之崖山。宋亡之日,陆丞相负少帝赴水死矣。元师退,张太傅复至厓山,遇慈元后,问帝所在,恸哭曰:'吾忍死,万里间关至此,正为赵氏一块肉耳,今无望矣。'投波而死,是可哀也。厓山近有大忠庙,以祀文相国、陆丞相、张太傅。"又云:"弘治辛亥冬十月,今户部侍郎、前广东右布政使华容刘公大夏行部至邑,与予泛舟至厓门,吊慈元故址,始议立祠于大忠之上。"③ 可见陈献章在设立慈元庙过程中发挥了至为关键的作用。他还有《力疾书慈元庙碑记》诗记事述感云:"北窗一榻羲皇前,青灯碧玉眠三年。慈元落落吾所怜,雨崖山高青阁天。厓门之水常涓涓,一碑今为东山传。虚言不扶名教颠,久病江湖落日前。呜呼此意谁与言!"④

明代还有许多位诗人怀着纪念宋朝、凭吊英烈、追怀往事、感慨兴亡的共同心情,从不同角度、不同方面歌咏厓山及与之融为一体的人物和事迹,展开了厓山书写的丰富内涵,也使日渐明晰的厓山记忆更加深刻、更加广阔。福建晋江人、广东提学赵瑶《观厓山奇石》云:"忍夺中华与外夷,乾坤回首重堪悲。镌功奇石张弘范,不是胡儿是汉儿。"⑤ 江苏武进人、广东按察司佥事徐紘《读大忠祠记》云:"厓门陈迹久荒凉,争为孤儿力主张。草色近随春雨绿,林容高并晚山苍。千年庙貌三臣祀,万古忠魂一瓣香。此日岿然人极在,不知元宋孰兴亡。"⑥ 福建兴化府莆田人、肇庆同知顾叔龙《与白沙先生泛厓山谒大忠祠》云:"我来敬约白沙翁,

---

① 陈献章著,孙通海点校:《陈献章集》,中华书局1987年版,第463~464页。又见张大年选编《厓山诗选》,香港广角镜出版社有限公司1991年版,第102页。
② 张大年选编:《厓山诗选》,香港广角镜出版社有限公司1991年版,第102页。
③ 陈献章著,孙通海点校:《陈献章集》,中华书局1987年版,第50页。
④ 陈献章著,孙通海点校:《陈献章集》,中华书局1987年版,第324页。张大年选编《厓山诗选》收录此诗,末句"呜呼此意谁与言"重复一遍。香港广角镜出版社有限公司1991年版,第103页。
⑤ 张大年选编:《厓山诗选》,香港广角镜出版社有限公司1991年版,第86页。黄淳等撰《厓山志》卷五收录此诗,题作《观厓山奇士书》,"士"当为"石"之误,广东人民出版社1996年影印本,第602~603页。
⑥ 张大年选编:《厓山诗选》,香港广角镜出版社有限公司1991年版,第114页。

夜话沧溟一棹同。山路至今犹劲草，海涛终古撼悲风。君臣鱼水魂应在，胡虏腥膻事已空。铁缆江头三片石，前身吾讶是三公。"① 湖南茶陵人李东阳《大忠祠》四首之一："国亡不废君臣义，莫道祥兴是靖康。奔走耻随燕道路，死生惟幕宋冠裳。天南星斗空沦落，水底鱼龙欲奋扬。此恨到今犹不极，厓山东下海茫茫。"之三："北风吹浪覆龙舟，溺尽江南二百州。东海未填精卫死，西川无路杜鹃愁。君臣宠辱三朝共，夷夏兴亡万古雠。若遣素王生此世，也须重纪宋春秋。"② 丹徒人、广东提学副使丁玑《凭吊大忠祠》云："诸老丹心悬落日，楼船王气逐秋风。生如卖国荣犹辱，死得成仁败亦功。蹈海名高齐义士，运筹人泣陆宣公。崖山一片凄凉月，谁遣啼鹃入故宫？"③ 江苏华亭人夏寅《大忠祠》云："六龙行拥万貔貅，云断苍梧忆舜游。何处英魂愁不散？只今遗恨水东流。亦知沧海非天堑，要使厓山异石头。元宋兴亡俱已矣，堂堂祠庙在千秋。"④ 安徽合肥人杜瓛《崖山吊古》云："崖山独占海滨奇，云树深深路转歧。太后妥灵全节庙，宗臣遗像大忠祠。存孤隐忍天徐定，夹日宁论力不支。地下有知应自慰，胡元今已属明时。"⑤

可以认为，明代是厓山诗歌最为繁盛、厓山书写最为充分、厓山记忆最终定型并充分展开的时期，也是厓山的精神象征与岭南遗民精神正式形成的时期。厓山书写和厓山记忆不仅对于许多岭南文学家、儒生士子日显重要，而且也愈来愈经常、愈来愈充分地进入了其他地区文学家、儒生士人的思想意识之中，成为岭南文化和中国文化共同的精神资源。这不仅对于岭南文学精神与思想文化的发展变革是一个具有重大意义的文化事件，而且对于整个中国文学与思想文化的发展来说，也是一个具有重要意义、值得充分关注的文化事件。

由明朝至清朝，满族统治者的入主中原彻底改变了明朝形成的民族关系和政权形态，这种变化从整个中国历史上看都可以说是非常特殊也是极

---

① 张大年选编：《厓山诗选》，香港广角镜出版社有限公司1991年版，第114页。
② 张大年选编：《厓山诗选》，香港广角镜出版社有限公司1991年版，第117～118页。观黄淳等撰《厓山志》卷五，广东人民出版社1996年影印本，第597～598页。
③ 张大年选编：《厓山诗选》，香港广角镜出版社有限公司1991年版，第119页。黄淳等撰《厓山志》卷五收录此诗，题作《大忠祠》，广东人民出版社1996年影印本，第603页。
④ 张大年选编：《厓山诗选》，香港广角镜出版社有限公司1991年版，第118～119页。
⑤ 张大年选编：《厓山诗选》，香港广角镜出版社有限公司1991年版，第187页。

其深刻的。明末清初，汉族人士的民族意识和遗民精神的生存与发展经历了严峻的考验，遭遇了极大的困难，但与此同时也得到了空前的高涨和着意的弘扬。在这样的政治文化背景下，厓山书写和厓山记忆进入了一个特殊而且重要的阶段。

在厓山象征意义的发掘与建构以及岭南遗民精神的发现与形成过程中，明末世乱之际出现的一批岭南人士发挥了至关重要的作用。从岭南思想文化史的角度来看，这批杰出人士的出现，不仅使厓山书写得到进一步丰富，使厓山记忆和厓山象征得到了更加充分的彰显，而且将岭南遗民精神与世变之际的政治选择、人生命运空前紧密地联系在一起，从而使这种文化精神获得了具有理想追求色彩的实践品格，也使岭南文化精神中的英雄气概、烈士情怀、报国激情得到了一次空前充分的展示，将岭南遗民精神提高到了一个全新的思想高度。

广东顺德陈邦彦《崖门吊古》四首之一云："万顷烟波接杳冥，双峰如阙控重溟。草藏宋血还馀碧，浪洗胡尘尚带腥。鱼腹有灵迎玉玺，龙髯无地树冬青。中原极目今戎马，凭吊先朝一涕零。"① 其《狱中自述》云："去岁承恩桂海湄，何期国步倍多迍？室中自起金戈衅，天外俄惊铁骑尘。入梦翠华频想象，招携乌合每逡巡。经年辛苦惭何补，应识皇明有死臣"②，都是铮铮铁骨和反抗精神的诗性显现。广东南海邝露《吊厓》云："组练曾驱锦浪堆，中流弥识济川才。挥戈不返羲和御，入海空闻薤露哀。璧月玺浮天上下，鲲溟龙战水漾洄。扪萝已灭磨厓字，风雨年年长绿苔"③，也都是通过对厓山的凭吊感慨古今兴亡、抒写国破之痛的心声，预示着又一次异族入主中原的世变之际厓山书写的延续和厓山记忆的复苏。

稍后出现并堪可代表明清之际岭南思想和文学成就的"岭南三大家"，同样对厓山予以特别的关注，并写下了大量的诗篇，对厓山象征和岭南遗民精神进行了着力的表现。屈大均《文烈张公行状》有云："夫吾粤固多忠义。宋厓山之变，英豪痛愤，谓蒙古灭中国，人人得而诛之，于是竟起

---

① 温汝能纂辑，吕永光等整理：《粤东诗海》，中山大学出版社1999年版，第976页。张大年选编《厓山诗选》收前二首，香港广角镜出版社有限公司1991年版，第166页。
② 温汝能纂辑，吕永光等整理：《粤东诗海》，中山大学出版社1999年版，第976页。笔者对原标点略有调整。
③ 张大年选编：《厓山诗选》，香港广角镜出版社有限公司1991年版，第159页。

兵以伸大义。自熊飞起于东莞，终元之世，粤人所在，横戈舞干，怒气凌云，无一日不思为宋复仇者。计元八十年间，与粤人力战，盖无虚岁。元可以得志于中原，而不能加威于吾粤。"① 此文虽是为表彰东莞张家玉的民族气节和英雄气概而作，但更重要的是屈大均对于岭南层出不穷的英雄人物、一气贯注的烈士情怀的表彰与赞誉。他的多首诗歌也反映了对厓山及其精神象征的关注，更加清晰地表达了既属于他个人又具有代表性的岭南遗民精神。《吊厓》云："虎头门外二洋通，想像精灵满海东。一代衣冠鱼腹里，千秋宫阙蜃楼中。乾坤开辟无斯变，龙凤驱除亦有功。万古人伦能再造，高皇神烈自无穷。"② 《吊永福陵（在冈州厓山）》三首之二："万古遗民此恨长，中华无地作边墙。可怜一代君臣骨，不在黄沙即白洋。"③ 将亡国无家、坚守信仰、至死不渝的遗民心态和精神感受表达得空前充分，这在此前的岭南诗歌中并不多见。《恭谒三大忠祠》之一："宋代江山今已非，海门阴雨见龙旗。中华此度君臣尽，万国何年玉帛归？地有三公为狱渎，天馀一客在芝薇。南园俎豆凄凉甚，欲识忠魂是落晖。"之二："祠堂寂寞越城边，一片风吹绿草烟。词客旧多亡国恨，骚人今有礼魂篇。将军（张公世杰）力向天风尽，丞相（陆公秀夫、文公天祥）心为海日悬。羡绝当年孙典籍，太平光在圣人前。"④ 以历史故实人物映衬古今沧桑，将雄浑之气与沧凉之感如此密切地结合在一起，反映了屈大均诗歌创作的思想深度和艺术个性。

与野蛮杀戮的南下清军和清朝统治者结下家仇国恨的陈恭尹，也毫不意外地在诗中表现了对厓山的追忆和凭吊之情，表达极其深痛的故国故园情思。《厓门谒三忠祠》云："山木萧萧风又吹，两厓波浪至今悲。一声望帝啼荒殿，十载愁人拜古祠。海水有门分上下，江山无地限华夷。停舟

---

① 张家玉著，杨宝霖点校：《张家玉集》，广东高等教育出版社1992年版，第207页。笔者对原标点有所调整。

② 陈永正主编：《屈大均诗词编年笺校》，中山大学出版社2000年版，第171页。欧初、王贵忱主编《屈大均全集》收录此诗，第七句"伦"误作"偏"。人民文学出版社1996年版，第854页。笔者按：张大年选编《厓山诗选》（香港广角镜出版社有限公司1991年版）不收此诗，可怪也。

③ 欧初、王贵忱主编：《屈大均全集》，人民文学出版社1996年版，第1273~1274页。张大年选编《厓山诗选》题作《吊厓山宋永福陵》，收录前二首，第一首首句"林"作"楸"。香港广角镜出版社有限公司1991年版，第83页。

④ 张大年选编：《厓山诗选》，香港广角镜出版社有限公司1991年版，第127页。

我亦艰难日，畏向苍苔读旧碑。"①《留别诸同人》云："霏微残月晓风寒，生死交情话别难。入楚客无燕匕首，送行人有白衣冠。舟辞香浦鸿初到，马踏梅关雪渐看。后会不须期故国，中原天地本来宽！"②《哭王础尘》十首之一："素车相送粤江边，生死论交二十年。牛斗之间光尚在，如何埋得向黄泉？"之五："长将行迹寄天涯，三十鳏居不自嗟。客有问君君大笑：丈夫无国更何家！"③ 陈恭尹《王础尘行状》中有云："君字础臣，中岁易臣为尘，而曰：'吾无复望矣。'元配顾氏早卒，君年二十六，矢不复娶，曰：'无以家为也。'"④ 这种"既已无国，何以家为"的感受最能引起作者的共鸣，也最能打动那些同样处于失去家国、面临不幸之中的人们。而从陈恭尹对华夷之辨的着意强调、对遗民身份的深切体认中，益发可见对遗民精神的有意坚守。

广东南海梁佩兰是岭南三大家中最年长的一位，原为陈邦彦弟子，起初也抱有甘当遗民的决心，后来却有投靠仕清的经历，因此不再可能是"明朝"人，当然也不可称之为"遗民"。但是梁佩兰在追随陈邦彦左右的时候，也曾写下表现亡国之痛、遗民情怀、表彰民族气节的诗篇。如《秋夜宿陈元孝独漉堂，读其先大司马遗集感赋》六首之一："大节平生事，文章复不刊。墨痕犹似渍，碧血几曾干？自得乾坤正，谁知事势难。草堂灯一点，霜气迫人寒。"之四："至今亡国泪，洒作粤江流。黑夜时闻哭，悲风不待秋。海填精卫恨，天坠杞人忧。一片厓山月，空来照白头。"⑤ 尽管梁佩兰后来尽违初心，在有意无意、半推半就之间失去了自己的政治身份和文化身份，但这些诗作仍然可以视为岭南遗民精神的表现，应有一定的认识价值。梁佩兰其人其诗还有另外一个方面的价值，就是从中可以看到人性的复杂、命运的残酷、由己与不由己的两难，当然也可以由此感受到生前悲欢与死后荣辱之间的种种变化。

在宋代以及元代厓山书写的基础上，明代的岭南诗人对厓山的关注与

---

① 陈恭尹著，郭培忠校点：《独漉堂集》，中山大学出版社1988年版，第37页。张大年选编：《厓山诗选》，香港广角镜出版社有限公司1991年版，第122页。
② 陈恭尹著，郭培忠校点：《独漉堂集》，中山大学出版社1988年版，第42页。
③ 陈恭尹著，郭培忠校点：《独漉堂集》，中山大学出版社1988年版，第262页。笔者对原标点稍有调整。
④ 陈恭尹著，郭培忠校点：《独漉堂集》，中山大学出版社1988年版，第801页。
⑤ 梁佩兰著，吕永光校点补辑：《六莹堂集》，中山大学出版社1992年版，第59页。

书写更加充分饱满，更加深刻全面，无论思想内涵还是艺术深度都达到了空前的水平。岭南诗人的厓山书写与明代其他地域诗人的厓山书写相呼应，形成了一个令人瞩目的厓山诗歌创作高峰。这种厓山记忆和岭南遗民精神，前有以诗人哲学家陈献章为代表的一批岭南士人的阐发弘扬，后有以学者思想家屈大均为代表的又一批岭南士人的身体力行，在经过了明代前中期至明末的延续发展之后，终于得以成熟并产生了深远的影响。明代以岭南诗人为主体的厓山文学创作形成了具有重要思想史、文学史意义的厓山象征；厓山记忆及其精神象征的内涵就是以厓山为精神原点的岭南遗民文化精神。

可见，从南宋末年开始，特别是到了明代前中期以后，随着汉族江山的逐渐恢复，汉族统治的日益稳固，厓山与厓山故事愈来愈经常地进入岭南诗人的视野，厓山所承载和表现的历史经验与文化精神也愈来愈深入地进入岭南诗人及其他人士的心灵。在许多岭南诗人的思想意识中，厓山已经成为一种文化符号和精神象征，成为承载和传达民族意识、烈士精神、不屈意志、故国情怀的一个重要的文化符号。在这种连续性的文化感知、思想反思和文学表现中，厓山逐渐成为岭南遗民文学的一个精神原点，厓山象征直接促成了岭南遗民精神的发生，并由此向其他地区、向后世传布和延伸开来，产生了极其深远的影响。

三、岭南遗民精神的生成

黄宗羲曾在《谢时符先生墓志铭》中说："嗟乎！亡国之戚，何代无之？使过宗周而不悯黍离，陟北山而不忧父母，感阴雨而不念故夫，闻山阳笛而不怀旧友，是无心人矣。故遗民者，天地之元气也。"[①] 可见对遗民现象的深刻感慨和对遗民品格的极度推重。清末民初广东东莞人陈伯陶曾在所编《胜朝粤东遗民录》中说："盖明季吾粤风俗以殉死为荣，降附为耻，国亡之后，遂相率而不仕不试，以自全其大节，其相勖以忠义，亦有可称者。……此亦可见吾粤人心之正，其敦尚节义，寖成风俗者，实为他行省所未尝有也。"[②] 张其淦在此书的跋语中亦有云："有明一代，士大

---

① 黄宗羲：《南雷诗文集·碑志类》，沈善洪主编《黄宗羲全集》第十册，浙江古籍出版社1993年版，第411页。笔者对原标点略有调整。
② 陈伯陶（号九龙真逸）：《〈胜朝粤东遗民录〉自序》，谢正光、范金民编《明遗民录汇辑》附录，南京大学出版社1995年版，第1375～1376页。

夫争尚气节,死事之烈,逸民之众,超越前史。……迨夫甲申之变,怀宗殉社稷,杀身成仁之士,史不绝书,往往阖室自焚,肝脑涂地。……当是时也,吾粤陈文忠公、陈忠愍公、家文烈公,起兵殉义,英魂毅魄,岭海生光。其馀义师蜂起,指不胜屈,琐尾遗黎如陈乔生、独漉两先生及家璩子先生,咸有著作,表见于后世。维时同道,得朋履洁全贞,所在多有,其姓名泯没而不彰者,何可胜道?"[1] 所论虽不无出于乡邦观念和遗民情怀的有意推重之意,却提出了岭南遗民与遗民精神的表彰、延续及其对于文化承传的意义等重要问题。而《胜朝粤东遗民录》一书的编纂活动本身,就已经具有了这样的文化学术意义。

可以看到,文天祥的厓山诗歌标志着厓山书写的开端,不仅基本确定了厓山书写的内容选择和情感运思方向,而且在很大程度上影响了厓山诗歌的风格特色与美感特征。其后的厓山书写和厓山记忆也经常以文天祥的人格与事迹而传之久远。后世诗人歌咏凭吊最多的对象就是文天祥,而广东、北京、真州等地文天祥祠的建立,更使这种无形的情感有形化、物质化,更加易于以睹物思人的方式抒发这种深沉复杂的精神感受,也利于厓山记忆的传之久远。在大量的厓山诗歌中,经常被纪念的当然还有幼帝赵昺、陆秀夫、张世杰等人。另一方面,在厓山书写中,诗人们最多谴责的,并不是对宋朝作战取得最终胜利的以忽必烈为代表的蒙古族统治者,而是为蒙元王朝效力建功最多的汉族人张弘范。也就是说,在后来的厓山诗歌中,诗人们更多关注的是汉族人士的"忠奸"之辨,而不是一般所说的"夷夏"之辨。

随着中国宗法制王朝的数次更替,特别是由元到明、由明到清所经历的社会动荡与文化隆替,在元、明、清至民国初年持续出现的大量厓山诗歌中,厓山书写得到有意的延续和加强,厓山记忆的民族文化、政治历史内涵也不断深化与丰富,从而使厓山书写与厓山记忆成为一种具有重要文学意义和政治意味的文学创作现象甚至是精神文化现象。而其核心便是以忠奸、善恶、夷夏、生死、兴亡等的辨析、追问与评价为旨归的遗民精神和故国情结。

在中国思想史和文学史上,虽然广义的遗民现象源远流长,遗民现象

---

[1] 张其淦(号罗浮豫道人):《〈胜朝粤东遗民录〉豫道人跋》,谢正光、范金民编《明遗民录汇辑》附录,南京大学出版社1995年版,第1377页。笔者对原标点略有调整。

和遗民精神历代均有其承传方式与表现形态，但是有两次遗民精神的勃发表现得最为强大，影响也最为深远。一次是蒙元入主中原以后出现的南宋遗民，另一次则是清政府统治全国之后产生的明遗民。很显然，对于汉族士人来说，异族入主中原并成为稳定的统治者，成为遗民精神发生的最直接触发点。汉民族文学与思想中的遗民精神总是与江山易主、改朝换代之际被突显与强化的夷兴与夏亡、本族与异族、正统与异端的观念息息相关。而岭南遗民现象和遗民精神的兴起并产生深远的影响，则与崖山有着最为密切的关联。不论是对于崖山的诗性书写，对于崖山的文化记忆，还是对于崖山象征意味的体认，无不与作为曾经改变历史方向、决定历史命运的崖山直接相关。从崖山记忆与岭南遗民精神发生的角度来看，这两个因素实际上可以归结为一个，即崖山所发生的那场最终决定宋朝与元朝命运的决战及其留下的深远历史影响。

岭南遗民精神正式发生于南宋灭亡、元朝建立之际，这一点与整个汉民族精神传统中的遗民精神的发生是一致的。岭南遗民精神由宋末元初江山易主易族之际的岭南人的崖山书写、崖山记忆、崖山象征开始，在明代广东新会思想家、哲学家、学者、诗人陈献章的着意阐发弘扬之下得到包括岭南和岭南以外愈来愈多人士的认识与认同，这是崖山记忆、崖山象征与岭南遗民精神的第一次充分彰显。与此同时，由于陈献章等人的直接影响，明代其他岭南以及非岭南人士的崖山书写、崖山记忆使岭南遗民精神得以光大，并产生愈来愈广泛的影响，甚至启发了明代其他地域的人士对于遗民和遗民精神的书写与体认。

崖山与岭南遗民精神的再次彰显，则发生于又一次天崩地解、江山再度易主易族的明末清初。明清之际的岭南遗民精神一方面是岭南宋遗民影响之下的结果，另一方面是从宋到元、从明到清这种历史的相似性使岭南士人更加直接、更加深切地体会到遗民文化精神的现世价值。在许多岭南士人看来，南宋为蒙元所取代，明朝被清朝所取代，二者不仅具有极大的历史相似性，而且距广东是如此之近，甚至崖山战役这样的重大事变就发生在岭南人的面前，真切的时局动荡、改朝换代的巨变就发生在他们眼前，历史仿佛重新上演了一次令汉族同胞惨不忍睹、伤心不已的亡国哀曲。于是，在明清之际的岭南，产生了另一批遗民文人群体，而且这一群体较宋末元初那一次更加强大。这是岭南遗民精神最充分的一次彰显，也是最有光彩的一次闪耀，标志着岭南遗民精神的形成。这种惊天动地的岭南遗民精神与一向备受关注的以江浙为中心的东南地区的遗民精神相比，不仅毫不逊色，而且更具有直接见证历史事变和遗民精神演变的价值。因而明清易代之际的岭南遗民精神及其思想价值和历史影响极堪关注。

历代岭南诗人的厓山书写、厓山记忆和由此形成的厓山象征，还有与厓山精神密切相关、浑为一体、传承了数百年之久的岭南遗民精神，不仅是岭南人心灵精神史、思想文化史的一项核心内容，反映了岭南文化精神的一个重要侧面，而且应当成为中国人心灵心态史、文化思想史的一个组成部分。还应当看到，这份丰富的思想文化遗产中的部分内容，在今天仍具有扬弃借鉴和深入体认的现世价值。

屈大均的广东情结与遗民情怀

一、广东情结：文化信仰的表现形式

屈大均一生对于广东文化一往情深，而且在广东文化的许多方面有着独特而深切的体会。这种家乡情结首先是通过大量的诗歌表现出来的。作为一位创作了六千七百多首诗、三百多首词的高产诗人，屈大均从多个方面表现了广东的风土人情、历史事件、杰出人物，从而展现了广东文化的历史传统和多彩面貌。

屈大均有时是以丰富的诗歌创作描绘广东的山川名胜，表现浓重的广东情结，从而使其诗歌创作获得了超越一般文学性的非凡的文化价值。如《夜宿广州北郊作》写广州北郊经过战乱之后发生的深刻变化："松风一接梦魂清，夜入流泉渐有声。落叶飘萧如逐客，疏钟咫尺是寒城。身依豺虎因多难，地入鱼羊为少兵。古道呼蛮人不到，青磷相照到天明。"①《吊厓》云："虎头门外二洋通，想像精灵满海东。一代衣冠鱼腹里，千秋宫阙蜃楼中。乾坤开辟无斯变，龙凤驱除亦有功。万古人伦能再造，高皇神烈自无穷。"②

诗人有时是通过对广东风物人情的真切描述来表达对于家乡的熟稔和热爱。如《民谣》十首其一："白金乃人肉，黄金乃人膏。使君非豺虎，为政何腥臊？"其六："小府为鱼肉，大府为庖厨。金多免刀俎，且复得安居。"其九："俯有十千拾，仰有五万取。作使诸豪奴，官大好行贾。"③《广州竹枝词》七首其四云："洋船争出是官商，十字门开向二洋。五丝八丝广缎好，银钱堆满十三行。"其五："十字钱多是大官，官兵枉向澳门盘。东西洋货先呈样，白黑番奴拥白丹。（白丹，番酋也。）"其七："好笋是人家里竹，好藕是人家里莲。好壻是人家女壻，鸳鸯各自一双眠。

---

① 陈永正主编：《屈大均诗词编年笺校》，中山大学出版社2000年版，第31页。
② 陈永正主编：《屈大均诗词编年笺校》，中山大学出版社2000年版，第171页
③ 陈永正主编：《屈大均诗词编年笺校》，中山大学出版社2000年版，第35～36页。

(崽音宰，粤人谓子曰崽。)"① 这些诗歌除真切地传达出极具特色的广东地方风物和风土民情之外，还表现出诗人丰富的历史知识和清晰的地理观念，对于由于时代变迁而带来的风物人情的变化也有所反映，可见诗人面对家乡风物时态度之清醒和眼光之独特。

屈大均对于澳门商业贸易和深刻变化的表现，特别是对澳门现状和将来可能给中国带来巨大影响的担心，可见诗人具有深刻的历史洞察力。如《澳门》六首其二："南北双环内，诸番尽住楼。蔷薇蛮妇手，茉莉汉人头。香火归天主，钱刀在女流。筑城形势固，全粤有馀忧。"其五："山头铜铳大，海畔铁墙高。一日番商据，千年汉将劳。人惟真白氎，国是大红毛。来往风帆便，如山踔海涛。"②《广东新语》卷二《地语》"澳门"条有云："嘉靖间，诸番以浪白辽远，重贿当事求蠔镜为澳。……澳有南台、北台。台者山也。以相对，故谓澳门。番人列置大铜铳以守。……澳人多富，西洋国岁遣官更治之。诸舶输珍异而至，云帆踔风，万里倏忽。唐有司不得稽也。每舶载白金巨万，闽人为之揽头者分领之，散于百工。作为服食器用诸淫巧以易瑰货，岁得饶益。向者海禁甚严，人民不得通澳，而藩王左右阴与为市，利尽归之。小民无分毫滋润。今亦无是矣。"③

还有一类诗歌是通过对某些历史或当时人物、事件的描述以表达沉重的历史体味和深切的现实感慨，从而直接地反映诗人的情感和判断。这是屈大均广东情结最集中、最深挚的表现。《读陈岩野先生政要》云："往日陈都谏，谋猷信有馀。初闻哀痛诏，即上治安书。丞相劳相疾，君王叹不如。可怜捐七尺，地下奉銮舆。"④ 诗中"政要"指陈邦彦所著《中兴政要》，内有端本、肃吏、保民、励俗、制用、驭戎、固圉、讨逆八篇三十二策，凡一万七千馀言，皆指陈得失，以图恢复者。《春山草堂感怀》十七首其一："地因滨海湿，人以著书贫。况复多风雨，弥令叹苦辛。半生游侠误，一代逸民真。菽水劳妻子，窗间刺绣频"；其十二："慷慨干戈里，文章任杀身。尊周存信史，讨贼作词人。素发垂三楚，愁心历九春。桃花风雨后，和泪共沾巾"⑤，是诗作于康熙九年（1670）大均继室王华

---

① 陈永正主编：《屈大均诗词编年笺校》，中山大学出版社2000年版，第610～611页。
② 陈永正主编：《屈大均诗词编年笺校》，中山大学出版社2000年版，第874～875页。
③ 屈大均：《广东新语》卷二《地语》，中华书局1985年版，第36～38页。
④ 陈永正主编：《屈大均诗词编年笺校》，中山大学出版社2000年版，第33页。
⑤ 陈永正主编：《屈大均诗词编年笺校》，中山大学出版社2000年版，第320～322页。

姜卒后；春山草堂是大均番禺故里之居室名。

屈大均浓重的广东情结的第二个突出表现，就是穷二十年之精力，终于在晚年完成了兼具史志价值和诗性精神的关于广东文化的巨著《广东新语》。《广东新语》不仅具有特别重要的文化史地位，而且产生了特别深远的历史影响。

据邬庆时《屈大均年谱》所载，《广东新语》于明永历三十二年、清康熙十七年，即公元1678年成书，时屈大均已四十九岁。是谱于本年下记曰："先生撰《广东新语》二十八卷成。先生自刻所著书皆无年分，第一行序字，第二行姓名，第三行序文，殆以避署新朝年号也。"① 不仅《广东新语》一书有意避免使用清朝年号，而且屈氏的所有著作皆如此。

对于《广东新语》的价值，屈大均也表现得非常自信，他在此书卷首的《自序》中说："《国语》为《春秋》外传，《世说》为《晋书》外史，是书则广东之外志也。不出乎广东之内，而有以见夫广东之外。虽广东之外志，而广大精微，可以范围天下而不过。知言之君子，必不徒以为可补交广春秋与南裔异物志之阙也。"②

《广东新语》是一部空前绝后的具有百科全书性质的关于广东的笔记著作，这一点已成为公论；特别值得注意的是此书蕴含的主观色彩和时代特征，这种诗性精神不仅是作者冒着一定政治风险经过精心准备的有意为之，而且是在不得已的情况下其独立思想、反抗个性的学术化表达。这种精神，不仅与屈原壹志南国、独立不迁、伤时忧国、悲天悯人的精神相合，而且与司马迁在《史记》中表现出来的强烈的诗性精神和理想人格追求相通。《广东新语》中透露出的这种诗性精神和人格追求使之超越了一般的史志、笔记著作，从而获得了学术文化意义以外的一种思想文化意义。这是其他史志笔记著作所不能达到甚至是难以比拟的。

一个非常明显的表现是，作者经常在比较客观地记录广东风物或人物之馀，在字里行间或结尾处发表论文或表达感慨。这种具有强烈主观情感和价值判断的成分使《广东新语》具有不同于普通史志笔记著作的特殊性质，也使之获得了作者思想与行事的风神。

在关于山川自然的诸语中，作者的主观情感、价值判断即得到了相当

---

① 邬庆时：《屈大均年谱》，广东人民出版社2006年版，第151页。
② 屈大均：《广东新语》卷首，中华书局1985年版，第1页。

充分的表现。如《广东新语》卷二《地语》"厓门"条:"厓门,在新会南,与汤瓶山对峙若天阙,故曰厓门。自广州视之,厓门西而虎门东。西为西江之所出,东为东北二江之所出。盖天所以分三江之势,而为南海之咽喉者也。宋末陆丞相、张太傅,以为天险可据,奉幼帝居之。连黄鹄、白鹞诸舰万馀,而沉铁碇于江。时窜势尽,卒致君臣同溺,从之者十馀万人。波涛之下,有神华在焉。山北有一奇石,书'镇国大将军张弘范灭宋于此'十二字,御史徐瑁恶之,命削去,改书'宋丞相陆秀夫死于此'九字。白沙先生谓当书'宋丞相陆秀夫负帝沉此石下',瑁不能从。光禄郭棐谓,如白沙者,则君臣忠节胥备,其有关于世教更大。而予则欲书'大宋君臣正命于此',凡八字,未知有当于书法否?"① 对于厓门巨石上所书何字、当书何字不厌其繁的辨析,显然有作者评价宋代灭亡经验教训的深意寓于其中。

而在关于艺术人文的诸语中,屈大均同样有意识地表达这种根深蒂固的诗性精神、主观评价和兴亡感慨。如《广东新语》卷十二《诗语》"曲江诗"条:"东粤诗盛于张曲江公。公为有唐人物第一,诗亦冠绝一时。玄宗尝称为文场元帅,谓公所作,自有唐名公皆弗如,朕终身师之,不得其一二云。而公为人虚公乐善,亦往往推重诗人。为荆州时,辟孟浩然置幕府,又尝寄罗衣一事与太白,故太白有答公寄罗衣及五月五日见赠诗。而王摩诘有'终身思旧恩'之句。浩然则有陪公游宴诸篇。三子者,皆唐诗人第一流,他人鲜知罗致,独公与之相得。使玄宗终行公之道,不为小人谗间,则公之推诚荐引,以为国家经纶之用者,又岂惟诗人而已哉?剑阁蒙尘,始潸然追念。噫嘻,亦已晚矣!少陵云:受谏无今日,临危忆古人。盖谓公也。丘文庄言:自公生后,五岭以南,山川烨烨有光气。信哉!"② 不仅充分肯定张九龄在岭南诗歌史上的开创性贡献,而且表达了一种深深的遗憾:假若唐玄宗能够充分信任和任用张九龄,那么张氏对于唐王朝的贡献又岂仅为一个诗人而已?由此反映出张九龄一生经历与事业的幸运与不幸。这一见识显然融入了作者的主观感受,较一般对于张九龄的评价要深刻许多,也更具有启发思考、引人深思的价值。卷十二《诗语》"邝湛若诗"条写道:"湛若南海人,名露,少工诸体书。督学使者

---

① 屈大均:《广东新语》,中华书局1985年版,第35页。
② 屈大均:《广东新语》,中华书局1985年版,第345~346页。

以恭宽信敏惠题校士。湛若五比为文,以真、行、篆、隶、八分五体书之。使者黜置五等,湛若大笑弃去。纵游吴楚燕赵之间,赋诗数百章,才名大起。岁戊子,以荐得擢中书舍人。庚寅,奉使还广州,会敌兵至,与诸将戮心死守。凡十阅月城陷。幅巾抱琴将出,骑以白刃拟之,湛若笑曰:'此何物可相戏耶?'骑亦失笑。徐还所居海雪堂,环列古奇器图书于左右,啸歌以待骑入,竟为所害。为人好恢谐大言,汪洋自恣,以写牢骚不平之志。或时清谈缓态,效东晋人风旨,所至辄倾一座。至为诗,则忧天悯人,主文谲谏,若七哀述征之篇,虽小雅之怨诽,离骚之中爱,无以尚之。……子鸿,字剧孟,亦负不羁之才,年二十馀,能诗及击剑。先时丙戌之变,率北山义旅千馀,战敌于广州东郊死之,得赠锦衣千户。父子皆烈士也。而世徒以为风流旷达诗人也。噫!"① 重点显然不在于评价邝露之诗,而在于强调邝氏父子的"烈士"性格、不屈精神。而在世变鼎革之际表现出来的这种性格和精神不仅极为难得,极为珍贵,而且与屈大均本人的个性特点和精神追求若合符契。这也许就是屈大均对邝露父子英雄人格产生强烈共鸣的深层原因。

《广东文选》选辑自汉代至明代广东重要人物的诗文作品为一编,是屈大均晚年完成的又一项重大学术工作。从广东文化精神和文学学术传承的角度来看,可以认为,《广东文选》的编选是屈大均广东情结的又一种重要的表现形式,其中寄托了编选者传承与弘扬广东文化的深远用意。

屈大均本人对《广东文选》一书非常重视,甚至是饱含深情的。他在《〈广东文选〉自序》中就动情地说:"嗟夫!广东者,吾之乡也。不能述吾之乡,不可以述天下。文在于吾之乡,斯在于天下矣!惟能述而后能有文,文之存亡在述者之明,而不徒在作者之圣。吾所以为父母之邦尽心者,惟此一书。"② 可见作者对于家乡和家乡文献的一往情深,作者为桑梓之地、父母之邦尽心尽意的坚定信念从中也可以清晰地感受得到。在《广东文选·凡例》中,屈大均进一步揭橥编选的标准和追求的目标:"是选以崇正学、辟异端为要,凡佛老家言于吾儒似是而非者,在所必黜。即白沙、甘泉、复所集中,其假借禅家言,若悟证顿渐之类,有伤典雅者,亦皆删削勿存。务使百家辞旨,皆祖述一圣之言,纯粹中正,以为斯

---

① 屈大均:《广东新语》,中华书局1985年版,第350~351页。
② 屈大均辑,陈广恩点校:《广东文选》卷首,广东人民出版社2008年版,第1~2页。

文之菽粟，绝学之梯航。"① 还说："吾粤诗始曲江，以正始元音先开风气。千馀年来，作者彬彬，家三唐而户汉魏，皆谨守曲江之规矩，无敢以新声野体而伤大雅，与天下之为袁徐、为钟谭、为宋元者俱变，故推诗风之正者，吾粤为先。是选中正和平，咸归典则，于以正人心、维风俗，而培斯文之元气，于是乎在。以此选一邦，即以此选天下，无不可者。以《春秋》之谨严，为诗人之忠厚，不侫窃有志焉。"② 以此书倡导和恢复儒家正统、保持与弘扬广东文学正脉的用意不仅非常明显，而且特别坚决。这当是屈大均针对当时广东乃至全国世风、文风状况的有感而发。

《广东新语》卷十一《文语》即以"广东文集"条弁首，中有云："予尝撰《广东文集》，其序云：……嗟夫！一国之人文，天下之人文也。知天下于一国，知一国于一人。此一人者，其出则必如文献，处则必如文恭者也。典型既往，后学无师。吾安得不为斯文之绪有深虑乎？……嗟夫！广东自汉至明千有馀年，名卿巨公之辈出，醇儒逸士之蝉连，操觚染翰，多有存书。其或入告之嘉谟，或谈道之粹论，或高文典册，纪载功勋，或短章数行，昭彰懿行。其义皆系于人伦，其事多裨乎国史。作者深衷，鬼神可质，岂可挂一漏十，令其泯没无传？将一邦人物之盛，著作之宏多，反不如珰珠翠羽，犀象珊瑚，水沉伽南诸珍怪，犹能尽见于世，是岂有志好古敏求者之所忍乎？……嗟夫！广东者，吾之乡也。一桑梓且犹恭敬，况于文章之美乎？文者道之显者也，恭敬其文，所以恭敬其道。道在于吾乡之人，吾得由其文而见之，以为尚友之资，以为畜德之本，岂非吾之所以为学者乎？其不能一一镂版以传，则以贫也，有所待于有力者也。然予将终身以之，若愚公之徙太行，精卫之填东海，不以其力之不足而中辍也。知者鉴诸！"③

《广东文选》特别有针对性且有文化价值深意的编选标准，在编辑实践中得到了相当充分的表现。这在此书对于广东文学史、学术史、文化史上某些重要作家、学者、关键人物的重视与关注中，就可以明显地看出。比如张九龄、余靖、崔与之、丘濬、孙蕡、黄佐、邝露、郑学醇、欧大任、欧大相、陈献章、湛若水、陈邦彦、梁有誉、黎民表、黎贞，都是屈

---

① 屈大均辑，陈广恩点校：《广东文选》卷首，广东人民出版社2008年版，第1页。
② 屈大均辑，陈广恩点校：《广东文选》卷首，广东人民出版社2008年版，第1~2页。
③ 屈大均：《广东新语》，中华书局1985年版，第316~320页。

大均特别重视的人物，从这一串人物名单中，即可以约略体会到编选者对广东历代人物的取舍与评陟，其中寄托的文化情怀也清晰可见。

无论是从岭南文化史的角度来看，还是从中国文化史的角度来看，都可以认为，屈大均是对广东文化如此用心、勤勉一生、著述甚丰，并产生了重大历史影响的第一人。屈大均的这种开创性贡献不仅远绍前人的传统，而且具有超越同侪的重大价值和深远意义，在后来者中亦鲜有堪可与之比肩者。

二、中原认同：广东情结的文化渊源

从文化价值观念的渊源上看，屈大均在世变之时、鼎革之际对于广东文化的一往情深和着力提倡，是以对于中原文化为代表的汉族正统文化的深度认同为基础的。这种认同，从屈大均早年就开始萌生，而随着时代的巨变，明朝为清朝所取代，甚至连岭南这如此偏远的所在也全面地成为清政府的天下。在这种天崩地解、江山变色、政治文化环境发生如此重大变化的情况下，屈大均对于中原文化的认同不但没有减弱，反而明显有所加强，以至于成为他最重要的文化信仰，成为他判断的主要标准和行为的主要准则。

在屈大均看来，清军虽然以血腥的手段征服了广东，但是这最后失去汉族的土地上，最大可能地保留了汉族的民族血脉和文化传统，这正是汉族同胞永不屈服、志图恢复、还我河山的文化之源，就如同南宋王朝虽然最后在广东灭亡，却留下了深远的民族精神和历史遗响一样。而且，在屈大均的思想意识中，南宋之亡与明朝之亡的历史竟然是如此的相似，无论是就时间来说还是就空间来说，都距他是如此之近。这种直接而巨大的冲击之下造成的历史兴亡之感成为屈大均思想中最为深刻的冲突，也是一种强大的力量，驱使他不能不思考和探寻其中的究竟，并志图恢复汉族的河山。

屈大均的中原认同在诗歌中有着集中而鲜明的表现，成为他创作意识中一个特别强烈的思想主题。屈大均对于以中原地区为中心的广阔汉族所在地区的山川名胜的展现与描绘，是他中原文化认同的一种重要表现形式。《过大梁作》云："浮云无归心，黄河无安流。神鱼腾紫雾，苍鹰击高秋。类此雄豪士，滔滔事远游。远游欲何之，驱马登商丘。朝与侯嬴饮，暮为朱亥留。悲风起梁园，白草鸣飕飕。挥鞭空鸣镝，龙骑如星流。

超山逐群兽,穿云落两鹜。归来宴吹台,酣舞双吴钩。惊沙翳白日,垂涕向神州。徒怀匹夫谅,未报百王雠。红颜渐欲变,岁月空悠悠。"① 在开封这一著名古都,也是中原的腹地,展开古今兴亡的沉重思考。《黄河舟中作》云:"河流黄日月,万里客愁中。天入清霜苦,人过白草空。暮心生寂寞,春气破鸿濛。吾道宜沧海,乘桴孰可同。"② 《过涿州作》云:"树木何飕飕,黄云千里愁。日月争驰驱,民生谁获休?置酒华阳馆,五鼎烹肥牛。太子捧金卮,美人弹箜篌。数石不得醉,悲歌恨仇雠。歌舞欢未终,将军刎其头。惊风起燕台,滹沱咽不流。男儿得死所,其重如山丘。白刃若春风,功名非所求!"③ 《秣陵》写在明代故都南京的感受:"牛首开天阙,龙冈抱帝宫。六朝春草里,万井落花中。访旧乌衣少,听歌玉树空。如何亡国恨,尽在大江东。"④《大同感叹》描绘山西大同的惨象:"杀气满天地,日月难为光。嗟尔苦寒子,结发在战场。为谁饥与渴,葛履践严霜。朝辞大同城,暮宿青磷旁。花门多暴虐,人命如牛羊。膏血溢槽中,马饮毛生光。鞍上一红颜,琵琶声惨伤。肌肉苦无多,何以充君粮?踟蹰赴刀俎,自惜凝脂香。"⑤ 凡此均可见作者在广袤中原大地上的沧桑之感和深痛心情。

诗歌中对中原地区的某些具有文化象征意味或深刻影响的历史人物与事件的追怀,也是屈大均中原认同的一种重要形式。出于对江山易主、山河变色的极度敏感和深刻不安,他经常被耳闻目睹的有关历史人物或事件的遗址所吸引,并进而由此抒发古今兴亡的感慨,这似乎已经成为屈大均的一种思考习惯和行为习惯。《邯郸道中》云:"叹息丛台下,英雄日寂寥。战场无白日,旷野一秋雕。草没廉颇宅,云迷豫让桥。悲歌谁与和,归思晚萧萧。"⑥《豫让桥》云:"国士感知己,能将七尺轻。击衣仇已报,吞炭气难平。漳水西风急,邢台落日晴。千秋石桥上,过客马犹惊。"⑦ 通过对廉颇、豫让等历史人物的追怀表达对现实的失望,寄予深刻的感慨

---

① 陈永正主编:《屈大均诗词编年笺校》,中山大学出版社2000年版,第55页。
② 陈永正主编:《屈大均诗词编年笺校》,中山大学出版社2000年版,第57页。
③ 陈永正主编:《屈大均诗词编年笺校》,中山大学出版社2000年版,第61页。
④ 陈永正主编:《屈大均诗词编年笺校》,中山大学出版社2000年版,第109页。
⑤ 陈永正主编:《屈大均诗词编年笺校》,中山大学出版社2000年版,第266～267页。
⑥ 陈永正主编:《屈大均诗词编年笺校》,中山大学出版社2000年版,第58页。
⑦ 陈永正主编:《屈大均诗词编年笺校》,中山大学出版社2000年版,第59页。

于其中。《鲁连台》云："一笑无秦帝，飘然归澥东。谁能排大难，不屑计奇功。古庙千秋月，荒台万木风。从来天下士，只在布衣中。"① 写鲁仲连的英雄气概，得出了"从来天下士，只在布衣中"的认识，这对以功名利禄为念的肉食者来说，不啻是辛辣的讽刺。《塞上曲》六首其三云："亭障三边接，风沙万古愁。可怜辽海月，不作汉时秋。白草连天尽，黄河倒日流。受降城上望，空忆冠军侯。"② 在塞上这曾有无数英雄人物立下丰功伟绩的所在，思想起霍去病和他的时代已经远去，在强烈的今昔对比中，表达诗人无尽的沧桑感慨。《吊袁督师》表达对广东东莞袁崇焕的崇敬之情："袁公忠义在，堪比望诸君。百战肌肤尽，三年训练勤。凉州无大马，皮岛有骄车。一片愚臣恨，长悬紫塞云。"③ 这种感受对于从广东而至山海关外的屈大均来说，必然特别亲切而且有着超乎寻常的意义。

《秣陵春望有作》十六首其中四首云："留得江山一片秋，可怜失国尽风流。凄凉更有金川事，烟草兼含六代愁。""日落中原虎豹骄，乾坤无力捍南朝。谁教一代衣冠尽，白骨青苔锁寂寥。""烟雨春光澹欲无，年年愁满莫愁湖。清明莫向江南过，芳草萋萋是故都。""江左衣冠久已倾，看花谁问凤凰城。年年此地逢寒食，歌罢龙蛇泪满缨。"④ 可见屈大均对于南京具有非同寻常的感情，或准确地说，明朝的兴起之地南京城，总是令屈大均产生特别强烈兴亡沧桑之感，总是使他意绪难平。《寒食》云："烟雨催寒食，江南又暮春。可怜三月草，看尽六朝人。""自与台城别，艰难觅故君。年年寒食日，望断孝陵云。"⑤ 台城旧址在今南京市鸡鸣山南，本是三国时代吴国后苑城，东晋成帝时改建。从东晋到南朝末，这里一直是朝廷台省（中央政府）和皇宫所在地，既是政治中枢，又是帝王享乐场所。中唐时期，昔日繁华的台城已是"万户千门成野草"，至唐末，这里就更荒废不堪了。明乎此，屈大均到此地而产生的兴亡之感如此强烈，就是极为正常的了。《扬州感旧》云："往日芜城困，君臣总不知。频飞丞相书，不遣靖南师。蓟北天崩后，江南空斗时。血书三四纸，读罢

---

① 陈永正主编：《屈大均诗词编年笺校》，中山大学出版社2000年版，第68页。
② 陈永正主编：《屈大均诗词编年笺校》，中山大学出版社2000年版，第76页。
③ 陈永正主编：《屈大均诗词编年笺校》，中山大学出版社2000年版，第83页。
④ 陈永正主编：《屈大均诗词编年笺校》，中山大学出版社2000年版，第114～115页。
⑤ 陈永正主编：《屈大均诗词编年笺校》，中山大学出版社2000年版，第128页。

泪如丝。"① 屈大均对于曾发生十日屠城惨剧的扬州怀有特别的关注，并由此对清军血腥屠杀汉族同胞的罪行予以再次揭露，也是不能不如此、非如此不可的表现了。

屈大均所结交的多是怀有强烈民族意识、具有坚定的汉族立场的人士，在广东如此，在中原等地更是如此。这种交友取向实际上不仅反映了古人所谓"方以类聚，物以群分"的朴素道理，而且更多地表现了在民族斗争之中、汉族危亡之际屈大均清晰而坚定的民族立场和反清精神。不仅广东籍人士陈恭尹、王煐、王隼、温汝能对屈大均的高度评价表明了定点，而且从非岭南人士朱彝尊、钱谦益、潘耒、曹溶、陈维崧、毛奇龄等的褒奖赞誉中，可以更有力、更充分地感受到。

屈大均对于时人时事的记录与品评，多怀有深沉的物是人非、古今沧桑、世变兴亡的感慨，这就使他对于这些人和事的态度和评价具有了文化认同的价值。《过太原傅丈青㞳宅赋赠》云："唐氏遗民在，忧思正未央。故人期饮食，良士戒衣裳。苓采今无地，桐封旧有乡。叔虞祠下柏，与尔共风霜。""下马晋王宫，山河感慨中。无成空老大，不死即英雄。汾水城堪灌，并门骑易通。思深当岁暮，且咏有唐风。"② 从傅山坚定的遗民立场中，获得了深刻的文化认同。《梅花岭吊史相国墓》云："往昔江南北，谁分上相忧。自从开四镇，不复问中州。精爽凭飞将（谓高公杰），衣冠在古丘。梅花春不发，碧血满枝头。"③《皇明四朝成仁录》卷六云："四月十八日，扬州被围。可法御之，薄有斩获。啮血为书请援，不应。开门出战，本深遽率众迎降。越七日，城陷被屠。降夷押住者从可法出城，且战且走，渡河马蹶，可法溺死。"④ 可见屈大均在抗清英雄史可法墓前的感受。《赣州吊丙戌忠节诸公》云："城南杀气似黄埃，三十年间黯不开。腐肉犹香章贡水，忠魂多在郁孤台。""三宫未得凭天险，十里徒然设地雷。秋色岂堪重眺望，乾坤处处白龙堆。"⑤ 此诗康熙十九年（1680）秋南归道中作。顺治三年丙戌（1646），刘同升、万之吉、扬延麟、黎遂球等守赣州，抗击清军，城破死。可见作者对坚守赣州抵抗清军南下，直至

---

① 陈永正主编：《屈大均诗词编年笺校》，中山大学出版社2000年版，第490页。
② 陈永正主编：《屈大均诗词编年笺校》，中山大学出版社2000年版，第221页。
③ 陈永正主编：《屈大均诗词编年笺校》，中山大学出版社2000年版，第490～491页。
④ 陈永正主编：《屈大均诗词编年笺校》，中山大学出版社2000年版，第490页。
⑤ 陈永正主编：《屈大均诗词编年笺校》，中山大学出版社2000年版，第530页。

最后牺牲者的凭吊与怀念,其中黎遂球即是屈大均的同乡——广东番禺人。

而《哭顾宁人征君炎武》七律四首,通过对顾炎武的怀念,表达了特别深沉的世道沧桑、故人零落、天下无人、悲苦无依之感。其一:"幽燕久客似辽东,絮帽天寒苦朔风。飞兔有人还不帝,伏龙于尔独称公。白头无子遗书散,黄石多年故冢空。留得孝陵图记在,教人涕泪哭遗忠。(君有《孝陵图》及《昌平山水记》。)"其二:"昌平山水是天留,海岳朝宗此帝丘。一代无人知日月,诸陵有尔即春秋。书生得尽惟哀痛,故老难存苦白头。遗骨故应园下葬,年年天寿守松楸。"其三:"招魂不返恨天涯,旅榇空归葬海沙。楚国两龚长不食,淮阳一老久无家。苍松岁晚孤生苦,白鹭天寒两鬓华。闻道五经多注释,不知谁为作侯芭。"其四:"登高忆共雁门间,北望京华洒泪还。白马小儿犹汉殿,青牛老子已秦关。河声不解消长恨,山色谁知老玉颜?耆旧只今零落尽,北邙松柏为君攀。"① 在屈大均一生写下的众多哀悼前人、怀念逝者的诗作中,这几首诗因为充分表达了遗民的悲苦、末世的沧凉,而显得具有特别重的分量。

除诗歌创作以外,屈大均晚年致力于广东文献的研究和有关著作的撰写,这是他在更加强烈的自觉意识驱动之下将早年就已经开始的事业坚决地继续下去,并希望在有生之年能够完成的一种努力。其中最重要的就是《广东新语》的撰写和《广东文选》的编选,此外还有地方志著作及《皇明四朝成仁录》等。

屈大均在《广东新语》中这样写道:"今粤人大抵皆中国种,自秦汉以来,日滋月盛,不失中州清淑之气。其真鬋发文身越人,则今之猺、獞、平鬃、狼、黎、岐、蛋诸族是也。夫以中国之人实方外,变其夷俗,此始皇之大功也。佗之自王,不以礼乐自治以治其民,仍然椎结箕倨,为蛮中大长,与西瓯、骆、越之王为伍,使南越人九十馀年不得被大汉教化,则尉佗之大罪也。盖越至始皇而一变,至汉武而再变,中国之人,得蒙富教于兹土,以至今日,其可以不知所自乎哉?"② 从思想文化观念、与中原文化关系的角度来看,屈大均的这种选择具有更加明显的坚守汉族正统观念,护持正在被泯灭、有可能走向消亡的民族文化传统的意味。

---

① 陈永正主编:《屈大均诗词编年笺校》,中山大学出版社2000年版,第576页。
② 屈大均:《广东新语》卷七《人语》,中华书局1985年版,第232页。

因为在屈大均看来,广东这块汉族文化的最后栖居地,岭南这块最晚被清朝占领的汉族江山,是最有可能保留一些汉族文化痕迹、存有一点汉族文化传统的所在。当广大的中原地区早已被征服,早已成为异族统治的天下的时候,他的多种想法就只剩下了一种可能,即通过对广东文献、人物、文学、历史、山川的记载和表彰,来彰显这片土地上仍然可能遗存的汉族文化传统。因此,屈大均晚年关于广东文献的整理、研究和著述,与其说是一种学术行为,不如说是一种具有政治意味的思想文化活动更加恰当。他实际上是在以一种比较隐晦的方式也是更长久的方式传承着处于存亡危机之中的汉族文化,是在以一种不得已的途径护持着已经被异族征服了的汉族正统。这实际上是屈大均如此深切地认同中原文化的根源所在,也是屈大均遗民文化精神的集中表现。

三、广东与中原的契合:明清易代之际的遗民精神

明清之际是中国文化史上遗民精神空前兴盛并臻致高峰的关键时期,产生了极其深远的历史影响。虽然这种惊天动地的遗民精神主要发生于以江浙为中心的东南地区,但是,明清易代之际的岭南遗民精神也极堪关注。

岭南遗民精神正式发生于南宋灭亡、元朝建立之际,对于汉族士人来说,异族入主中原并成为稳定的统治者,成为遗民精神发生的最直接触发点。明清之际的岭南遗民精神一方面是岭南宋遗民影响之下的结果,另一方面是从宋到元、从明到清这种历史的相似性使岭南士人更直接、更深切地体会到遗民文化精神的当代价值。在许多岭南士人看来,南宋被蒙元所取代,明朝被清朝所取代,不仅具有极大的相似性,而且距广东是如此之近,真切的时局动荡、改朝换代的巨变就发生在他们身边,历史仿佛重新上演了一次令汉族同胞伤心不已的亡国哀曲。于是,在明清之际的岭南,产生了另一批遗民文人群体,而且这一群体较宋末元初那一次更加强大。这是岭南遗民精神的第一次充分彰显,也是最有光彩的一次闪耀。

屈大均无疑是明清之际岭南遗民群体中最有影响力的核心人物之一,也是岭南遗民精神的杰出代表。实际上,屈大均对自己的遗民身份是很清楚的,甚至是有意强化的,比如他在《春山草堂感怀》十七首其一中,就

曾经说过"半生游侠误，一代逸民真"①。他还在《咏史》中写道："匕首频虚发，无成愧丈夫。心悲虽故国，事去未穷途。巨野堪为盗，朱家且作奴。如何惭一母，无食向江湖。"② 他的《临危诗》则更加充分地表明了这一点："丙子岁子朝，占寿于古哲。乃得邵尧夫，其年六十七。我今适同之，命也数以毕。所恨成仁书，未曾终撰述。呜呼忠义公，精神同泯物。后来作传者，列我遗民一。生死累友人，川南自周恤。独沥题铭旌，志节表而出。华跌存后人，始终定无失。林屋营发冢，俾近冲虚侧。"③ 诗中的"成仁书"指的是《皇明四朝成仁录》一书，可见屈大均对此书的看重，更可见屈大均对自己这种文化选择的清醒认识。除诗歌创作外，屈大均所结交、所钦重的具有遗民品格的岭南人士和中原人士，都一再证明着这一点。

屈大均对所可交往的人士相当尊重，对自己的声名也非常爱惜。屈大均去世之后，一些人士也多是从英雄气概、伟岸人格的角度评价他，集中反映了后人对屈大均不屈意志、坚毅节操、伟岸人格的认同与崇敬。清末诗人沈汝瑾在《国初岭南江左各有三家诗选阅毕书后》中说："鼎足相诗笔墨酣，共称诗佛不同龛。珠光剑气英雄泪，江左应惭配岭南。"又说："翁山奇气胜虞山，被禁仍留天地间。忠孝更推陈独漉，贰臣相对合羞颜。"④ 程秉钊《国朝名人集题词》云："浩瀚雄奇众妙才，遗民谁似岭南才？只应憔悴灵均裔，饭颗山前赌句来。"有注文云："陈恭尹元孝《独漉堂集》。岭南三家胜于江左。翁山五言，神似青天劳莲；独漉七古，不减工部。洵并时之劲敌。"⑤ 可以看出，其重点并不在于比较评价屈大均、陈恭尹和梁佩兰这岭南三大家的高下得失，而在于强调明清之际岭南地区迸发出来的强大的遗民精神，具有震古烁今的思想价值。近代诗人金天翮在《与郑苏堪先生论诗书》中说："天翮二三百年诗人服膺亭林、翁山，谓其歌有思，其哭有怀，其拨乱反正之心，则犹《春秋》《骚》《雅》之

---

① 陈永正主编：《屈大均诗词编年笺校》，中山大学出版社2000年版，第320页。
② 陈永正主编：《屈大均诗词编年笺校》，中山大学出版社2000年版，第521页。
③ 陈永正主编：《屈大均诗词编年笺校》，中山大学出版社2000年版，第1058～1059页。
④ 转引自陈永正主编：《屈大均诗词编年笺校》，中山大学出版社2000年版，第1369页。
⑤ 转引自陈永正主编：《屈大均诗词编年笺校》，中山大学出版社2000年版，第1364页。笔者对原标点略有调整。

遗意也。"① 强调的也是屈大均诗中的思想与襟怀，特别是阐发儒家经典思想、传承汉族正统观念的精神气质。这是一种可以在世变之际融通古今、跨越南北的文化精神。

广东近代诗人陈融《读岭南人诗绝句》中，有咏屈大均诗四首，其第一首云："儒素缁蓝托意深，诗人气骨自森森。从来燕赵称豪杰，舍却沙亭何处寻"，第四首云："九世深仇虽可复，千年正统未能存。诗亡义有春秋在，可读先生宋武篇"，均表达了对屈大均道德文章、人品诗作的由衷钦敬，作者的感情溢于言表。在诗注中，首先引用胡汉民（字展堂）关于梁佩兰、屈大均、陈恭尹这"岭南三家"诗之联系与区别、取径与高下的论述："窃谓翁山之诗，以气骨胜；元孝之诗，以情韵胜；药亭之诗，以格律胜。翁山如燕赵豪杰，元孝为湘沅才人，药亭乃馆阁名士也。"不仅可见胡汉民论诗的见识与观点，而且可见陈融对胡汉民这种观点的认同。

生活于清乾隆末年至道光中期的诗人思想家龚自珍，在屈大均的著作还犯忌被禁之际，就曾读过并产生强烈的共鸣，在《夜读番禺集，书其尾》中写道："灵均出高阳，万古两苗裔。郁郁文词宗，芳馨闻上帝。"又云："奇士不可杀，杀之成天神。奇文不可读，读之伤天民。"② 确是如此。岭南诗人、学者、思想家屈大均以出众的才华和过人的胆识，在时局纷乱、兴亡难测、人心不古的明清之际，以坚定的信念和伟大的人格彰显了岭南遗民精神的深远渊源和思想高度，从而成为岭南一代士人的杰出代表；而这种遗民精神和文化信仰也使他个人和整个岭南一道，汇入了当时盛行一时、影响广泛的维护汉族正统和儒家传统的思想潮流之中，从而使岭南与中原乃至岭北的广阔地区获得了文化沟通、声息相关的重要基础。

从岭南思想文化史的角度来看，可以认为，屈大均的遗民精神不仅是他个人与中原相通的契合点，而且是岭南地区与中原相契合的关节点，也是来自岭南的声音汇入时代风潮的重要标志。于是，屈大均的诗性精神、遗民思想、抗争意志获得了超越岭南文化与学术本身的典范性价值，具有了彰显易代之际士人品格和时代精神的独特意义。

---

① 转引自陈永正主编：《屈大均诗词编年笺校》，中山大学出版社2000年版，第1369页。
② 龚自珍：《龚自珍全集》，上海人民出版社1975年版，第455页。

屈大均《广东新语》的诗性精神与岭南情怀

屈大均一生，对于家乡岭南一往情深，而且在广东文化的许多方面有着独特而深切的体会。作为一位创作了六千七百多首诗、三百多首词的高产诗人，屈大均从多个方面表现了广东的风土人情、历史事件、杰出人物，从而展现了同幅广东文化的历史传统和多彩面貌；屈大均穷二十年之精力，终于在晚年完成了兼具史志价值和诗性精神的广东文化巨著《广东新语》，不仅具有特别重要的文化史地位，而且产生了特别深远的历史影响；同样完成于晚年的《广东文选》选辑自汉代至明代广东重要人物的诗文作品为一编，是屈大均的又一项重大学术工作，其中寄托了编选者传承与弘扬广东文化的深远用意。可以认为，屈大均是对广东文化如此用心、勤勉一生、著述甚丰，并产生了重大历史影响的第一人；屈大均对广东文化研究做出的这种开创性贡献不仅超迈前人，而且后来者中亦鲜有其比。

据邬庆时《屈大均年谱》所载，《广东新语》于明永历三十二年、清康熙十七年，即公元 1678 年成书，时屈大均已四十九岁。是谱于本年下记曰："先生撰《广东新语》二十八卷成。先生自刻所著书皆无年分，第一行序字，第二行姓名，第三行序文，殆以避署新朝年号也。"[①] 不仅《广东新语》一书有意避免使用清朝年号，而且屈氏的所有著作皆如此。这一重要细节反映了屈大均坚定的文化操守和浓重的遗民情怀。

对于《广东新语》的价值，屈大均也表现得非常自信。他在此书《自序》中说："《国语》为《春秋》外传，《世说》为《晋书》外史，是书则广东之外志也。不出乎广东之内，而有以见夫广东之外。虽广东之外志，而广大精微，可以范围天下而不过。知言之君子，必不徒以为可补交广春秋与南裔异物志之阙也。"[②]《广东新语》是一部空前绝后的具有百科全书性质的关于广东的笔记著作，这一点已成为公论；更值得注意的是此

---

① 邬庆时：《屈大均年谱》，广东人民出版社 2006 年版，第 151 页。
② 屈大均：《广东新语》卷首，中华书局 1985 年版，第 1 页。

书蕴含的主观色彩、乡邦情怀和时代特征。这种诗性精神和岭南情怀不仅是作者冒着政治风险经过精心准备的有意为之，而且是在不得已的情况下其独立思想、自由意志、反抗个性、遗民意识的学术化表达。

在《广东新语》中，作者经常在比较客观地记录广东风物或人物之馀，在字里行间或结尾处发表论文或表达感慨，这一点是相当明显的。从文体习惯上说，笔记这种文体是相当自由的，很少有硬性的约束和刻板的规矩，这种文体特点为屈大均提供了广阔的写作空间。因此，将各种内容写入笔记之中，并不能算是违反笔记的文体习惯。恰恰相反，这种具有强烈主观情感和价值判断的成分使《广东新语》具有不同于普通史志笔记著作的特殊性质，也使之获得了作者思想意识与行事态度的风神。

首先值得注意的是，在关于艺术人文的诸语中，由于内容的相近，屈大均就有意识地表达这种根深蒂固的诗性精神、岭南情怀、主观评价和兴亡感慨。作者这样处理，除了由于内容上的相近相通、较容易自然地生发议论、抒发感慨之外，更多的是作者出于明晰的主观意志的有意为之。

《广东新语》卷十二《诗语》"诗始杨孚"条云："汉和帝时，南海杨孚字孝先，其为《南裔异物赞》，亦诗之流也。然则广东之诗，其始于孚乎！而孝惠时，南海人张买侍游苑池，鼓棹为粤讴，时切讽谏。晋时，高州冯融汲引文华士与为诗歌。梁曲江侯安都为五言诗，声情清靡，数招聚文士，如阴铿、张正见之流，命以诗赋，第其高下，以差次赏赐之。此皆开吾粤风雅之先者。至张子寿而诗乃沛然矣。"① 通过广东诗歌始于东汉杨孚的追寻，表达的是广东文化源远流长、广东诗歌渊源有自的价值观念。又如同卷"曲江诗"条："东粤诗盛于张曲江公。公为有唐人物第一，诗亦冠绝一时。玄宗尝称为文场元帅，谓公所作，自有唐名公皆弗如，朕终身师之，不得其一二云。而公为人虚公乐善，亦往往推重诗人。为荆州时，辟孟浩然置幕府，又尝寄罗衣一事与太白，故太白有答公寄罗衣及五月五日见赠诗。而王摩诘有'终身思旧恩'之句。浩然则有陪公游宴诸篇。三子者，皆唐诗人第一流，他人鲜知罗致，独公与之相得。使玄宗终行公之道，不为小人逸间，则公之推诚荐引，以为国家经纶之用者，又岂惟诗人而已哉？剑阁蒙尘，始潸然追念。噫嘻，亦已晚矣！少陵云：受谏无今日，临危忆古人。盖谓公也。丘文庄言：自公生后，五岭以南，

---

① 屈大均：《广东新语》，中华书局1985年版，第345页。

山川烨烨有光气。信哉!"① 不仅充分肯定张九龄在岭南诗歌史上的开创性贡献,他的出现不仅使广东诗歌走向了繁盛时期,甚至连岭南的山川也由于有了张九龄而变得明亮起来;而且表达了一种深深的遗憾:假若唐玄宗能够充分信任和任用张九龄,使之有为国家大业尽心尽力的机会,那么张氏对于唐王朝的贡献又岂仅为一个诗人而已?由此反映出张九龄一生经历与事业的幸运与不幸。这一见识显然融入了作者的主观感受,较一般对于张九龄的评价要深刻许多,也更具有启发思考、引人深思的价值。

又如卷十二《诗语》"陈琴轩"条云:"东莞陈琴轩先生琏,当永历初,铺张国家威德,为平安南、巡狩、平羌三颂,及铙歌鼓吹曲十二篇以献。上大嘉悦,即以滁州守超擢西蜀宪使。文人之遇,视汉相如有过焉。"② 将陈琏因上书皇帝而得破格拔擢的命运与司马相如相联系,虽极简洁,却寄予了作者颇深的感慨。同卷"白沙诗"条有云:"粤人以诗为诗,自曲江始;以道为诗,自白沙始。白沙之言曰:'诗之工,诗之衰也。率吾性情盎然出之,匹夫匹妇,胸中自有全经。此风雅之渊源也。彼用之而小,此用之而大。存乎人,天道不言,四时行,百物生。焉往而非诗之妙用?'此白沙诗之教也。甘泉尝撰白沙诗教以惠学者。然学白沙者难为功,学曲江者易为力。曲江以人,而白沙以天。诗至于天,呜呼至矣!"③ 用"以道为诗""诗至于天"来表彰白沙诗歌的独特价值和杰出贡献,这在屈氏评价其他诗人的时候还没有见过。在历代广东诗人中,屈大均将最高评价给予了陈献章及其诗,可见对于白沙人品与诗品的钦敬之情。又同卷"邝湛若诗"条写道:"湛若南海人,名露,少工诸体书。督学使者以恭宽信敏惠题校士。湛若五比为文,以真、行、篆、隶、八分五体书之。使者黜置五等,湛若大笑弃去。纵游吴楚燕赵之间,赋诗数百章,才名大起。岁戊子,以荐得擢中书舍人。庚寅,奉使还广州,会敌兵至,与诸将戮心死守。凡十阅月城陷。幅巾抱琴将出,骑以白刃拟之,湛若笑曰:'此何物可相戏耶?'骑亦失笑。徐还所居海雪堂,环列古奇器图书于左右,啸歌以待骑入,竟为所害。为人好恢谐大言,汪洋自恣,以写牢骚不平之志。或时清谈缓态,效东晋人风旨,所至辄倾一座。至为诗,则忧天

---

① 屈大均:《广东新语》,中华书局1985年版,第345~346页。
② 屈大均:《广东新语》,中华书局1985年版,第346页。
③ 屈大均:《广东新语》,中华书局1985年版,第348页。

悯人，主文谲谏，若七哀述征之篇，虽小雅之怨诽，离骚之忠爱，无以尚之。其《当事君行》云：'不哑吞炭漆为厉，殿屎入梁，匍匐入厕。更音易貌心苦悲，良友断肠，妻不与知。百年意气生命促，不斩君衣，何能瞑目。主雠未报白日遁，亮为国士，安得完肤。身无完肤雠未报，斩衣流血徒草草。褫仇之魄，以愧二心。臣命不如，臣心已穷。'盖可以见其志矣。子鸿，字剧孟，亦负不羁之才，年二十馀，能诗及击剑。先时丙戌之变，率北山义旅千馀，战敌于广州东郊死之，得赠锦衣千户。父子皆烈士也。而世徒以为风流旷达诗人也。噫！"① 重点显然不在于评价邝露之诗，而在于强调邝氏父子的"烈士"性格、不屈精神。而在世变鼎革之际表现出来的这种性格和精神不仅极为难得，至为珍贵，而且与屈大均本人的个性特点和精神追求若合符契。这也许就是屈大均对邝露父子英雄人格产生强烈共鸣的深层原因。

假如说在关于艺术人文的篇什中加入若干评价，生发一些议论，还不至显得突兀，那么在关于山川自然的诸语中，作者不惜笔墨甚至不惜影响文章的整饬与自然，仍然加入了一些表达主观情感和价值判断的内容。这是屈大均《广东新语》诗性精神和岭南情怀更充分的表现形式。

《广东新语》卷一《天语》"瘴"条云："岭南之地，愆阳所积，暑湿所居，虫虫之气，每苦蕴隆百不行。其近山者多燥，近海者多湿。海气升而为阳，山气降而为阴。阴尝溢而阳尝宣，以故一岁之中，风雨燠寒，罕应其候。其蒸变而为瘴也，非烟非雾，蓬蓬勃勃。又多起于水间，与山风相合。草莱渗气所郁结，恒如宿火不散，溽熏中人。其候多与暑症类而绝貌伤寒，所谓阳淫热疾也。故入粤者，饮食起居之际，不可以不慎。……今之岭南，地之瘴亦已微薄矣。独人心之蛊未除耳。犀、象、珠玑、金玉，心之蛊也；沉、速、多罗绒、雨缎，心之蛊也。客游于斯者，其亦以清廉之药治之，毋徒自蛊以蛊其子孙可乎？"② 在对"瘴"这种自然现象进行解释之后，有意引申为对于"心之蛊"的议论，显然有针砭、讥讽当时岭南人心、士风的用意。卷二《地语》"厓门"条云："厓门，在新会南，与汤瓶山对峙若天阙，故曰厓门。自广州视之，厓门西而虎门东。西为西江之所出，东为东北二江之所出。盖天所以分三江之势，而为南海之

---

① 屈大均：《广东新语》，中华书局1985年版，第350~351页。
② 屈大均：《广东新语》，中华书局1985年版，第23~24页。

咽喉者也。宋末陆丞相、张太傅,以为天险可据,奉幼帝居之。连黄鹄、白鹞诸舰万馀,而沉铁碇于江。时宵势尽,卒致君臣同溺,从之者十馀万人。波涛之下,有神华在焉。山北有一奇石,书'镇国大将军张弘范灭宋于此'十二字,御史徐瑁恶之,命削去,改书'宋丞相陆秀夫死于此'九字。白沙先生谓当书'宋丞相陆秀夫负帝沉此石下',瑁不能从。光禄郭棐谓,如白沙者,则君臣忠节胥备,其有关于世教更大。而予则欲书'大宋君臣正命于此',凡八字,未知有当于书法否?"① 对于厓门巨石上所书何字、当书何字不厌其繁的辨析,显然有作者评价宋代灭亡经验教训的深意寓于其中,作者的遗民精神也由此得到相当充分的体现。卷三《山语》"官富山"条云:"官富山,在新安急水门东,佛堂门西。宋景炎中,御舟驻其下,建有行宫。其前为大奚山,林木蔽天,人迹罕至,多宋忠臣义士所葬。又其前有山曰梅蔚,亦有行宫。其西为大虎头门,张太尉奉帝保秀山即此。秀山之东,有山在赤湾之前,为零丁山,其内洋曰小零丁洋,外洋曰大零丁洋。文丞相诗所云'零丁洋里叹零丁'是也。小零丁洋有二石,一乌一白,对峙中流,高可百馀仞。当时以为行朝双阙,今渔人称曰双箸,其海门则曰双箸门。此皆亡国遗迹也。嗟夫!大命已去,即一洲一岛之微,天亦不肯以与残华,使之暂为根本,浩浩沧波,必尽委君臣于鱼腹之中而后已。天之所以厚其惨毒于宋,抑何甚也!白沙尝作哀歌于厓门,其诗曰:'义尽君臣俱死节',感之深矣!"② 此段文字,与其说是在记述官富山,还不如说是借此而生发关于宋朝灭亡、君臣死节的议论,作者的兴亡感慨、成败评价也已如此明显地寄予其中。

《广东新语》卷四《水语》"二湖"条云:"会城中故有二湖:其一曰西湖,亦曰仙湖,在古瓮城西,伪南汉刘䶮之所凿也。其水北接文溪,东连沙澳,与药洲为一,长百馀丈。历久淤塞,宋经略陈岘疏浚之,辇䶮故苑奇石置其旁,多植白莲,因易名白莲池而湖亡。其东偏,今有仙湖里遗焉。其一曰兰湖,南越志:番禺北有芝兰湖。广州志:兰湖在双井街。其水常潴,今亦亡。其地亦犹曰兰湖里云。城中又有二洲:一曰粤洲,在玄览台西,为白云之水所注。一曰药洲,在越王台西南一里,即䶮所凿仙湖,与之为一者也。二水既广,复与番禺二山青苍映带。每当春秋佳日,

---

① 屈大均:《广东新语》,中华书局1985年版,第35页。
② 屈大均:《广东新语》,中华书局1985年版,第105页。

登临者不出三城之外，其观已足。今也三城连而为一，三山亦失其二，番与禺仅存培塿，而洲与湖之烟波浩淼皆不可问矣。王于一有言：世之变也，志风雅者，当纪其亡而不纪其存。呜呼！吾粤之所亡者，今岂惟二湖二洲之胜概而已哉？"① 通过详细记载广州城二湖洲之变化直至消亡，引发了作者对于世变以来广州不可胜数之所亡者的感喟，抨击当政者的用意自然再明显不过。同卷《贪泉》有云："石门有泉，饮之辄使人贪，名曰贪泉。语云：'登大庾岭，则芳秽之气分；饮石门泉，则清白之质变。'由来久矣。然泉独不能得之于隐之。隐之云：'试使夷齐饮，终当不易心。'则是泉之力，亦有时而穷也。嗟夫！粤处万里，禁网故号疏阔，异时吏者因得以操柄取盈。念无以谢粤民，则委罪于石门之泉，曰：'是饮焉而能使人易心而墨者也。'而东莞之南，黄岭有廉泉焉，长令者亦未闻有饮之而廉者也。何均之泉，而廉者不能使人廉，贪者乃独使人贪？其人累泉乎？泉累人乎？"② 显然，重点并不在于介绍东莞石门之贪泉，而在于由此讨论官员贪念顿起、贪行屡见的根本原因，对于当时官场风气也是一种有力的抨击。可以与此联系看待的是，卷五《石语》"小英石"条在结尾处曰："外有罗浮石亦贵。昔牛僧孺嗜石，东第西墅列致之。以太湖为甲，罗浮、天竺为乙。李德裕亦尝使日南太守致罗浮石。而张祐知南海，不持瑰货惟载罗浮石以归。宋张愈亦尝升罗浮买石。今客于东粤者，珠香犀象之外，未闻有此清赏也。毋乃泉使人贪，而石使人廉耶？"③ 最后这旁逸斜出的一问，看上去与上文关系不大，颇为突然，却道出了屈大均对于世风浇薄、人心不古的感慨。卷九《事语》中再论"贪吏"，看来屈大均对官吏的贪污腐败问题极为关注："吾广谬以富饶特闻，仕宦者以为货府，无论官之大小，一捧粤符，靡不欢欣过望。……嗟夫！吾粤之为官者，计其诛求之状，亦大抵以上中下三等相吞而已矣。上官眈眈乎中，中复眈眈乎下，下则无所眈眈也，亦惟于匹夫匹妇之微，穷其巧力而已矣。……民贾于官，官复贾于民，官与贾固无别也。贾与官亦复无别，无官不贾，且又无贾而不官。民畏官亦复畏贾，畏官者，以其官而贾也；畏贾者，以其贾而官。于是而民之死于官之贾者十之三，死于贾之官者十之七矣。嗟

---

① 屈大均：《广东新语》，中华书局1985年版，第138～139页。
② 屈大均：《广东新语》，中华书局1985年版，第148页。
③ 屈大均：《广东新语》，中华书局1985年版，第177页。

夫！在昔国之富藏之于民，今也藏之于官，复藏于官而贾者，藏于贾而官者。民日穷而盗贼日炽，其祸不知所底。非有圣君贤相，端本澄源，以节俭为之倡率，禁难得之货，明贪墨之刑，则粤东一隅，何以有匹夫匹妇之性命也哉？噫！"① 不仅可见作者思想之深刻，见解之透彻，对于官贪民苦的清醒认识和坚决治理的愿望，而且可见作者饱含忧虑、极度愤慨的情绪。

《广东新语》卷十七《宫语》"吕相祠"条有云："邑西南有地名石涌，南越相吕嘉故乡也。当汉兵南下，嘉于其乡筑石涌、金斗二城以为守。败后伏波追奔至此，编桥渡兵，既获嘉，桥遂以伏波名。桂洲与石涌一水相通，溯流而至必嘉也。为南越相故称相。此乃嘉之子孙，居于石涌者之所祠也。嘉本越人之雄，尉佗得之，因越人之所服而相之，而南越以治。佗之能用越人如此。秦将屠雎不能用桀骏以败，番君吴芮能用梅鋗以兴。越人之不可忽也如此。嗟夫！越人固多六千君子之遗烈者哉！"② 重点显然在于通过分析南越治乱的经验，强调越人对于治理国家的重要性，对于杰出越人的肯定与褒扬非常明确。又同卷"濠畔朱楼"条云："广州濠水，自东西水关而入，逶迤城南，径归德门外。背城旧有平康十里，南临濠水，朱楼画榭，连属不断，皆优伶小唱所居。女旦美者，鳞次而家，其地名西角楼。隔岸有百货之肆，五都之市，天下商贾聚焉。屋后有飞桥跨水，可达曲中。燕客者皆以此为奢丽地。有为《濠畔行》者曰：'花舫朝昏争一门，朝争花出暮花入。背城何处不朱楼，渡水几家无画楫。五月水嬉乘早潮，龙舟凤舸飞相及。素馨银串手中灯，孔雀金铺头上笠。风吹一任翠裙开，雨至不愁油壁湿。'是地名濠畔街，当盛平时，香珠犀象如山。花鸟如海，番夷辐辏，日费千万金。饮食之盛，歌舞之多，过于秦淮数倍。今皆不可问矣。噫嘻！"③ 末尾仅有一句感慨："今皆不可问矣。噫嘻！"但显然是将当时的情况与"盛平时"相比较而生发出的感慨。虽仅一句，但是作者的古今盛衰、今昔感慨也已相当充分地表现出来。

《广东新语》卷十九《坟语》"刘龑墓"条有云："刘龑墓，在番禺东二十里，其地有南亭、北亭。海潮围绕，中不过十馀里。墓在北亭洲旁，

---

① 屈大均：《广东新语》，中华书局1985年版，第303~305页。
② 屈大均：《广东新语》，中华书局1985年版，第473页。
③ 屈大均：《广东新语》，中华书局1985年版，第475页。

疑即昌华苑地也。……考奇石编，无刘俨名，彼初实名严，后改龑，其字为俨，故遂讹为俨耳。龑字为严特制，取飞龙在天之义，盖效武后之作瞾字也。龑在位，专以惨毒为事，所诛杀粤人，若刈菅草。死后数百年，粤人始得而甘心之，所谓天道好还非耶？尉佗有功德于民，死葬禺山，人不忍言其故处。仁与不仁之报，盖若是哉！"①由南汉王刘龑墓地之事而论及其人，尚较为自然；而由刘龑其人的生前所为与死后遭际与南越国王赵佗相比较，则生发出仁与不仁、善与不善的不同报应，感慨之中带有总结历史经验、予后代当政者以警示的意味。卷二十二《麟语》"鲨虎"条云："南海多鲨虎，虎头鳖足，有黑纹，巨者二百馀觔。尝以暮春至海山之麓，旬日化为虎，惟四足难化，经月乃成。有虎皮、白皮、料影三种。鲨鱼亦能化虎。故凡炳炳成章者，虎之虎也，纹直而疏且长者，鲨之虎也。有见鲨之虎者，但击其足则毙之。或曰：鳄鱼一名忽雷，秋时亦多化虎而三爪。然则南海之虎类多矣。鲨与鳄之所化者，人犹能识之；人之所化者，未知何状。或曰：今之世未见有人如牛哀之化虎者也，止见有虎之化人耳。噫！"②从现代科学的角度来看，鲨鱼与鳄鱼化虎之事，极为荒诞，并不可信；但重要的是作者在这段文字之末所发表的关于人化为虎、虎化为人的议论，寄予了对当时世风人心的针砭与感慨。卷二十五《木语》"栎"条云："阳春县署有栎，高十丈馀，垂阴数亩。根干如古藤，下垂延络墙壁，复屈盘生入地中，穿山阶砌。以不才而益其怪，怪而不材之，寿益以久长，为一邑之名树，可异也。或谓栎与榕及鹰不泊，火之皆不然，故樵苏弗施斤斧。嗟夫！木而不然，木之变也，火之力至是而穷矣，其真不材之木也哉？"③通过对这种不能燃烧之栎木的描述，抒发的是木质之变与火力之穷的关系，感悟的是世上许多事物之变与不变的道理。

对于自己特别看重的著作，屈大均在《广东新语》中也并不吝笔墨特别进行介绍评说，或引自己的诗句以为申说的证明，这也是该书诗性精神与岭南情怀的一种表现形式。值得注意的是，作者这样处理，并非出于一般的自我表扬或自我吹嘘，而通常是恐怕自己的著作湮没无闻、担心后人

---

① 屈大均：《广东新语》，中华书局1985年版，第495～496页。
② 屈大均：《广东新语》，中华书局1985年版，第566页。
③ 屈大均：《广东新语》，中华书局1985年版，第650页。

不能正确理解，而予以特别表彰，以引起人们的注意或重视。

屈大均对自己所编《广东文集》的着意介绍就是最好的例子。据邬庆时《屈大均年谱》，康熙二十五年，即1686年，时屈大均五十七岁，本年下记云："刘茂溶、陈肇昌助先生纂修《广东文集》三百馀卷，后以卷帙浩繁，拔其尤者为《广东文选》四十卷。"① 又云："《禁书总目》《违碍书目》著录《广东文集》，屈大均选。而无《广东文选》。然《文集》未刻，刻者《文选》，故宫印《文献丛编》第九、第十、第十一期载有乾隆四十二年湖广总督三宝《查缴违碍书籍单》有《广东文集》一部，刊本。云：'是书屈大均选，汇录粤人著作，自唐迄明季，依类编分，共四十卷。内明季人诗多感慨。'所云四十卷，是即《文选》，而非《文集》也。"② 又康熙二十六年，即公元1687年，屈大均五十八岁，本年下记云："十月纂《广东文选》成，刘茂溶助刻之。时居于广州城南木排头珠江义学楼上。时人称之曰：文选楼。"③《广东新语》卷十七《宫语》"文选楼"条："广州外城之南，有珠江义学，其西一楼，予居之，以撰《广东文选》，里人因名之曰'文选楼'，为诗有曰：'自今南与北，文选有双楼'。"④ 从屈大均的写作态度来看，此说当可信。因此可知，屈大均计划编辑的《广东文集》因为卷帙浩繁，未能完成，当然也就没有刊行；根据同样的观念和标准选编而成的《广东文选》，则可以看作屈大均晚年完成的另一项表现了浓重的广东情结与乡邦情怀的重要著作。

屈大均本人对《广东文选》一书非常重视，甚至是饱含深情的。他在《〈广东文选〉自序》中就动情地说："嗟夫！广东者，吾之乡也。不能述吾之乡，不可以述天下。文在于吾之乡，斯在于天下矣！惟能述而后能有文，文之存亡在述者之明，而不徒在作者之圣。吾所以为父母之邦尽心者，惟此一书。"⑤ 可见作者对于家乡和家乡文献的一往情深，作者为桑梓之地、父母之邦尽心尽意的坚定信念从中也可以清晰地感受得到。在《广东文选·凡例》中，屈大均进一步揭橥编选的标准和追求的目标："是选以崇正学、辟异端为要，凡佛老家言于吾儒似是而非者，在所必黜。

---

① 邬庆时：《屈大均年谱》，广东人民出版社2006年版，第214页。
② 邬庆时：《屈大均年谱》，广东人民出版社2006年版，第215页。
③ 邬庆时：《屈大均年谱》，广东人民出版社2006年版，第222页。
④ 屈大均：《广东新语》，中华书局1985年版，第475页。
⑤ 屈大均辑，陈广恩点校：《广东文选》卷首，广东人民出版社2008年版，第1～2页。

即白沙、甘泉、复所集中，其假借禅家言，若悟证顿渐之类，有伤典雅者，亦皆删削勿存。务使百家辞旨，皆祖述一圣之言，纯粹中正，以为斯文之菽粟，绝学之梯航。"① 又说："为文当以唐宋大家为归，若何李、王李之流，伪为秦汉，斯乃文章优孟，非真作者。吾广先哲，文体多出于正，可接大家之武者实繁其人，是选无遗美焉。"② 还说："吾粤诗始曲江，以正始元音先开风气。千馀年来，作者彬彬，家三唐而户汉魏，皆谨守曲江之规矩，无敢以新声野体而伤大雅，与天下之为袁徐、为钟谭、为宋元者俱变，故推诗风之正者，吾粤为先。是选中正和平，咸归典则，于以正人心、维风俗，而培斯文之元气，于是乎在。以此选一邦，即以此选天下，无不可者。以《春秋》之谨严，为诗人之忠厚，不佞窃有志焉。"③ 以此书倡导和恢复儒家正统、传承汉族命脉、保持与弘扬广东文学与学术正统的用意不仅非常明显，而且特别坚决。这当是屈大均针对当时广东乃至全国世风、文风巨大变化和现实状况的有感而发。

《广东新语》卷十一《文语》即以"广东文集"条弁首，中有云："予尝撰《广东文集》，其序云：……自洪武迄今，为年三百，文之盛极矣。极而无以会之，使与汉唐以来诸书，其远而为王范、黄恭之所纪述，近而为泰泉、梦菊之所编摩者，悉沦于草莽。文献无稽，斯非后死者之所大惧乎？嗟夫！广东虽一国乎，求文于人，人或不足于文；求人于文，文则有馀于人矣。博取而约之，撰为一书，名之曰《广东文集》，使天下人得见岭海之盛于其文，文存而其人因以存，以与《广东通志》相表里，岂非一国人文之大观乎哉？嗟夫！一国之人文，天下之人文也。知天下于一国，知一国于一人。此一人者，其出则必如文献，处则必如文恭者也。典型既往，后学无师。吾安得不为斯文之绪有深虑乎？……嗟夫！广东自汉至明千有馀年，名卿巨公之辈出，醇儒逸士之蝉连，操觚染翰，多有存书。其或入告之嘉谟，或谈道之粹论，或高文典册，纪载功勋，或短章数行，昭彰懿行。其义皆系于人伦，其事多裨乎国史。作者深衷，鬼神可质，岂可挂一漏十，令其泯没无传？将一邦人物之盛，著作之宏多，反不如珰珠翠羽，犀象珊瑚，水沉伽南诸珍怪，犹能尽见于世，是岂有志好古

---

① 屈大均辑，陈广恩点校：《广东文选》卷首，广东人民出版社2008年版，第1页。
② 屈大均辑，陈广恩点校：《广东文选》卷首，广东人民出版社2008年版，第1页。
③ 屈大均辑，陈广恩点校：《广东文选》卷首，广东人民出版社2008年版，第1~2页。

敏求者之所忍乎？……嗟夫！广东者，吾之乡也。一桑梓且犹恭敬，况于文章之美乎？文者道之显者也，恭敬其文，所以恭敬其道。道在于吾乡之人，吾得由其文而见之，以为尚友之资，以为畜德之本，岂非吾之所以为学者乎？其不能一一镂版以传，则以贫也，有所待于有力者也。然予将终身以之，若愚公之徙太行，精卫之填东海，不以其力之不足而中辍也。知者鉴诸！"① 作者在此甚至不顾笔记的文体习惯，也一改《广东新语》一书简洁质实的文风，不厌其详地介绍这部信今传后的《广东文集》，为广东存一代文献的用意已经再明显不过。

在屈大均看来，广东这块汉族文化的最后栖居地，岭南这块最晚被清朝占领的汉族江山，是最有可能保留一些汉族文化痕迹、存有一点汉族文化传统的所在。当广大的中原地区早已被征服，早已成为异族统治的天下的时候，他的多种想法就只剩下了一种可能，就是通过对广东文献、人物、文学、历史、山川的记载和表彰，来彰显这片土地上仍然可能遗存的汉族文化传统。因此，屈大均晚年关于广东文献的整理、研究和著述，与其说是一种学术行为，不如说是一种具有政治意味的思想文化活动更加恰当。他实际上是在以一种比较隐晦的方式也是更长久的方式传承着处于存亡危机之中的汉族文化，是在以一种不得已的途径护持着已经被异族征服了的汉族正统。这既是屈大均如此深切地认同儒家文化的根源所在，也是屈大均遗民文化精神的集中表现。

总之，《广东新语》中一再表现的这种诗性精神和岭南情怀，不仅与屈原在《橘颂》《离骚》等诗篇中表现的壹志南国、独立不迁、伤时忧国、悲天悯人的精神若合符契，而且与司马迁在《史记》中表现出来的强烈的诗性精神和理想人格追求息息相通。可以认为，《广东新语》中透露出的这种诗性精神、岭南情怀和人格追求使之超越了一般的史志、笔记著作，从而获得了学术文化意义以外的一种思想文化意义。这是其他史志笔记著作所无法企及甚至是难以比拟的。

---

① 屈大均：《广东新语》，中华书局1985年版，第316～320页。

东莞遗民文献与岭南遗民精神

从岭南文化的总体发展历程和基本变革趋势来看,可以认为,经过秦汉以降长时期的积累酝酿,到唐宋两代,包括东莞文化在内的岭南文化的发展变革渐成趋势;至明清时期则出现了全面发展、多方面繁荣、令人耳目一新的景观;这种趋势一直延续到清末民初,并形成了岭南文化史上空前兴盛的局面。而处于重要历史转捩点上的宋元之际、明末清初、清末民初三个时期,是中国近世政治史、文化史上的巨大转折,显然改变或决定了整个历史的发展方向和轨迹。这种变化对作为中国政治文化整体格局中的一种区域政治形态与文化形态岭南文化发展路径和时代精神的影响是极其深远的,甚至在某些方面形成了决定性的影响。作为岭南文化一个组成部分的东莞文化,也是在这样的政治背景下、在这样的文化格局中变化发展的。

明清及近代以来,东莞文献中留下了大量的遗民文献资料,这种文献取向和价值倾向并非出于无意,而是一批杰出东莞人士的自觉选择和有意为之。这种文化态度与学术选择,不仅反映了东莞文献的突出特点和东莞文化精神气质的一个重要方面,而且反映了岭南文献与文化传统中一种值得充分关注、深入体认的思想因素。从这一角度认识东莞文化和岭南文化,是揭示其文化内涵、精神气质的一个重要方面。

一、东莞遗民文献及其价值

清末民初广东东莞人陈伯陶曾在所编《胜朝粤东遗民录》中说:"盖明季吾粤风俗以殉死为荣,降附为耻,国亡之后,遂相率而不仕不试,以自全其大节,其相勖以忠义,亦有可称者。……此亦可见吾粤人心之正,其敦尚节义,浸成风俗者,实为他行省所未尝有也。"① 张其淦在《〈胜朝

---

① 陈伯陶(号九龙真逸):《〈胜朝粤东遗民录〉自序》,见谢正光、范金民编《明遗民录汇辑》附录,南京大学出版社1995年版,第1375~1376页。

粤东遗民录〉豫道人跋》中亦有云："有明一代，士大夫争尚气节，死事之烈，逸民之众，超越前史。……迨夫甲申之变，怀宗殉社稷，杀身成仁之士，史不绝书，往往阖室自焚，肝脑涂地。……当是时也，吾粤陈文忠公、陈忠愍公、家文烈公，起兵殉义，英魂毅魄，岭海生光。其馀义师蜂起，指不胜屈，琐尾遗黎如陈乔生、独漉两先生及家璩子先生，咸有著作，表见于后世。维时同道，得朋履洁全贞，所在多有，其姓名泯没而不彰者，何可胜道？"① 所论虽不无出于乡邦观念和遗民情怀的有意推重之意，却提出了岭南遗民与遗民精神的表彰、延续及其对于文化承传的意义等重要问题。而《胜朝粤东遗民录》一书的编纂活动本身，就已经具有了同样深远凝重的文化学术意义。

在宋元之际、明末清初乃至民国初年这些以政治动荡、朝廷更替、社会不安、文化危机为特征的历史转捩点上，岭南地区总是出现为数众多的遗民。而在分布于岭南各地的遗民群体中，东莞遗民群体经常以其特有的民族气节、高洁气质、坚定意志在其时代及后世产生深刻而广阔的思想文化影响，从而在岭南遗民文化中占有特别突出的地位。

东莞遗民文献及其价值体现在许多方面，单从文献流传的角度来说，明清至民国时期编纂完成的多部岭南文学总集中，比较重要者有温汝能辑《粤东诗海》与《粤东文海》、伍崇曜与谭莹辑《楚庭耆旧遗诗》、何藻翔辑《岭南诗存》、许玉彬与沈世良辑《粤东词钞》等；此外，有关人物的别集、有关市县（区）地方志及其他载记中，均存有一些遗民文献资料。从地方文献学的角度来看，可以认为东莞遗民文献主要体现在晚清民国时期陈伯陶、张其淦的著述之中。从东莞遗民文献和遗民精神的角度来看，可以将二人作为东莞遗民文献的集成者，为东莞遗民文献的发掘整理和遗民精神的传承奠定了重要基础。

陈伯陶（1854—1930），号象华，一字子砺，晚年更名永焘，又号九龙真逸。东莞中堂凤涌人。好学深思，多才多艺，通词翰书画，旁及医术、地理、经济等。光绪十八年（1892）进士（一甲第三名，探花）。著述甚丰，有《孝经说》三卷、《瓜庐文剩》四卷、《瓜庐诗剩》四卷等。但其一生著述重点首先在于东莞历代遗民文献和遗民人物、英烈人士的研

---

① 张其淦（号罗浮豫道人）：《〈胜朝粤东遗民录〉豫道人跋》，见谢正光、范金民编《明遗民录汇辑》附录，南京大学出版社1995年版，第1377页。笔者对原标点略有调整。

究,重要著作有《胜朝粤东遗民录》四卷、《宋东莞遗民录》二卷、《明季东莞五忠传》二卷、《袁督师遗稿》三卷等;其次在于东莞地方志及广东地方志的研究整理,重要著作有《增补罗浮山志》五卷、《增补陈琴轩罗浮志》十五卷、《东莞县志》九十八卷附《沙田志》四卷。其中《东莞县志》是其历时六年完成于九龙,堪称东莞历代县(市)志中最有价值的一种,也是陈伯陶地方志编纂思想水平的集中体现。

张其淦(1859—1946),字汝襄,号豫泉,东莞篁村人。光绪二十年(1894)进士,翰林院庶吉士。清末在山西、广东、安徽等地为官多年。民国成立后数次辞官不就,隐居上海,以撰述著作为乐。治学严谨,勤于著述,主要著作有《邵村学易》二十卷、《老子约》、《松柏山房骈体文钞》十卷、《梦痕仙馆诗钞》十卷、《吟芷居诗话》四卷、《五代咏史诗钞》六卷、《寓园丛书》二十卷等。其著述重点在历代遗民文献与人物,有《元代八百遗民诗咏》八卷、《明代千遗民诗咏》二十卷等,另一重点为东莞地方文学文献辑录与研究,主要有《东莞诗录》六十五卷等,为历代东莞诗歌总集之始;另还编辑有《张氏如见堂族谱》三十二卷、刻有张家珍《寒木居诗钞》、张家玉《张文烈公遗诗》等。另有所撰《春秋教旨》二卷、《春秋持平》十卷、《读老随笔》十卷等未刊。

其代表作《明代千遗民诗咏》初编十卷,二编十卷,成书于1928年。是书意在表彰明代遗民,搜集明末甲申国变以来仍抱定孤忠、不与清廷合作的明遗民文献,收明遗民一千九百余人,以五言古诗五百馀篇咏之,蔚为大观,为明遗民集成之作。在写法上,有的人一人一篇,有的合数人为一篇,以其事迹多寡,或同乡、同社、孝子、名儒、文人、诗人等方面的相关性或一致性而定。所写遗民,勿论其职业、裁缝、卖菜佣、僧道皆书,唯不写妇女、优伶。因遗民逃于方外者多,故或以其僧名作诗题。以诗叙史,自然文字简练,反映了作者的思想倾向和价值判断。

可以认为,在宋元时期特别是明清以后日益众多的东莞文献中,遗民文献是其中一个非常重要的组成部分,从一个独特而有深度的方式揭示了东莞文化的精神品质和价值内涵,具有非常重要的文献价值,是东莞文化史乃至岭南文化史上具有独特思想价值和精神价值的重要文献。由于近六七十年来某些非学术因素的影响和制约,在许多时候对于遗民文献、遗民群体、遗民精神讳莫如深。这种不正常的情况虽然近二三十年来已经发生了显著的改变,但尚未达到比较正常、相当理想的程度。

应当看到，就目前东莞文化研究和岭南文化研究的总体情况来看，包括陈伯陶、张其淦著作在内的东莞及岭南遗民文献及相关著述，有的已经得到较好的整理和初步的研究，为进一步深入研究和持续进展准备了较好的条件，至少已经具有了比较良好的开端。但与这些文献所蕴含的文献价值和思想文化价值相比，已有的研究水平尚未能很完整、很充分地呈现这些珍贵文献的价值。这是今后的文献整理工作、学术研究工作应当努力并且可以继续推进的方向。

三、东莞文化精神及其表现方式

除了上文所述东莞丰富的遗民文献及其对于东莞文化构成、岭南遗民精神的重要价值以外，从另外一些角度看待东莞文献的特点与价值不仅是需要的，而且是必不可少的。因为东莞文化作为一种丰富长久、复杂多样的区域文化形态，必然是具有多种认识的必要性和解读的可能性的。从文化结构形态和学术思考路径的角度言之，大概也只有充分估计这种多变性和复杂性并进行具体深入的实证性考察，才能尽可能走近如此具有历史底蕴和现代精神的东莞文化。

从文献的时间分布看，东莞文献以宋元以降特别是明清民国以来为主，愈往后愈丰富且愈有影响。这种情况与整个岭南文献与文化的发展兴盛过程是相合的，显示出相当强的一致性。从文献编撰方式或流传形态来看，东莞文献具有相当齐全的方式，如总集、别集、方志、族谱等兼具，比较充分地反映了东莞文献的丰富性和多样性。从文献的学术领域或学科门类来看，东莞文献涉及传统意义上的经、史、子、集等主要种类；从近现代以来形成的学科门类或学术领域来看，则可以看到东莞文献涉及以文、史、哲为主体的人文科学领域，也涉及经济、社会、政治、法律等社会科学领域，自然科学及技术的一些学科领域也有涉及，充分反映了中国古典文献综合性强、整体性突出的特点。

从思想内涵与精神气质的角度来看，在如此丰富多样的东莞文献中，有一些方面是值得充分关注并深入挖掘的，可以视之为东莞文献与文化研究的重要内容；从当下东莞文化、岭南文化建设发展的角度来看，也有一些文化内涵是应当予以特别关注，并值得以文化精神传承、人文传统建构的角度进行阐释和体认。其中特别突出者，应当表现在如下一些方面：

第一，烈士情怀与英雄精神。这主要是指在关键的历史时刻、重大的考验面前所具有的对于生死、真伪、美丑、善恶等价值的清醒分辨，所表现出来的"杀身成仁""舍生取义"的"赤子之心"，正义凛然、视死如归、"临大节而不可夺"的英雄气概。用张灏评价谭嗣同的话说，就是"杀身灭族"的决心和从容就义的气概。① 这是东莞文化传统和思想资源中非常精彩、特别值得重视并进行全面的现代阐释的一个方面。如宋代熊飞等为代表的抗元义士就是其中的代表。熊飞（？—1276），南宋广东东莞人。李用女婿。宋德祐二年（1276）以布衣起兵勤王，在榴花村阵斩元将姚文虎。与新会县令曾逢龙克复广州，诛杀降元通判李性道。北上守韶州，部将刘自立开城投降，熊飞死于巷战。清末李璇枢所作《义民迹传奇》就是以南宋东莞抗元名将熊飞故事为题材，借以表现反清革命内容、寄予民族情感、鼓舞汉族同胞的作品。这在近代民主革命思潮方兴未艾的时代背景下，具有重要的现实意义，也反映了东莞文化中烈士情怀与英雄精神气质的集中表现。此剧的作者李璇枢（约1888—？），号璇三郎，广东东莞人，李翰香第二子。幼童时即中秀才，后入广东法政学堂读书，受知于丁仁长。后受民主革命思潮影响，办《东莞旬报》。以抗金名将袁崇焕为代表的反抗异族野蛮统治、坚持民族大义的英雄气节的一批英雄人物事迹，也是东莞文化精神在历史转折时期、关键点上的集中展现，应当予以充分的关注和深入的研究评价。又如，被誉为"岭南三忠"之一张家玉（1615—1647）的反抗精神与不屈品质，也集中反映了东莞文化中蕴蓄的烈士情怀、正义品质和爱国精神。张家玉之弟家珍（1631—1660）也是一位处于政治动荡、历史变革之际具有英雄人格和烈士精神的杰出人物。明

---

① 张灏指出："这份'仁'的精神，不但表现在谭嗣同的思想里，而且也体现在他的生命里。他的《仁学》是1896年写的，根据现存的他的私人函件，我们可知从那时起，他就抱定了他所谓'杀身灭族'的决心。1898年，谭嗣同死于戊戌政变。在死难前，他本有充分的时间逃亡，但是他拒绝逃亡，从容就义，这份烈士精神就植根于他的'仁'的精神。"张灏著，崔志海、葛夫平夫译《烈士精神与批判意识》，见《梁启超与中国思想的过渡（1890—1907）·烈士精神与批判意识》，新星出版社2006年版，第286页。又指出："他的回应带有强烈的传统倾向，这倾向反映成他《仁学》中的三个重要观念。首先是他的世界意识。……其次是他的唯心倾向。……再次是他的超越心态。……这三种传统观念在谭嗣同的生命中熔铸成一种特有的理想主义精神。他的烈士精神可以说是这种理想主义精神在他生命中的体现，震撼了一个时代，同时也为早期中国现代知识分子树立了一个典型。这里必须指出的是：这三种传统观念不仅在谭嗣同的生命中熔铸成一种特有的精神，而且也个别地在20世纪中国知识分子的心灵中产生了不同程度的回响。"同上书，第303～304页。

清以来，袁崇焕、陈策、苏观生、张家玉、陈有明五人更有"东莞五忠"之誉，同时可见东莞人文传统中的忠义精神和英雄主义气概。

第二，学术意识与求真精神。以深厚的文化底蕴为基础，在传统学术向近现代学术转换生新的过程中，采取对传统学术思想的有意识承传和对于西方学术观念借鉴吸收并举的学术态度与文化姿态，表现出强烈的现代学术意识和执著探求真理的精神，这是东莞文化传统中值得重视和表彰的另一个重要方面。仅就近现代人文学术领域来说，邓尔雅、容肇祖、容庚等多位学术名家的出现，以家庭教育、文化传承为主要载体的具有诗书传家、现代教育色彩的多个家族的出现，以及多个重要旧式书院、新式学堂的出现，就不仅仅是东莞文化从传统形态向近现代形态转换过渡的表征，是东莞、广东、岭南人文学术史上的重要标志，而且是中国近现代人文学术史上的标志。从文化渊源或精神气质的角度来看，这种人文现象的出现，也可以理解为是东莞地域文化底蕴、人文学术传统在近现代世变之际的一种反映方式和呈现方式，因而就具有了超越东莞本地文化之上的更加重要的文化内涵、文化精神价值，从这一独特角度反映了岭南文化的近现代命运及其历史变迁。

第三，家族文化与教育传统。从中国传统家庭结构、教育方式的一般情况而言，可以认为家庭教育、家族文化是最原初也是最重要的教育途径和文化记忆。这种传统在东莞文化与岭南文化中仍然得到了继承和发展。明清至近代以来，在中西文化冲突交汇、中国传统文化转换生新的背景下，由于东莞特殊的地理位置和深厚的文化积累，激发出多个人才辈出、后继有人、影响广泛的文化家族，从而对家庭文化与教育的承传传统和创新转换产生了重要的影响，也成为东莞文化精神的一种表现形式。从那些重要文化家族中成长起来的杰出历史人物，就是这种文化传统的有力证明。如陈伯陶（1854—1930）、伦明（1875—1944）、莫伯骥（1877—1958）、邓尔雅（1883—1954）、张荫麟（1905—1942）、容庚（1894—1983）、容肇祖（1897—1994）等东莞杰出人物的出现，无不与家庭文化和教育传统密切相关；或者说，这些取得了多方面政治思想、文化学术成就的著名东莞人的产生，就是传统东莞社会背景下多文化家族、重教育传承的重要表现形式。此外，明清至近代时期东莞曾拥有的多所书院，如鳌台书院、荣阳书院、龙溪书院、宝安书院、东莞书院等，作为传统教育的重要机构和主要方式，也为东莞的教育发展、人才培养、文化传承做出了重要贡献，可以视为从家庭教育走向社会教育的中间环节，也是东莞文化特点形成与发展的一种重要途径。

但一个非常明显的事实是，在近六七十年来的现代教育体系和社会文化结构中，已经基本上没有了传统家学的文化地位和精神传承的可能性，学术薪火、师道学统也经常以另外一些与传统教育完全不同甚至相悖的形式延续存在，其结果之一就是今天的许多研究者对于传统的家学渊源、师道传承及其价值的完全隔膜与极度陌生。应当看到，家学传统的人为断绝和高贵精神气质的无情消失，自然科学技术的甚嚣尘上及其对于人文科学的挤压而造成的日甚一日的人文精神的缺失，是中国现代教育必须深刻反省并尽快纠正的一个重大问题。从这一角度来看，东莞丰富文化中的家族文化与教育传统内容不仅是对岭南乃至中国家庭文化与教育传统的承传与发扬，而且对当下家庭教育施行、家族文化的营建提供了可资研究借鉴的经验。

三、东莞遗民与岭南遗民精神的发生

遗民群体与遗民精神是中国思想文化史上一种值得充分关注的重要现象。明代思想家黄宗羲曾在《谢时符先生墓志铭》中说："嗟乎！亡国之戚，何代无之？使过宗周而不悯黍离，陟北山而不忧父母，感阴雨而不念故夫，闻山阳笛而不怀旧友，是无心人矣。故遗民者，天地之元气也。"[①]可见对遗民现象的深刻感慨和对遗民品格的极度推重，其中也包含着深挚的感情和具有思想意义的价值判断。清邵廷采在《宋遗民所知传》中指出："两汉而下，忠义之士至南宋之季盛矣。……此则天运，非人力可及焉。是以迁洛之顽，经三纪而不变；辅横之客，群一死以如饴。六七王之泽不可忘，赤帝子之炎莫能逼也。"[②]他又在《明遗民所知传》中说："於乎！明之季年，犹宋之季年也；明之遗民，非犹宋之遗民乎？曰节固一致，时有不同。宋之季年，如故相马廷鸾等，悠游岩谷竟十馀年，无强之出者。其强之出而终死，谢枋得而外，未之有闻也。至明之季年，故臣庄士往往避于浮屠，以贞厥志。非是，则有出而仕矣。僧之中多遗民，自明

---

① 黄宗羲：《南雷诗文集·碑志类》，见沈善洪主编《黄宗羲全集》第十册，浙江古籍出版社1993年版，第411页。笔者对原标点略有调整。

② 邵廷采：《明遗民所知传》，见《思复堂文集》卷三，浙江古籍出版社2010年版，第194页。

季始也。"① 同样表达了对处于天崩地解、改朝换代之际大量出现的遗民群体的政治操守、思想选择、文化精神的深切认识和充分肯定,其中也蕴含着同样的感慨共鸣。

在中国思想史和文学史上,虽然广义的遗民现象源远流长,遗民现象和遗民精神历代均有其承传方式与表现形态,但是有两次遗民精神的勃发表现得最为强大,影响也最为深远。一次是蒙元入主中原以后的南宋遗民,另一次则是清政府统治全国之后的明遗民。很显然,汉民族文学与思想中的遗民精神总是与江山易主、改朝换代之际被突显与强化的夷兴与夏亡、本族与异族、正统与异端的观念息息相关。而岭南遗民现象和遗民精神的兴起并产生深远的影响,则与厓山有着最为密切的关联。不论是关于厓山的诗性书写、关于厓山的文化记忆,还是对于厓山象征意味的体认,无不与作为曾经改变历史方向、决定历史命运的厓山直接相关。方勇曾指出:"作为一种独特的地域文化现象,广东东莞遗民诗人群体的形成和存在主要有两大原因,一是厓山战役的直接影响,另一是赵必𤩽的领袖作用。"② 从岭南遗民精神与厓山的关系、赵必𤩽与文天祥、与岭南遗民精神的发生的角度来看,这两个因素实际上可以归结为一个,即厓山所发生的那场最终决定宋朝与元朝命运的决战。③

宋度宗咸淳元年(1265)进士、曾经参与文天祥抗元斗争的广东东莞人赵必𤩽,入元后即不受俸禄,隐居于乡里,以遗民自居。他的《南山赏梅分韵得观字》中有句云:"梅花酷怕渠点涴,所以未破冰雪颜。与其玉堂兮金屋,孰若竹篱茅舍幽且闲?与其状元兮宰相,孰若收香敛华林壑间?逆知梅意同我意,诗人合作如是观。"④ 又《钱尹权宰》二首之二云:"老我江湖倦送迎,故人此别若为情。䌽袍气谊千金重,故纸功名一缕轻。我辈何心争鹭粒,人生到处有鱼羹。何时握手孤山路,共折梅花醉月明。"⑤ 又《怀梅水村用张小山韵》云:"十年骑鹤梦悠悠,天地无情白发

---

① 邵廷采:《明遗民所知传》,见《思复堂文集》卷三,浙江古籍出版社2010年版,第205~206页。
② 方勇:《南宋遗民诗人群体研究》,人民出版社2000年版,第98页。
③ 关于此问题,可参考拙文《厓山记忆与岭南遗民精神的发生》,载《华南师范大学学报(社会科学版)》2012年第6期。此不详述。
④ 温汝能纂辑,吕永光等整理:《粤东诗海》,中山大学出版社1999年版,第100页。笔者对原标点有所调整。
⑤ 温汝能纂辑,吕永光等整理:《粤东诗海》,中山大学出版社1999年版,第101页。

愁。归到咸阳还似客,几回肠断望并州。"① 虽然没有直接写到厓山,但诗人隐逸自适的人生态度却反映了宋代岭南遗民的政治选择与文化精神,成为后世岭南遗民精神的重要思想资源。

文天祥的厓山诗歌标志着厓山书写的开端,不仅基本确定了厓山书写的内容选择和情感运思方向,而且在很大程度上影响了厓山诗歌的风格特色与美感特征。其后的厓山书写和厓山记忆也经常以文天祥的人格与事迹而传之久远。后世诗人歌咏凭吊最多的对象就是文天祥,而广东、北京、真州等地文天祥祠的建立,更使这种无形的情感有形化、物质化,更加易于以睹物思人的方式抒发这种深沉复杂的精神感受,也利于厓山记忆的传之久远。在大量的厓山诗歌中,经常被纪念的当然还有幼帝赵昺、陆秀夫、张世杰等人。另一方面,在厓山书写中,诗人们最多谴责的,并不是对宋朝作战取得最终胜利的以忽必烈为代表的蒙古族统治者,而是为蒙元王朝效力建功最多的汉族人张弘范。也就是说,在后来的厓山诗歌中,诗人们更多关注的是汉族人士的"忠奸"之辨,而不是一般所说的"夷夏"之辨。

随着中国宗法制王朝的数次更替,特别是由元到明、由明到清所经历的社会动荡与文化隆替,在元、明、清至民国初年持续出现的大量厓山诗歌中,厓山书写得到有意的延续和加强,厓山记忆的民族文化、政治历史内涵也不断深化与丰富,从而使厓山书写与厓山记忆成为一种具有重要文学意义和政治意味的文学创作现象甚至是精神文化现象。而其核心便是以忠奸、善恶、夷夏、生死、兴亡等的辨析、追问与评价为旨归的遗民精神和故国情结。

岭南遗民精神正式发生于南宋灭亡、元朝建立之际,这一点与整个汉民族精神传统中的遗民精神的发生是一致的。岭南遗民精神由宋末元初江山易主易族之际的岭南人的厓山书写、厓山记忆、厓山象征开始,在明代广东新会思想家、哲学家、学者、诗人陈献章的着意阐发弘扬之下得到包括岭南和岭南以外愈来愈多人士的认识与认同,这是厓山记忆、厓山象征与岭南遗民精神的第一次充分彰显。与此同时,由于陈献章等人的直接影响,明代其他岭南以及非岭南人士的厓山书写、厓山记忆使岭南遗民精神得以光大,并产生愈来愈广泛的影响,甚至启发了明代其他地域的人士对

---

① 温汝能纂辑,吕永光等整理:《粤东诗海》,中山大学出版社1999年版,第101页。

于遗民和遗民精神的书写与体认。

厓山与岭南遗民精神的再次彰显,则发生于又一次天崩地解、江山再度易主易族的明末清初。明清之际的岭南遗民精神一方面是岭南宋遗民影响之下的结果,另一方面是从宋到元、从明到清这种历史的相似性使岭南士人更加直接、更加深切地体会到遗民文化精神的现世价值。在许多岭南士人看来,南宋为蒙元所取代,明朝被清朝所取代,二者不仅具有极大的历史相似性,而且距广东是如此之近,甚至厓山战役这样的重大事变就发生在岭南人的面前,真切的时局动荡、改朝换代的巨变就发生在他们眼前,历史仿佛重新上演了一次令汉族同胞惨不忍睹、伤心不已的亡国哀曲。于是,在明清之际的岭南,产生了另一批遗民文人群体,而且这一群体较宋末元初那一次更加强大。这是岭南遗民精神最充分的一次彰显,也是最有光彩的一次闪耀,标志着岭南遗民精神的形成。这种惊天动地的岭南遗民精神与一向备受关注的以江浙为中心的东南地区的遗民精神相比,不仅毫不逊色,而且更具有直接见证历史事变和遗民精神演变的价值。因而明清易代之际的岭南遗民精神及其思想价值和历史影响极堪关注。

明清之际崛起于岭南并堪称当时岭南思想与文学成就标志的"岭南三大家",同样对厓山予以特别的关注,并写下了大量的诗篇,对厓山象征和岭南遗民精神进行了着力的表现。屈大均《文烈张公行状》有云:"夫吾粤固多忠义。宋厓山之变,英豪痛愤,谓蒙古灭中国,人人得而诛之,于是竞起兵以伸大义。自熊飞起于东莞,终元之世,粤人所在,横戈舞干,怒气凌云,无一日不思为宋复仇者。计元八十年间,与粤人力战,盖无虚岁。元可以得志于中原,而不能加威于吾粤。"① 此文虽是为表彰东莞张家玉的民族气节和英雄气概,但更重要的是屈大均对于岭南层出不穷的英雄人物、一气贯注的烈士情怀的表彰与赞誉。《广东新语》卷十一《文语》即以"广东文集"条弁首,中有云:"予尝撰《广东文集》,其序云:……嗟夫!一国之人文,天下之人文也。知天下于一国,知一国于一人。此一人者,其出则必如文献,处则必如文恭者也。典型既往,后学无师。吾安得不为斯文之绪有深虑乎?……嗟夫!广东自汉至明千有馀年,名卿巨公之辈出,醇儒逸士之蝉连,操觚染翰,多有存书。其或入告之嘉

---

① 张家玉著,杨宝霖点校:《张家玉集》,广东高等教育出版社1992年版,第207页。笔者对原标点有所调整。

谟,或谈道之粹论,或高文典册,纪载功勋,或短章数行,昭彰懿行。其义皆系于人伦,其事多裨乎国史。作者深衷,鬼神可质,岂可挂一漏十,令其泯没无传?将一邦人物之盛,著作之宏多,反不如珰珠翠羽,犀象珊瑚,水沉伽南诸珍怪,犹能尽见于世,是岂有志好古敏求者之所忍乎?……嗟夫!广东者,吾之乡也。一桑梓且犹恭敬,况于文章之美乎?文者道之显者也,恭敬其文,所以恭敬其道。道在于吾乡之人,吾得由其文而见之,以为尚友之资,以为畜德之本,岂非吾之所以为学者乎?其不能一一镂版以传,则以贫也,有所待于有力者也。然予将终身以之,若愚公之徙太行,精卫之填东海,不以其力之不足而中辍也。知者鉴诸!"① 结合屈大均生活的时代和思想行事,特别是考察他写作《广东新语》的纯学术目标以外更加重要、更值得体认的政治文化动机,可以认为此种言论不仅是有意为之,而且有深意存焉。

历代岭南诗人的厓山书写、厓山记忆和由此形成的厓山象征,还有与厓山精神密切相关、浑为一体、传承了数百年之久的岭南遗民精神,不仅是岭南人心灵精神史、思想文化史的一项核心内容,反映了岭南文化精神的一个重要侧面,而且应当成为中国人心灵心态史、文化思想史的一个组成部分。还应当看到,这份丰富的思想文化遗产中的一些价值内涵和思想方式,在当下的人文精神状况和社会文化背景之下,仍具有扬弃借鉴和深入体认的现世价值,应当视之为变革流动的思想传统中一份重要的精神遗产。

在岭南遗民精神的发生与演变过程中,东莞遗民表现出突出的政治信念和思想追求,在这一艰难复杂的历史过程中发挥了非常重要的作用。正是由于多位杰出东莞人士的坚守与传承,不仅使东莞遗民文献成为岭南遗民文献的一个重要组成部分,使东莞遗民精神成为岭南遗民精神的杰出代表,而且为整个中国遗民文献史、遗民思想史做出了独特的贡献,应当具有重要的文献史、思想史地位。而这一点,目前尚没有被充分地认识到,因此有必要切实加强东莞文献与文化的研究,使其应有的学术价值和文化意义得到有效的彰显。

凡此种种,都在有力地证明,岭南古邑东莞留下众多而珍贵的历史文献,具有丰富而深重的文化传统,这是一笔价值珍贵的文化遗产。不仅如

---

① 屈大均:《广东新语》,中华书局1985年版,第316~320页。

此，东莞的文化遗产、文化底蕴、精神传统等也是传承优良人文传统、建设新东莞文化生态的重要资源。应当说，长时期以来特别是近些年来，对于东莞文化的思想底蕴、精神内涵、价值地位、文化贡献等，虽然已经进行了不少颇富成效、颇有水平和影响的研究，但与东莞文献与文化的丰富性与重要性相比还远远不够，东莞文化传统的自身价值及其对于岭南文化、岭南精神传统建构的价值尚未得到准确深入的认识，还需要花大气力、硬功夫，作长时期的规划和努力，进入更加深入、更加系统的研究。而近年来一系列东莞文献的整理出版，就为研究东莞传统文化、建设东莞当代文化提供了最重要的资料，奠定了最坚实的基础，不仅对于深入研究和认识东莞文献的思想内涵、精神气质具有非常重要的意义，而且对于建设当代东莞文化、弘扬现代人文精神和建立生态文明，都具有空前重要的思想资源价值。

黄遵宪的诗歌创变、诗学观念与文化选择

像许多传统士人一样，黄遵宪一生主要追求的并不是诗，正如他自己所说："自吾少时，绝无求富贵之心，而颇有树勋名之念……又欲以先知先觉为己任……欲捐其躯以报国……尽吾力为之，成败利钝不计"①；黄遵宪也像传统社会的许多儒生一样，"不屑以诗人自居"②，尽管后来的事实证明他只能成为一个诗人。恰如他感慨的："穷途竟何世，馀事且诗人"③，"愤天下之不可救，誓将自逃于诗忘天下"④。个人与时势的多重舛误与偶然遇合，成就了中国传统诗歌转换新变时期这位杰出诗人。终其一生，黄遵宪虽然未能一展其以"变法""民权"为核心的"屠龙之技"，未能得到"舍我其谁""一有机会，投袂起矣"⑤的机会，但仍然为中国近代文学与文化变革、借鉴吸收外国思想观念、促进中国传统文化的近代转换，进行了积极探索、做出了多方努力。黄遵宪的诗歌主张与创作实践、文化态度与思想选择，为中国近代文学发展、思想变革、文化转型做出了重要贡献，留下了丰富的思想经验，具有意味深长的反思和认识价值。

一、才学雅俗之间的诗歌创变

黄遵宪最受关注的诗歌创作主张是他二十岁时所作《杂感》中的诗

---

① 黄遵宪：《致梁启超函》，见黄遵宪著，陈铮编《黄遵宪全集》，中华书局2005年版，第437～438页。
② 梁启超著，舒芜校点：《饮冰室诗话》，人民文学出版社1959年版，第24页。
③ 黄遵宪：《支离》，见黄遵宪著，钱仲联笺注《人境庐诗草笺注》卷八，上海古籍出版社1981年版，第773页。
④ 梁启超：《人境庐诗草跋》，见黄遵宪著，钱仲联笺注《人境庐诗草笺注》附录，上海古籍出版社1981年版，第1086页。
⑤ 黄遵宪：《致梁启超函》，见黄遵宪著，陈铮编《黄遵宪全集》，中华书局2005年版，第437～438页。

句:"我手写我口,古岂能拘牵。"① 此外就是他为诗集所作《自序》中说过的话:"诗之外有事,诗之中有人;今之世异于古,今之人亦何必与古人同。"② 晚年的黄遵宪对己作期许甚高:"吾之五古诗,自谓凌跨千古;若七古诗,不过比白香山、吴梅村略高一筹,犹未出杜、韩范围。"③ 大有聊发少年狂之意态,其允当性当可商酌,其气魄理想则值得注意。

  黄遵宪在诗歌创作上有意识地将国家民族与个人经历相结合、宏阔叙事与内心感受相映衬,表现出将时代诗史与个人心史相统一并充分表现的超凡能力。他说过:"诗可言志,其体宜于文,其音通于乐,其感人也深。惟晋宋以后,词人浅薄狭隘,失比兴之义,无兴观群怨之旨,均不足学。意欲扫去词章家一切陈陈相因之语,用今人所见之理,所用之器,所遭之时势,一寓之于诗。务使诗中有人,诗外有事,不能施之于他日,移之于他人;而其用以感人为主。"④ 这些理论主张与创作观念在人境庐诗中得到了勉力实践和充分彰显。

  黄遵宪在理论上如此倡导,在创作上也躬亲实践。他从少至老,怀有强烈的忧国忧民之心,从未淡忘对国事民瘼的关注。他以政治家的敏锐、历史家的深邃、文学家的热诚,始终关注中国近代的一切重大历史事变,并将所历所见的时事写入诗歌之中。鸦片战争、太平天国、洋务运动、中法战争、中日甲午战争、戊戌变法、庚子事变、义和团运动等等,都在他的作品中得到反映;日本明治维新以后的巨大变革、美国社会历史状况、西欧的奇异风光、南洋的民俗风情、华侨的海外生活际遇、近代工业革命带来的新技术和新知识等,也都可以在他的诗篇中看到。而且,黄遵宪诗中所写之"事",总有其独特角度和方式。其门人杨佣子尝回忆道:"盖先生作诗,首重选题,故无率意之作也。"⑤ 黄遵宪从弟遵庚也说过:"其为诗也,必先搜集材料,然后下笔。"⑥ 梁启超在《饮冰室诗话》中赞曰:

---

① 黄遵宪著,钱仲联笺注《人境庐诗草笺注》卷一,上海古籍出版社1981年版,第42页。
② 黄遵宪:《自序》,见黄遵宪著,钱仲联笺注《人境庐诗草笺注》卷首,上海古籍出版社1981年版,第3页。
③ 黄遵宪:《致梁启超函》,见黄遵宪著、陈铮编《黄遵宪全集》,中华书局2005年版,第441页。
④ 黄遵楷:《先兄黄公度先生事实述略》,见北京大学中文系近代诗研究小组编《人境庐集外诗辑》,中华书局1960年版,第133页。笔者对原标点有所调整并省略作者原注。
⑤ 杨佣子:《榕园续录》卷三,梅县东山中学民国三十三年版,第6页。
⑥ 钱仲联:《梦苕庵诗话》,齐鲁书社1986年版,第162页。

"公度之诗，诗史也。"① "诗史"之誉可谓名副其实。范当世也有诗赠黄遵宪云："诗言起讫一生事，眼有东西万国风。"② 殆非过誉之词。

另一方面，黄遵宪又非常注重在诗歌中表现个性和形象，表达思想感情、反映心路历程。人境庐诗的不少篇章，树立起创作主体的形象。有少年的宏图远志，有青年的上下求索，有建功立业的追求和成功的喜悦，也有失意的郁闷牢骚和坚韧不拔。戊戌放归之后，他更把馀生倾注于诗中，晚年诗篇更是心境的抒写和生命的寄托。梁启超曾说："近顷见人境庐主人亦有《己亥杂诗》数十首，盖主人一生历史之小影也。"③ 确是如此，在生命的最后几年，黄遵宪看到列强环伺的危急局势和江河日下的国家状况，无限忧愤感慨，"劫馀却抚好头颅"④ 的他，只能在人境庐里写下一首首长歌当哭之作，再三追问"忧天热血几时擳"？⑤ 正如黄遵楷所回忆的："遂举其胸中抑郁不平之气，仰天椎心，不敢告人之语，一泄之于诗。酒酣耳热，往往自歌自哭，自狂自圣，谓'他日之读我诗者，其亦忽喜忽怒、忽歌忽泣乎？非所知也'。"⑥ 可见，黄遵宪所说的"诗外有事"和"诗中有人"各有侧重、相互补充，造就了丰富多样的创作题材与内容特征，展现了一位诗坛大家天骨开张、大气包举的创作风范，集中反映了集政治家、思想家与爱国诗人于一身的创作品格。杨佣子所说的"公诗诗史亦心史"⑦，确为有识之见。

从创作渊源、入手取径方面来看，黄遵宪表现出才情与学问兼顾、雅正与浅俗结合的理论意识，并自觉在诗歌创作中身体力行。他曾说过："尝于胸中设一诗境：一曰，复古人比兴之体；一曰，以单行之神，运排

---

① 梁启超著，舒芜校点：《饮冰室诗话》，人民文学出版社1959年版，第63页。

② 范当世：《旅中无聊流观昔人诗至于千首有感于黄公度之人之诗而遽成两律以相赠》，《范伯子先生全集·诗集》卷十，浙西徐氏民国二十一年校刻本，中国书店影印本，第3页。

③ 梁启超著，舒芜校点：《饮冰室诗话》，人民文学出版社1959年版，第101页。

④ 黄遵宪：《仰天》，见黄遵宪著，钱仲联笺注《人境庐诗草笺注》卷九，上海古籍出版社1981年版，第797页。

⑤ 黄遵宪：《日本国志书成志感》，见黄遵宪著，钱仲联笺注《人境庐诗草笺注》卷五，上海古籍出版社1981年版，第443页。

⑥ 黄遵楷：《先兄公度先生事实述略》，见北京大学中文系近代诗研究小组编《人境庐集外诗辑》，中华书局1960年版，第133页。

⑦ 杨佣子：《校读〈人境庐诗草〉题句》，见《榕园续录》卷三，梅县东山中学民国三十三年版，第7页。

偶之体；一曰，取《离骚》乐府之神理而不袭其貌；一曰，用古文家伸缩离合之法以入诗。其取材也，自群经三史，逮于周、秦诸子之书，许、郑诸家之注，凡事名物名切于今者，皆采取而假借之。其述事也，举今日之官书会典方言俗谚，以及古人未有之物，未辟之境，耳目所历，皆笔而书之。其炼格也，自曹、鲍、陶、谢、李、杜、韩、苏迄于晚近小家，不名一格，不专一体，要不失乎为我之诗。诚如是，未必遽跻古人，其亦足以自立矣。"① 作为一位以创作实践和文学体验见长的杰出诗人，黄遵宪的理论主张在诗歌创作中得到了最充分的展现。从学问功力的角度来看，五古《拜曾祖母李太夫人墓》《番客篇》《罢美国留学生感赋》《今别离》等最集中地体现了人境庐诗受到诗骚、乐府及汉魏古体诗的滋养，七古《樱花歌》《赤穗四十七义志歌》《以莲菊桃杂供一瓶作歌》和《八月十五夜太平洋舟中望月作歌》等则反映了黄遵宪纵横驰骋的过人才华和着意运用的以文为诗的创作路向，而五古《锡兰岛卧佛》、七古《南汉修慧寺千佛塔歌》则反映了其佛学修养和在诗歌创作中的有意运用。这种创作意识、创作能力是黄遵宪融入当时主流诗坛并被多位具有不同创作主张和理论倾向的诗人或诗论家高度认同的重要条件，也是人境庐诗总体创作成就的一个不可或缺的要素。另一方面，深受客家民歌影响的《新嫁娘诗》和《山歌》，具有显著儿歌或歌词特征的《幼稚园上学歌》《小学校学生相和歌》和《军歌》等，则集中反映了黄遵宪诗歌创作民间性、通俗性的侧面，同样是构成其诗歌创作成就的一个重要方面。正是在这种雅俗、深浅、正变、因革等对应范畴构成的广阔空间中，才使人境庐诗获得了思想的丰富性和艺术的多样性，从而成就了这位杰出诗人的思想艺术高度。这既是黄遵宪诗歌创作观念的独特之处，又是最具有理论深度、最值得借鉴之处。

多位研究者从诗学渊源、入手取径方面评价人境庐诗，而以汪辟疆、钱锺书所论最有见地。汪辟疆云："中岁以后，肆力为诗，探源乐府，旁采民谣，无难显之情，含不尽之意。又以习于欧西文学，以长篇叙事，见重艺林，时时效之，叙壮烈则绘影模声，言燕昵则极妍尽态。其运陈入新，不囿于古，不泥于今，故当时有诗体革新之目。曾重伯、梁卓如尤推

---

① 黄遵宪：《自序》，见黄遵宪著，钱仲联笺注：《人境庐诗草笺注》卷首，上海古籍出版社1981年版，第3页。

重之，虽誉违其实，固一时巨手也。"① 对黄遵宪诗歌创作的广泛取材、多变风格阐述得最为深入恰切，"运陈入新，不囿于古，不泥于今"尤其深刻地道出了人境庐诗的取径与探索和在传承与创新之间的选择。钱锺书说："《人境庐诗》奇才大句，自为作手。五古议论纵横，近随园、瓯北；歌行铺比翻腾处似舒铁云；七绝则龚定庵。取径实不甚高；伧气尚存，每成俗艳。尹师鲁论王胜之文曰：'赡而不流'；公度其不免于流者乎。大胆为文处，亦无以过其乡宋芷湾。"② 将黄遵宪的诗歌创作置于乾隆以降的诗坛风气中进行评价，指出人境庐诗与多位诗人诗作之间的相似性，颇得知人论世之妙，中多启人深思之处。他还特别指出黄遵宪对龚自珍的效法："黄公度之《岁暮怀人诗》、《续怀人诗》均师承定庵，只与渔洋题目相同；其《己亥杂诗》则与定庵不但题目相同，笔力风格亦几青出于蓝，陈抱潜当如前贤畏后生矣。"③ 汪辟疆与钱锺书的论述方式和所持观点虽多有异同，但共同揭示了黄遵宪诗歌理论主张和创作实践的开放稳健、兼容平实、集成综合的思想特征。

黄遵宪与其他诗派诗人的关系最能体现这种思想特点，也最能反映人境庐诗与当时诗坛风气的复杂关联。在对待诗与学问的态度上，在近代诗坛延续时间长、影响广泛并占有主导地位的宋诗派与"同光体"诗家深有体会且最具代表性。陈衍评祁寯藻曾说："文端学有根柢，与程春海侍郎，为杜为韩为苏黄，辅以曾文正、何子贞、郑子尹、莫子偲之伦，而后学人之言与诗人之言合，而恣其所诣。"④ 又说："祁文端为道咸间巨公工诗者，素讲朴学，故根柢深厚，非徒事吟咏者所能骤及。"⑤ 陈衍评价陈三立曾说："伯严论诗，最恶俗恶熟，尝评某也纱帽气，某也馆阁气。"⑥ 又说："散原为诗不肯作一习见语，于当代能诗巨公，尝云某也纱帽气，某

---

① 汪辟疆：《近代诗派与地域》，见《汪辟疆文集》，上海古籍出版社 1988 年版，第 315~316 页。
② 钱锺书：《谈艺录（补订本）》，中华书局 1984 年版，第 23 页。
③ 钱锺书：《谈艺录（补订本）》，中华书局 1984 年版，第 465 页。
④ 陈衍：《近代诗钞序》，见陈衍辑《近代诗钞》卷首，商务印书馆民国二十四年版，第 1 页。
⑤ 陈衍著，郑朝宗、石文英校注：《石遗室诗话》卷十一，人民文学出版社 2004 年版，第 181 页。
⑥ 陈衍著，郑朝宗、石文英校注：《石遗室诗话》卷一，人民文学出版社 2004 年版，第 14 页。

也馆阁气，盖其恶俗恶熟者至矣。"① 还说过："夫作诗固不贵掉书袋，而博物则恶可已？……故读书犹兵也，可百年不用，不可一日不备。"② 诸语不仅颇能体现陈衍本人的论诗趣味，而且集中表现了该派的诗学旨趣。黄遵宪说："尝于胸中设一诗境：一曰，复古人比兴之体；一曰，以单行之神，运排偶之体；一曰，取《离骚》乐府之神理而不袭其貌；一曰，用古文家伸缩离合之法以入诗。其取材也，自群经三史，逮于周、秦诸子之书，许、郑诸家之注，凡事名物名切于今者，皆采取而假借之。其述事也，举今日之官书会典方言俗谚，以及古人未有之物，未辟之境，耳目所历，皆笔而书之。"③ 两相比较，可见黄遵宪对于学问与诗之关系的认识与陈衍多有相通之处，共同道出了作诗与学养、才情与根柢之间不可分割的关系。钱锺书曾指出："文章之革故鼎新，道无它，曰以不文为文，以文为诗而已。向所谓不入文之事物，今则取为文料；向所谓不雅之字句，今则组织而斐然成章。谓为诗文境域之扩充，可也；谓为不入诗文名物之侵入，亦可也。……今之师宿，解道黄公度，以为其诗能推陈出新；《人境庐诗草·自序》不云乎：'用古文伸缩离合之法以入诗。'宁非昌黎至巢经巢以文为诗之意耶。"④ 值得注意的是，多年来人们研究黄遵宪诗，多从其推陈出新、别创诗界的角度立论，强调其"新派诗"的创新价值；而黄遵宪本人却清楚地表明要兼收并蓄、转益多师，当然包括取法借鉴自中唐韩愈及宋代苏轼、黄庭坚诸大家以后直至晚清郑珍等宋诗派诗人诗歌创作中多有表现的"以文为诗"的创作方法。

黄遵宪那一代诗人面临的另一个突出问题，就是如何处理诗歌创作中的雅俗关系。对于许多诗人来说，关于雅与俗的认识判断及选择运用既是一个理论命题，又是一个实践难题。何绍基尝论曰："诗文而不成家，不如其已也。然家之所以成，非可于诗文求之也，先学为人而已矣。……人与文一，是为人成，是为诗文之家成。……顾其用力之要何在乎？曰'不

---

① 陈衍辑：《近代诗钞》附《石遗室诗话》，商务印书馆民国二十四年版，第984页。
② 陈衍著，郑朝宗、石文英校注：《石遗室诗话》续编卷一，人民文学出版社2004年版，第534～535页。
③ 黄遵宪：《自序》，见黄遵宪著，钱仲联笺注：《人境庐诗草笺注》卷首，上海古籍出版社1981年版，第3页。
④ 钱锺书：《谈艺录（补订本）》，中华书局1984年版，第29～30页。按：黄遵宪《自序》原文作："用古文家伸缩离合之法以入诗"。

俗'二字尽之矣。所谓俗者,非必庸恶陋劣之甚也;同流合污,胸无是非,或逐时好,或傍古人,是之谓俗。直起直落,独来独往,有感则通,见义则赴,是谓不俗。"① 陈衍也在《石遗室诗话》中指出:"诗最患浅俗。何谓浅?人人能道语是也。何谓俗?人人所喜语是也。"② 可见从宋诗派到同光体诗人对于雅俗关系的看法之要义。黄遵宪对以民间文学为代表的俗文学的看法则要亲近通达得多,采取的是接受民间文学并化为自我创作资源的策略。他在《山歌题记》中说过:"十五国风妙绝古今,正以妇人女子矢口而成,使学士大夫操笔为之,反不能尔。以人籁易为,天籁难学也。余离家日久,乡音渐忘,辑录此歌谣,往往搜索枯肠,半日不成一字。因念彼冈头溪尾,肩挑一担,竟日往复,歌声不歇者,何其才之大也!"③ 基于这样的认识,黄遵宪不仅将自己家乡的客家《山歌》写入诗集之中,而且创作了《新嫁娘诗》等具有明显山歌情调的诗篇,《日本杂事诗》也带有明显的竹枝词色彩,与民间文学传统有着深刻的关系。

  文学雅俗的直接表现,就是作品的语言形式。对于文学语言通俗化、口头语言与书面语言关系的认识,也是黄遵宪文学雅俗观念的一个重要方面。黄遵宪是近代较早在理论上倡导文学语言通俗化、语言文字合一,并在创作实践中尝试探索语言通俗化、白话化的著名文学家之一。他在《日本国志》中曾明确指出:"文字者,语言之所从出也。虽然,语言有随地而异者焉,有随时而异者焉;而文字不能因时而增益,画地而施行。言有万变,而文止一种,则语言与文字离矣。……盖语言与文字离,则通文者少;语言与文字合,则通文者多,其势然也。……余乌知夫他日者不又变一字体为愈趋于简,愈趋于便者乎?……余又乌知乎他日者不有孳生之字,为古所未见,今所未闻者乎?……余又乌知夫他日者不更变一文体,为适用于今,通行于俗者乎?嗟乎!欲令天下之农工商贾、妇女幼稚皆能通文字之用,其不得不于此求一简易之法哉!"④ 希望中国出现一种愈来

---

  ① 何绍基:《使黔草自序》,见舒芜、陈迩冬、周绍良、王利器编选《中国近代文论选》,人民文学出版社1959年版,第129页。
  ② 陈衍著,郑朝宗、石文英校注:《石遗室诗话》卷二十三,人民文学出版社2004年版,第358页。
  ③ 黄遵宪著,钱仲联笺注:《人境庐诗草笺注》,上海古籍出版社1981年版,第54~55页。
  ④ 黄遵宪:《日本国志》卷三十三《学术志二》,光绪十六年羊城富文斋刊本,第5~7页。

愈简便适用的字体，根据不断发展的需要创造古人和今人均未见过的新字，实际上提出了汉字简化与改革问题；倡导朝着语言与文字合一的方向发展，创造通俗适用的新文体，力求文化科技的普及、文学的兴盛发达，促进国民素质的提高和国家的改革振兴。光绪二十七年（1901）他在《〈梅水诗传〉序》中再次指出："语言者，文字之所从出也。语言与文字合，则通文者多；语言与文字离，则通文者少。余于日本《学术志》中曾述其意，识者颇韪其言。……盖语言文字扞格不相入，无怪乎通文字之难也。"[1] 翌年，他又在致严复信中提出"造新字""变文体"[2]的主张。可见语言与文字合一，是黄遵宪坚持了一生的主张，成为他文学雅俗观念的重要内容。

黄遵宪对俗文学的另一次集中思考和运用体现在戊戌被"放归"、晚年乡居时所作的多首通俗歌谣中。光绪二十八年（1902），他在致梁启超信中说："报中有韵之文，自不可少。然吾以为不必仿白香山之《新乐府》、尤西堂之《明史乐府》。当斟酌于弹词粤讴之间，或三或九，或七或五，或长短句；或壮如陇上陈安，或丽如河中莫愁，或浓至如焦仲卿妻，或古如成相篇，或俳如俳技辞。易乐府之名而曰杂歌谣，弃史籍而采近事。"[3] 这种理论主张的实践成果，就是《军歌》（包括《出军歌》《军中歌》《旋军歌》）、《幼稚园上学歌》和《小学校学生相和歌》等新诗。这些作品虽然保存着古典诗歌的韵律和节奏，但着意以方言俗语入诗，口语化程度很高，可以谱曲歌唱，内容新颖实用，形式自由活泼，其实就是为教育幼儿、学生、军人和宣传爱国精神而作的通俗歌谣。这表明晚年黄遵宪在诗歌创作上再度进行的创新探索，是他在政治生命被无情扼杀之后，以诗歌唤起国民精神的最后努力，也是他"新派诗"创作的最后成果，反映了对诗歌雅俗关系的认识和创作中的自觉选择。

恰恰是因为黄遵宪在才情与学问之间、通俗与雅正之间采取了兼收并蓄、为我所用的策略并在丰富的创作实践中执著探索、大胆尝试，才使人境庐诗取得了超越同侪、备受称许的成就。正如钱锺书所说："乾嘉以后，

---

[1] 黄遵宪著，陈铮编：《黄遵宪全集》，中华书局2005年版，第287页。
[2] 黄遵宪：《致严复函》，见黄遵宪著，陈铮编《黄遵宪全集》，中华书局2005年版，第435～436页。
[3] 黄遵宪著，陈铮编：《黄遵宪全集》，中华书局2005年版，第432页。笔者对原校点有所调整并省略作者原注。

随园、瓯北、仲则、船山、倾伽、铁云之体，汇合成风；流利轻巧，不矜格调，用书卷而勿事僻涩，写性灵而无忌纤佻。如公度乡献《楚庭耆旧遗诗》中篇什，多属此体。公度所删少作，辑入《人境庐集外诗》者，正是此体。江弢叔力矫之，同光体作者力矫之，王壬秋、邓弥之亦力矫之；均抗志希古，欲回波断流。公度独不绝俗违时而竟超群出类，斯尤难能罕觏矣。"① 还指出："观《人境庐辑外诗》，则知公度入手取径。后来学养大进，而习气犹馀，熟处难忘，倘得沧浪其人，或当据以析骨肉而还父母乎。"② 黄遵宪的独特之处在于既与占主导地位的时代风气、诗坛习尚取向相同，又能在此氛围之中出类拔萃、卓然独步，于古往今来的众多诗家，不存盲目的崇古卑今和门户宗派之见，而具有"转益多师"的胸襟器识，这是人境庐诗得以"超群出类"的关键所在。

元明清以降的中国诗坛，在唐风与宋调、才情与学问、感性与理趣之间聚讼不已、令许多诗人取舍两难的情况下，在乾隆、嘉庆年间形成的"流利轻巧，不矜格调，用书卷而勿事僻涩，写性灵而无忌纤佻"③ 的诗坛风气中，黄遵宪保持着难得的冷静清醒与深邃明辨。在诗歌创作的多种要素和创作道路的多种可能性中，黄遵宪采取的基本策略是取长补短、兼收并蓄，保持的基本姿态是为我所用、为我之诗。从而在理论观念和创作实践上保持着博观约取、开放通达的态度，在才情与学问、感性与理趣、唐风与宋调可能产生的两难、出现的矛盾面前，能够比较自觉地运用统摄化解的方法，使诗歌创作保持着生机与活力，而不是堕入狭窄逼仄的困境。这不仅反映了黄遵宪的理论深度和创作智慧，而且反映了一种具有深刻启发性的思维方式和文学选择。

二、新旧名实之间的"新派诗"与"诗界革命"

黄遵宪的"新派诗"向来被研究者高度关注并予以崇高评价，人境庐诗也习惯上被视为"诗界革命"的一面旗帜，并由此揭示近代诗歌发生的深刻变革，展现近代文学取得的突出成就。实际上，无论是从黄遵宪的理论观念、创作本意、相关文献史实来看，还是从梁启超、胡适等为代表的

---

① 钱锺书：《谈艺录（补订本）》，中华书局1984年版，第347页。
② 钱锺书：《谈艺录（补订本）》，中华书局1984年版，第348页。
③ 钱锺书：《谈艺录（补订本）》，中华书局1984年版，第347页。

接受者和其后众多的追随者、传播者的主客观用意来看，黄遵宪与"新派诗""诗界革命"的真实关系及评价问题，均有重新审视并恰切评价之必要。

黄遵宪年轻时即"喜为诗"，且有"别创诗界"① 之志。而"新派诗"之名则出自光绪二十三年（1897）所作的《酬曾重伯编修并示兰史》："废君一月官书力，读我连篇新派诗。"② 尽管"新派诗"后来被作为近代诗坛一个重要诗歌流派或诗歌种类名称，但根据当时黄遵宪的本意和表达方式，应当清醒地看到这只不过是诗歌创作中一时兴到之语，并不是一个真正具有明确理论内涵和清晰实践指向的诗歌类别或创作方法名称，就如同他早年在《杂感》诗中写下的"我手写我口，古岂能拘牵"③一样。对于这样的说法，后来的研究者不应当出于种种非学术目的有意无意地作过度解读，更不宜进行带有明显误读成分的强加古人的任意发挥。遗憾的是多年来类似的解读和发挥却屡见不鲜。这种状况的出现和延续，不仅限制了黄遵宪诗歌的研究深度，使之变得简单化、片面化、逻辑化，距离真实的创作情境和文学史本相愈来愈远，而且大大影响了对近代诗坛状况特别是诗歌变革的认识，使之走向了过分政治化、主观化、新文学化的道路，这是今天的近代文学研究者需要清醒认识并认真反思的。

在一般所谓黄遵宪的"新派诗"中，当以《今别离》四首分咏轮船、火车、电报、照相和东西半球昼夜相反等新鲜器物技术或新奇自然现象最负盛名。尽管吴芳吉曾批评曰"黄公度《今别离》，气象薄俗，失之时髦"④，但肯定性评价还是明显占据主导地位，如杨香池赞曰"《今别离》

---

① 黄遵宪：《致丘菽园函》，见黄遵宪著，陈铮编《黄遵宪全集》，中华书局2005年版，第440页。

② 黄遵宪：《酬曾重伯编修并示兰史》，初刊《新民丛报》第三年第四号（原第五十二号）"诗界潮音集"第4页，诗题下有作者小序云："重伯序余诗，谓古今以诗名家者，无不变体，而称余善变，故诗意及之"，《新民丛报》，中华书局2008年影印本，第8册，第7038页。标点为笔者所加。又见黄遵宪《人境庐诗草》卷八，商务印书馆民国二十年版，第16页。诗题作《酬曾重伯编修》，第三句"善变"为"善作"。又见钱仲联《人境庐诗草笺注》卷八，上海古籍出版社1981年版，第762页。

③ 钱仲联：《人境庐诗草笺注》卷一，上海古籍出版社1981年版，第42页。

④ 吴芳吉：《四论吾人眼中之新旧文学观》，见吴芳吉著，贺远明、吴汉骧、李坤栋选编《吴芳吉集》，巴蜀书社1994年版，第527页。"《今别离》"书名号为笔者所加。

四首，首首俱以新思想入诗"①，陈三立推为"千年绝作"②，袁祖光亦评为"古意沉丽"③。此诗写近代新科技、新现象、新事物，采用的依然是乐府旧题、旧格调，整齐五言句的文体形式和赋比兴为主的叙事抒情方式，仍然是从中国诗歌传统中继承发展而来，自觉继承传统表现手法并有所变化，从而开拓了中国古典诗歌的新境界和新领域。此外，以七言为主间以杂言的《八月十五夜太平洋舟中望月作歌》写地球不同经度上望月的不同形状，表现不同时区的时差关系，将传统诗歌中的时空意识与具有近代色彩的个人存在感结合在一起，给人新奇的时空感受。《以莲菊桃杂供一瓶作歌》以不同种类的花卉在新加坡热带气候条件下可以同瓶生长、竞放媲美的情景，表现当地不同种族的人群也应当共同生存、和谐相处的文化主题，也是运用歌行体的传统形式承载具有明显近代意识的思想观念，因而梁启超誉之曰："半取佛理，又参以西人植物学、化学、生理学诸说，实足为诗界开一新壁垒。'女娲炼石补天处，石破天惊逗秋雨。'吾读此诗，真有此感。"④

戊戌"放归"乡居之后的黄遵宪，还写下了另外一种"新派诗"，包括《军歌》（含《出军歌》《军中歌》《旋军歌》各八首）、《幼稚园上学歌》十首、《小学校学生相和歌》十九首，反映了晚年黄遵宪在通俗诗歌创作上的新探索，但仍然保存着古典诗歌的韵律与节奏。梁启超尝说："近年以来，爱国之士，注意此业者，渐不乏人，而黄公度其尤也。公度所制《军歌》二十四章、《幼稚园上学歌》若干章，既行于世，今复得见其近作《小学校学生相和歌》十九章，亦一代妙文也。其歌以一人唱，章末三句，诸生合唱。……此诸编者，苟能谱之，以实施于学校，则我国学校唱歌一科，其可以不阙矣。"⑤ 又专门评价《军歌》说："其精神之雄壮活泼、沉浑深远不必论，即文藻亦二千年所未有也。诗界革命之能事，至斯而极矣。吾为一言以蔽之曰：读此诗而不起舞者必非男子。"⑥ 不仅可

---

① 杨香池著，张寅彭校点：《偷闲庐诗话》第一集，见张寅彭主编《民国诗话丛编》第三册，上海书店出版社2002年版，第703页。
② 梁启超著，舒芜校点：《饮冰室诗话》，人民文学出版社1959年版，第22页。
③ 袁祖光：《绿天香雪簃诗话》卷二，见张寅彭主编《清诗话三编》第十册，上海古籍出版社2014年版，第7254页。
④ 梁启超著，舒芜校点：《饮冰室诗话》，人民文学出版社1959年版，第30～31页。
⑤ 梁启超著，舒芜校点：《饮冰室诗话》，人民文学出版社1959年版，第60～62页。
⑥ 梁启超著，舒芜校点：《饮冰室诗话》，人民文学出版社1959年版，第43页。

见梁启超对这些诗作的极力推重,更可见梁氏论诗的思想宣传、政治鼓动意图和倡导"诗界革命"的旨趣。

吴芳吉尝对所谓"新诗"进行过更深入、更苛刻的评论:"观于今日之新诗,诚不胜其覆亡之惧矣。然诗之亡,非亡于白话,乃亡于提倡白话之人。彼提倡白话者,本不知何所谓诗,但以私心所好,谓之为诗耳。观其人之议论,于往古作者多有不取,顾其制作乃与诗相距不知几万里矣。……诗乃性情中事,非考据之学,资格之途。书虽多何用,名虽大何益?千古读书者多,能真知书者有几?作诗者众,能真知诗者有几?试观彼等所为新诗之历程者有五:始以能用新名词者为新诗,如黄公度人境庐诗是也。……以能用新名词者为新诗,是诗之本体徒为新名词蔽,不知诗之真伪,无关新旧名词者也。……新派所以有此误者,盖其用工不直向诗之本体是求,而于末技是竞,犹之看花雾里,以雾为花,扣槃扪烛,翻笑人眇,宜其无是处矣。"① 从诗歌本体而非形式、从理论内涵而非外在形式方面讨论诗之新旧问题,显然比同时及后来的许多皮相之论更显贴切深刻,也更有理论价值和启示意义。黄遵宪的大部分"新派诗"用传统诗歌形式承载近代新内容,赋予古典诗歌新的生机和活力,为近代诗坛带来了新气象。黄遵宪对诗歌创作中新内容与旧体式、西方科技知识与中国传统观念、继承固有诗歌传统与创新发展时代新诗的思考和选择,所采取的兼收并蓄、博观约取,以中国传统诗歌为主而辅之以西方科技知识、新奇事物的文学创作路径和文化态度,恰恰是最有思想深度和文化情怀、最值得关注并深切体会的。这种融合古今、会通中外的思想方法和学术视野,正是近代诗歌及文学研究中被有意无意忽视、思想方法和学术观念中非常欠缺的。

尽管自梁启超、胡适等人以来的许多研究者已经习惯性地把黄遵宪作为"诗界革命"的一面旗帜,但值得注意的是,在今见黄遵宪的著作中,找不到他直接号召"诗界革命"、表示积极参加"诗界革命"运动的言论。光绪二十七年至二十八年(1901—1902),严复翻译的《原富》出版,梁启超立即在《新民丛报》予以推荐,并对译文过求渊雅提出商榷意见。光绪二十八年(1902),《新民丛报》以《与〈新民丛报〉论所译

---

① 吴芳吉:《四论吾人眼中之新旧文学观》,吴芳吉著,贺远明、吴汉骧、李坤栋选编《吴芳吉集》,巴蜀书社1994年版,第505~506页。

〈原富〉书》为题，发表严复致梁启超书信说："且文界复何革命之与有？持欧洲挽近世之文章，以与其古者较，其所进者在理想耳，在学术耳，其情感之高妙，且不能比肩乎古人；至于律令体制，直谓之无几微之异可也。……若徒为近俗之辞，以取便市井乡僻之不学，此于文界，乃所谓陵迟，非革命也。"① 显然对"文界革命"不以为然，对"徒为近俗之辞，以取便于市井乡僻之不学"的倾向表示坚决反对。当时僻处家乡、既老且病的黄遵宪致信严复，表达对文学变革的看法："公以为文界无革命，弟以为无革命而有维新。如《四十二章经》，旧体也，自鸠摩罗什辈出，而内典别成文体，佛教益行矣。本朝之文书，元明以后之演义，皆旧体所无也，而人人遵用之而乐观之。文字一道，至于人人遵用之乐观之，足矣。"② 认为文学发展和文体演变是渐变的、缓进的，文学家应该尊重文学自身变革扬弃的规律，正确认识文学发展与文体演变的个性特征；对文学运动、文学变革当采取"维新"的方式，即温和稳健、循序渐进、有因有革的方式，而非"革命"即突变或颠覆的方式。这种言论反映了黄遵宪对"诗界革命"与文学变革的基本认识。他在致梁启超信中还说过："日本所谓新体诗何如？吾意其于旧和歌更易其词理耳，未必创调也。"③ 从对日本文学状况的关切中，仍然可以看到黄遵宪对文学改革的基本看法。这种态度与文学"无革命而有维新"的思想一致，也与他提出的"报中有韵之文""当斟酌于弹词粤讴之间"，"易乐府之名而曰杂歌谣；弃史籍而采近事"④ 的主张前后相关、立场一致。这种文学发展观念与黄遵宪的政治思想、学术思想相呼应，体现着一贯的富于独立意识、深邃冷静、豁达稳健的思想品格，也是他一生治学、为政、写诗、论文的主导风格和一贯特色。

梁启超尝将"诗界革命"的宗旨概括为"独辟新界而渊含古声"⑤，

---

① 王栻编：《严复集》第三册，中华书局1986年版，第516页。
② 黄遵宪：《致严复函》，见黄遵宪著，陈铮编《黄遵宪全集》，中华书局2005年版，第436页。
③ 黄遵宪：《致梁启超函》，见黄遵宪著，陈铮编《黄遵宪全集》，中华书局2005年版，第438页。笔者对标点略有调整。
④ 黄遵宪：《致梁启超函》，见黄遵宪著，陈铮编《黄遵宪全集》，中华书局2005年版，第432页。
⑤ 梁启超著，舒芜校点：《饮冰室诗话》，人民文学出版社1959年版，第1页。

"熔铸新理想以入旧风格"①,"以旧风格含新意境"②,或者"以新理想入古风格"③,并强调指出"革命者,当革其精神,非革其形式"④。从现有文献资料来看,既不能说黄遵宪是"诗界革命"的倡导者,又不能说他是"诗界革命"的反对者。应当认为,恰恰是因为当时正在积极倡导和极力推动"诗界革命"的梁启超感受到理论上的困境、面临着实践上的难题,逐渐认识到"当时所谓新诗者,颇喜挦扯新名词以自表异","至今思之,诚可发笑","此类之诗,当时沾沾自喜,然必非诗之佳者,无俟言也"⑤之后,正处于进退维谷、左右为难之际,才及时发现并迅速意识到黄遵宪诗歌创作的新变价值和自己正在鼓动倡导的"诗界革命"目标具有相通性,并将黄遵宪的《番客篇》《度辽将军歌》《聂将军歌》《不忍池晚游诗》《赤穗四十七义士歌》《乌之珠歌》《逐客篇》《降将军歌》《樱花歌》《侠客行》等重要诗作发表在自己主编的《新民丛报》所开辟的"诗界潮音集"专栏中,代表了诗歌改革和新诗创作的发展方向,对推动诗歌变革起到了重要的示范作用,显著增强了继续进行"诗界革命"宣传鼓动的舆论信心和实践方向。这也是梁启超说"生平论诗,最倾倒黄公度"⑥的具体情境和真实原因。黄遵宪对此并没有表示反对,还表现出一定程度的认可。因此可以明确,黄遵宪虽然并不是"诗界革命"的理论倡导者和主动参与者,却是梁启超着意倡导并勉力鼓动的诗歌变革的鼎力帮助者和杰出实践者。由于这样的机缘,继梁启超、胡适之后,许多研究者都习惯性地把黄遵宪视为"新派诗"的典范、"诗界革命"的旗帜。

关于黄遵宪与"诗界革命"的关系,钱锺书曾说:"近人论诗界维新,必推黄公度"⑦,"盖若辈之言诗界维新,仅指驱使西故,亦犹参军蛮语作诗,仍是用佛典梵语之结习而已"⑧。钱锺书所说推重黄遵宪的"论诗界维新"者,当肇端于梁启超与胡适,二人分别在所著《饮冰室诗话》和《五十年来中国之文学》中集中阐发了这种见解。钱锺书指出,当时所

---

① 梁启超著,舒芜校点:《饮冰室诗话》,人民文学出版社1959年版,第2页。
② 梁启超著,舒芜校点:《饮冰室诗话》,人民文学出版社1959年版,第51页。
③ 梁启超著,舒芜校点:《饮冰室诗话》,人民文学出版社1959年版,第107页。
④ 梁启超著,舒芜校点:《饮冰室诗话》,人民文学出版社1959年版,第51页。
⑤ 梁启超著,舒芜校点:《饮冰室诗话》,人民文学出版社1959年版,第49~50页。
⑥ 梁启超著,舒芜校点:《饮冰室诗话》,人民文学出版社1959年版,第4页。
⑦ 钱锺书:《谈艺录(补订本)》,中华书局1984年版,第23页。
⑧ 钱锺书:《谈艺录(补订本)》,中华书局1984年版,第24页。

谓"诗界维新"只不过是在字面上驱使一些西方典故而已，与中国传统诗歌中运用"参军蛮语""佛典梵语"的旧习惯并无二致。无论是就"诗界革命"的理论主张来说，还是就"新派诗"的创作实绩来说，这种认识都更接近文学史的真相。

许多研究者在谈及黄遵宪和"诗界革命"的时候，少不得引"我手写我口"等诗句为证。这一作法盖由胡适发之："他对于诗界革命的动机，似乎起得很早。他二十多岁时作的诗之中，有《杂感》五篇，其二云：（引者按：即"我手写我口"一首，诗略）这种话很可以算是诗界革命的一种宣言。末六句竟是主张用俗话作诗了。"① 此论显然既无文献基础又无史实根据，也就很难具有真正的科学性和学术性。学界对此颇有不同看法，钱仲联尝指出："公度《杂感》诗云：'我手写吾口，古岂能拘牵。即今流俗语，吾若登简编。五千年后人，惊为古斓斑。'此公度二十馀岁时所作，非定论也。今人每喜揭此数语，以厚诬公度。公度诗正以使事用典擅长。《锡兰岛卧佛》诗，煌煌数千言，经史释典，澜翻笔底。近体感时之作，无一首不使事精当。"② 钱锺书从另一角度作了分析："学人每过信黄公度《杂感》第二首'我手写吾口'一时快意大言，不省手指有巧拙习不习之殊，口齿有敏钝调不调之别，非信手写便能词达，信口说便能意宣也。且所谓'我'，亦正难与非'我'判分。"③ 指出对这种"快意大言"不宜过于相信，因为手有巧拙、口有敏钝，手写达意、口说意宣，并非易事；要真正做到得心应手、心口如一，确是一种难以企及、异常高妙的艺术境界；自我与外物、主体与客体，在艺术思维和创作过程中胶着难分、交互作用，彻底地区分文学创作、艺术创造活动中的"我"与"非我"，实际上是非常困难的。此番论述不仅深化拓展了关于"我手写我口""诗界革命"的讨论，而且将这一问题的认识推进到文学创作中手口关系、物我关系、语言文字达意的可能性与限度、思维与表达的连续性和差异性的理论高度，具有深刻的启发性。

---

① 胡适：《五十年来中国之文学》，见《胡适古典文学研究论集》，上海古籍出版社1988年版，第116页。

② 钱仲联：《梦苕庵诗话》，齐鲁书社1986年版，第8页。按："我手写吾口"误，当作"我手写我口"。

③ 钱锺书：《谈艺录（补订本）》，中华书局1984年版，第206页。按："我手写吾口"误，当作"我手写我口"。

为了进行"诗界革命"的鼓动宣传，梁启超尝在《饮冰室诗话》中将黄遵宪、夏曾佑和蒋智由推许为"近世诗界三杰"或曰"近代诗家三杰"①，主要是就三人诗歌创作"理想之深邃闳远"②而言的。丘逢甲也深得梁启超推许，称之为"天下健者""诗界革命一巨子"③。丘逢甲对己诗也颇为自负，尝对黄遵宪说："二十世纪中，必有刻黄、邱合稿者"，"十年之后，与公代兴"④。钱锺书指出："梁任公以夏穗卿、蒋观云与公度并称'诗界三杰'，余所睹夏蒋二人诗，似尚不成章。邱沧海虽与公度唱酬，亦未许比肩争出手。"⑤ 认为夏曾佑、蒋智由二人的诗作不足以与人境庐诗相提并论，在总体成就上岭云海日楼诗亦不及人境庐诗。从黄遵宪与夏曾佑、蒋智由、丘逢甲诗歌创作的实际情况来看，钱锺书所论深刻贴切，符合诸人诗歌创作水平、相互关系及近代诗坛的实际情况，足以启发研究者以新的学术眼光重新审视"诗界革命"的理论主张、发生过程及创作成就，对于完整准确地把握近代诗歌创作状况和文学史发展历程大有裨益。当然从中也可以看出梁启超论诗的政治变革意图和评骘标准及赏鉴水平。

自从梁启超《饮冰室诗话》（1902—1907）、胡适《五十年来中国之文学》（1922）、陈子展《中国近代文学之变迁》（1928）和《近三十年中国文学史》（1929）、周作人《中国新文学的源流》（1931）、吴文祺《新文学概要》（1936）和《近百年来的中国文艺思潮》（1940）等以来，将黄遵宪与"诗界革命"紧密联系起来并视之为一面具有典范意义的"旗帜"，几乎已成定论。数十年来，在以进化论和持续发展观为基本思维模式、以新文学发生发展论为核心指向的文学史研究中，大多数论者对"诗界革命"的认识尽管在具体史实、个别观念上存在差异，但总体上朝着将这一问题论述得愈来愈严密细致、愈来愈广泛充分的方向发展，对包括黄遵宪在内的相关人物的作用与贡献的评价也向着愈来愈崇高、愈来愈显要

---

① 分别见梁启超著，舒芜校点《饮冰室诗话》，人民文学出版社1959年版，第21页，第30页。

② 参看梁启超著，舒芜校点《饮冰室诗话》，人民文学出版社1959年版，第21页，第30页。

③ 梁启超著，舒芜校点：《饮冰室诗话》，人民文学出版社1959年版，第30页。

④ 黄遵宪：《致梁启超函》，见黄遵宪著，陈铮编《黄遵宪全集》，中华书局2005年版，第441页。笔者对标点略有调整。

⑤ 钱锺书：《谈艺录（补订本）》，中华书局1984年版，第347页。按："邱沧海"之"邱"通常作"丘"。

的方向变化，甚至出现了不顾相关文献事实，愈来愈主观随意、愈来愈勉强生硬的倾向。其实早有研究者对"诗界革命"问题提出过深刻见解，如周作人就说过："我又觉得旧诗是没有新生命的。他是已经长成了的东西，自有他的姿色与性情，虽然不能尽一切的美，但其自己的美可以说是大抵完成了。……若是托词于旧皮袋盛新蒲桃酒，想用旧格调去写新思想，那总是徒劳。"① 周作人作为中国现代白话新诗的首倡者之一，却对以西方新学理入中国旧诗、用旧格调承载新思想以寻求创新的做法提出了不同意见，对于准确认识传统诗歌与白话新诗的关系以及"诗界革命"的理论倡导和实践可能性深有启发。钱仲联也曾指出：黄遵宪"真能牢笼百变，拓诗界疆宇而广之。……裁新意，纳古规，不摹古，而不缪古。庄子云：'风之积也不厚，则其负大翼也无力。'若先生之诗，所谓积厚者非耶？彼龂龂焉媚唐诮宋，持主奴之见论先生诗，固不足以知先生；而徒揭革新之帜，托先生以为重者，更何足以知先生哉？"② 又说："今日浅学妄人，无不知称黄公度诗，无不喜谈诗体革命。不知公度诗全从万卷中酝酿而来，无公度之才之学，决不许谈诗体革命。"③ 特别强调黄遵宪诗歌创作以万卷书为根柢、才学兼擅的素质。在长达数十年的学术生涯中，由于时代环境和个人处境的复杂多变，钱仲联关于黄遵宪与"诗界革命"的观点也多有变化，但此番论述当更能体现其本意，更有学术价值，因此也更值得注意。吴天任也认为："先生之于诗，早已邃于旧学，深知此中甘苦，从万卷中挹取精髓，以成其新派之诗，与浅学妄人，侈谈创新者，固不可同日而语矣。"④ 也指出"旧学"与"万卷"对黄遵宪新派诗创作的根本作用。此外，陈邦炎、陈建华等也对"诗界革命"问题进行过专题讨论或商榷。⑤ 可惜这些深切的见解在滔滔汩汩、喧嚣不已的以新文学为中心的文

---

① 周作人：《人境庐诗草》，见《秉烛谈》，岳麓书社1989年版，第43页。
② 钱仲联：《序》，见黄遵宪著，钱仲联笺注《人境庐诗草笺注》卷首，商务印书馆民国二十五年版，第1页。
③ 钱仲联：《梦苕庵诗话》，齐鲁书社1986年版，第162页。
④ 吴天任：《黄公度先生传稿》，香港中文大学出版社1972年版，第434页。
⑤ 可参考陈邦炎《诗界革命质疑》，载《中国韵文学刊》1987年创刊号。陈建华：《晚清"诗界革命"发生时间及其提倡者考辨》，见《中国古典文学丛考》第一辑，复旦大学出版社1985年版；陈建华：《晚清"诗界革命"盛衰史实考》，载《福建论坛》（文史哲版）1987年第3期。陈建华两篇论文后辑入所著《"革命"的现代性——中国革命话语考论》，上海古籍出版社2000年版，第183～213页。

学持续发展进化、文体不断革命的总体话语体系中被严重遮蔽，至今尚未引起应有的注意，也就不可能对黄遵宪与"诗界革命"研究中存在的缺陷或偏差进行认真的反思和修正。

假如不是带有对立的新旧文学观念、预设的文学进化发展逻辑和新文学天然合法的价值标准，而是根据充分的文献史实并对之进行准确的理解而不是强行过度地阐释，就应当认为，黄遵宪对于梁启超倡导的炙手可热一时的"新派诗"和"诗界革命"实际上保持着一种若即若离的文学姿态和独特的认识角度，表现出超越当时许多"诗界革命"鼓动者、热衷者和"新派诗"创作者、追随者的理论眼光和创作实力。一方面，他虽然没有正式提出关于"新派诗"和"诗界革命"的理论主张，但对于梁启超为首倡导的"新派诗"和"诗界革命"还是接受认同的，至少并没有表示反对，从而在一些方面与这一理论倡导、舆论宣传和创作倾向表现出明显的相关性与一致性；另一方面，他对"新派诗"和"诗界革命"一哄而起的鼓动宣传又保持着一定的疏离感与合理距离，对那些过甚其辞的言论进行独立的分析判断，保持着必要的冷峻清醒，从而表现出深刻的理论智慧和自我创作空间的自觉保护意识。这既与黄遵宪的政治经历、思想方法、海外经验有关，更与戊戌变法失败后他的政治处境、生活态度、行事风格有关，而更直接的，则是他丰富的诗歌创作经验和对于当时诗坛状况、创作风气和诗歌变革走向与可能性的深切认识。恰恰是这种态度和作法，反映了黄遵宪对"新派诗"和"诗界革命"新与旧、名与实、利与弊的超越同侪的认识与判断。而这，正是黄遵宪思想之深刻、认识之独特、智慧之超群的集中反映。

三、中西古今之间的文化选择

黄遵宪从青年时期起即以关心时务、思想通达见称，甚至曾受到晚清重臣李鸿章的期许，称之为"霸才"[①]。担任外交官僚属十几年的海外经历，进一步扩大了视野，成为当时政坛一个识见超群、稳健务实的政治人物，也成为晚清诗坛一个较多地了解世界、深刻地认识中国的杰出诗人，

---

① 黄遵宪：《李肃毅侯挽诗四首》之四尾联及自注云："人哭感恩我知己，廿年已慨霸才难。（光绪丙子，余初谒公。公语郑玉轩星使，许以霸才。）"见黄遵宪著，钱仲联笺注《人境庐诗草笺注》卷十一，上海古籍出版社1981年版，第1064页。

甚至一度被乐观地称为"走向世界的诗人"①。黄遵宪本人对此也不无自得之意，晚年乡居时写下的"百年过半洲游四，留得家园五十春"②，就是这种心态的表达。

但是，初出国门时的黄遵宪却怀有另外一种心境、别有一番感受。怀有居高临下的文化优越感来到日本的黄遵宪，接触异质文化的心理准备明显不足，明治维新以后日本文化给他的感觉更加意外，使他立即陷入了毫无预料的文化困境之中。出于文化自尊和防御心理，黄遵宪有一段时间对日本文化采取了抵拒态度，对耳闻目睹的日本历史文化、社会政治状况颇不以为然，倒是与某些保守人士多有同感。他说："余所交多旧学家，微言刺讥，咨嗟太息，充溢于吾耳。"③ 面对"近来西学大行，乃有倡美利坚合众国民权自由之说者"④ 的情形，他还说过这样的话："近者土风日趋于浮薄，米利坚自由之说，一倡而百和，则竟可以视君父如敝屣。所赖诸公时以忠义之说维持世教耳。"⑤ 也就是他所记述的："德川氏主政二百馀年，深仁厚泽，民不能忘。还政以来，父老过芝山东照宫，多有焚香泣拜者。旧藩士族，维新后穷不自聊，时时有盛衰今昔之慨。"⑥ 后来他又在《樱花歌》中写道："道旁老人三嗟咨，菊花虽好不如葵。即今游客多如鲫，未及将军全盛时"，"仍愿丸泥封关再闭一千载，天雨新好花，长是看花时"。⑦ 虽是写明治维新以后旧藩士族的今昔盛衰之感，却反映出黄遵宪本人的文化态度。这表明黄遵宪在首次接触异质文化时的困窘焦虑心态，透露出价值观念与信仰系统中的矛盾困惑和文化选择时的无所适从之感。

---

① 曹旭：《走向世界的诗人——黄遵宪诗歌探索之一》，载《上海师范大学学报》（哲学社会科学版）1983年第4期。

② 黄遵宪：《己亥杂诗》第一首，见黄遵宪著，钱仲联笺注《人境庐诗草笺注》卷九，上海古籍出版社1981年版，第800页。

③ 黄遵宪：《日本杂事诗自序》，见黄遵宪著，钱仲联笺注《人境庐诗草笺注》，上海古籍出版社1981年版，第1095页。

④ 黄遵宪：《日本杂事诗》第六首自注，光绪五年同文馆集珍版，第4页。

⑤ 郑子瑜、实藤惠秀编校：《黄遵宪与日本友人笔谈遗稿》，东京都早稻田大学东洋文学研究会1968年版，第232页。

⑥ 黄遵宪：《日本杂事诗》第二十九首自注，光绪五年同文馆集珍版，第14页。

⑦ 黄遵宪：《樱花歌》，见黄遵宪著，钱仲联笺注《人境庐诗草笺注》卷三，上海古籍出版社1981年版，第231～238页。

到日本的第二年（光绪四年，1878），黄遵宪已经比较准确地认识并在很大程度上接受了明治维新以后的日本新文化，并开始向中国介绍日本和西方文化。这种文化心态转变的最重要标志就是认真了解日本的发展历史，着重关注日本明治维新以后的社会现实，开始撰著日本研究著作《日本杂事诗》和《日本国志》，同时写下多首关于日本的诗篇，迎来他诗歌创作的一个高峰时期。特别值得注意的是，黄遵宪写作这些著作、诗歌的目的从来就不是纯学术或纯文学的，而是"仆之此书，期于有用，故详近而略古，详大而略小，所据多布告之书，及各官省年报"①，"今所撰录，皆详今略古，详近略远；凡牵涉西法，尤加详备，期适用也"②，希望为中国的社会变革提供借鉴。

也就是说，黄遵宪在理性上对西学大盛于日本还是持积极肯定态度的，至少对明治维新以后日本在物质、科技、政治制度等方面发生的深刻变化和取得的巨大进步表示赞同，认识到西学较之中学确有其优长之处。他说："日本一岛国耳，自通使隋唐，礼仪文物居然大备，因有礼义君子之名。近世贤豪，志高意广，竞事外交，駸駸乎进开明之域，与诸大争衡。向使闭关谢绝，至今仍一洪荒草昧未开之国耳。则信乎交邻之果有大益也。"③ 又说："日本自通商以来，虽颇受外侮，而家国如故，金瓯无缺，犹得以日本帝国之名，捧载书而从万国后；壤地虽曰褊小，其经营筹画，卒能自立，亦有足多矣。"④ 对日本的开放贸易深表嘉许，对明治维新以来在物质生产、社会制度等方面取得的巨大成就极为钦佩。这表明黄遵宪到日本之后不久，就以比较开放理性的心态，在物质和制度层面接受认同了外国文化，在中国传统文化与外国近代文化构成的冲突面前做出了清醒判断和明智选择。在中学与西学之优劣长短这一困扰着几乎所有走向世界、接触西学的近代中国人的问题上，黄遵宪的基本态度是：中学西学各有长短，均不可废，但就当时中国的现实状况和面临的文化难题而言，首要任务是向西方学习，向改革后的日本学习，大力引进西学。

黄遵宪走出国门从事外交活动的时候，正值洋务自强运动方兴未艾之

---

① 郑子瑜、实藤惠秀编校：《黄遵宪与日本友人笔谈遗稿》，东京都早稻田大学东洋文学研究会1968年版，第284页。
② 黄遵宪：《凡例》，见《日本国志》卷首，光绪十六年羊城富文斋刊本，第4页。
③ 黄遵宪：《日本国志》卷四《邻交志上一》，光绪十六年羊城富文斋刊本，第1～2页。
④ 黄遵宪：《日本国志》卷十《地理志一》，光绪十六年羊城富文斋刊本，第2页。

际，也是中西体用思潮影响广远之时。光绪二十四年（1898），张之洞对中西体用观念做了系统阐发，指出："旧学为体，新学为用，不使偏废"；"中学为内学，西学为外学；中学治身心，西学应世事"；"夫不可变者，伦纪也，非法制也；圣道也，非器械也；心术也，非工艺也"；"夫所谓道、本者，三纲、四维是也。若举此弃之，法未行而大乱作矣。若守此不失，虽孔、孟复生，岂有议变法之非者哉？"① 与洋务运动思想家们相类似的中西文化冲突也同样表现在黄遵宪的思想意识中，而且伴随了他一生。

黄遵宪曾在不同时期、不同场合表述过这种文化困惑。他在日本时常说："形而上，孔孟之论至矣；形而下，欧米之学尽矣。论当今之事者，不可无此见解也。"② 还说过："形而上者谓之道，形而下者谓之器。形而上者，自上古以来，逮于尧舜禹汤文武周公孔子，其所发明者备矣；形而下者，则自三代以后，历汉魏晋宋金元明，犹有所未备也。……举一切光学、气学、化学、力学，咸以资工艺之用，富国也以此，强兵也以此。其重之也，夫实有其可重者在也。中国于工艺一事，不屑讲求，所作器物，不过依样葫芦，沿袭旧式。……今万国工艺，以互相师法，日新月异，变而愈上。夫物穷则变，变则通。吾不可得而变革者，君臣也，父子也，夫妇也，凡关于伦常纲纪者是也；吾可得而变革者，轮舟也，铁道也，电信也，凡可以务财、训农、通商、惠工者皆是也。"③ 对明治维新以后日本出现的"易服色，变国俗"即思想行为方式、民俗风情、价值信仰系统等文化深层发生的新变化不以为然。据此认为在中国的改革中，当变者在于使国富民强的器物技能诸方面，而"凡关于伦常纲纪者"均不可变。基于这样的文化心理，他对西方国家不同政党之间的竞争表示反对，并对当时传播于日本的新思想发表评论说："然吾以为其流弊不可胜言也。推尚同之说，则谓君民同权，父子同权矣；推兼爱之说，则谓父母兄弟同于路人矣。天下之不能无尊卑，无亲疏，无上下，天理之当然，人情之极则也。圣人者知其然而序以别之，所以已乱也；今必欲强不可同、不能兼者兼而

---

① 张之洞：《劝学篇》，见苑书义等主编《张之洞全集》第十二册，河北人民出版社1998年版，第9747～9767页。
② 冈千仞：《观光纪游》十三，明治十七年八月一日（光绪十年六月十一日）日记，见王锡祺辑《小方壶斋舆地丛钞》第八册第五帙，杭州古籍书店1985年影印本，第178页。
③ 黄遵宪：《日本国志》卷四十《工艺志》，光绪十六年羊城富文斋刊本，第1～2页。

同之，是启争召乱之道耳。"① 可见，黄遵宪明确主张学习西方文化，已不限于器物技能层面，而是深入到政治制度层面，较洋务派明显深化了一步。同时也应看到，他还没有在深层体认和把握西方文化，仍未能超越"中学为体，西学为用"二元对立文化观的局限。黄遵宪在这一问题上选择的艰难，具有一定的代表性，反映出传统中国传统文化、传统知识分子在深层接受西方文化的艰难、传统中国走向现代历程之漫长。

黄遵宪作为一个学术型的政治人物，作为一位杰出启蒙思想家，在接受西方文化过程中还发表过不少西学源于中学的言论，表明他显然受到兴盛一时的"西学中源论"思潮的影响。在日本较多地接触西学之后不久，黄遵宪就产生了西学出自中学的看法。《日本杂事诗》中就曾详细论证西方学术皆出自中国："余考泰西之学，墨翟之学也。尚同、兼爱、明鬼、事天，即耶稣十诫所谓'敬事天主'、'爱人如己'。"此外，化学、重学、算学、光学均出自《墨子》，"《韩非子》《吕氏春秋》备言墨翟之技，削鸢能飞，非机器攻战所自来乎？古以儒、墨并称，或称孔、墨，孟子且言天下之言归于墨，其纵横可知。后传于泰西，泰西之贤智者衍其绪馀，遂盛行其道矣。"还认为，"地球浑圆、天静地动"之说，电气、机器、天文、算法、几何、火器等技术学说，"凡彼之精微，皆不能出吾书。第我引其端，彼竟其委，正可师其长技"②。又说："余尝以为泰西格致之学，莫能出吾书之范围。"③ 认为被时人当作新奇学问的西方近代自然科学几乎全部出自中国古籍，同时也认为当学习其中的优长之处，但不可放弃中学这个安身立命的学术本源。

黄遵宪关于西学源于中学的认识一直坚持到晚年，并有所发展深化。他认为："力学气学，已见于佛经矣。"④ 在罢官乡居时致梁启超书信中，把这一认识表达得更加充分："旧学中能精格致学者，推沈梦溪，声、光、化、电、力、气无一不有。其使辽时，私以蜡、以泥模塑地图，即人里、

---

① 黄遵宪：《日本国志》卷三十二《学术志一》，光绪十六年羊城富文斋刊本，第2页。
② 黄遵宪：《日本杂事诗》原本第五十一首自注，光绪五年同文馆集珍版，第23～24页。
③ 黄遵宪：《牛渚漫录序》，见黄遵宪著，陈铮编《黄遵宪全集》，中华书局2005年版，第258页。
④ 黄遵宪：《己亥杂诗》第五首自注，见黄遵宪著、钱仲联笺注《人境庐诗草笺注》卷九，上海古籍出版社1981年版，第802页。

鸟里之说,亦其所创也,他日必有人表而出之。"① 在黄遵宪看来,宋代沈括所著《梦溪笔谈》中就包含着西方近代自然科学内容,而且全部是作者的创见和心得。还指出:"吾读《易》,至泰、否、同人、大有四卦,而谓圣人于今日世变,由君权而政党,由政党而民主,圣人不啻先知也。……而谓圣人之贵民、重文明、重大同,圣人不啻明示也(……大象明之曰:先王以建万国、亲诸侯,自天佑之。系辞曰'履信、思顺、尚贤',非民主而何?……)。所尤奇者,孔子系辞曰:'方以类聚,物以群分,吉凶生矣。'此非生存竞争、优胜劣败之说乎?在天成象,在地成形,变化见矣。此非猴为人祖之说乎?……达尔文悟此理于万物已成之后,孔子乃采此理于万物未成之前,不亦奇乎?往严又陵以乾之专直、坤之翕辟,佐天演家质力相推之理。吾今更以此辞为天演之祖。公闻之不当惊喜绝倒乎?二十年前客之罘,与李山农言及孔子乘桴浮海、欲居九夷之奇。山农谓:'孔子虽大圣,然今之地圆,大圣亦容有不知。'余曰:'固然。然《大戴礼》已有四角不掩之语矣。且孔子即不知地圆,而考之群经,实未尝一言地方也。'山农大笑,今并举以博一粲。若谓以西学缘附中学,煽思想之奴性而滋益之,则吾必以公为《山海经》之山膏矣。"② 认为不仅西方自然科学的许多方面,如以生存竞争、优胜劣败为核心的生物进化论、类人猿为人类祖先的学说、地球为宇宙中一圆球之学说等,早已大备于中国典籍之中;而且西方近代社会人文科学内容、当时传入中国的新观念(如人类社会由君主制变为政党制,再由政党制变为民主制)、民主观念等,也早已略备于中国古籍之中。

可见,认为西学源于中学、西方文化并未超出中国传统文化范围,但并不排除、排斥西学中某些值得学习借鉴的优长之处,这是黄遵宪从出使日本时期即已开始探索,直至晚年罢官乡居时期仍在不断思考的问题,也是他坚持了一生的文化观念。如同其他"西学中源论"者一样,黄遵宪也是在文化自尊自信心态、文化寻根意识驱动下,以中国文化为中心、为本位对西方文化做出的一种带有很大误读成分的解释。

黄遵宪认为西学源于中学,除了社会思潮影响和个人文化心理原因

---

① 黄遵宪著,陈铮编:《黄遵宪全集》,中华书局2005年版,第434页。笔者对原校点有所调整并省略作者原注。

② 黄遵宪著,陈铮编:《黄遵宪全集》,中华书局2005年版,第428～429页。笔者对原校点有所调整。

外,由于不谙外文、不能直接了解并真正把握外国文化之精微,也是一个不可忽视的因素。黄遵宪出使海外时间达十数年之久,有机会接触感受西方文化的许多方面,此为他的优越之处。但是,正如当时出使异邦的大多数文人外交官一样,他不通外文,虽身在海外,主要还是通过间接、被动的方式了解西方文化,无法直接体会外国文化的深层内涵,不能准确把握西学的精义,遂使他对西方文化的认识存在不少误读或曲解的成分,时常将西学附会到中国传统文化上。因此钱锺书评价黄遵宪说:"差能说西洋制度名物,掎摭声光电化诸学,以为点缀,而于西人风雅之妙,性理之微,实少解会。故其诗有新事物,而无新理致。……凡新学而稍知存古,与夫旧学而强欲趋时者,皆好公度。"① 又指出:"黄遵宪提倡洋务和西学,然而他作诗时也忍不住利用传统说法;他在由日本赴美国的海船上,作了一首绝句:'拍拍群鸥逐我飞,不曾相识各天涯;欲凭鸟语时通讯,又恐华言汝未知'。试把宋徽宗有名的《燕山亭》词对照一下:'凭寄离恨重重,这双燕、何曾会人言语!'黄遵宪不写'人言汝未知',而写'华言汝未知',言外之意是鸥鸟和洋人有共同语言。"② 指出黄遵宪对西方文化的了解体认尚较为肤浅,也触及他文化心理结构中自觉和不自觉的矛盾困惑,不仅揭示了黄遵宪诗歌创作取得成功、当时及身后诗名甚隆的奥秘,而且道出了文化变迁之际、文化交流过程中经常出现的一种具有普遍性的现象。

可见,黄遵宪作为近代中国走向世界、向西方寻求真理的先行者之一,中国传统文化与西方近代文化构成的矛盾冲突,伴随、困扰了他一生。在西学东渐这一三千年未有之创局中,中国文化应当如何转换新生,古老的中华文明如何变革演化方可重放异彩,是他一直苦苦思索、再三追问的文化难题。黄遵宪领悟西学,主张向西方学习,已经超越了近代早期经世致用实学家"以夷攻夷""师夷长技以制夷"③ 和初期洋务自强派师法西方坚船利炮、声光化电的水平,从而提高到主要学习西方科学技术、政治制度阶段,这是传统中国学习近代西方、中国文化现代化历程中的一个进步。同时,由于传统文化的强大惯性和传统知识分子思维定势的影

---

① 钱锺书:《谈艺录(补订本)》,中华书局1984年版,第23~24页。
② 钱锺书:《汉译第一首英语诗〈人生颂〉及有关二三事》,见《七缀集》,上海古籍出版社1985年版,第122页。
③ 魏源:《海国图志叙》,见郑振铎编《晚清文选》,上海书店1987年版,第12页。

响，加之不谙外文，他对西方文化的了解受到很大限制，在总体上尚处于"中学为体，西学为用""西学中源"的水平，因而不可能真正领悟西学的精要奥义。像同时代许多处于传统与现代过渡转换时期的知识分子一样，这种由于时代与个人造成的文化难题和精神困境伴随了黄遵宪一生。

黄遵宪思想中的中西文化冲突集中表现为传统中国与近代西方在思想意识、道德伦理、价值观念、精神信仰等文化最深层展开的强烈冲突。黄遵宪在中西文化之间的矛盾困惑、思想冲突和选择的艰难，昭示了中国传统文化在面临近代西方文化冲击挑战、不得不迅速做出调整回应之际的困境，中国传统文化酝酿向现代文化过渡转型时期抉择的艰难。也表明，由于各种主客观因素、内外条件的影响制约，传统中国知识分子在文化转型时期心理结构、文化姿态、思维方式发生根本性的变化是多么沉重、多么艰难，他们在紧张急迫、内忧外患、迅速更迭的特殊文化格局里"同情之理解"西学、真正接纳西方文化并将其化为自己的思想资源是何其不易！这不论是就黄遵宪个人的思想意识来说，还是就西学东渐以来中西文化构成的全面冲突来说，都是相当深刻而且意味深长的。①

四、馀论：深远的历史影响

黄遵宪生前身后，诗名綦盛，影响广泛深远。这首先是因为人境庐诗取得了具有突出时代性、标志性意义的思想艺术成就，同时也与多位著名人物的评论赞誉密切相关。黄遵宪与多位近代重要政治人物熟识并多受提携，又与包括一般所谓同光体、中晚唐派、西昆体在内的各派诗人文士多有交往唱和且多所认同，与多位岭南人士联系甚多，又曾与多位日本诗人文士交往密切，反映了不同派别人士之间的彼此影响和近代文坛的真实面貌。

黄遵宪与维新派政治家、文学家们的关系最为密切。梁启超的"诗界革命"主张直接而深刻地受到黄遵宪的影响，而梁启超的持续关注和高度评价也对黄遵宪其人其诗广为人知、声名日隆起了关键作用。梁启超在《饮冰室诗话》中给予最充分评价并引为"新派诗"和"诗界革命"的同

---

① 按：关于黄遵宪对外国文化的态度和对西方思想观念的认识，（加）施吉瑞著、孙洛丹译《人境庐内：黄遵宪其人其诗考》尝有讨论，上海古籍出版社2010年版，第143～153页，可参考。

道者就是黄遵宪，曾说："公度之诗，卓然自立于二十世纪诗界中，群推为大家，公论不容诬也。"① 后来还说过："前清一代学风，与欧洲文艺复兴时代相类甚多。其最相异之一点，则美术文学不发达也。……直至末叶，始有金和、黄遵宪、康有为，元气淋漓，卓然称大家。"② 以此为导引和标志，黄遵宪及其诗作受到一批政治上、文学上同道者的普遍赞扬。康有为说："自是久废，无所用，益肆其力于诗。上感国变，中伤种族，下哀生民。……公度岂诗人哉？"③ 蒋智由感慨道："公才不世出，潦倒以诗名。……才大世不用，此意谁能平？"④ 狄葆贤尝评论说："黄公度先生，文辞斐亹，综贯百家。光绪初元随使日本，尝考其政教之废兴，风土之沿革，泐成《日本国志》一书，海内奉为环宝。由是诵说之士，抵掌而道域外之观，不致如堕五里雾中，厥功洵伟矣哉！先生雅好歌诗，为近来诗界三杰之冠。"⑤ 他在得知黄遵宪去世消息之后所作挽诗五首同样满怀感慨同情，其一云："竟作人间不用身，尺书重展泪沾巾。政坛法界俱沉寂，岂仅词场少一人？"⑥ 黄遵楷也指出："其诗散见于宇内者，辄为世人所称颂。以非诗人之先生，而使天下后世，仅称为诗界革命之一人，是岂独先兄之大戚而已哉？"⑦ 时过多年之后，钟叔河也指出："黄遵宪首先是一位维新运动家，一位启蒙主义者，一位日本研究专家，然后才是一位诗人。他是一位学术型的政治人物，他的诗，也主要是学术的诗，政治

---

① 梁启超著，舒芜校点：《饮冰室诗话》，人民文学出版社1959年版，第24页。
② 梁启超：《清代学术概论》，见梁启超著，朱维铮校注《梁启超论清学史二种》，复旦大学出版社1985年版，第82～83页。
③ 康有为：《人境庐诗草序》，见舒芜、陈迩冬、王利器编注《康有为诗文选》，人民文学出版社1958年版，第101页。
④ 蒋智由：《挽黄公度京卿》，见梁启超著，舒芜校点《饮冰室诗话》，人民文学出版社1959年版，第117页。
⑤ 平等阁主人（狄葆贤）：《平等阁诗话》卷二，有正书局宣统二年版，第1页。
⑥ 平等阁主人（狄葆贤）：《平等阁诗话》卷二，有正书局宣统二年版，第3页。按：将作者原注省略。
⑦ 黄遵楷：《辛亥初印本跋》，见黄遵宪著，钱仲联笺注《人境庐诗草笺注》卷末，上海古籍出版社1981年版，第1091页。

的诗。"①

黄遵宪的文学观念和诗歌创作还深刻影响了五四一代新文学家，或者准确地说，是当时年轻气盛、充满激情却又内涵不丰、准备不足的活动家和文学家们从黄遵宪的文学观念与诗歌创作中找到了鼓动倡导新文学的思想资源，产生了如遇前代知音的精神感受和思想认同。胡适曾高度评价黄遵宪"我手写我口"的主张，简单主观、一厢情愿且不惜损害科学性、合理性地称之"很可以算是诗界革命的一种宣言"②；周作人不止一次表示钦佩黄遵宪的思想和见识，并从现代新诗、新文学创建的角度称赞"其特色在实行他所主张的'我手写我口'，开中国新诗之先河"③，显然也是就其与现代新诗的相通性进行评价。郑振铎指出："欲在古旧的诗体中而灌注以新的生命者，在当时颇不乏人，而惟黄遵宪为一个成功的作者"④，并盛赞"这些山歌确是像夏晨荷叶上的露珠似的晶莹可爱"⑤。朱自清也赞扬黄遵宪的"新诗"成就及其对五四新诗运动的启迪："清末夏曾佑、谭嗣同诸人已经有'诗界革命'的志愿，他们所作'新诗'，却不过捡些新名词以自表异。只有黄遵宪走得远些，他一面主张用俗语作诗——所谓'我手写我口'——，一面试用新思想和新材料——所谓'古人未有之物，未辟之境'——入诗。这回'革命'虽然失败了，但对于民七的新诗运动，在观念上，不在方法上，却给予很大的影响。"⑥郑子瑜还曾专门撰文论证黄遵宪是"五四新文化运动的先驱"⑦。显然都是从现代白话

---

① 钟叔河：《中国本身拥有力量》，中华书局（香港）有限公司1989年版，第29页。按：钟叔河在《走向世界——近代中国知识分子考察西方的历史》中说："黄遵宪首先是一个维新运动家，一个启蒙主义者，一个爱国的政治人物，然后才是一位诗人；他的诗，也主要是政治的诗。"中华书局1985年版，第390页。

② 胡适：《五十年来中国之文学》，见《胡适古典文学研究论集》，上海古籍出版社1988年版，第116页。

③ 周作人著，陈子善选编：《诗人黄公度》，见《知堂集外文·四九年以后》，岳麓书社1988年版，第326页。

④ 郑振铎：《文学大纲》，"民国丛书"第四编五十四册，上海书店1992年影印本，第2047页。

⑤ 郑振铎：《中国俗文学史》，作家出版社1954年版，第456页。

⑥ 朱自清：《导言》，《中国新文学大系·诗集》卷首，良友图书印刷公司1935年初版，上海文艺出版社2003年影印本，第1页。

⑦ 郑子瑜：《五四新文化运动的先驱黄遵宪》，1989年7月郑子瑜教授寄示笔者之论文手稿复印件。按：郑子瑜先生已于2008年6月30日在新加坡去世，特记于此，以志怀念。

新诗及新文学的渊源与发生、创新性与合法性等方面进行考察并得出结论的。从近现代诗歌变革历程和相关文献史实提供的实证可能来看,这样的认识与其说具有充分的学理依据和学术价值,不如说主要体现了这批新文学倡导者、思想家、尝试者的主观愿望和文化态度。

另一方面,近现代以来,在政治理想、文化态度、文学观念上持不同立场和观点的一批人士则从另外的角度对黄遵宪及其诗歌进行考察和评价,得出了与上述见解颇不相同甚至针锋相对的认识。胡先骕说:"黄公度、康更生之诗,大气磅礴则有之,然过欠剪裁,瑕累百出,殊未足称元气淋漓也。"① 显然是针对梁启超等人的言论而发,可见品鉴趣味与见识的明显差异。又说:"五十年中以诗名家者甚众,决不止如胡君所推之金和、黄遵宪二人。然胡君一概抹煞,非见之偏,即学之浅,或则见闻之隘故也。黄氏本邃于旧学,其才气横溢,有足多者。然其新体诗,实与其时之政治运动有关。……可见当时风气,务以新奇相尚。……黄之旧学根柢深,才气亦大,故其新体诗之价值,远在谭嗣同、梁启超诸人之上。"② 特别值得追问的是:备受胡适③推崇的金和、黄遵宪在诗家众多、诗派林立的近代诗坛的合理地位与恰切评价究竟如何;所谓"新派诗"或"新体诗"的理论导向和创作实践与当时政治运动的密切关系应该如何评价;黄遵宪诗歌创作中的政治态度与文学观念、创新尝试与旧学根柢的关系及各自作用当如何体会等,都是许多论者认识不清或根本没有意识到的。徐英说得更加激烈:"金和、黄遵宪、康有为之诗,谬戾乖张,丑怪已极。而梁启超谓其元气淋漓,卓然大家,阿其所好,非通论也。"④ 通过对深受梁启超推崇的金和、黄遵宪、康有为之诗的批评,表达了严苛保守的文学观念,对近代诗歌改革中存在问题的批评尤堪深思。从文学史和思想史

---

① 胡先骕:《读郑子尹〈巢经巢诗集〉》,见黄遵宪著,钱仲联笺注《人境庐诗草笺注》附录,上海古籍出版社1981年版,第1305页。
② 胡先骕:《评胡适〈五十年来中国之文学〉》,见黄遵宪著,钱仲联笺注《人境庐诗草笺注》附录,上海古籍出版社1981年版,第1306页。
③ 按:胡适在《五十年来中国之文学》中说:"这个时代之中,我只举了金和、黄遵宪两个诗人,因为这两个人都有点特别的个性,故与那一班模仿的诗人,雕琢的诗人,大不相同。"梁启超在《清代学术概论》中说过:"直至末叶,始有金和、黄遵宪、康有为,元气淋漓,卓然称大家。"胡适此观点显然受到梁启超直接影响。
④ 徐英:《论近代国学》,见黄遵宪著,钱仲联笺注《人境庐诗草笺注》卷末诗话,古典文学出版社1981年版,第447页。

的进程来看,这些与新文学和新文化立场迥然不同甚至明显对立的认识,也是黄遵宪历史影响的一个有价值的方面,不应有意回避或进行简单批判,而应当从更广阔的文学与文化视野、从更深切的理论思辨和创作实践中具体考察、仔细体会。①

面对黄遵宪诗歌及近代诗歌变革如此矛盾丛生、难以统一的评价,钱仲联曾指出:"人境庐诗,论者毁誉参半,如梁任公、胡适之辈,则推之为大家。如胡步曾及吾友徐澄宇,以为疵累百出,谬戾乖张。予以为论公度诗,当着眼大处,不当于小节处作吹毛之求。其天骨开张,大气包举者,真能于古人外独辟町畦。抚时感事之作,悲壮激越,传之他年,足当诗史。至论功力之深浅,则晚清做宋人一派,尽有胜之者。公度之长处,固不在此也。"② 主要从黄遵宪诗歌评价的矛盾现象和不同结论着眼进行分析并试图寻求其中的共同点,着重强调人境庐诗的创新性、诗史价值,颇有化解消弭以往观点分歧、融会综合异同见解的用意,但并未找到会通统一黄遵宪及其诗歌评价的关键,仍未从理论观念、学术立场与时势变迁的角度触及这些分歧产生的深层原因并将问题的探讨引向深入。

假如把关于黄遵宪其人其诗的种种矛盾认识、不同评价视为一种思想史和学术史现象,则应当看到,无论褒扬还是批评,都是特定思想观念、学术条件、政治环境、文化背景下的产物,都不同程度地带有那个时代和评论者个人的观念印迹。从总体上看,以往对黄遵宪的研究评价在揭示若干文学史事实、得出一些有价值结论、充分显现其当世价值和历史贡献的同时,也留下了一些明显的缺失或遗憾,尚待弥补纠正或丰富完善。

黄遵宪及其诗歌、著作也产生了广泛的海外影响,特别是在日本、新加坡等国。出使日本时期,黄遵宪及其诗歌、著作、外交活动等就通过当时多名政治、文学人物在日本产生了显著影响,其后黄遵宪研究在日本代不乏人,如实藤惠秀、岛田久美子等。黄遵宪在新加坡采取的保护华侨政策在当时和后来受到广泛欢迎并产生显著影响,而郑子瑜等的多年研究则使黄遵宪在新加坡及东南亚的影响持续至今。此外,黄遵宪及其诗歌、著作也受到欧美及其他国家地区研究者的注意。这是黄遵宪广泛深远影响的

---

① 按:关于此问题,拙文《近代文学研究中的新文学立场及其影响之省思》尝有讨论,载《文学遗产》2013 年第 4 期。

② 钱仲联:《梦苕庵诗话》,齐鲁书社 1986 年版,第 161~162 页。

一个值得关注的方面。

　　黄遵宪逝世已经110周年，中国和世界都发生了翻天覆地的变化，黄遵宪那一代先进中国人留下的诗歌创作、诗学观念、思想成果和文化经验，无论其间有多少矛盾困惑、缺陷不足，对于后来者来说都是颇为珍贵、值得深思并可资借鉴的。因为黄遵宪及其同代知识分子面临的文化难题，仍然摆在今天的中国面前，他们心灵深处的文化冲突、价值困惑依然在我们的心中不断出现、萦绕难逝。时间已经过去了一个多世纪，世事变迁，沧海桑田，但是对一代代中国人来说，有一个文化主题是共同的：在中学与西学、传统与现代、继承与变革之间，当如何取舍抉择并创造中国文化的未来？中国的现代化之路究竟该怎样走？这种回顾和探索，正是对黄遵宪这位杰出的爱国诗人、启蒙思想家的最好纪念，也是对那段非凡的文学史、思想文化史历程的深情回顾和深刻反思。

黄遵宪的文化姿态与思想经验

清光绪三十一年二月二十三日（1905年3月28日），杰出思想家、外交家、爱国诗人黄遵宪在家乡广东嘉应州（今梅州市）因肺病逝世。在他仅五十七年的一生中，除了在政治改革、维新变法、外交事务等方面做出的执著努力和杰出贡献外，还留下了可以代表近代中国人了解和认识日本最高水平的《日本国志》，还有收录在《人境庐诗草》与《日本杂事诗》中的1100多首诗歌。贯穿于黄遵宪政治活动、外交活动、学术活动、文学活动等之中的，则是以颇为深邃的思考、相当广阔的视野为基础，探寻世界发展大势与西方列强及日本发达强盛的奥秘，追问清朝政治腐败、国贫民弱、受人欺凌、任人宰割的原因，求索中国走向开明法治、富裕强盛的道路。这是黄遵宪一生为之执著奋斗、无怨无悔的核心所在，也是他留下的最大精神财富。在这一艰难的精神探索、思想变革和心灵历程中，黄遵宪的文化姿态与思想成果、诗歌创作与传承变革，留下了处于时代前沿、具有深刻启发性、至今犹可深长思之的丰富思想经验。

一、当代认同与历史影响

虽然黄遵宪一生所追求的主要并不是诗，正如他自己感慨的："穷途竟何世，馀事且诗人"①，梁启超也说他"不屑以诗人自居"②。但是在经过多年的外交生涯，在政治改革、维新变法上遇到失败、面临穷途末路之后，他却只能成为一个诗人。无论如何，诗，都是黄遵宪的最大成就之一，也是他备受当时各界人士及后人关注和评价的一个主要方面。黄遵宪生前身后，诗名綦盛，影响及于多个方面和多个时期，可谓广泛而深远。这首先是因为人境庐诗以其广阔而深入、稳健而创新、特色而兼容的方式

---

① 黄遵宪：《支离》，见黄遵宪著，钱仲联笺注《人境庐诗草笺注》卷八，上海古籍出版社1981年版，第773页。

② 梁启超著，舒芜校点：《饮冰室诗话》，人民文学出版社1959年版，第24页。

处于时代诗坛的高点上，取得了具有突出时代性、标志性意义的思想艺术成就。与此同时，也与多位著名人物的评论赞誉从而赢得了关注、扩大了影响密切相关。在并不漫长却相当复杂的政治经历中，黄遵宪与李鸿章、张之洞、陈宝箴等多位近代重要政治人物熟识并多受提携；又由于人境庐诗具有纵横自如、牢笼百变、大气包举的思想内涵与艺术气度，从而与一般所谓同光体、中晚唐派、西昆体及其他诗人文士多有交往唱和且多所认同；又与张荫桓、郑藻如、何如璋等多位岭南籍官员及其他人士联系密切；又曾与大河内辉声、石川英、重野安绎、冈千仞、宫岛诚一郎等多位日本诗人文士交往密切。这种情况一方面反映了黄遵宪在当时国内各界、日本等地受到的关注和产生的广泛影响，另一方面也反映了当时不同派别人士之间彼此密切交流、互相影响的文学史事实和中国近代文坛创新发展、复杂多变的面貌。

就诗歌创作而言，黄遵宪与多位维新派政治家、文学家的关系最为密切也最为深挚，这不仅仅在于诗歌主张与诗歌创作方面的一致性，而且在于政治主张、文化观念上的相通性。现有史料可以证明，梁启超的"诗界革命"主张曾经直接而深刻地受到黄遵宪诗歌观念特别是诗歌创作的影响启发；另一方面，受到极为擅长鼓动宣传、倡导号召并对当时的文化舆论产生重要影响的梁启超的持续关注和高度评价，也对黄遵宪其人其诗广为人知、声名日隆起了关键作用；甚至可以说，黄遵宪及其诗歌的广泛影响和地位确定，首先是从梁启超的积极鼓动、大力号召开始的。梁启超在《新民丛报》上连载并产生显著影响的《饮冰室诗话》中给予最充分评价并引为"新派诗"和"诗界革命"的同道者就是黄遵宪，这部诗话中关注最多、评价最充分的一位诗人就是黄遵宪。梁启超曾说："公度之诗，卓然自立于二十世纪诗界中，群推为大家，公论不容诬也"[①]；"公度之诗，诗史也"[②]。他后来还说过："前清一代学风，与欧洲文艺复兴时代相类甚多。其最相异之一点，则美术文学不发达也。……直至末叶，始有金和、黄遵宪、康有为，元气淋漓，卓然称大家。"[③] 尽管梁启超对清代诗坛的整体评价在今天看起来可议之处甚多，对于金和、黄遵宪和康有为的

---

① 梁启超著，舒芜校点：《饮冰室诗话》，人民文学出版社1959年版，第24页。
② 梁启超著，舒芜校点：《饮冰室诗话》，人民文学出版社1959年版，第63页。
③ 梁启超：《清代学术概论》，见梁启超著，朱维铮校注《梁启超论清学史二种》，复旦大学出版社1985年版，第82～83页。

赞誉之词过多地夹杂了个人好恶和主观随意色彩,从而影响了论述的科学性与允当性,但是以这些言论与评价姿态为导引和标志,黄遵宪及其诗作受到一批政治上、文学上同道者的普遍赞扬,并对其后多年的黄遵宪研究及近代诗歌研究产生了深刻影响。

　　黄遵宪其人其诗还受到其他具有相近政治倾向或文学主张的多位人士的关注和赞扬。康有为说:"自是久废,无所用,益肆其力于诗。上感国变,中伤种族,下哀生民。……公度岂诗人哉?"① 不仅对黄遵宪及其人境庐诗多有理解之同情,而且融入了自己的政治观念和文学主张,可见康有为对那个时代文学创作的认识。蒋智由也感慨地说:"公才不世出,潦倒以诗名。……才大世不用,此意谁能平?"② 对黄遵宪未能实现政治理想、只能以一个诗人而终老深为感慨,当然也寄托了自己人生感受。另一位维新派人士狄葆贤也尝评论说:"黄公度先生,文辞斐亹,综贯百家。光绪初元随使日本,尝考其政教之废兴,风土之沿革,泐成《日本国志》一书,海内奉为环宝。由是诵说之士,抵掌而道域外之观,不致如堕五里雾中,厥功洵伟矣哉!先生雅好歌诗,为近来诗界三杰之冠。"③ 主要从黄遵宪《日本国志》的思想政治价值、对当时中国的启发借鉴价值方面进行评价,深得黄遵宪进行日本研究并撰写研究论著及相关诗歌的主旨。他在得知黄遵宪去世消息之后所作的挽诗五首同样满怀感慨同情,其一云:"竟作人间不用身,尺书重展泪沾巾。政坛法界俱沉寂,岂仅词场少一人?(近得先生正月粤中书云:'自顾弱质残躯,不堪为世用矣。负此身世,负我知交。'不意竟成谶语。)"其二云:"悲愤年年合问谁? 空馀血泪化新诗。微吟踏遍伤心地,不见黄龙上国旗。(庚子秋,余夜过威海卫,见英国兵舰云屯,电光灿烂。口占志感诗有'灵风彻夜翻银电,不见黄龙上国旗'句。嗣见先生游香港诗,亦有'不见黄龙上大旗'一语。)"其五云:"奇才天遣此沉沦,湘水愁予咽旧声。莫问伤心南学会,风吹雨打更何人?(先生官湘臬时,与陈佑民中丞、江建霞、徐砚父两学使,皆为南学会领

---

　　① 康有为:《人境庐诗草序》,见舒芜、陈迩冬、王利器编注《康有为诗文选》,人民文学出版社1958年版,第101页。
　　② 蒋智由:《挽黄公度京卿》,见梁启超著,舒芜校点《饮冰室诗话》,人民文学出版社1959年版,第117页。
　　③ 平等阁主人(狄葆贤):《平等阁诗话》卷二,有正书局宣统二年版,第1页。

袖，今诸君俱下世矣。）"①将有关史实的叙述与对逝者的怀念之情融会于一，将个人感情与国家局势联系起来，从不同角度对黄遵宪的政治建树与伤时忧国、历史贡献与失望遗憾表达得充分而真挚，表达了一批志同道合者的心声。黄遵宪之弟遵楷也曾指出："其诗散见于宇内者，辄为世人所称颂。以非诗人之先生，而使天下后世，仅称为诗界革命之一人，是岂独先兄之大戚而已哉？"②将黄遵宪的诗歌成就与未竟事业联系起来评价，中多感慨遗憾之音，反映了家族后人的复杂认识和深切感受。这种对黄遵宪生不逢时、壮志未酬的感慨同情影响了许多人，延续了许多年。时过多年之后，钟叔河也指出："黄遵宪首先是一位维新运动家，一位启蒙主义者，一位日本研究专家，然后才是一位诗人。他是一位学术型的政治人物，他的诗，也主要是学术的诗，政治的诗。"③黄遵宪的诗歌理论观念和创作实践中始终带有"馀事且诗人"的特点，这是认识和评价其人其诗时必须注意体会并有所践行的。

黄遵宪的文学观念和诗歌创作还深刻影响了"五四"一代新文学家；或者更准确地说，是当时年轻气盛、充满激情却又内涵不丰、准备不足而又跃跃欲试的一群活动家和文学家们从黄遵宪的文学观念与诗歌创作中找到了自己进行鼓动倡导新文学与新文化所迫切需要、可以马上利用的思想资源，产生了如遇前代知音的精神感受和思想认同。胡适曾从倡导白话新诗、新文化运动的角度出发高度评价黄遵宪"我手写我口"的主张，简单主观、一厢情愿甚至不惜损害论断的科学性、合理性地称之"很可以算是诗界革命的一种宣言"④；五四新文化运动的另一位领袖人物周作人也不止一次地表示钦佩黄遵宪的思想和见识，并从现代新诗、新文学创建的角

---

① 平等阁主人（狄葆贤）：《平等阁诗话》卷二，有正书局宣统二年版，第3页。
② 黄遵楷：《人境庐诗草跋》，见《人境庐诗草》卷末，商务印书馆民国二十年版，第1页。
③ 钟叔河：《中国本身拥有力量》，中华书局（香港）有限公司1989年版，第29页。按：钟叔河在《走向世界——近代中国知识分子考察西方的历史》中说："黄遵宪首先是一个维新运动家，一个启蒙主义者，一个爱国的政治人物，然后才是一位诗人；他的诗，也主要是政治的诗。"中华书局1985年版，第390页。
④ 胡适：《五十年来中国之文学》，见《胡适古典文学研究论集》，上海古籍出版社1988年版，第116页。

度称赞"其特色在实行他所主张的'我手写我口',开中国新诗之先河"①,显然也是就其与现代新诗的相通性进行评价。郑振铎指出:"欲在古旧的诗体中而灌注以新的生命者,在当时颇不乏人,而惟黄遵宪为一个成功的作者"②,并盛赞"这些山歌确是像夏晨荷叶上的露珠似的晶莹可爱"③。朱自清也曾赞扬黄遵宪的"新诗"成就及其对五四新诗运动的启迪:"清末夏曾佑、谭嗣同诸人已经有'诗界革命'的志愿,他们所作'新诗',却不过捡些新名词以自表异。只有黄遵宪走得远些,他一面主张用俗语作诗——所谓'我手写我口'——,一面试用新思想和新材料——所谓'古人未有之物,未辟之境'——入诗。这回'革命'虽然失败了,但对于民七的新诗运动,在观念上,不在方法上,却给予很大的影响。"④时间过了半个多世纪以后,郑子瑜还曾专门撰文论证黄遵宪是"五四新文化运动的先驱"⑤。这些言论或观点显然都是从现代白话新诗及新文学的渊源与发生、创新性与合法性等方面进行考察并得出结论的;而且这种思考方式、评论角度和基本观点产生了至今犹在的深远影响,在某些学术文化氛围不正常的历史时期甚至成为一种话语垄断和思想霸权。从近现代诗歌变革历程与相关文献史实提供的实证可能来看,这样的认识与其说具有充分的学理依据和学术价值,不如说主要体现了这批新文学倡导者、思想家、尝试者的主观愿望和文化态度。在这里,新文学运动的倡导、新文化思想观念的宣传显然占据了主导地位,以至于明显伤害了立论的可靠性和结论的允当性。也就是说,五四新文化运动时期及其后的多种论著对于黄遵宪诗歌创作与现代白话新诗关系的解读,搀杂了过多的先验观念和主观色彩,政治性、思想性和实用性占据上峰的生硬论断与相关史料、客观事实和学理判断之间存在着明显的矛盾,产生了尖锐的冲突。这种矛盾冲突已经日益明显地限制和影响着近现代诗歌与文学思潮及相关领域的研究进

---

① 周作人著,陈子善选编:《诗人黄公度》,《知堂集外文·四九年以后》,岳麓书社1988年版,第326页。
② 郑振铎:《文学大纲》,见"民国丛书"第四编五十四册,上海书店1992年影印本,第2047页。
③ 郑振铎:《中国俗文学史》,作家出版社1954年版,第456页。
④ 朱自清:《导言》,见《中国新文学大系·诗集》卷首,良友图书印刷公司1935年初版,上海文艺出版社2003年影印本,第1页。
⑤ 郑子瑜:《五四新文化运动的先驱黄遵宪》,1989年7月郑子瑜教授寄示笔者之论文手稿复印件。按:郑子瑜先生已于2008年6月30日在新加坡去世,特记于此,以志怀念。

展,这是今天的研究者需要清醒明辨并注意鉴戒的。

从接受史的角度来看,黄遵宪的深刻影响还表现在另一个重要方面,即与一般说的新文学、新文化相对或相反的方面。近现代以来,在政治理想、文化态度、文学观念上与进化与发展、变革或革命观念持不同立场、相异观点的一批人士则从另外的角度对黄遵宪及其诗歌进行考察和评价,认识其诗歌创作的局限性、可商榷处,得出了一些与上述见解颇不相同甚至针锋相对的认识。胡先骕指出:"黄公度、康更生之诗,大气磅礴则有之,然过欠剪裁,瑕累百出,殊未足称元气淋漓也。"① 又说:"五十年中以诗名家者甚众,决不止如胡君所推之金和、黄遵宪二人。然胡君一概抹煞,非见之偏,即学之浅,或则见闻之隘故也。黄氏本邃于旧学,其才气横溢,有足多者。然其新体诗,实与其时之政治运动有关。……可见当时风气,务以新奇相尚。康有为孔子改制之说,谭嗣同之《仁学》,梁启超《时务报》《新民丛报》之论说,《新民丛报》派模仿龚定庵之诗,与黄遵宪之新体诗皆是也。黄之旧学根柢深,才气亦大,故其新体诗之价值,远在谭嗣同、梁启超诸人之上。然彼晚年,亦颇自悔,尝语陈三立:天假以年,必当敛才就范,更有进益也。"② 这显然是针对梁启超所说"金和、黄遵宪、康有为,元气淋漓,卓然称大家"③ 而发,可见品鉴趣味与见识的明显差异,更反映了评价角度和文化观念的明显矛盾。从黄遵宪诗歌创作及其与新派诗关系、当时诗坛状况的角度看,胡先骕所论特别启人深思的是:备受胡适④推崇的金和、黄遵宪在诗家众多、诗派林立的近代诗坛的合理地位与恰切评价究竟如何;所谓"新派诗"或"新体诗"的理论导向和创作实践与当时政治运动的密切关系应该如何认识评价;在黄遵宪的诗歌创作中,政治态度与文学观念、创新尝试与旧学根柢的关系及各自

---

① 胡先骕:《读郑子尹〈巢经巢诗集〉》,见黄遵宪著,钱仲联笺注《人境庐诗草笺注》附录,上海古籍出版社1981年版,第1305页。

② 胡先骕:《评胡适〈五十年来中国之文学〉》,见黄遵宪著,钱仲联笺注《人境庐诗草笺注》附录,上海古籍出版社1981年版,第1306页。

③ 梁启超:《清代学术概论》,见梁启超著,朱维铮校注《梁启超论清学史二种》,复旦大学出版社1985年版,第83页。

④ 按:胡适在《五十年来中国之文学》中说:"这个时代之中,我只举了金和、黄遵宪两个诗人,因为这两个人都有点特别的个性,故与那一班模仿的诗人,雕琢的诗人,大不相同。"梁启超在《清代学术概论》中说过:"直至末叶,始有金和、黄遵宪、康有为,元气淋漓,卓然称大家。"胡适此观点显然受到梁启超直接影响。

作用当如何体会等,都是许多论者认识不清或根本没能意识到的。徐英说得更加激烈:"金和、黄遵宪、康有为之诗,谬戾乖张,丑怪已极。而梁启超谓其元气淋漓,卓然大家,阿其所好,非通论也。"① 同样是针对梁启超在《清代学术概论》中的有关言论而发的。通过对深受梁启超推崇的金和、黄遵宪、康有为之诗的批评,表达了持重保守的文学观念,反映了对当时总体文学与文化走向的认识,其中对以政治改革和舆论宣传为主要目标的"诗界革命"中的确存在的急躁草率、追逐新奇现象提出的严厉批评尤具启发性。这样的话虽然出自数十年以前,但对今天的近代文学及相关研究领域的治学方法、学术方式、考察角度与文化观念仍然具有深刻的启发性。从黄遵宪研究与近代诗歌变革、现代新诗倡导的理论内涵和学术史经验来看,这些与新文学和新文化立场迥然不同甚至明显对立的认识,以另一种文学批评方式提出了近代诗歌变革中产生的新现象、出现的新问题,也是黄遵宪及其诗歌创作引起出自不同流派、具有不同观念的诗歌批评家关注并产生显著学术影响的有力证明。对于这样的声音,不应该而且不可以采取有意回避或进行简单的批判而了事,而应当从更广阔的文学与文化视野、从更深切的理论思辨和更丰富的创作实践中具体考察、深入体会,汲取其中具有启发性、前瞻性的内容。②

面对多年来黄遵宪诗歌及近代诗歌变革如此矛盾丛生、难以统一的评价,在黄遵宪研究方面用力甚勤并以《人境庐诗草笺注》享誉学界的钱仲联曾指出:"人境庐诗,论者毁誉参半,如梁任公、胡适之辈,则推之为大家。如胡步曾及吾友徐澄宇,以为疵累百出,谬戾乖张。予以为论公度诗,当着眼大处,不当于小节处作吹毛之求。其天骨开张,大气包举者,真能于古人外独辟町畦。抚时感事之作,悲壮激越,传之他年,足当诗史。至论功力之深浅,则晚清做宋人一派,尽有胜之者。公度之长处,固不在此也。"③ 主要从黄遵宪诗歌评价的矛盾现象和不同结论着眼进行分析并试图寻求其中的共同点,着重强调人境庐诗在继承诗歌传统基础上着意创新的辽阔广远、雄浑遒上气象,对近代政治历史事件、国家民族命运

---

① 徐英:《论近代国学》,见黄遵宪著,钱仲联笺注《人境庐诗草笺注》卷末诗话,古典文学出版社1981年版,第447页。
② 按:关于此问题,拙文《近代文学研究中的新文学立场及其影响之省思》尝有讨论,载《文学遗产》2013年第4期。
③ 钱仲联:《梦苕庵诗话》,齐鲁书社1986年版,第161~162页。

有意纪录表现的诗史价值，颇有化解消弭以往观点分歧、融会综合见解异同的用意。但是从黄遵宪及近代诗歌研究的学术历程及其经验的角度来看，关于人境庐诗歌及相关问题评价出现的分歧，固然有着不同诗歌流派、评价角度、品鉴趣味、个人好恶等差异性、矛盾性因素，但更深刻也更值得关注的应当是这种矛盾现象所表现的关于新旧文学的不同文学观念、文化观念，所反映的关于近代以来诗歌变革、文化变迁的成败利钝及其经验教训的基本认识，也透露出中国诗歌与文学批评在中西古今、文白雅俗、新旧取舍之间探索出路、寻求可能、不断尝试过程中不得不面临的困境与艰难。这已经是一个有必要冷静面对、深刻思考并寻求合理方案与最佳可能的具有广泛思想文化意义的问题。因此，钱仲联基于深入细致的文献功夫做出的推动黄遵宪研究的有关论述，提出了引人深思的学术观念和思想方法问题，但尚未真正找到会通统一黄遵宪及其诗歌评价的关键，也未从理论观念与学术变迁角度触及产生这些分歧的深层原因并将问题的探讨引向深入，也可以说将这一问题留给了后来的研究者。

根据相关文献史实、理论主张和创作实绩，将上述关于黄遵宪其人其诗的种种矛盾认识、不同评价视为一种思想史和学术史现象，则应当看到，无论基于何种文学标准或文化观念，无论以褒扬为要还是批评为主，这些出自不同时期、不同人物的言论都是特定思想观念、学术条件、政治环境、文化背景下的产物，都不同程度地带有不同时代和评论者个人的观念印迹，都是学术贡献与局限、思想价值与缺失共生并存的，其中的得失成败、经验教训、启发遗憾也可以是一个值得关注的学术史话题。从总体上看，以往对黄遵宪的研究评价在揭示若干文学史事实、得出一些有价值结论、充分显现其当世价值和历史贡献的同时，也留下了一些明显的缺失或遗憾，尚待弥补纠正或丰富完善。

二、诗歌取径与诗学观念

严羽尝说："夫诗有别材，非关书也；诗有别趣，非关理也。然非多读书，多穷理，则不能极其至。所谓不涉理路，不落言筌者，上也。"① 此语颇为流行，对明清时期许多诗人的文学观念、创作实践乃至诗歌整体发展走向产生了深刻影响。尽管清人钟秀曾经提醒地批评说："严仪卿曰

---

① 严羽著，郭绍虞校释：《沧浪诗话校释》，人民文学出版社1983年版，第26页。

'诗有别才',千古定论。又曰'非关学也',斯言一出,贻误后人不小,不得谓非语病。虽然,沧浪斯言亦为宋人以议论为诗者对症发药,其所谓'非关学'者,殆谓学诗者不在着力,非谓学诗者不必读书,第恐后人误会其意,所关非浅也。"[1]但是明清以降的文学史上,在诗歌创作中过多倚仗才情而轻视读书学问者大有人在,以至于形成了一种颇具影响力的诗坛风尚并一直影响到近代诗坛。在这种诗坛风气之中,黄遵宪对于诗歌创作中才情与学问、感悟与读书等关系的理解和处理,显示出相当高明的见识和应对能力。他并未仅仅依靠过人才情使诗歌创作走向以情韵独胜的道路,而是保持着对创作根柢、门径、内涵的尊重,对读书、学问给予足够关注、多所用心并有意运用。从当时的诗坛状况和传统诗歌面临的文化环境而言,无论从理论观念还是从创作实际来看,这种选择路径和处理方式都显然更有合理性,从而能够在创作中将才华与学问结合得非常紧密,取得兼顾其长而兼得双美之效,从而造就了人境庐诗的独特思想深度和艺术风貌。

在许多诗人都不能不面临和处理的通俗与雅正、浅白与古奥的关系问题上,黄遵宪采取的依然是综合兼顾、取其优长的认知方式和处理方法,从中获得广阔包容的理论空间和丰富多变的创作可能。黄遵宪对中国语言文学中的通俗化、白话化传统非常熟悉,包括客家山歌民谣、浅易朴素的诗词曲、通俗小说戏曲的表达方式和语言形态,甚至关注日本小说戏剧、民间文学中的通俗因素,从而使自己创作的一部分作品具有突出的通俗晓畅、浅白明快的思想特征和语言特点。黄遵宪文学思想与诗歌创作中的这一侧面正是被后来许多年中的多位研究者高度关注并推崇的,被认为开启了近现代文学语言通俗化、白话化的先河,甚至被认为是"五四"白话新诗、新文化运动的先驱。这种思考方式和评价方式在相当长的时期内在黄遵宪及其诗歌乃至近代诗歌研究中占据了主导地位,至今仍颇有一部分研究者坚持这样的学术观点或文化态度。从有关文学史实和学术史经验来看,不能不承认,这样的认识和评价固有一定根据,也具有一定的合理性和科学性。

但是至今可见的丰富文献史实、大量诗歌创作也在有力地证明,黄遵

---

[1] 钟秀:《观我生斋诗话》卷一,见严羽著,郭绍虞校释《沧浪诗话校释》,人民文学出版社1983年版,第27页。

宪的文学思想和诗歌创作中同时还存在着另外一种倾向，即更多地从中国诗歌的典雅端庄传统出发，有意守护和追求渊雅正统、讲究古奥深邃的倾向。这既是黄遵宪文学修养、诗歌品位、创作能力的重要体现方式和实现途径，又是作为诗人的黄遵宪以学养功夫、创作实力获得当时由官员名士构成的主流诗人、正统派文学家及有关政治人物关注认同的必经途径。以往的研究者对融入主流诗坛之于黄遵宪诗歌创作的必要性、可能性及其意义关注无多、认识不足，而经常过于片面、过于简单地强调其诗歌创作通俗化、浅易化倾向的意义和价值。这既不符合黄遵宪及其诗歌创作的文献史实，又不符合黄遵宪与各派诗人联系交往、与近代诗坛保持复杂关系的实际情况。这种不正常情况的出现并长期存在，主要是不顾丰富的文学史事实、将某些既无深刻思想又无科学价值的既定主观政治观念、思想逻辑强加于复杂的文学现象进行主观驾驭、强行解释的结果，从而将纷繁复杂的文学史现象引向了概念化、简单化道路，也在相当长的时期内使学术研究走向了明显的非学术化方向，甚至形成了一种思想习惯、言说方式和基本认识。这是当下的黄遵宪及近代诗歌及相关研究中应当充分注意并深入反思的。

　　从个人选择、创作态度与当时文学运动、诗歌派别、文坛风气的关系来看，黄遵宪与所谓"新派诗"和"诗界革命"在新与旧、名与实之间也留下了值得认真清理、深入反思并清醒认识的文学史和学术史经验。就与"新派诗"的关系而论，黄遵宪在早年诗作中写下的"我手写我口"①和在中年诗作中写下的"读我连篇新派诗"②，本来只是诗歌创作中即兴的有感而发或酬答友朋时随手写下的普通诗句而已，并未进行过深刻的理论思考或严谨的逻辑阐述，也没有其他论述的有力支撑或明显证明，因而其本身并不带有任何成熟的理论意识、思想内涵或倡导诗歌变革的主观意图。一系列诗歌创作也在有力地证明，黄遵宪并不反对所谓"新派诗"，还创作了若干首具有革新色彩的诗歌。但应当清醒地看到，这绝不是黄遵宪诗歌创作的全部，也不是其诗作的主导方面。颇令人觉得奇怪的是，这样两句表现出一定诗歌观念和理论意识的诗歌，在后来的许多年中、在许

---

① 钱仲联：《人境庐诗草笺注》卷一，上海古籍出版社1981年版，第42页。
② 黄遵宪：《酬曾重伯编修》，见黄遵宪著，钱仲联笺注《人境庐诗草笺注》卷八，上海古籍出版社1981年版，第762页。

多研究者那里却被当成了黄遵宪主张诗歌创新变革、倡导"诗界革命"有力证据，并进行了种种大胆的分析和过度的解读。而且，"新派诗"① 这一概念是否能够在严格的学术意义上得以成立，它与旧派诗或传统诗歌的关系究竟如何，也尚未找到充分的文献根据，也未进行足够深入的理论阐述，许多研究或只是人云亦云、姑枉用之而已，或仍停留在对非常有限的材料进行过度阐述、强行论证的水平上，因而不能不显得强词夺理、捉襟见肘。这也是目前的黄遵宪与"诗界革命"、近代诗歌变革研究中应当认真反思的重要问题之一。

在近六七十年来已经形成的近代诗歌必须朝着新诗化、通俗化、现代化的方向改革，"诗界革命"代表着近代诗歌变革发展正确方向的思想观念和思维框架之下，黄遵宪俨然成了"诗界革命"的倡导者之一，也是最成功、最具有标志性的实践者，是一面革新创造的旗帜。其实，在现有相关文献资料中，还找不到黄遵宪在理论上有意倡导、在实践上主动参与"诗界革命"的直接证据，当然也未发现他明确表示反对"诗界革命"的相关材料。结合黄遵宪的诗歌理论主张、创作实践及其与"诗界革命"鼓动倡导者梁启超等人的关系，只能说他与"诗界革命"保持着一种不即不离、矜持而认同的态度。这种姿态既符合黄遵宪基于丰富的创作经验形成的文学观念和诗歌主张，也与他一贯中和稳健、朴质坚忍、务实求新的政治立场、学术文化观念、处世态度等明显相关和一致，更与梁启超 1899 年在《夏威夷游记》中、1902 年起在《新民丛报》连载的《饮冰室诗话》中正式鼓动、积极倡导"诗界革命"之际黄遵宪的政治处境、思想转变、诗歌创作、人生经验密切相关。也就是说，黄遵宪对于"诗界革命"的真实态度和具体做法是他政治态度、思想特点、学术观念、处世原则、生活经验在文学观念、诗歌创作上的表现。黄遵宪对于"诗界革命"及与此相关的舆论鼓动与文化宣传的态度，既不同于年轻气盛的梁启超等人的简单浪漫、焦躁冒进和急于求成，也不同于同时代更多注重延续传统、保守谨慎的主流派文人和正统派诗家，而是在因革通变、扬弃取舍之间保持着一种稳妥合和、理性持重的文学姿态与文化态度，其中蕴含着颇

---

① 按：与"新派诗"概念密切相关的另一概念"新学诗"的成立与否，更需要进行认真的史实文献清理并对以往的研究方式、基本认识与有关结论进行清醒反思。笔者以为，"新学诗"是一个较"新派诗"更加无根据、无法自圆其说的生造概念，相关研究中存在着更加严重的观念与方法问题。此不具论。

为深刻的世变道理和辩证智慧，就当时传统诗歌的生存处境和面临的变革来说，这种处理方式也更具有思想方法、创作原则上的建设性和启发性。从中国传统诗歌面临的中西古今选择、传承创新难题来看，这种态度也更符合近代诗歌继承优秀传统、因时而变、适当求新的发展方向。无论是从近代诗歌、近代文学研究的角度还是从近代学术、思想文化的角度进行反思，都应当看到，这也是黄遵宪留给后人的一条值得记取的思想经验。

三、文化态度与思想调试

黄遵宪生活的晚清时期，盲目自守、闭关锁国的局面已在外国列强各种方式的强迫下、在清政府不得做出的种种应付中被愈来愈彻底地打破，代表世界文明水准、价值标准和发展方向的西方文明正在日益充分地展现在正在从自大与蒙昧中觉醒的中国人面前。这已经是一个不得不打开国门、无法不面对西方文化、不能不对古老的中国文化进行重新思考、寻求出路、谋求变革的前所未有的新奇时代。而在长达十几年的时间里历经日本、美国、英国、法国以及英属新加坡等地的外交官僚属经历和积极考察、主动学习西方文化的行动、心态及一系列诗歌创作与著述文化活动，又使黄遵宪直接受到日本文化、西方文化的直接冲击和巨大影响，也为他提供了深切体察、准确认识外国文化的良好机会和客观条件，可以在比较真切的中外文化关系、异同对比中思考和探寻中国文化的出路，显示了个人思想的先进性与时代要求的进步性之间的某种契合，也反映了近现代以来中国文化发展变革的一个主导趋势和必然方向。

在这一几近全新的文化冲突、思想变革过程中，黄遵宪的文化心态总体上是以比较健康、积极主动的姿态去面对异质文化的冲击和挑战的。这在作为他首次出国经历的出使日本期间的诸多文化感受、内心矛盾及自觉进行的自我疏导、自觉调适中得到了充分反映，在同期所著的《日本杂事诗》《日本国志》及其修改过程中、在创作的《樱花歌》《西乡星歌》《不忍池晚游诗》《都踊歌》《赤穗四十七义志歌》等多首关于日本政治、历史、文化的诗歌作品中得到了集中展现，而与日本多名文学、文化与政治人士的交往对于黄遵宪日本观、世界文化观的形成也产生了重要作用。这些文学、学术、外交活动及日常生活使黄遵宪比较平稳地度过了始料未及的文化心理和价值信仰危机，积累了珍贵的文化交流经验；而且，这种丰富而亲切的日本经验成为黄遵宪接触和认识外国文化的思想基础，对于他后来出使欧美国家也产生了极为重要的作用。

后来在出使美国、英国、法国以及英属新加坡的时候，黄遵宪的内心感受、文化态度不断发生显著变化，再次经历了内心的文化困惑和思想矛盾。这一方面是由于欧美文化与日本文化的巨大差异性，当时清政府与美国、英国、法国外交关系的复杂与艰难及其对于黄遵宪思想观念上造成的深刻影响；一方面也是由于黄遵宪本人知识结构、认识能力、思想观念、内心感受所带来的明显限制，特别是对于欧美文化的明显陌生感和疏离感，造成了预想不到的内心困难与思想矛盾。这在他写下的一些诗作如《海行杂感》《纪事》《伦敦大雾行》《登巴黎铁塔》《以莲菊桃杂供一瓶作歌》等作品中也有着不同程度、不同方式的反映。但是，由于在日本期间已经具有丰富的对外国文化经验，形成了良好的对待外国文化、异质文明的情感态度和文化姿态，加之政治经验、文学修养、文化见识、人生阅历等的丰富提高，黄遵宪在总体上能够比较恰当地处理各种思想矛盾和现实问题，以颇为平和稳健的态度和方式比较顺利地度过各种困难。这些经历和努力，使黄遵宪在最初走出国门、走向世界的外交人物当中保持着先行者的地位，处于先进人士的行列，为中国人和中国文化的走向世界、走向现代化做出了积极的探索和突出的贡献，也积累了至今仍然值得关注并体会、汲取的文化史经验。

但另一方面，黄遵宪在接触和面对外国文化的过程中也表现出复杂深刻的内心矛盾和价值冲突，面临着难以找到正确方向、合理答案与可行出路的文化难题和价值困惑，这同样是值得充分注意并进行认真分析的。黄遵宪也像当时的许多儒士文人一样，认为虽然西方先进文化应当学习吸收，但需要根据中国文化传统和当时的需要进行具体分辨与取舍。他在日本时曾说过："近者土风日趋于浮薄，米利坚自由之说，一倡而百和，则竟可以视君父如敝屣。所赖诸公时以忠义之说维持世教耳。"① 保守的思想倾向表现得非常明显。他还说过："形而上，孔孟之论至矣；形而下，欧米之学尽矣。论当今之事者，不可无此见解也。"② 又说过："形而上者谓之道，形而下者谓之器。形而上者，自上古以来，逮于尧舜禹汤文武周

---

① 郑子瑜、实藤惠秀编校：《黄遵宪与日本友人笔谈遗稿》，东京都早稻田大学东洋文学研究会1968年版，第232页。

② 冈千仞：《观光纪游》十三，明治十七年八月一日（光绪十年六月十一日）日记，王锡祺辑：《小方壶斋舆地丛钞》第八册第五帙，杭州古籍书店1985年影印本，第178页。

公孔子，其所发明者备矣；形而下者，则自三代以后，历汉魏晋宋金元明，犹有所未备也。……举一切光学、气学、化学、力学，咸以资工艺之用，富国也以此，强兵也以此。其重之也，夫实有其可重者在也。中国于工艺一事，不屑讲求，所作器物，不过依样葫芦，沿袭旧式。……今万国工艺，以互相师法，日新月异，变而愈上。夫物穷则变，变则通。吾不可得而变革者，君臣也，父子也，夫妇也，凡关于伦常纲纪者是也；吾可得而变革者，轮舟也，铁道也，电信也，凡可以务财、训农、通商、惠工者皆是也。"① 认为可以变革的方面总体上应当限定在能够直接有利于国富民强的器物、技术等物质文化层面；对于国家法律、政治制度等文化的中间层面则应当采取比较审慎的态度，可以学习借鉴的主要是日本、英国式的国家制度和政治体制，对于美国式的共和制度则多有批评，认为不可效法；至于一般所谓文化的最深层即道德伦理、思想观念、价值体系、精神信仰等方面，则基本上不需要学习西方，也就不存在借鉴效法的问题。这种中体西用、变器而不变道的观念困扰了黄遵宪一生，也是同时代许多文人面临的最深刻的文化难题和价值困惑。②

以明末西方传教士入华为主要标志的西学东渐思潮，在经历了清代前中期的种种艰难曲折之后，至近代已经成为一种不可阻挡、无法避免的巨大力量，西方（包括明治维新以后的日本）文化对中国的渗透影响日益深入充分。虽然其间几经反复、多有波折，但西学东渐、学习西方的总体趋势并未发生根本性改变。在这一空前深刻的文化变革转换历程中，中国人始终未能解决的一个根本性问题就是中西文化的体用关系、西方文化价值观念对于中国的适用性和适用度、中国文化传统的转化延续及其近现代价值问题。在这一思想史背景下，黄遵宪也曾深受当时颇为流行、后来仍颇受接受认同的西学中源论的影响。他在日本时曾说过："余考泰西之学，墨翟之学也。尚同、兼爱、明鬼、事天，即耶稣十诫所谓'敬事天主'、'爱人如己'"；"《韩非子》《吕氏春秋》备言墨翟之技，削鸢能飞，非机器攻战所自来乎？古以儒、墨并称，或称孔、墨，孟子且言天下之言归于墨，其纵横可知。后传于泰西，泰西之贤智者衍其绪余，遂盛行其道矣"；

---

① 黄遵宪：《日本国志》卷四十《工艺志》，光绪十六年羊城富文斋刊本，第1~2页。
② 按：关于黄遵宪的政治观念和对于西方文化的认识，拙文《黄遵宪晚年思想三题》（载《近代史研究》1994年第6期）、《黄遵宪的中西文化观与文化心态》（载《炎黄文化研究》第三辑，大象出版社2006年版）曾有具体讨论，此不赘述。

"凡彼之精微，皆不能出吾书。第我引其端，彼竟其委，正可师其长技"。① 直到晚年乡居时，西学来自中学的基本观念仍未发生转变且有所深化，认为："旧学中能精格致学者，推沈梦溪，声、光、化、电、力、气无一不有。其使辽时，私以蜡、以泥模塑地图，即人里、鸟里之说，亦其所创也，他日必有人表而出之。"② 还认为："吾读《易》，至泰、否、同人、大有四卦，而谓圣人于今日世变，由君权而政党，由政党而民主，圣人不啻先知也。……而谓圣人之贵民、重文明、重大同，圣人不啻明示也（……大象明之曰：先王以建万国、亲诸侯，自天佑之。系辞曰'履信、思顺、尚贤'，非民主而何？……）。所尤奇者，孔子系辞曰：'方以类聚，物以群分，吉凶生矣。'此非生存竞争、优胜劣败之说乎？在天成象，在地成形，变化见矣。此非猴为人祖之说乎？……达尔文悟此理于万物已成之后，孔子乃采此理于万物未成之前，不亦奇乎？"③ 非常肯定地认为不仅西方自然科学的许多方面早已大备于中国古代典籍之中，而且西方近代社会人文科学内容、当时传入中国的新观念也早已略备于中国传统思想之中。从中外文化交流史和中国近代思想史的角度来看，当时流行一时并持续较久、包括一向被视为走向世界的先进中国人黄遵宪在内的许多文人坚信不疑的西学中源论，虽然对中西文化关系包含着明显主观故意成分的误读，但作为一种文化心理现象，体现了中西文化接触碰撞、交流融合过程中最深层、最内在的矛盾冲突，反映了中西文化交融的沉重步伐和艰辛历程，也表明中国近代文化变革的演进与深化，有其存在的社会文化背景、人文心理环境和一定的合理性，也是那一代文人弥补巨大文化失落感、消解无法消除的文化心理焦虑的一种补偿形式。

黄遵宪及其同时代人士所面临的思想矛盾、价值困惑，特别是他们为解决这种前所未有的矛盾困惑所做出的积极回应、努力调整，是真切深刻而且是具有文化史意味的。从近代思想史的逻辑演进和近代知识分子心态调适完善的角度来看，黄遵宪那一代先进中国人未能解决的矛盾困惑，并

---

① 黄遵宪：《日本杂事诗》原本第五十一首自注，清光绪五年同文馆集珍版，第23～24页。

② 黄遵宪著，陈铮编：《黄遵宪全集》，中华书局2005年版，第434页。笔者对原校点有所调整并省略作者原注。

③ 黄遵宪著，陈铮编：《黄遵宪全集》，中华书局2005年版，第428页。笔者对原校点有所调整。

非仅仅属于他们自己，实际上已经考验了几代中国知识分子及其他有识之士。这种文化困惑和思想矛盾是中西文化关系中一个极有深度的根本性问题，并不是黄遵宪及其同代人所能解决的，其间的缺陷和遗憾当然也不应当仅仅由他们那一代人承担，而是留给了后来几代中国知识分子和更多的中国人。从文化态度、思想观念与时代氛围、文化变迁总体趋势的关系来看，黄遵宪在中西文化、古今文化之间的权衡、取舍与选择，具有鲜明的个人特点和突出的时代特色，留下了内容丰富、价值独具的思想史经验，直至今天仍然具有一定的借鉴价值。因为从近代走到今天的我们，仍然在中西古今、通变扬弃、传承创新中艰难求索、奋力前行，其间留下的仍然是前景与困惑、进步与缺憾、经验与教训交织杂糅的思想历程和心灵印痕。从这一角度看，可以认为已经逝世110周年的黄遵宪的思想情感、理想信念与探寻中国富裕强盛、民族复兴道路的后来者们一脉相承、息息相通。

丘逢甲的台湾情结与广东认同

丘逢甲从来就不是一个对自己的功名利禄孜孜以求的人，光绪十五年（1889），他二十六岁中进士时所作的诗中所表达的"每饭未曾忘竹帛，敢将科第当功名"① 的气度，实际上透露出他性情气质的深刻内涵。丘逢甲虽然并不想仅仅成为一名诗人，但是诗却成为他述说心迹、抒发情感、记载行事、表达理想的最重要凭借。"世逢运会将大同，天教此起文明度。我是渡海寻诗人，行吟欲遍南天春。完全主权不曾失，诗世界里先维新。五色日华笔端起，墨渖淋漓四海水。太平山上歌太平，遥祝万年圣天子。"② 这是丘逢甲爱国忠君思想的表白："如君早解共和义，五百年来国尚存。万世从今真一系，炎黄华胄主中原。"③ 这是他对民主共和的期待；而"夜来忽忆儿时事，海沸天翻四十年。心绪如潮眠不得，晓星残角五更天"④ 则是对时事动荡和平生经历的描摹；"劳送天河使客槎，华妆围坐灿云霞。英雄儿女平生愿，要看维多利亚花"⑤ 则表现了对侠骨柔情、自由理想的体认和追求。

丘逢甲对台湾的无限热爱和刻骨思念，以至于形成了一种剀切动人的台湾情结；乙未内渡后又迅速生发出对原籍广东的一种深度认同之感，使爱国挚情得到了真切的依托；这种广东认同既与久已有之的台湾情结相通相成，又与更加广阔深远的国家认同与民族意识密切相关。这一切，成为

---

① 丘逢甲：《送何孝廉朝章北上何故门下士且尝佐予军今亦回籍于潮感昔勉今辄有斯作》二首之二自注，见《岭云海日楼诗钞》，安徽人民出版社1984年版，第359页。

② 丘逢甲：《海中观日出歌由汕头抵香港作》，见《岭云海日楼诗钞》，安徽人民出版社1984年版，第409页。

③ 丘逢甲：《谒明孝陵》四首之二，见广东丘逢甲研究会编《丘逢甲集》，岳麓书社2001年版，第679页。

④ 丘逢甲：《五月二十八夜不寐》，见广东丘逢甲研究会编《丘逢甲集》，岳麓书社2001年版，第595页。

⑤ 丘逢甲：《饮香江酒楼》四首之四，见《岭云海日楼诗钞》，安徽人民出版社1984年版，第391页。

丘逢甲一生经历变化与思想演进中的一个核心内容；不仅反映了丘逢甲个人与时代的关系，而且成为近代诗人、爱国人士思想与行事的典范性反映，因而具有特殊的时代意义和历史价值。

一、本土记忆与文化变迁

丘逢甲对故土台湾的热爱之情是与生俱来的，而且，这种天然般的故乡情感和本土记忆随着台湾局势乃至整个中国局势的动荡变化不断增添历史文化内涵，从而变得日益深切凝重。邹鲁在《岭云海日楼诗钞序》中说："与台湾相始终者，吾得两人焉。其一郑成功，其一吾师丘仓海先生。两人者，所处之时与地不同，而其为英雄则一也。光绪中中日之战，台湾见割，先生合台湾绅民力争不可免，奋然谋自立。立台湾为民主国，以唐景崧为大总统、刘永福帮办，自署义军大将军，谋保有台湾。当是时，义声震天下，事虽不济，俨然开今日中华民国之始基矣。先生归自台湾，一意发为声诗，多哀凉悲壮之作。"① 主要论及丘逢甲一生的主要活动和重要贡献，也包含着对丘逢甲本土记忆与近代中国政治局势、文化变迁密切关系的认识，洵为知言。

丘逢甲的本土记忆首先表现在对台湾时事世局的深刻忧患方面。这种忧患意识贯穿了他居台的整个时期，也是后来思想变化与发展的重要基础。光绪十年（1884），"中法战争，台湾首当其冲，法军陷基隆，据澎湖，逢甲尤感国家民族之患，由是，'益留心中外事故，西方文化，慨然有维新之志'"。② 从此，反对侵略、保卫台湾的民族意识就成为丘逢甲思想中的一项非常重要的内容，这在他的大量诗歌中有着集中的体现。《次韵仙官诗》云："一谪人间久未归，茫茫世界铁山围。神州剖裂齐烟小，古井荒凉汉火微。万岁鳌翻饥可钓，五更熊梦老犹飞。何当整顿乾坤了，金阙重朝原未违。"③ 又《次陈颐山见赠韵答之》云："读罢新诗泪满巾，乾坤苍莽正风尘。五洲消息纷传线，万里梯航竞驾轮。朝议朱崖伤弃地，

---

① 邹鲁：《岭云海日楼诗钞序》，见《岭云海日楼诗钞》附录，安徽人民出版社1984年版，第511页。
② 丘晨波、黄志平编：《丘逢甲年谱简编》，见广东丘逢甲研究会编《丘逢甲集》，岳麓书社2001年版，第975页。
③ 丘逢甲：《岭云海日楼诗钞》，安徽人民出版社1984年版，第344页。

边烽辽海厄归人。相逢莫话流离感,未死终留报国身。"① 都是以保台爱国作为诗歌的核心内容,诗人慷慨淋漓的诗风从中也得到比较充分的表现。

既然台湾是自己的故乡,那么在台湾面临巨大侵略危机甚至难以保全的危急时刻,丘逢甲诗中保卫台湾、承续祖先之志的情绪就表现得更加坚定。他在《仙屏中丞见和前诗感事述怀叠韵奉答》三首之一中写道:"黄尘遮断海天春,劫外馀生倍怆神。国岂尚文方积弱,士争横议欲维新。陆沉应咎王夷甫,道隐思为贺季真。鹿走鸿哀嗟满目,更谁抗疏恤遗民?"之二又写道:"凉波渺渺粤江清,去国怀乡此日情。帘下君平宜卖卜,酒边同父尚论兵。上书曾陨孤臣泪,怀刺新投钓客名。一事告公同叹息,不如蠡种是行成。"② 非常明显,"遗民"之志、"孤臣"之泪都成为诗中的突出内容。《再叠前韵奉答仙屏中丞》三首之一:"无计消愁且买春,戴山鳌竟失三神。中原正统终存汉,绝代雄文岂美新?黄石别来书未熟,朱崖弃后梦难真。连天烽火秋风急,怕忆穿胸贯耳民。"之二:"径欲笺愁上紫清,可能太上竟忘情。伤心灾异刘中垒,冷眼英雄阮步兵。三古以来此奇变,九州之外莫逃名。千秋碧血依然热,苌叔违天志倘成。"之三:"沉郁雄心公已知,胥涛声急撼秋帏。哀思故国兰成赋,丧乱中年杜老诗。径拟神方寻许迈,漫将文笔赏丘迟。西风独洒伤时泪,沦落天涯愧絷维。"③ 诗中"正统""奇变""故国""伤时"等词语的凸显,也可看出丘逢甲对台湾记忆、本土意识的着意强调。

光绪二十年(1894)中日甲午战争的爆发和日军的野蛮侵略,不仅使台湾乃至整个中国陷入了更加危险的局势之中,而且更加直接地考验着清政府应对外患的能力以及清军的实际作战能力。其间出现的种种怪异现象,令包括丘逢甲在内的许多人士大吃一惊且大失所望。丘逢甲《海军衙门歌同温慕柳同年作》中有句云:"大东沟中炮声死,旅顺口外逃舟驶。刘公岛上降幡起,中人痛哭东人喜。旁有西人竞嗷訾,中国海军竟如此!……战守无能地能让,百万冤魂海中葬。购船购炮仍纷纷,再拚一掷振海军。故将逃降出新将,得相从者皆风云。风云黯淡海无色,大有他人齁吾

---

① 丘逢甲:《岭云海日楼诗钞》,安徽人民出版社1984年版,第346页。
② 丘逢甲:《岭云海日楼诗钞》,安徽人民出版社1984年版,第348页。
③ 丘逢甲:《岭云海日楼诗钞》,安徽人民出版社1984年版,第348页。

侧。楼船又属今将军，会须重铸六州铁。……天吴海若群飞奔，阴符秘授鬼莫测，何取书生纸上之空言？噫吁乎！书生结舌慎勿言，衙门主者方市权。"①《闻胶州事书感》云："汉家长策重和亲，重译传经许大秦。祆庙屡闻生愤火，蓬山又见起边尘。青州酒断愁难遣，黄海舟迟信未真。慷慨出门思吊古，田横岛上更何人？"② 这样的诗作，可谓与黄遵宪描写甲午战争的《东沟行》《哀旅顺》和《哭威海》等诗篇有异曲同工之妙。

丘逢甲对台湾的眷恋关切之情，还在与台湾友朋的交往唱和中得到充分的表现。《答台中友人》四首之一云："极目风涛怆梦思，故山迢递雁书迟。渡江文士成伧父，归国降人谤义师。老泪纵横同甫策，雄心消耗稼轩词。月明海上劳相忆，凄绝天涯共此时。"之三云："闻君犹采首阳薇，欲话中原泪满衣。四海共推天子圣，百年难复大朝威。玩刑民托祆神教，避税商悬异国旗。一样已无干净土，可怜扶义说西归。"之四云："归来谁与话酸辛？满目茫茫劫后尘。末俗嚣凌欺客户，长官尊重薄流民。本无旷土容安插，难持高文济困贫。冷守平生心迹在，朝衫零落泣孤臣。"③ 都是将包括台湾在内的残破中国局势和诗人的深切忧患联系在一起而着力表现的。他还在《次韵答马生》中写道："八翼天门旧梦违，新亭回首泪空挥。江山满目愁戎索，兰茝离忧怨狒归。别后诗篇浑漫与，重来城郭恐全非。关河落日征人急，雨雪犹劳四牡騑。"④《饮香江酒楼》四首之一云："惘惘尊前唤奈何，春风杨柳客闻歌。谁知丝竹中年感，更比新亭涕泪多。"⑤ "新亭涕泪"的意象已将国破家亡、故土沦陷的家国不幸如此分明地表现出来，可见诗人极其沉痛的心情和无可奈何的窘境。

像无数古代诗人一样，关心民生疾苦、悲天悯人也是丘逢甲诗歌中经常表现的内容；但也有所不同者，这种不同主要既在于时代的更加不幸使这种情怀变得更加深挚，又在于丘逢甲是从一个台湾诗人的角度真切地描摹民生的境况并寄予深切的同情。《老番行》序云："中路岸里等社归化最早，于诸屯中亦最有劳绩。后以侵削地垂尽，多流移入埔里社，安故居者仅矣。今闻设厅，来番业又日蹙，流移将无地，是可哀也。作此以告当

---

① 丘逢甲：《岭云海日楼诗钞》，安徽人民出版社1984年版，第349～350页。
② 丘逢甲：《岭云海日楼诗钞》，安徽人民出版社1984年版，第353～354页。
③ 广东丘逢甲研究会编：《丘逢甲集》，岳麓书社2001年版，第247～248页。
④ 丘逢甲：《岭云海日楼诗钞》，安徽人民出版社1984年版，第384页。
⑤ 丘逢甲：《岭云海日楼诗钞》，安徽人民出版社1984年版，第390页。

道之言抚番者。"① 诗中有句云："我闻此语为兴嗟，台民今亦伤无家。开山聊藉五丁力，岂皆荐食为长蛇？山田弓丈则下沙，赋重应比山前差。长官终有廉来日，故业可复安桑麻。此歌聊向春山咏，东风开遍番檨花。"②《苗栗县》云："田制奇零亩，溪流浅急声。乱山多近市，新县未围城。土瘠迟官税，民食长盗萌。眼前无限感，过客此孤征。"③ 诗人对自己的出生地苗栗县的民生状况进行了真实的描绘，他的本土记忆也由此得到了细致的传达。

作为一位具有极其深切的现实感的诗人，丘逢甲的历史沧桑感也较时人深刻许多。这种思想素质和情感特点也表现在他对台湾历史的追怀中，他经常通过抚今追昔的感慨，表现怀古伤今的强烈情感。《读史书感》云："衮衮群公翊庙谟，匡时伟略未全无。珠崖地弃完筹海，玉垒天回罢迁都。万国冠裳嗟倒置，九州货贝慨中枯。空山独抱遗书哭，牢落乾坤一腐儒。"④ 将历史事件和现实感受深刻地联系在一起，而生发出如此沉痛的感慨。《联仙蘅观察元和怀古诗韵次答》二首之一云："义旗风卷海东头，浪迹来为汗漫游。亡宋地难存岛国，瞻韩人喜到潮州。论交文字三生业，凭吊江山万古愁。满眼狂澜嗟已倒，待公重障百川流。"⑤ 是将自己在台湾的抗日经历与岭南的历史事件、人物相联系，从而产生今昔之感的。

《颐山农部为作朝台吊古图于箑并题一律次韵答之》也写道："岭南雄直气，老笔未曾颓。台榭冷秋色，江山沉弱才。树从秦代古，花是汉时栽。落日此舒写，萧萧风雨来。"⑥ 可见诗人对历史的关注和真切感受。《虞笙寄和予和平里诗次韵答之》云："燕山客归航海舟，小朝廷动书生愁。胠马窥江访陈迹，振策更向临安留（虞生去年由燕入吴，过淮扬，游杭州，再航海返粤）。断碑时见南宋字，太息英雄半赍志。白雁还送皋亭声，朱鸟谁挥钓台泪？钱唐形胜夸上皇，湖楼且饮明月光。明朝打鼓挂帆去，归舟往吊崖山阳。海天茫茫哭龙死，七百年来悲未已。……相公长脚

---

① 丘逢甲：《岭云海日楼诗钞》，安徽人民出版社1984年版，第327页。
② 丘逢甲：《岭云海日楼诗钞》，安徽人民出版社1984年版，第430页。
③ 丘逢甲：《岭云海日楼诗钞》，安徽人民出版社1984年版，第439页。
④ 丘逢甲：《岭云海日楼诗钞》，安徽人民出版社1984年版，第336页。
⑤ 丘逢甲：《岭云海日楼诗钞》，安徽人民出版社1984年版，第345页。
⑥ 丘逢甲：《岭云海日楼诗钞》，安徽人民出版社1984年版，第347页。

工割地，此祸竟种中兴朝。读史心伤入南宋，谁知躬作孤臣恸。"① 诗人将当时中国多个地区的危急局势与宋朝灭亡的历史事件相结合，表达怀古伤今的沉痛心情。《赠姚生》有句云："东山山气奇而雄，其阴有祠曰大忠。时危欲藉作士气，酾酒昨祝信国公。期生不来意惆怅，满天风雨江流涨。只今世运行大同，安得君家救时相！"② 表达的是在危急局势之下对杰出人才的期待与呼唤，通过鲜明的今昔对比，可以看出对于古今兴衰经验教训的深入思索。

与中国许多地区一样，台湾也深受西方文化的多方面影响，其中不乏在丘逢甲看来值得注意甚至警惕的现象。针对信奉基督教、仰慕西方人的现象，丘逢甲在《台湾竹枝词》中写道："门阑惨绿蜃楼新，道左耶稣最诱民。七十七堂宣跪拜，痴顽齐礼泰西人。"对于鸦片毒害而浑然不觉的现状，诗人在同一诗题下写道："罂粟花开别样鲜，阿芙蓉毒满台天。可怜驵侩皆诗格，耸起一双山字肩。"③ 还有，《台北秋感三首》之一云："压城海气昼成阴，洋舶时量港浅深。蛇足谈功诸将略，牛皮借地狡夷心。开荒有客夸投策，感旧无番议采金。我正悲秋同宋玉，登临聊学楚人吟。"④ 表现出对台北港有大量洋船和洋人出入、经商贸易、掠夺资源这一重大现实状况的担忧。可见丘逢甲对于台湾局势与命运的忧患和警觉，也可见他清醒深刻的洞察力。

当然，对于当时中国许多地区都盛行的世风靡败与官场腐败，丘逢甲也有着相当深刻的认识并予以有力的讽刺批判。他的《虫豸诗五十首》多有寓意，表面上是写各种虫豸的特点与品性，实际上是指向世风与官场，揭露了人心世相、官员龌龊的某些方面。如写蜣螂："亦有向上心，其如粪壤陋。纵学十分圆，不脱一身臭！"写蝇："善为骥尾附，解使鸡声乱。钻营不到处，赖有冰在案。"写蠹："经史容身凿，群书饱尔身。谁知误天下，乃出咬文人！"写蝗："所过无完田，千里成赤地。农夫不敢伤，额间有王字。"⑤ 此类之诗，无一不是有深意存焉、读之颇能令人会心一笑的讽世之作。丘逢甲对于现实社会、官僚政治的清醒认识，也反映了深刻真

---

① 丘逢甲：《岭云海日楼诗钞》，安徽人民出版社1984年版，第382～383页。
② 丘逢甲：《岭云海日楼诗钞》，安徽人民出版社1984年版，第387页。
③ 丘逢甲：《岭云海日楼诗钞》，安徽人民出版社1984年版，第424页。
④ 丘逢甲：《岭云海日楼诗钞》，安徽人民出版社1984年版，第439页。
⑤ 丘逢甲：《岭云海日楼诗钞》，安徽人民出版社1984年版，第436页。

挚的现世情怀，他的本土记忆和乡邦情怀也可以由此感受到。也是在《台湾竹枝词》中，丘逢甲还将台湾居民与广东、福建等地区联系起来，揭示这种血脉相连的关系："唐山流寓话巢痕，潮惠漳泉齿最繁。二百年来藩衍后，寄生小草已深根。"① 这既是丘逢甲个人本土意识、乡邦情怀的诗性表现，也是台湾与包括闽粤在内的广阔大陆地区文化同根同源这一历史事实的真切表达。

可见，丘逢甲对于台湾与生俱来、自然而然的本土记忆是如此的分明真挚，代表着广大台湾居民的共同文化记忆和乡土意识；而且，这种文化记忆随着台湾乃至整个中国政治局势的急剧变化、每况愈下，特别是对外关系方面的日趋不利，反而愈来愈清晰而强大。这种基于对台湾局势的清醒认识而逐渐加强的台湾意识和乡邦情怀，成为一种珍贵的精神财富和文化基础，在后来的历史发展过程中得到了更加充分的彰显，显现出更加强大的精神力量。

二、乙未之变：台湾情结的生成与持续

光绪二十一年三月二十三日（1895 年 4 月 17 日）中日《马关条约》的签订，不仅彻底改变了台湾的命运，而且彻底改变了整个中国的命运，对后来长时期的中日关系也产生了至今犹在的深刻影响。与全体台湾民众一样，丘逢甲的个人命运随着这种无法逆转的残酷现实而发生了根本性的变化。此前就已经根深蒂固的本土记忆和茁长成熟的台湾乡土意识，在如此危急的局势下迅速转变为一种异常坚定的台湾情结，从而成为丘逢甲后期政治思想和诗歌创作的中心内容。

江山渊撰《丘逢甲传》有云："台湾者，逢甲父母之乡也。休戚与共，较他人为尤甚。朝廷于土地之割弃，虽不足介意，所难堪者，台湾之遗民耳。方兵事之初起也，逢甲已窃窃忧之。太息曰：'天下自此多事矣！日人野心勃勃，久垂涎此地，彼讵能恝然置之乎？'于是，日集乡民而训练之，以备战守。复以大义相鼓励，涕泣而语之曰：'吾台孤悬海外，去朝廷远，不啻瓯脱。朝廷之爱吾台，曷若吾台民之自爱！官兵又不尽足恃，脱一旦变生不测，朝廷遑复能顾吾台？惟吾台人自为战、家自为守耳。否则祸至无日，祖宗庐墓之地，掷诸无何有之乡，吾侪其何以为家

---

① 丘逢甲：《岭云海日楼诗钞》，安徽人民出版社 1984 年版，第 423 页。

耶?'逢甲斯语,一字一泪,言未已,已哽咽不能成声。听者咸痛哭,愿惟命是听。"① 又云:"割地之议既起,举国大哗,群詈李鸿章为卖国。忧国之士数千人,上书力争之,词颇激昂。中外诸臣奏章凡百十上,台湾臣民争尤力。……清廷不顾,特命景崧率军民内渡,又命李经方为交割台湾使,举数千里之土地,数千万之人民,草草交割于日舰中。逢甲哭曰:'余早知有今日矣!虽然,台湾者,吾台人之所自有,何得任人之私相授受?清廷虽弃我,我岂可复自弃耶?'乃首倡台湾自主之说,呼号于国中。登高一呼,全台皆应。"②

这些情况在丘逢甲当时的正式文书中也有比较充分的反映。光绪二十一年乙未三月二十三日(1895年4月17日)他在写给台湾巡抚唐景崧的《上中丞》中说:"和局不成,台地必有大战,自在意中。但使诸将协心,能与防地共存亡,倭寇虽凶,未必即能全占台省。"③ 明确提出抗战的主张。丘逢甲又在《乙未保台血泪上书四件》之《第一次上书》(光绪二十一年乙未三月二十四日,1895年4月18日)中说:"和议割台,全台震骇!自闻警以来,台民慨输饷械,不顾身家,无负朝廷。列圣深仁厚泽,二百馀年来所以养人心,正士气,为我皇上今日之用,何忍弃之?全台非澎湖之比,何至不能一战?臣等桑梓之地,义与存亡,愿与抚臣誓死守御。设战而不胜,请俟臣等死后,再言割地,皇上亦可上对祖宗,下对百姓。"④ 在《第二次上书》(光绪二十一年乙未四月初四日,1895年4月28日)又说:"兹据绅民血书呈称,万民誓不服倭,割亦死,拒亦死,宁先死于乱民手,不愿死于日人手。现闻各国阻缓换约,皇太后、皇上及众廷臣,倘不乘此时将割地一条删除,则是安心弃我台民。台民已矣!朝廷失人心,何以治天下?"⑤ 《第三次上书》(光绪二十一年五月初一日,1895年5月24日)还说过:"台湾属倭,万众不服。迭请唐抚院代奏台

---

① 江山渊:《丘逢甲传》,见《岭云海日楼诗钞》附录,安徽人民出版社1984年版,第463页。
② 江山渊:《丘逢甲传》,见《岭云海日楼诗钞》附录,安徽人民出版社1984年版,第464页。
③ 广东丘逢甲研究会编:《丘逢甲集》,岳麓书社2001年版,第737页。
④ 广东丘逢甲研究会编:《丘逢甲集》,岳麓书社2001年版,第749~750页。笔者对原标点有所调整。
⑤ 广东丘逢甲研究会编:《丘逢甲集》,岳麓书社2001年版,第750页。笔者对原标点有所调整。

民下情，而事难挽回。如赤子之失父母，悲惨曷极！伏查台湾已为朝廷弃地，百姓无依，惟有暂行自主，死守不去，遥戴皇灵，为南洋屏蔽。……台民此举，无非恋戴皇清，图固守以待转机。"① 丘逢甲掷地有声的铮铮话语，饱含血泪的剀切陈词，不仅表达了他个人对于台湾命运乃至整个中国命运的深刻洞察，誓死保卫台湾和祖国领土完整、主权独立的信念，而且代表了台湾人民乃至全中国所有爱国民众的共同心声。

在台湾即将沦为日本侵略者统治的关键时刻，丘逢甲对于台湾的本土记忆迅速被激发起来，并转变为一种深挚真切、不可动摇的台湾情结。这种具有重要标志性意义的转变和情结在内渡前后的大量诗歌中得到了非常充分的表现。这首先表现在丘逢甲这一时期所作相当多的唱和诗中。《伯惠以其先人禹勤刺史柳阴刺史洗马图索题为赋四绝》之四云："攀条还共感遗芬，难挽天河洗战云。汗马无功桑海变，题诗人是故将军。"② 英雄失路、报国无门的无可奈何之感充满了诗人的心中。《闻海客谈澎湖事》二首之一有云："故帅拜泉留井记，孤臣掀案哭雷声。不堪重话平台事，西屿残霞怆客情。"之二有云："尚书墓道蛮云暗，大令文章劫火烧。我为遗民重痛哭，东风吹泪溢春潮。"③ 台湾及澎湖列岛被迫割让的往事不堪回首，异常深切的"遗民"悲怆真逼心中，诗人对台湾的刻骨思念溢于言表。《寄怀维卿师桂林》八首之一云："百疏哀陈阻九阊，东南形势系鲲洋。留黔臣敢希庄蹻，守绛民思碟聂昌。计竭拒秦全上党，力图戴晋等前凉。千秋成败凭谁论？回首台山泪万行。"④ 不管是回顾当时日军侵占台湾的现实，还是瞻望台湾和东南沿海的未来，都不能不让诗人伤心落泪，因为几乎看不到什么出路，对其中的利弊得失、兴亡成败也还无人有意识、有能力去深入总结。

丘逢甲这种刻骨铭心的台湾情结贯穿于他内渡之后的整个生命之中，成为他内渡之后最突出、最集中的思想内容；当然，这种台湾情结最充分、最真切地表现在此期的诗作中。离台内渡之后，无论是唱和还是独思，无论是景物还是人物，也无论是读史还是察今，几乎一切都能勾起丘

---

① 广东丘逢甲研究会编：《丘逢甲集》，岳麓书社2001年版，第751～752页。笔者对原标点有所调整。
② 丘逢甲：《岭云海日楼诗钞》，安徽人民出版社1984年版，第351页。
③ 广东丘逢甲研究会编：《丘逢甲集》，岳麓书社2001年版，第268页。
④ 丘逢甲：《岭云海日楼诗钞》，安徽人民出版社1984年版，第361页。

逢甲思念台湾、志图恢复的强烈愿望，都不能不让他产生强烈的思想动荡和反侵略激情。因此这样的诗句几乎随处可见。《凉夕》云："曲院凉生秋气阴，客怀萧瑟倦宵吟。中天月色栖禽起，满地霜华落叶深。故国残灯千里梦，孤城寒坼五更心。不须更作神州感，曼倩年来也陆沉。"①《病中赠王桂山》四首之一："海山斜日郁苍苍，回首神州意黯伤。热血满腔凉不得，苦教枰药累真长。"之三："所须药物是当归，有客天南叹式微。未报国仇心未了，枕戈重与赋无衣。"② 如此强烈的神州今昔之感，如此坚定不移的报仇雪耻之志，成为丘逢甲台湾情结的核心内容。

丘逢甲的名作《离台诗》六首更是这种台湾情结的集中表现。之一云："宰相有权能割地，孤臣无力可回天。扁舟去作鸱夷子，回首河山意黯然。"之三云："卷土重来未可知，江山亦要伟人持。成名竖子知多少，海上谁来建义旗？"之四云："从此中原恐陆沉，东周积弱又于今。入山冷眼观时局，荆棘铜驼感慨深。"之五云："英雄退步即神仙，火气消除道德编。我不神仙聊剑侠，仇头斩尽再升天。"③ 假如说这一组诗写得慷慨淋漓、大气包举、志图恢复的信心犹在的话，那么《客愁》就更多地表现失去故土的伤感和愁怨的难遣难耐："烽火天涯梦，琴尊劫外身。新亭空洒泪，故国莽怀人。文字穷愁贱，交情患难真。客愁无遣处，沧海尚扬尘。"④

离开故土内渡之后的丘逢甲，由于强烈的政治刺激和深刻的民族忧患，对自己的文化身份和政治身份都进行了重新认识，产生了一种强烈的遗民情绪。这种遗民情怀也是他台湾情结的一项重要内容和表现形式。他不仅自署"沧海遗民"，榜自己所居曰"念台精舍"，而且将刚刚一岁的儿子丘琮取字"念台"，无一不表现出至死不移的思念台湾、爱乡爱国的深挚情怀。不仅如此，他在一些诗作中也经常表达这种挥之不去、剪不断理还乱的遗民情绪。《读史书感》云："衮衮群公翊庙谟，匡时伟略未全无。珠崖地弃完筹海，玉垒天回罢徙都。万国冠裳嗟倒置，九州货贝慨中

---

① 丘逢甲：《岭云海日楼诗钞》，安徽人民出版社1984年版，第366页。
② 丘逢甲：《岭云海日楼诗钞》，安徽人民出版社1984年版，第414页。
③ 丘逢甲：《岭云海日楼诗钞》，安徽人民出版社1984年版，第421页。
④ 广东丘逢甲研究会编：《丘逢甲集》，岳麓书社2001年版，第148页。笔者对原标点有所调整。

枯。空山独抱遗书哭，牢落乾坤一腐儒。"①《傅绍和淦用寄怀翰俦韵寄赠依韵答之》云："潦倒遗民况，殷勤拙吏书。空嗟鸥鹭舍，已属犬羊居。窃号将军郑，流殃博士徐。平生孔北海，忧汉愧才疏（来书自署拙吏）。"②

《答绍和用题杨子仙宫韵写怀见寄》四首也是这样的诗作。其一云："落叶萧萧昼掩关，哦诗声出古松间。风雷已定青天阔，万里归云恋故山。"其三云："尽有军谋待借资，谁知入局是残棋？修期露布才雄甚，恨不相逢杀贼时。"③《万里梦》云："到此翻增故国思，孤臣万里走南维。东风吹起皇都梦，春尽瀛台又一时。"④《天涯》更是念台复台情怀的直接抒发："天涯雁断少书还，梦入虚无缥渺间。兵火馀生心易碎，愁人未老鬓先斑。没蕃亲故沦沧海，归汉郎官遁故山。已分生离同死别，不堪挥涕说台湾！"⑤《山居诗》五首之一有句云："末世何皇皇，寸心勉自持。故国何迢迢，右手难将移。临风托远意，自与云相怡。"⑥都是一再将故国之思与孤臣之泪交织在一起来表现的，分明可见失却台湾对丘逢甲思想产生的极其重大的影响。

《春愁》云："春愁难遣强看山，往事惊心泪欲潸。四百万人同一哭，去年今日割台湾！"⑦这是回到广东镇平（今蕉岭）原籍后第一个春天的感受。《往事》云："往事何堪说，征衫血泪斑。龙归天外雨，鳌没海中山。银烛麈诗罢，牙旗校猎怀。不知成异域，夜夜梦台湾。"⑧《元夕无月》五首之一："满城灯市荡春烟，宝月沉沉隔海天。看到六鳌仙有泪，神山沦没已三年。"之二："三年此夕月无光，明月多应在故乡。欲向海天寻月去，五更飞梦渡鲲洋。"⑨都是在表达无法割舍的恋故土、思故家之情。离开台湾已经三年，这种情绪不仅未曾减弱，反而因为国势的衰颓而

---

① 广东丘逢甲研究会编：《丘逢甲集》，岳麓书社2001年版，第162页。
② 丘逢甲：《岭云海日楼诗钞》，安徽人民出版社1984年版，第445～446页。
③ 丘逢甲：《岭云海日楼诗钞》，安徽人民出版社1984年版，第446页。
④ 丘逢甲：《岭云海日楼诗钞》，安徽人民出版社1984年版，第449页。
⑤ 广东丘逢甲研究会编：《丘逢甲集》，岳麓书社2001年版，第166页。
⑥ 广东丘逢甲研究会编：《丘逢甲集》，岳麓书社2001年版，第181页。笔者对原标点稍有调整。
⑦ 广东丘逢甲研究会编：《丘逢甲集》，岳麓书社2001年版，第199页。
⑧ 广东丘逢甲研究会编：《丘逢甲集》，岳麓书社2001年版，第207页。
⑨ 广东丘逢甲研究会编：《丘逢甲集》，岳麓书社2001年版，第252页。

表现得益发强烈。

在与台湾友朋的唱和之作中，遥想物是人非的故土，面对自己难堪的处境，丘逢甲的台湾情结又一次得到了集中而充分的展现，这些诗作也因此获得了特殊的时代诗史与诗人心史的双重价值。《除夕次颂臣韵》写道："明日又新年，愁心隔海天。空山寒雨里，相对不成眠。"①《次颂丞感怀韵》二首之二云："何劳珍药寄当归，养志萱堂愿已违。回首楼台沈蜃气，故山虽好事全非。"②《送颂臣之台湾》八首之一云："涕泪看离棹，河山息战尘。故乡成异域，归客作行人。鲲海三更梦，鸥天万里春。分明来路近，未信遽迷津。"之八云："亲友如相问，吾庐榜念台。全输非定局，已溺有燃灰。弃地原非策，呼天倪见哀。十年如未死，卷土定重来。"③ 对于丘逢甲来说，这种志图恢复、卷土重来的信念虽然没有成为现实，但是，从当时环境、历史事实与诗人的思想境界和精神气质的关系上看，愈是如此，丘逢甲的这种义无反顾、知其不可而为之的台湾情结就愈显得难能可贵。

《重送颂臣》有句云："海氛忽东来，义愤不可抑。出君箧中符，时艰共戮力。书生忽戎装，誓保台南北。当时好意气，灭虏期可刻。何期汉公卿，师古多让德。忽行割地议，志士气为塞。刺血三上书，呼天不得直。"④ 这是对当时在主和派干扰下抗战未能取得胜利的追忆与感慨。《得颂臣台湾书却寄》二首之一："同洲况复是同文，太息鸿沟地竟分。尺籍已成新国土，短衣谁忆故将军？刀环空约天边月，尊酒愁吟日暮云。犹喜强亚近开会，不须异域怅离群。"之二："故人消息隔乡关，花发春城客思闲。一纸平安天外信，三年梦寐海中山。波涛道险鱼难寄，城郭人非鹤未还。去日儿童今渐长，灯前都解问台湾。"⑤ 像许多善良的中国人一样，丘逢甲也怀着与日本同洲同文甚至同种的愿望，但是这种善良的愿望和美好的期待却被血淋淋的残酷现实一再粉碎。而且，从后来的许多事实来看，所谓同文同种的说法最多只能说是中国人的一厢情愿，丘逢甲当然还认识不到这一点。《寄怀谢四颂丞台湾》四首之一："独听荒鸡夜，天涯

---

① 广东丘逢甲研究会编：《丘逢甲集》，岳麓书社2001年版，第180页。
② 广东丘逢甲研究会编：《丘逢甲集》，岳麓书社2001年版，第192页。
③ 广东丘逢甲研究会编：《丘逢甲集》，岳麓书社2001年版，第195~196页。
④ 广东丘逢甲研究会编：《丘逢甲集》，岳麓书社2001年版，第198页。
⑤ 广东丘逢甲研究会编：《丘逢甲集》，岳麓书社2001年版，第271页。

忆故人。烟霞仍痼疾,雷雨负经纶。梦寐孤灯影,文章断发身。相思隔沧海,极目叹扬尘。"① 即使自己重回台湾愿望的实现还遥遥无期,但是通过对在台湾的朋友的思念,丘逢甲所着重表达的却是还我河山的猛志豪情。

丘逢甲还有一些诗作,是通过对自己在台湾组织义军积极抗战、抵抗侵略者入侵过程中某些人物和事件的回忆,反映对台湾乃至整个中国前途与命运的忧患,也成为他浓重的台湾情结中的重要内容之一。《有感书赠义军旧书记》四首云:"拜将坛高卓义旗,五洲睽目属雄师。当时力保危台急,只有军前壮士知。""宰相有权能割地,孤臣无力可回天。(别台旧句)啼鹃唤起东都梦,沉郁风云已五年。""凤凰台上望乡关,地老天荒故将闲。自写鄂王词在壁,从头整顿旧河山。""谁能赤手斩长鲸,不愧英雄传里名。撑起东南天半壁,人间还有郑延平。"② 在抒发强烈的爱国情感的同时,也反映了当时的部分重要史实。《林鳌云郎中鹤年寄题蚝墩忠迹诗册追忆旧事次韵遥答》八首之三云:"当时痛哭割台湾,未肯金牌奉诏还。仓葛哀呼竟何补?全军难保武蛮山(方君参谋太仆团防军事时,予总统全台各路义军。割台之役,太仆仓卒内渡。予独抗议保台,卒乃转战支离,无成而去。武蛮山,在台中)。"之四云:"英雄愧说郑延平,目断残山一角青。何日天戈竟东指,誓师海上更留铭(保台之举,日人平山氏比予为郑成功,可愧也。'海上誓师',朱子磨崖字。或以为郑有台谶云)!"③ 都是通过在诗中加以小注的方式,有意记述清政府不顾台湾人民的愤怒与反对执意割让台湾,台湾人民坚决抵制、奋起抗日的人物和事件,以亲历者的身份反映了当时的历史事实。

《四月十六夜东山与台客话月》云:"万事应教付酒杯,眼看云合又云开。中天月色雨馀好,大海潮声风送来。人物只今思故国,江山从古属雄才。飘零剩有乡心在,夜半骑鲸梦渡台。"④ 时刻梦回台湾的情绪在这样的诗篇中又一次得到了充分的表现。《题凌孟徵天空海阔簃诗钞并答所问台湾事》三首之二云:"多君欲问台湾事,曾作大将军现身。满目劫尘

---

① 广东丘逢甲研究会编:《丘逢甲集》,岳麓书社2001年版,第401页。
② 广东丘逢甲研究会编:《丘逢甲集》,岳麓书社2001年版,第428~429页。笔者对原标点有所调整。
③ 广东丘逢甲研究会编:《丘逢甲集》,岳麓书社2001年版,第434页。
④ 广东丘逢甲研究会编:《丘逢甲集》,岳麓书社2001年版,第512页。

无法说,青天碧海哭诗人。"之三云:"牙旗猎猎卷东风,旧事真成一梦中。自有千秋诗史在,任人成败论英雄。"① 也都是对当时人物事件的回忆和抒写。

《海上逢故识伎》云:"儿女英雄海上缘,东风吹散化春烟。相逢更洒青衫泪,已割台湾十二年!"② 《席上作》又写道:"儿女英雄海上缘,东风吹散化春烟。相逢欲洒青衫泪,已割蓬莱十四年。"③ 这是台湾被割让十二年、十四年后丘逢甲沉痛心情的直接告白。《题沧海遗民台阳诗话》云:"如此江山竟付人,干戈留得苦吟身。乱云残岛开诗境,落日荒原泣鬼磷。埋碧可怜黄帝裔,杀青谁作素王臣?请将风雅传忠义,斑管重回故国春。"④ 通过对台湾诗人、诗论家王松所撰《台阳诗话》的评论,表现了思念故土、重回台湾的深情。

江山渊撰《丘逢甲传》云:"日军复以台湾自主事为逢甲所首倡,嫉之甚,严索之。逢甲窜身深菁穷谷间,幸脱于祸,而恢复之志不稍替。未几,永福力不支,台南亦失守。逢甲知大势去,无可挽回,乃亦痛哭辞故国而行,台湾遂亡矣。"⑤ 台湾既已割让,丘逢甲等人组织义军积极抗战又寡不敌众,不得不踏上内渡之路。在丘逢甲离开台湾的时候,在长期的本土意识的基础之上,他的心中就生成了一种无法阻厄、迅速茁长的台湾情结。而且,这种以复我台湾、还我主权、爱我国家民族为核心的台湾情结,随着时间的推移和丘逢甲人生经历的变化,随着台湾乃至整个国家境况与命运的变化,不仅没有丝毫的减弱,反而不断增强。这种台湾情结的内容更加丰富质实,强度更加突出,影响力也日渐扩大,并成为丘逢甲内渡之后思想意识、爱国情感、诗歌创作中最为珍贵、最为独特的部分。这种具有深切现实感和长久历史感的台湾情结伴随了丘逢甲一生,根深蒂固,至死不移。

---

① 广东丘逢甲研究会编:《丘逢甲集》,岳麓书社2001年版,第578页。
② 广东丘逢甲研究会编:《丘逢甲集》,岳麓书社2001年版,第538页。笔者对原标点稍有调整。
③ 广东丘逢甲研究会编:《丘逢甲集》,岳麓书社2001年版,第575页。
④ 广东丘逢甲研究会编:《丘逢甲集》,岳麓书社2001年版,第546页。笔者对原标点稍有调整。
⑤ 江山渊:《丘逢甲传》,见《岭云海日楼诗钞》附录,安徽人民出版社1984年版,第466页。

三、离台内渡：广东认同的发生与深化

丘瑞甲《先兄仓海行状》云："甲午中日事起，捐家资编全台壮民为义军，计成幕者三十五营。乙未春，满廷割台于日。先兄电争，继以电骂，卒不得挽。遂集台人倡独立为民主国，举清抚唐景崧为大总统守台北，刘永福为帮办守台南，先兄为大将军守台中。防守严，日人不得登陆。……先兄知事无可为，乃回台中，与先妣仓卒内渡。时已六月初旬矣。"① 江山渊《丘逢甲传》亦云："逢甲既内渡，遂入广东，家于嘉应州，买屋居焉。杜门不出，谢绝亲友，自署为'台湾之遗民'。日以赋诗为事，而故国之思以及郁伊无聊之气，尽托于诗。"②

丘逢甲内渡之后，选择祖籍地广东镇平（今蕉岭）而居，既是危急情况下的不得已，又是多种有利因素所促成。丘琮《岵怀录》中说："台湾岛国受外夷侵凌甚早，先父生长是邦，故幼即知怀念国族。及乙未事变内渡，则尤忠义耿耿，视国家民族为己任。"③ 与在台湾时所不同者，丘逢甲内渡之后以国家民族为己任的入世精神、爱国热情相当迅速地转变为一种具有文化寻根、文化信仰意味的广东认同。这是丘逢甲内渡之后思想与行事的一次重大变化，反映了他性情气质中某些深刻的内容，也反映了许多相类似的台湾民众的共同心愿。

丘逢甲的广东认同自然是以其祖先原籍广东为重要基础的，这是一种血脉相连的家族传承和文化根源的延续，也是在新的局势下丘逢甲少已有之的广东记忆的一次激发与复活，更是他根深蒂固的台湾意识、本土记忆、国家观念、民族观念的一次丰富化和具体化。在台湾已经被迫割让给日本的情况下，这种对于广东、福建及大陆其他地区的认同与向往，表现了台湾民众对于国家强大、民族复兴的期盼，从而使之具有了比回归广东、回归大陆这一事实本身更加重大、更加深远的文化意义。丘逢甲就是这种国家民族愿望的杰出代表。

丘逢甲内渡后所作的许多诗歌，非常充分地表现了这种既具有个人和

---

① 丘瑞甲：《先兄仓海行状》，见《岭云海日楼诗钞》附录，安徽人民出版社1984年版，第469页。

② 江山渊：《丘逢甲传》，见《岭云海日楼诗钞》附录，安徽人民出版社1984年版，第466页。

③ 丘琮：《岵怀录》，见《岭云海日楼诗钞》附录，安徽人民出版社1984年版，第510页。

家族意义，又具有国家和民族意义的广东认同，从而使这一时期的诗作获得了更加丰富的内涵和更加现实的思想意义。首先值得注意的是，广东的某些山川风物、家族遗迹经常能够引起丘逢甲对于广东的文化认同，从而相当顺利地获得文化心理上的亲近感和归属感。显而易见，这对初回内地的丘逢甲的思想与情感来说，是非常重要的。

《送何孝廉朝章北上何故门下士且尝佐予军今亦回籍于潮感昔勉今辄有斯作》二首之一云："十万雄师散岛中，天南归棹喜君同。斩蛟未得愁看剑，射狗欣闻梦引弓。故部凄凉沧海碧，上林消息杏花红。铃韬便是治安策，终为君王略远东。"① 诗歌标题与内容的相互结合呼应，已经将"感昔勉今"的立意分明道出。《谒饶平始迁祖枢密公祠墓作示族人》写道："光绪朝距成化朝，转眼沧桑几己亥（迁祠时为成化己亥，今则光绪己亥）。宝莲寺畔神道碑，风雨剥蚀屭贔移。檐瓦苔青作古色，城北更拜金山祠。岂必山前胜山后，但贵宗祊能世守。孙枝万叶遍东南，自幸能归奠尊酒。山城遗俗朴不华，惟耕与读真生涯。勉哉兄弟各努力，勿愧先邑称名家。"② 通过明代以来对自己家族繁衍变迁历史的回顾，表现出明确的念祖寻根意识。从当时的实际情况来看，这样的诗作与其说是丘逢甲在告知自己的族人后代，不如说他是在通过这种家族寻根、文化寻根的方式，自觉地获取文化心理上的更大支持。

《归粤十四年矣爱其风土人物将长为乡人诗以志之十五十六十七叠韵》三首之一："岭云海日署吾楼，（山中筑楼，颜曰岭云海日，并以名吾集。）潦倒平生万念收。孔雀文章惭越客，鹧鸪言语爱南州。贲隅桂树名他郡，大庾梅花姓故侯。但解此心安处好，此间原乐未应愁。"之三："濛濛海气几重楼？闽海孤帆粤海收。绝岛流离归故国，本朝豪杰数炎州。万家楚蜀生呼佛，百战苏常死未侯。我爱文忠（骆）更忠武（张），九原难起话乡愁。"③ 此诗中所表现的，已经不是暂时回归广东居住，而是有了长时期居留下去的打算；其中虽然透露出不得还台的无可奈何之状，但是丘逢甲对于广东、对于家乡的认同也显然加深了。

通过对广东历史人物、事件的歌咏来表达对于广东更加广阔的文化认

---

① 丘逢甲：《岭云海日楼诗钞》，安徽人民出版社1984年版，第358页。
② 丘逢甲：《岭云海日楼诗钞》，安徽人民出版社1984年版，第396页。
③ 广东丘逢甲研究会编：《丘逢甲集》，岳麓书社2001年版，第585页。

同，特别是对广东文化中某些精神气质、传统因素的深度认同，是丘逢甲广东认同的另一个重要方面。《越王台》二首之一云："尉佗已死我登台，番舶凌空鼓浪来。世事于今棋局易，边城向晚角声哀。照人肝胆酬知己，相土皮毛屈异才。立马山巅频顾盼，一声长啸乱云开。"之二云："昔年曾上定王台，官迹飘萍百感来。文字有灵江鳄格，关山无恙峡猿哀。惊心岁月人将老，满目疮痍我不才。守土一官忧乐共，长年几日笑颜开？"① 由登临越王台而生发出对自汉代以来广东历史变迁的思索，对重要人物和事件的追忆，从深沉的历史纵深感中透露出作者对广东历史文化的认识。

《饶平杂诗》十六首之二云："战裙化蝶野云香，百丈埔前废庙凉。碧绣苔花残瓦尽，更无人拜许娘娘（百丈埔在潘段，为张公士杰夫人许氏大战元兵殉节处。旧有庙，土人称曰娘娘庙，今废久矣）。"②《百丈埔为宋张丞相士杰夫人许氏大战元兵殉节处旧有祠废久矣子惠署县为商复旧迹》云："灵旗半夜偃胡风，百丈埔前战血红。异代双忠更张许，男儿千古逊英雄。麻沙故乘讹遗迹（旧志讹夫人为尖人，见明邑令丘金声辨误文），禾黍秋原失寝宫。重表幽芳关庙貌，浮山南望夕阳中。"③ 百丈埔引起丘逢甲的强烈关注，就在于这里曾经是南宋抗元名相张士杰夫人许氏大战元兵殉节之处，睹物思人，怀古伤今，作者对反抗异族侵略的民族英雄的崇敬之情呼之欲出。

《题张生所编东莞英雄遗集（熊飞、袁崇焕、苏观生、张家玉、家珍，皆东莞人）》句："东莞山水天下奇，英雄屡见生于斯。天生英雄付劫运，尤伤心者袁督师。……我爱英雄尤爱乡，英雄况并能文章。手持乡土英雄史，倚剑长歌南斗旁。"④ 如诗题所揭示的，《东莞英雄遗集》为熊飞、袁崇焕、苏观生、张家玉、张家珍的遗作合集，五人俱为南宋抗元名将，俱为广东东莞人，丘逢甲对反抗异族侵略的英雄人物一向怀有高度的崇敬之情，此诗是一个典型的例子。可以认为，这种历史人物事件的追忆与文化传统认同，与其对广东现实状况、山川风物的认同一道，构成了丘逢甲广东文化认同的重要内容。

---

① 丘逢甲：《岭云海日楼诗钞》，安徽人民出版社1984年版，第454～455页。笔者对原标点略有改动。
② 广东丘逢甲研究会编：《丘逢甲集》，岳麓书社2001年版，第394页。
③ 广东丘逢甲研究会编：《丘逢甲集》，岳麓书社2001年版，第397页。
④ 广东丘逢甲研究会编：《丘逢甲集》，岳麓书社2001年版，第626页。

从丘逢甲的思想状况与发展变迁及其与台湾、广东乃至整个中国的关系来看,一般意义上的广东认同还不是他大陆文化认同的全部内容或思想终点。值得特别重视的是,丘逢甲由广东认同而体现出来的国家认同,包括对于台湾、广东、福建还有中国其他地区的关注与认同。许多诗作充分地反映了这种重要的思想动向和文化倾向。《说潮》二十首之八有句云:"莫大于恢复,莫黠于金房。莫急于用人,莫难于用武。"对形势之险恶、应对之艰难提出了清醒的认识。之十有句云:"东山气清肃,中乃祠三忠。我怀文文山,夙昔梦寐通。携我烟霄间,俯瞰青濛濛。乾坤正倾倒,玉简宁为功。梦觉谨志之,浩然思无穷。"① 对文天祥的崇敬中传达出反抗复汉的民族意识。

《喜雨词》句云:"我家旧住粳稻乡,春田水足难为荒。自从弃置南走越,占晴卜雨同农忙。粤中人满土复瘠,稻舟转海蛮云碧。安得王师时雨若,复收遥交隶尺籍。年来无地能埋忧,战云黯黯东半球。暂教一雨百忧失,已似洗甲天河流。"② 已将故乡台湾与广东的节令、风物联系在一起抒写,当然忧时之感、澄清之志仍然如此分明地表现在诗中。《端阳日与季平饮东山酒楼》二首:"客中蒲酒醉人香,山半高楼饮海光。君是还乡我归国,一尊风雨共端阳。""江上千帆打鼓声,人间毕竟慕忠名。劝君且尽尊中酒,看斗龙舟吊屈平。"③ 对于乡国之别的考究与分辨,可见丘逢甲志图恢复、重返台湾的内心世界;而对于屈原忠诚故国人格风范的赞誉表彰,则可见丘逢甲对屈原人格的追慕。

《题兰史独立图》云:"举国睡中呼不起,先生高处画能传。黄人尚昧合群理,诗界差存自主权。胸有千秋哀古月,眼穷九点哭齐烟。与君同此苍茫况,隔海相望更惘然(予亦有独立图)。"④ 将国家民族的独立与诗歌的创新自主联系起来,表达的是具有现代意义的社会文化理念。《与林谷宜比部夜话》云:"万里星洲遇故人,逍遥梅鹤寄闲身。白云簪笔留诗梦,黄海回帆话劫尘。鬼宿中宵光更大,神州何日运方新?举头明月怀京国,同是天涯草莽臣。"⑤ 即便是远在数千里之外的新加坡,最为思念的

---

① 广东丘逢甲研究会编:《丘逢甲集》,岳麓书社2001年版,第261~262页。
② 丘逢甲:《岭云海日楼诗钞》,安徽人民出版社1984年版,第361页。
③ 丘逢甲:《岭云海日楼诗钞》,安徽人民出版社1984年版,第387页。
④ 丘逢甲:《岭云海日楼诗钞》,安徽人民出版社1984年版,第392页。
⑤ 丘逢甲:《岭云海日楼诗钞》,安徽人民出版社1984年版,第415页。

仍然是京国的状况与神州的未来，对国家未来、民族命运的整体性关注得到了如此分明的表现。

《述哀答伯瑶》有句云："四千年中中国史，咄咄怪事宁有此？与君不见一年耳，去年此时事方始。谓之曰战仍互市，曰和而既攻其使。同一国民民教异，昨日义民今日匪。同一国臣南北异，或而矫旨或抗旨。……此时中国论人才，但得秦桧亦可喜。拒割地议反赖商，定保皇罪乃杀士。纷纷构党互生死，言新言旧徒为尔。"① 此诗为"哀八国联军入京、德宗西巡事"②，除了对当时国家危急政治局势的关切，更值得注意的是作者将此次事变视为四千年之久的中国历史上前所未有的咄咄怪事，当时国运的衰败、人才的匮乏已经到了无以复加的程度，甚至连秦桧这样的"人才"也难得一见了。犀利深刻的讽刺批判中，蕴含着浓烈的爱国深情。这样的讽刺愤激之词在丘逢甲的诗歌中极为罕见。《题王伯嵩看镜图》二首之一写道："不甘剪辫作洋奴，还是中朝士大夫。万队倭刀难我斫，镜中自看好头颅。"③ 至死不移的民族尊严、国家意志、中国情结是丘逢甲诗歌中一再表达的重要主题，而此诗则写得晓畅直白，淋漓尽致，带给人强烈的思想冲击和情感震撼。

广东的一些文化遗迹、历史人物和故事也经常引发丘逢甲强烈的思绪，他时常通过对这些内容的吟咏记述，表达具有时代精神和现实意义的怀古思今之情，通过这种感慨反映心中的广东认同与国家认同。《铁汉楼怀古》云："瘴云飞不到城头，庵圮楼荒客独游。并世已无真铁汉，群山犹绕古梅州。封章故国回天恨，梦寐中原割地愁。欲倚危栏酹杯酒，程江呜咽正东流。"④ 苏轼以北宋名臣刘安世（元城）为铁汉，铁汉楼为纪念刘安世之气节而建，丘逢甲借此表达的是中原割地、世无铁汉、无力回天的感慨，其中当然包含着对台湾的思念。

《凌风楼怀古》云："依旧危城隐雾中，丽谯残榜署凌风。逃亡君相成行国，破碎河山失故宫。地似西台宜痛哭，客归南峤怆孤忠。欲移卦竹栽千本，遍洒天涯血泪红。"⑤ 广东嘉应州（今梅州）凌风楼为明代士民

---

① 丘逢甲：《岭云海日楼诗钞》，安徽人民出版社1984年版，第417页。
② 丘逢甲：《岭云海日楼诗钞》，安徽人民出版社1984年版，第418页。
③ 丘逢甲：《岭云海日楼诗钞》，安徽人民出版社1984年版，第452页。
④ 广东丘逢甲研究会编：《丘逢甲集》，岳麓书社2001年版，第205页。
⑤ 广东丘逢甲研究会编：《丘逢甲集》，岳麓书社2001年版，第205页。

为纪念南宋文天祥而建，丘逢甲在诗中不仅表达了对这位民族英雄的崇敬之情，更重要的是将当时的国家命运、个人遭遇与南宋末年、与文天祥的事迹联系起来，收借古讽今之效。《为友人书屏》云："乡乡都拜相公祠，犹见遗民故国思。欲向梅畲寻卦竹，满山红处立诗碑（东石梅子畲有相公卦竹，又称满山红，相传文天祥兄弟指血，以竹叶作卦，卜幼主帝昺所在）。"① 东石在广东省平远县，此诗又是借此地以追怀文天祥，特别是诗中赫然出现的"遗民故国"之思，可以视为丘逢甲内渡后最为重要、最为经常的一种情感状态。

《汕头海关歌寄伯瑶》有句云："商夸洋籍民洋教，时事年来多怪异。先生在关虽见惯，思之应下哀时泪。闽粤中间此片土，商务蒸蒸岁逾岁。瓜分之图日见报，定有旁人思攘臂。关前关后十万家，利窟沉酣如梦寐。先王古训言先醒，可能呼起通国睡？出门莽莽多风尘，无奈天公亦沉醉！"② 通过对汕头海关种种状况的描绘，表现瓜分之险已近、国人睡如梦寐、哀时忧世却不能有所作为的窘境的感慨；丘逢甲对于广东沿海特别是汕头一带真实情况的了解和认识也宛在眼前。

可以看到，丘逢甲内渡之后不久，就在原有的广东文化记忆的基础上产生了清晰的广东文化认同感。这种广东认同既与他祖籍就是广东镇平（今蕉岭）密切相关，又与他在台湾时对广东的了解有关；而更加重要的，是丘逢甲一直以来的以民族精神、国家立场为核心的爱国主义思想的哺育和激发。因此，丘逢甲的广东认同，就没有仅仅停留在家族观念和乡邦意识的水平上，而是交织着对广东历史与现实多种文化因素的理解、认识和吸纳，并由此生发为对广东、台湾乃至整个国家民族命运的关注和忧患，从而使这种广东文化认同具有了相当突出的时代意义和现代价值。

四、结语：台湾情结与广东认同的相生相成

江山渊所作《丘逢甲传》中说："逢甲以台湾孤臣，首倡自主，崎岖艰苦，卒以无成。寄意于诗，以自哀其志，死之日犹不忘故国。其心之

---

① 丘逢甲：《岭云海日楼诗钞》，安徽人民出版社1984年版，451页。
② 广东丘逢甲研究会编：《丘逢甲集》，岳麓书社2001年版，第511页。笔者对原标点稍有调整。

苦，奚让宋、明末祚诸遗民？世徒以诗人目之，奚足以知逢甲之志耶？"①丘复《仓海先生墓志铭》也说："君之诗文，久雄视海内。然君不欲以诗文人传。故所为文，皆不缮稿，诗则旧岁始辑内渡后所作，编为《岭云海日楼诗稿》，而《庚戌罗浮游草》，则已付印单行矣。"② 都指出丘逢甲不欲以诗人名世。然而丘逢甲所面临的时代和命运的经常性吊诡就在于，他后来只能做一个诗人并以之名世。丘琮《沧海先生丘公逢甲年谱》有云："己酉、庚戌、辛亥三年，以职位时势关系，多事描写山川，少写情感；而有所写，则判华夷、倡忠义，多揭民族国家精神之作。"③ 这也是对丘逢甲最后几年诗歌创作主导精神的概括。

丘逢甲在《与李百之太守》中说："家父向喜教人看《人谱》，内渡后拟额所居曰'念台精舍'，固寓宗仰蕺山之意，亦因先代坟墓皆在台，用示子孙不忘之意也。"④ 可见他台湾记忆的根深蒂固，离台之后念之弥深。在如此深挚的台湾情结产生、茁长的同时，丘逢甲对于广东的认同又是如此的深切执著。综合考察丘逢甲的台湾情结与广东认同及其关系，可以看到，二者不唯不矛盾、不对立，而且形成了相应相成、彼此激发、共同发展深化的密切关系，二者共同成为其以民族精神、国家情怀为核心的爱国主义思想的核心内容。

丘逢甲的一些诗作中，经常将台湾、广东以及其他地区联系起来记述、歌咏，表现出清晰的国家观念、民族意识，可见他是有意识地将这些内容融为一体来进行反映的。《珠江书感》云："窄袖轻衫装束新，珠江风月漾胡尘。谁知宠柳娇花地，别有闻歌感慨人？"⑤ 借珠江上人物装束发生的新变化表现时势的变迁。《寄家菽园孝廉炜菱新加坡》三首之二："中原有客正悲歌，事去曾挥指日戈。谁解闻鼙思将帅，誓将倾蠡障江河。

---

① 江山渊：《丘逢甲传》，见《岭云海日楼诗钞》附录，安徽人民出版社1984年版，第467页。笔者对原标点略有调整。
② 丘复：《仓海先生墓志铭》，见《岭云海日楼诗钞》附录，安徽人民出版社1984年版，第472页。
③ 丘琮：《沧海先生丘公逢甲年谱》，见《岭云海日楼诗钞》附录，安徽人民出版社1984年版，第493页。
④ 广东丘逢甲研究会编：《丘逢甲集》，岳麓书社2001年版，第805页。
⑤ 广东丘逢甲研究会编：《丘逢甲集》，岳麓书社2001年版，第216页。笔者对原标点稍有调整。

诗篇涕泪唐天宝，梦寐贤良汉特科。遥寄尺书沧海曲，古来义士岛人多。"① 表达对海外"义士"的期待，当然包含着恢复台湾的信念。《题地球画扇》云："墨澳欧非尺幅收，就中亚部有神州。普天终见大一统，缩地真成小五洲。畏日遮馀占摄力，仁风扬处遍全球。如何世俗丹青手，只写名山当卧游。"② 从世界局势的高度考察中国的局势与可能面临的困境，忧患意识成为此诗的重要内容。

《去岁秋初抵鮀江今仍客游至此思之怃然》二首之二云："沦落天涯气自豪，故山东望海云高。西风一掬哀时泪，流向秋江作怒涛。"③ 在广东汕头鮀江遥望故土台湾，将对广东时局的担忧和收复台湾的心愿联系在一起表现，台湾情结与广东认同融为一体，抒发了浓重的思乡爱国之情。《次陈颐山见赠韵答之》云："读罢新诗泪满巾，乾坤苍莽正风尘。五洲消息纷传笺，万里梯航竞驾轮。朝议朱崖伤弃地，边烽辽海厄归人。相逢莫话流离感，未死终留报国身。"④ 《感事》二十首之二："莫向帝乡问，南阳多近亲。未能成革政，相厄有尸臣。庙算归权戚，宫符付椓人。空教天下士，痛哭念维新。"之八："万里尧城望，天涯忆圣君。皇纲先纽解，国势近瓜分。当道严钩党，无人议合群。臣民四万万，王在更谁勤？"之十五："空益朱车卫，难回铁路权。蛮云遮楚粤，汉月冷幽燕。愿请修宫价，先添横海船。已无夷夏界，何处说防边？"之二十："长白无能守，何颜对祖宗？和戎仍宰相，仰屋自司农。道路嗟群虎，风云待蛰龙。愿呼忠义士，传檄保尧封。"⑤ 都是有感于光绪二十四年戊戌（1898）维新变法前后的国家局势而作。非常明显，作者不仅将台湾、广东联系在一起，而且有意识地将整个中国的局势统而观之，可见相当明确的国家观念。《北望》二首云："北望胡尘泪眼枯，六龙西幸未还都。可怜门外白袍客，但问科场今有无。""中原不信无豪杰，养士九朝恩已深。豆粥素衣哀痛诏，可能呼起国民心？"⑥ 既反映了庚子事变对于清王朝的沉重打击，也讽刺了某些不知世事、只问自身功名的读书人。

---

① 广东丘逢甲研究会编：《丘逢甲集》，岳麓书社2001年版，第235页。
② 丘逢甲：《岭云海日楼诗钞》，安徽人民出版社1984年版，第381~382页。
③ 广东丘逢甲研究会编：《丘逢甲集》，岳麓书社2001年版，第210页。
④ 广东丘逢甲研究会编：《丘逢甲集》，岳麓书社2001年版，第215页。
⑤ 广东丘逢甲研究会编：《丘逢甲集》，岳麓书社2001年版，第304~308页。
⑥ 丘逢甲：《岭云海日楼诗钞》，安徽人民出版社1984年版，第450页。

一些唱和、题赠诗作，也反映了丘逢甲对于包括台湾、广东在内的当时整个国家局势与命运的关注和认识；由此也可以认识丘逢甲台湾情结与广东认同的相通相成。《送张别驾之官黔中》云："遗民若见张公子，应话中原泪满衣。为道山河应无恙，正阳门外六龙归。（时回銮期日已见上谕。）"① 表现出对最新的国家局势的关注。《月夜与季平饮萧氏台》云："碧空云散月华清，梅雨潇潇已放晴。水国荷花新世界，前身金粟大光明。千舫鳄海登台燕，万里狮山作客情。我亦思乡更忧国，倚阑同看夜潮生。"② 如此分明、如此强烈的"思乡更忧国"情怀，恰是丘逢甲台湾情结与广东认同、国家观念的诗性表现，从中可以准确地理解丘逢甲内渡以后的思想动向和心态特征。

《陈伯潜学士以路事来粤相晤感赋》二首之一："三十年来万事非，天涯沦落识公迟。横流沧海无安处，故国青山有梦思。铁铸屡闻成错字，造车此是出门时。他乡同纵登高目，斜日黄龙上大旗。"③ 表达的仍然是对台湾的不尽思念、对国家强大的殷切期待。《题仲迟月中课读图》云："一年几度见明月？况值红羊换劫年。万里河山方破碎，一家儿女共团圆。群龙无首今何世？雌凤清声夜满天。我正忧时不成寐，将诗题寄彩云边。"④ 像许多中国古代诗人一样，明月与思乡也是丘逢甲内渡之后经常运用、再三表现的主题；此诗将对国家局势的关注与个人的深刻忧患融会于一，反映出丘逢甲对时势有着相当清醒、相当深刻的认识。

光绪二十六年庚子四月二十九日（1900 年 5 月 27 日）《在南洋大吡叻的演说》中，丘逢甲指出："我中国今日瓜分之祸，正在眉睫矣！我国人之奴仆、为牛马之期不远矣！……中国之弱，患在无才。若南洋有此数千有用人才，将以之救中国不难，况内地各省学堂日起有功，人才又济济而出乎？故今日欲救瓜分之祸，必尊教以一人心，必兴学以育人才。今日应为之事虽多，而此事乃其根本。诸君！诸君！须知此身与国，祸福与共；从前中国只是易姓，犹一家私祸也，若今日瓜分，则国民公祸矣！"⑤

---

① 广东丘逢甲研究会编：《丘逢甲集》，岳麓书社 2001 年版，第 508 页。
② 广东丘逢甲研究会编：《丘逢甲集》，岳麓书社 2001 年版，第 371 页。
③ 广东丘逢甲研究会编：《丘逢甲集》，岳麓书社 2001 年版，第 544 页。
④ 广东丘逢甲研究会编：《丘逢甲集》，岳麓书社 2001 年版，第 569 页。笔者对原标点稍有调整。
⑤ 广东丘逢甲研究会编：《丘逢甲集》，岳麓书社 2001 年版，第 826～827 页。

清醒地认识到人才对于当时中国振兴所具有的关键性意义，提出重视教育以培养优秀人才的主张。这种见识，与近代以来许多有见识的士人一样，反映了历史和时代对人才的普遍性要求，也可以说这种认识反映了历史的必然性。

20世纪初，当民主革命思潮迅速兴起之后，在是暴力革命还是维新变法、是民主共和还是君主立宪、是渐变渐进还是急变激进等问题上，曾引起巨大争议论辩，许多人在这一相当艰难的选择中变得进退维谷、左右为难，由此造成的对立与分化也产生了极大的影响。但是，这一问题对丘逢甲的冲击和影响似乎并不很大，也没有对他造成什么明显的思想困惑与矛盾。《戊申广州五月五日作》有句云："东南已无干净土，半壁江山半腥血。民言官苛迫民变，官言革命党为孽。彼哉革命党曷言，下言政酷上种别，假大复仇作櫜鞬。横纵海外灌海内，已似洪流不可绝。"① 在这首作于光绪三十四年戊申五月五日（1908年6月3日）的诗中，表达了对革命思潮的特别关注。作于宣统三年（1911）冬天的《谒明孝陵》四首，则借以表达对民族复兴的信心、对民主共和制度的向往，特别是对即将成立的中华民国的期盼："郁郁钟山紫气腾，中华民族此重兴。江山一统都新定，大纛鸣笳谒孝陵。""如君早解共和义，五百年来国尚存。万世从今真一系，炎黄华胄主中原。""将军北伐逐胡雏，并告徐常地下知。破帽残衫遗老在，喜教重见汉威仪。""汉兵到处虏如崩，万马黄河晓蹴冰。直扫幽燕捣辽沈，昌平再告十三陵。"② 从原来的衷心拥护清朝到如此深切地怀念明朝，从原来的盼望黄龙上大旗到如此深情地凭吊明孝陵，这在丘逢甲的思想和行事中似乎没有产生什么艰难的选择或不可调和的矛盾；或者说，丘逢甲似乎相当有效、相当自觉地消解了其中可能产生的矛盾。

从台湾情结、广东认同相联系，国家观念、民族意识相融通的角度来看，这种情况正可以说明丘逢甲思想中具有现代价值的民主精神、进步意识所产生的巨大作用。丘琮《沧海先生丘公逢甲年谱》中云："公在台为提倡民主之首领，内渡后则专以兴学作育革新人才，并以政治地位暗护海内志士。至是，声望益隆，忌者益甚。至有公然以革命党魁名目列之公

---

① 广东丘逢甲研究会编：《丘逢甲集》，岳麓书社2001年版，第589页。
② 广东丘逢甲研究会编：《丘逢甲集》，岳麓书社2001年版，第679页。

牍、登诸报章者。公处之自若。"① 正是因为具有超越了传统的党派、政见、朝廷、地域意识的局限性，比较准确地认识了近现代意义上的国家观念和民族意识，才使丘逢甲能够在生命的最后几年完成思想上的又一次重大变革，而处于时代思潮的前列。应当认为，在这一深刻的思想转变过程中，台湾情结、广东认同以及二者的交融汇通实际上发生了重要作用。

江山渊《丘逢甲传》云："是时，种族革命之说腾播于全国，逢甲喜曰：'是吾志也！吾欲行民主于台湾，不幸而不成。今倘能成于中国，余能及身而见之，九死所无恨也。'逢甲斯言，竟成谶语。革命之功方成，逢甲果忧劳成病矣。……卒之日，遗言葬须南向，曰：'吾不忘台湾也！'"② 丘琮《沧海先生丘公逢甲年谱》记曰："是年正月八日（新历二月二十五日）丑时，公在家薨逝，享年四十有九耳。民国未固，台湾未复，天不假年，赍志而殁。呜呼！痛哉！"③ 均可见丘逢甲在生命的最后时刻的情操与意志。丘琮在《沧海公诗选跋》中指出："公立志兴汉、强华、驱胡、复土，未能达志，故表之以诗。其诗之传也，实不在词藻之丰美，而在意志之伟大。纵多读公诗，不能继公志，不足以言知公本意。所选虽区区三百篇，而皆启发忠义，警惕兴亡之作。有心人亦足以知公而继其志矣。"④ 这也是堪可认真品味的深知丘逢甲之论。

丘瑞甲在为民国二年刊《岭云海日楼诗钞》所作《跋》中还说过："原先兄之诗，世多知之。而先兄之志，则或知、或不尽知。盖诗所以言志者也。先兄既以才学见知于当世，而少抱改革之志。因时未遇，不得志之事常八九。每藉诗以言其志，故集中多激宕不平之气。海内人士或称为诗界革命巨子者，盖专论先兄之诗者也。……今先兄已矣。其才学虽不能尽发舒表襮于当世，而民国既成，所抱之志已遂，在先兄亦可以无憾矣！而世之君子不识先兄者，读其诗即可见其为人，知其志之所在。"⑤ 丘逢

---

① 丘琮：《沧海先生丘公逢甲年谱》，见《岭云海日楼诗钞》附录，安徽人民出版社1984年版，第495页。
② 江山渊：《丘逢甲传》，见《岭云海日楼诗钞》附录，安徽人民出版社1984年版，第467页。
③ 丘琮：《沧海先生丘公逢甲年谱》，见《岭云海日楼诗钞》附录，安徽人民出版社1984年版，第496页。
④ 丘琮：《沧海公诗选跋》，见《岭云海日楼诗钞》附录，安徽人民出版社1984年版，第511页。
⑤ 丘瑞甲：《仓跋》，见《岭云海日楼诗钞》附录，安徽人民出版社1984年版，第473页。

甲逝世已经一百周年,中国和世界都发生了翻天覆地的变化,此刻,确是到了应当深知丘逢甲其人其诗、其志其业并有所发扬光大、继承创新的时候了。

康有为的诗题、诗序和诗注

关于康有为的诗，梁启超尝评价说："南海先生不以诗名，然其诗固有非寻常作家所能及者，盖发于真性情者，故诗外常有人也。"① 后来他又将康有为与金和、黄遵宪一道看作是改变清初以来诗歌"靡曼""脆薄""臭腐""拙劣""粗犷浅薄""生硬""每况愈下""衰落已极"局面的重要人物，认为他们"元气淋漓，卓然称大家"②。康有为虽称自己是"馀事为诗"③，但一如他的行事与思想，其诗在近代诗坛确可以说是卓荦不群，个性鲜明。

康有为的诗歌创作特点表现在思想与艺术、取径与风格、继承与创新等许多方面，时代风云和个人禀赋的交互作用造就了这位杰出人物的诗歌特征。本文拟考察康有为诗题、诗序和诗注的特点，认识其诗的文体特征、思想特点和史料价值，希望由此认识近代诗歌发展变化的一个重要方面。

一、诗题

一些古代诗人和诗评家颇为重视诗题的制作，如王士禛就从诗之时代、雅俗角度评论诗题的演变说："予尝谓古人诗，且未论时代，但开卷看其题目，即可望而知之；今人诗且未论雅俗，但开卷看其题目，即可望而辨之。如魏晋人制诗，题是一样，宋、齐、梁、陈人是一样，初、盛唐人是一样，元和以后又是一样，北宋人是一样，苏黄又是一样；明人制题泛滥，渐失古意；近则年伯、年丈、公祖、父母，俚俗之谈尽窜入矣，诗之雅俗又何论乎？"④ 明确对诗与诗题的日趋俚俗和随意化提出了批评。

---

① 梁启超著，舒芜校点：《饮冰室诗话》，人民文学出版社1959年版，第19页。
② 梁启超：《清代学术概论》，上海古籍出版社1998年版，第101～102页。
③ 康有为：《自序》，康保延编《康南海先生诗集》，中国丘海学会1995年版，第23页。
④ 王士禛著，张宗柟纂集，戴鸿森校点：《带经堂诗话》，人民文学出版社1961年版，第761页。

当代有学者进一步从文体发展和文学批评角度研究诗题制作的有关问题,吴承学先生对这一问题做了专题研究并指出:"中国古代诗歌经过从无题到有题,诗题由简单到复杂、由质朴到讲求艺术性的演变过程,总之,诗题制作有一定的时代风格。"① 显然更重视诗题制作过程中的时代特点和其中反映出的文学观念与文学变革。他还进一步指出:"当诗题成为诗人的自觉制作,便与诗歌内容产生了一种必然的联系。制题的自觉是诗歌艺术发展的必然结果,也是诗歌创作进入自觉与成熟时代的标志之一,这意味着诗人对于诗歌艺术形态开始有了规则与法度的观念。于是诗题的功能,也就从单纯的称引符号,转化而成诗歌的有机部分。它不但成为诗歌的眉目,而且起了一种对于诗歌内容加以说明、制约和规定的特有的重要作用。"② 这样的研究思路和论断可以作为我们考察康有为诗题制作的一个重要参考。

康有为是一位颇为高产的诗人,今存诗超过一千六百题。处于中国古典诗歌总结期的康有为,除了广泛地沿用以往的诗题制作方式之外,一个最突出的特点就是喜欢长题,这似乎已经成为他的一种创作习惯。这种习惯与中国古典诗歌诗题制作变化的总体趋势是相应的。吴承学先生指出:"古代诗题初为短题,后遂衍为长题。……六朝开始出现长题的风气。"③ 这种喜欢长题的创作风气经过唐宋诸大家的运用和发展,影响逐渐加强,比如杜甫诗中已可时见长题,韩愈集中长题更多;而至苏轼、黄庭坚等宋代诸家,长题已经成为他们的一种喜好了④。康有为使用长题,较之以往诗人的创作又有所变化发展,一是使用比例增加,二是诗题字数更多。康有为的长题诗主要集中于两个方面:一是关于他的政治活动特别是戊戌变法的诗作;一是关于他的海外游历特别是外国社会风物的诗作。这实际上也是康有为一生诗歌创作的两个核心内容。

康有为非常有意地以诗歌记述自己和同道者在戊戌变法时期的经历与感受,几乎构成了一部形象的戊戌变法"诗史"。在这部分诗歌中,长诗

---

① 吴承学:《中国古代文体形态研究(增订本)》,中山大学出版社2002年版,第109页。
② 吴承学:《中国古代文体形态研究(增订本)》,中山大学出版社2002年版,第128页。
③ 吴承学:《中国古代文体形态研究(增订本)》,中山大学出版社2002年版,第113页。
④ 吴承学先生指出:"苏黄的确喜欢长题,在他们的诗歌中,长题占了很大的比重,有时长题之外还另加小序。"见所著《中国古代文体形态研究(增订本)》,中山大学出版社2002年版,第119页。

题对这些诗歌"诗史"特征的形成发挥了重要作用。如《东事战败,联十八省举人三千人上书,次日美使田贝索稿,为人传钞,该遍天下,题曰"公车上书记"。是时,主和者为军机大臣孙毓汶,公车多人力阻之,众怒甚。孙畏不朝,遂辞位》《割台行成后,与陈次亮郎中炽、沈乙庵刑部曾植、丁叔衡编修立钧、王幼霞侍御鹏运、袁慰庭观察世凯、沈子封编修曾桐、徐菊人编修世昌、张君立刑部权、杨叔峤中书锐,同开强学会于京师,以为政党嚆矢,士夫云从。御史褚成博与大学士徐桐恶而议劾,有夜走告劝遁出京者。是时,袁、徐先出天津练兵,同志夜饯观剧,适演十二金牌召还岳武穆事,咸欷歔,李玉坡理卿至泪下。即席赋此,呈诸公,未几,余亦告归,留门人梁启超任之》:"山河已割国抢攘,忧国诸公欲自强。复社东林开大会,甘陵北部预飞章。鸿飞冥冥天将黑,龙战沉沉血又黄。一曲欷歔挥涕别,金牌召岳最堪伤。"诗后复有自注云:"南还与张香涛督部、黄漱兰侍郎及其子仲弢编修、梁星海太常、黄公度观察再开强学会,海内士夫若屠梅君侍御、陈伯潜阁学、顾渔溪通政等先生咸应焉,卒被御史杨崇伊所劾而封禁。附记于此。"① 还有《丁酉以胶惊,上书不达,十一月十八日,束装归,行李皆登车矣,常熟相国特来走留,遂不行。越日相国荐于上,遂有政变事。今国破君出,不知天意何如也》《哭前翰林院侍读学士湖北提学使黄君仲弢,戊戌出奔,赖公告难,劝吾微服为僧,北走蒙辽,夜宴浙绍会馆,把酒泣诀。今幸更生,皆君起死人而肉白骨也。为服缌哀,东望奠祭,不知其哭之恸也》等长题,都是有代表性的例子。

　　还有一部分长题是交代地方风物、写作情境的,丰富诗歌内容并使之更加充分细致,对诗歌起到很好的说明、补充作用。如《行居庸关五十里,两岸耸翠,叠嶂飞青,老柳巨石,杂沓涧中。时方深秋,岩花崖树,盘曲弥望,苍翠无尽。至月出,乃重策骑还,杂书所见,得律二首,绝二首》《漫游苏州,名园多废,只馀宋苏子美沧浪亭、元倪云林狮子林。其虎丘、灵岩莫不零落,惟拙政园尚无恙耳。不胜阅劫之感》《游庐山宿海会寺,赠老僧至善。盖庐山经乱,九十九寺尽毁,至善苦行结茅于此,遂成大丛林,今年八十矣》等都是。而《西湖经乱后,前贤祠馆多废,中兴

---

① 上海市文物保管委员会文献研究部编:《万木草堂诗集——康有为遗稿》,上海人民出版社1996年版,第63页。

诸将祠宇如云,左、蒋二公,故应俎豆,吾家中丞公平浙之功不少,不得配享其间,刘典冒功,俨然崇祠矣》这六十二字是一首七绝的标题,诗云:"浙水当年平寇盗,中兴诸将占湖山。吾家不少兜鍪力,但觉刘公颇厚颜。"①《十二月二十七日抵阳朔。山城斗大,石峰环其三面,一面临江,城中亦有石峰峭立者。其市廛皆在山腰,林木蔚如。有鉴光寺者,倚石壁临江,敲门不得入,光景幽绝》诗云:"山峰拥出万莲华,红叶山城倚翠霞。挂筇看山到阳朔,不须句漏访丹砂。"②

《薇、璧二女久别,以母张氏夫人逝世来沪奔丧,送葬于茅山,事讫分散。以七月十八日同行,会少离多,又有家国存亡之感,老夫虽有天游之学,亦复凄黯,不可为怀。同游半淞园拓影,得诗四章送之》是四首七律的标题,其四云:"戊戌当年逮捕拿,天乎姊妹幸生逃。覆巢破卵原同难,持节环球聊自娱。世乱帝王亦难免,人生忧患本来俱。婆伽婆为破烦恼,长记天游天作徒。"③《壬子三月九日,与旃理行,觅得须磨湖前宅。僻地幽径,忽豁大园,备林池山石涧泉花木之胜,老夫得此,俯仰山海,饱饫烟霞,足以遗世忘忧矣。园旧名长懒别庄,吾因其旧,即名长懒园,赋十五章,既以自怡,后之论世者或有感焉》云:"我本餐霞人,忧国舍神仙。临睨我旧乡,去之十五年。人民皆非故,渺莽齐洲烟。吾生本无住,乐土尤所便。"④ 从另一个角度表明康有为诗歌的长题化倾向。

戊戌变法失败后,康有为远走海外,怀着非常复杂的心情游历欧美多个国家,他的海外诗成为他全部诗歌创作的一个非常重要的方面。由于近代海外新世界的新奇内容与以抒情性为主的传统诗歌表达习惯有时存在明显的距离,因此长题可以涵纳的充分记述描写特点就被彰显出来,长题在这类诗中再一次发挥了特别重要的作用。

如《己亥六月十三日,与义士李福基、冯秀石及子俊卿、徐为经、骆月湖、刘康恒等创立保皇会。于二十八日至域多利中华会馆,率邦人恭祝

---

① 上海市文物保管委员会文献研究部编:《万木草堂诗集——康有为遗稿》,上海人民出版社1996年版,第53页。
② 上海市文物保管委员会文献研究部编:《万木草堂诗集——康有为遗稿》,上海人民出版社1996年版,第76页。
③ 上海市文物保管委员会文献研究部编:《万木草堂诗集——康有为遗稿》,上海人民出版社1996年版,第369页。
④ 上海市文物保管委员会文献研究部编:《万木草堂诗集——康有为遗稿》,上海人民出版社1996年版,第408页。

圣寿，龙旗飘扬，观者如云。湾高华与二埠同日举行。海外祝嘏自此始也》，诗云："海外初瞻寿域开，龙旗披拂白楼台。白人碰盏掎裳至，黄种然灯夹巷来。上帝与龄怜下土，小臣泣拜倒蒿莱。遥从文岛瞻琼岛，波绕瀛台梦几回。"①《九月二十四夜至马关，泊船二日，即李相国鸿章议和立约被伤地也，有指文忠所住地者。昔戊戌变法，文忠相助，及蒙难掘坟，文忠抗旨不得，密令吾家移骨。既感故知，又伤故国，过此黯然神伤》，云："碧海沉沉岛屿环，万家灯火夹青山。有人遥指旌旗处，千古伤心过马关。"②

《庚子七月十五日泊丹将敦，泛轮来庇，今日又辛丑七月十五，已经年矣。追思壬寅七月望在印度，癸卯七望在爪哇，甲辰七月望在那威，乙巳在纽约，丙午在意之美兰那，丁未在瑞典，戊申在瑞士，己酉复归槟屿，庚戌过丹将敦到星坡。再读之，俯仰陈迹，益兴怀也》《访中印度呃忌喇故京，十一月十五游蒙古沙之韩帝故宫陵。是夜月色如银，游人甚多。宫陵临恒河，纯以白石为塔，殿高插天半，倒影恒河中。费十二万万卢卑，地球巨工少有过此，其精丽亦与罗马彼得庙同冠大地。今英人以为公园，西女曼歌于林间，可感怆矣》，诗云："遗庙尚存摩诃末，故宫同说沙之韩。玉楼琼殿参天影，长照恒河月色寒。"③

《游中印度舍卫城，访佛迹，舍卫为印度京，印言曰爹例。十一月廿日，于舍卫城外三十八里得佛旧祇树林须菩提布金地遗址，殿基犹存，三角楼尚完，遗柱三百四，其西南则半圮矣。环廊尚有三面，纯石，半完半坍，西门五石龛最完好。其西南一堂，崇墙三重岿然，馀为回教所毁。登塔四望，群冈自鹫岭走来，数重环裹，其气象为印度所无，宜佛产其间也。颓垣断础，无佛无僧，大教如斯，浩劫难免，其他国土，一切可推。携次女同璧来游，感怆无限，车中得九诗记之。支那人之来此者，法显、惠云、三藏而后，千年而至吾矣》，这一不含标点长达一百九十九字的标题是康有为全部诗歌中最长的诗题，此题下有七绝九首，其第一首云：

---

① 上海市文物保管委员会文献研究部编：《万木草堂诗集——康有为遗稿》，上海人民出版社1996年版，第107页。

② 上海市文物保管委员会文献研究部编：《万木草堂诗集——康有为遗稿》，上海人民出版社1996年版，第109页。

③ 上海市文物保管委员会文献研究部编：《万木草堂诗集——康有为遗稿》，上海人民出版社1996年版，第148页。

"印度万里无一山，舍卫大城鹫岭环。粗石怒奔走平阜，抱回佛窟营中间。"此首又有注云："印中无一山，惟舍卫城中鹫岭独起，虽高数十丈，而石气莽苍，为印所无。馀山皆土平，亦异境也，宜佛产于是矣。实为印度之中。故一成佛土，四营帝都，人居百里，气象万千，过于金陵及燕京焉。"①

《光绪三十二年丙午七月十七日，诏行立宪，乃以保皇会改帝国宪政会。丁未春，再自欧入美，举行典礼。昔岁逢吾生日，数百埠同志皆称祝。二月初五日到纽约，适鄙人五十初度日，已忘之矣。未抵岸，已接无线电无数讯问，登岸暨入会所，迎者千百，多有自异邦千里外至者。旗乐香花，百筵盛设，数百电颂祝。亡人戮辱奔走，骤承大礼，感愧厚意，如梦如寐》《多铙河北为罗马尼亚境，河南为布加利亚境，有关以讥行人，皆索视护照，罗马索五金焉，以护照但游突而无罗马也。小轮舟徐渡，夕阳下时，光景至佳。追念布立国时，俄舰队自此破江而下，罗人阻之不得，突人阻江为战。今三十年间，但见微风作漪，凫雁唼喋，罗布之旗相映于隔江中。大地今古事，皆可以是观也。口占一诗》："多铙河流回碧漪，隔江风飏布罗旗。追思三十年前事，俄突楼船金铁飞。"②

《戊申秋七月，游君士但丁那部，逢突厥立宪庆典，见苏丹于宫门，乘六马车，一后九嫔从，万民免冠，欢呼万岁。及冬十月，开国会而民哗。今夏四月，吾在英烈住问茶馆阅报，则幽废矣。突国人皆读法文，去岁早知有变，不意若是其速也，亦足为专制者之殷鉴矣》，题下七绝三首，其三云："欢呼万岁未经年，流毳惊闻自电传。江河不废宪法立，履辙鉴此压制专。"③《秋九月，再游印度，昔闻密遮拉士有寺数十，僧万数，吾至问居人，皆不识僧寺者。近县有支那智利，有古佛城七重，金塔十馀，最庄严，皆改为婆罗门庙。至丹租古印王国，河桥环岛，风景甚佳。故佛堂且有改为湿婆教庙者，于旧日佛龛遍供焉。藏环廊数十，妇人入庙膜拜摩挲。由至洁不妻之佛道，一变而以奇淫为教，以此悟正负阴阳反动力之

---

① 上海市文物保管委员会文献研究部编：《万木草堂诗集——康有为遗稿》，上海人民出版社1996年版，第150页。
② 上海市文物保管委员会文献研究部编：《万木草堂诗集——康有为遗稿》，上海人民出版社1996年版，第254页。
③ 上海市文物保管委员会文献研究部编：《万木草堂诗集——康有为遗稿》，上海人民出版社1996年版，第282页。

自然例耶!大劫沉沉,于是全印僧寺皆灭,吾亦可超脱于人间世之形相矣》云:"踏遍阎浮何所之,庄严佛土尽披离。是时为帝相非矣,大转回轮翩反而。净秽早知无拣择,教宗如此太离奇。人天非想非非想,万法冥冥万劫悲。"此首有人作眉批云:"此首极佳,包罗一部十七史。"① 虽是随感之笔,却颇可见诗人的创作主旨。这部分诗作最典型地反映了康有为喜欢长题的创作习惯。

就一般情况而论,古代诗人通常是更重视诗本身而不那么重视诗题的。诗题被重视并被认真地设计制作,经历了一个比较长期的过程。这种趋势发展到近代,情况发生了更明显的变化。就康有为诗与诗题的关系来说,他基本上是既重视诗又重视诗题的;而在他的一部分长题诗作中,甚至可以看到他更重视诗题而诗本身则显得有些薄弱的情况,至少从创作的结果来看是如此。这种特别重视诗题甚至出现"题胜于诗"的现象反映了近代诗人创作观念的显著变化,应当是中国古典诗歌发展历程的最后阶段出现的一个值得注意的现象。

二、诗序

康有为曾为自己的诗集作序两篇,主要记述自己选诗与编集的经过,表达对诗歌创作的看法。他还为自己诗集的前十二集的每一集写过一篇小序,也是自述这些诗作的创作和编集经过与用意。于此可见康有为对自己诗歌的重视,特别是对其纪实述事功能的重视。本文对此不拟专门讨论,下面主要考察康有为在诗歌篇章之首留下的小序。

吴承学先生指出:"有些古诗在诗题之外,还有诗人自述写作缘起、主旨和阐释创作背景的小序,诗序是对于诗题的补充,是读者了解作品的重要依据。"② 他还指出:"苏黄的确喜欢长题,在他们的诗歌中,长题占了很大的比重,有时长题之外还另加小序。他们的诗题也反映出宋代以文为诗的倾向,它们不仅是简单叙述作诗缘起,而是详细介绍创作的来龙去脉,这种诗题已经小序化或者小品文化了。"③ 从这一角度考察康有为的诗,也可以看到一些相当突出的特点。除经常使用长诗题外,康有为还喜

---

① 上海市文物保管委员会文献研究部编:《万木草堂诗集——康有为遗稿》,上海人民出版社1996年版,第290页。
② 吴承学:《中国古代文体形态研究(增订本)》,中山大学出版社2002年版,第121页。
③ 吴承学:《中国古代文体形态研究(增订本)》,中山大学出版社2002年版,第119页。

欢使用诗序，而且经常使用较长的诗序来记述描写。这些诗序既是诗题的补充和延伸，又是诗歌内容的拓展式说明。

康有为经常在涉及重要的时人时事、政治事件等的诗作中加小序，表明他对此类作品的重视程度极高。《十二岁侍先祖连州公登城北画不如楼》有序云："先祖讳赞修，以举人官连州训导，赠教授，祀昭忠祠。吾少孤，携于官舍，教之圣哲大义高行，暇则从游山水。此楼为唐刘梦得遗迹，俯视郭外，山石松泉至佳胜。时始学为诗，有观竞渡二十韵，失矣。仅存此，以记祖训。"诗云："万松乱石著仙居，绝好青山画不如。我爱登楼最高处，日看云气夜读书。"①《题七桧园唱和集》七绝三首有序云："吾银塘乡居园临三塘，有澹如楼、红蝠楼、二万卷书楼，有七桧，不知几百年，历吾祖几代矣。园为先中丞公筑，先君与从父天民知府公、彝仲竹荪广文公、尚朝知州公、少岳观察公居此唱和，吾少与群从沛然、季辑广文、剑坡主簿、伟奇上舍读书其中，酬唱成集，惜多逸去，然以见祖德忠厚式好风流焉。"②《怀翁常熟去国》有序云："胶变上书不达，思万木草堂学者，于十一月十九晓束装决归。是日朝常熟力荐于上，凌晨来南海馆，吾卧未起，排闼入汗漫舫，留行，遂不获归。及常熟斥，吾又决行，公谓上意拳拳，万不可行。感遇变法，且累知己，未知天意何如也。"诗曰："胶州警近圣人居，伏阙忧危数上书。已格九关空痛哭，但思吾党赋归欤。早携书剑将行马，忽柱轩裳特执裾。深惜追亡萧相国，天心存汉果何如？"③

《六哀诗》是悼念戊戌政变中殉难六君子的六首五言古诗，这组作品对于康有为的重要性不言而喻。首有序曰："戊戌之秋，维新启难，尧台幽囚，钩党起狱。四新参谭嗣同复生、杨锐叔峤、刘光第裴村、林旭暾谷、御史杨深秀漪川及季弟广仁幼博，不谳遂戮，天下冤之。海外志士，至岁为设祭停工持服，盖中国新旧存亡所关也。六烈士者，非亡人之友生弟子，则亡人之肺俯骨肉。流离绝域，呕血痛心，两年执笔，哀不成文。

---

① 上海市文物保管委员会文献研究部编：《万木草堂诗集——康有为遗稿》，上海人民出版社1996年版，第11页。

② 上海市文物保管委员会文献研究部编：《万木草堂诗集——康有为遗稿》，上海人民出版社1996年版，第32页。

③ 上海市文物保管委员会文献研究部编：《万木草堂诗集——康有为遗稿》，上海人民出版社1996年版，第90页。

辛丑八月十三日，奠酒于槟榔屿绝顶，成五烈士诗。海波沸起，愁风飚来，哀纪亡弟，卒不成声，盖三年矣，后补成之。"①《哭亡友烈侠梁铁君百韵》序云："君名尔煦，南海佛山人。故鸿胪寺少卿梁僧宝从子，死节于光绪三十二年七月十四日，年四十九岁。"②

《述德诗五十首》有序云："侍母太夫人于南兰堂，谈先德，母命为诗纪之，适正月，先府君忌日，祭馀念祖，缉次成篇。士衡之陈士德，向平之赋思旧，古人有之。况吾宗谱，几类史乘，世有名德，亦多畸人。王刘名家，人人有集；文武才用，世世蜚声；代载达人，暨予小子。虽述先德，无一字之愧词；旁及恩私，乏千金之报德。"③ 每首之后均有小注，如述父母双亲的二首及注云："五孤呱泣弟半岁，劬劬吾母最辛勤。弥留末命疼辜负，抚弟伤心燕市云。"注："府君以同治戊辰正月十九夜弥留，年三十八。吾男女兄弟五人，长姊十三岁，幼博弟生仅六月，末命为抚弱弟事母善视诸姊妹，而幼博弟竟以无罪株戮柴市，辜负先命，永痛无极。""儿疾怀抱十八日，母老龙钟八十春。寸草春晖不能报，侈谈国事负生身。"注："为生数月，大病十八日，母抱持不卧亦十八日。及先君背，持家教子，圣善劬劳，今年八十，不得常侍，每念痛心。"④

《挽邓筱赤宫保丈》序曰："卒年九十，丈与我言国事，话及先朝即泪下，吾归国来只公一人耳。又戊戌吾家产被没，丈自出首名，为请于政府给还。感丈厚德，惟以文章报之。"诗云："国老谁如伏生寿，灵光惊近泰山颓。似闻威惠流旌节，谁识孤忠泪劫灰。避地耆期犹作画，补天色石愧非才。偿还没产劳公请，报以文章写我哀。"⑤《丙辰九月二十九夕，题麦孺博、潘若海为卢毅安写扇图》序云："毅安弟以孺博、若海合写诗词请题。盖自甲寅来沪，日与二子共事。而乙卯孺丧，丙辰若殂，谁与共天

---

① 上海市文物保管委员会文献研究部编：《万木草堂诗集——康有为遗稿》，上海人民出版社1996年版，第142页。
② 上海市文物保管委员会文献研究部编：《万木草堂诗集——康有为遗稿》，上海人民出版社1996年版，第243页。
③ 上海市文物保管委员会文献研究部编：《万木草堂诗集——康有为遗稿》，上海人民出版社1996年版，第265页。笔者对原标点有所调整。
④ 上海市文物保管委员会文献研究部编：《万木草堂诗集——康有为遗稿》，上海人民出版社1996年版，第268页。
⑤ 上海市文物保管委员会文献研究部编：《万木草堂诗集——康有为遗稿》，上海人民出版社1996年版，第342页。

下事者？每念心痛，欲赋不能下笔。今乃揽笔哀之，成词老泪犹湿也。"诗云："吾门房杜有奇才，次第沉埋委草莱。本是同心人合璧，痛看遗墨劫馀灰。掣鲸碧海词犹壮，赋鹏长沙命可哀。吾道穷乎天丧咒，洒将老泪湿青苔。"①

另一类诗序经常出现于描写海外风物、外国社会状况和历史事件的诗作中。《游法兰西诗》之《游滑铁卢，观擒拿破仑处。及游巴黎，观拿帝坊陵，巍然旌旗，尚匝其红文石椽。及观蜡人院，拿帝殓殡帐中，一子侍疾凄然。于英雄末路也，慨然感赋》有序云："余游拿破仑纪功坊，见拿翁将死蜡像卧帐中，属纩垂绝，其子愁眉侧坐而侍疾，一桌二几一榻，奄奄英雄末路。我心恻之。雄心屈于短图，远志抑于近虑。幽于荒岛，斜对夕阳，海波渺弥，追怀凤昔，金戈铁马，已为昨日之山河；残喘离魂，将为蓐食于蝼蚁。奋飞难再，断肠奈何？斯亦拔山盖世之雄所凄楚哽咽者已，苟非知道，能不痛心？知来者之无常，本纵浪于大化；喜欢则乘愿而来，缘尽则绝尘而去。假以黄金铺地，终有崩决之时；成住寰空，何恋何爱？藉非为救世度人而来者，虽有英杰，西山日薄，漏尽钟鸣，能不悲乎？"诗云："滑铁卢中龙血黄，囚龙绝岛太苍凉。万里战云收大陆，百年霸业对斜阳。旌旗惨淡扶归榇，观阙嵯峨表石坊。最痛緦帷殓殡日，奈何低唱月微茫？"②

《游墨西哥》七律二首有序云："贯其南北，母山为背，左右斜落为平原，地瘠苦，二千里不生草木。税重民贫，天寒皆无衣褐，以毡贯颈，汽车中人备五色，亦诡奇之观矣，风化杂沓皆守旧也。"③《携同璧游那威北冰海那岌岛巅，夜半观日将下没而忽升》序云："时五月二十四日夜半十一时，泊舟登山，十二时至顶，如日正午。顶有亭，饮三边酒，视日稍低如暮，旋即上升，实不夜也，光景奇绝。德主威廉作华表像于巅，德公卿名士刻石甚夥，行舟时亦适遇德王弟轩利来，足见德人之好事。"④ 五

---

① 上海市文物保管委员会文献研究部编：《万木草堂诗集——康有为遗稿》，上海人民出版社1996年版，第343页。笔者对原标点有所调整。

② 上海市文物保管委员会文献研究部编：《万木草堂诗集——康有为遗稿》，上海人民出版社1996年版，第190～191页。笔者对原标点有所调整。

③ 上海市文物保管委员会文献研究部编：《万木草堂诗集——康有为遗稿》，上海人民出版社1996年版，第221页。

④ 上海市文物保管委员会文献研究部编：《万木草堂诗集——康有为遗稿》，上海人民出版社1996年版，第249页。笔者对原标点略有调整。

古《戊申六月廿九日泛黑海》有序云："自罗马尼亚乘船。戊申六月廿九晓起，自船中望黑海，澄波万里，紫澜微回，渐见冈峦，惟多剥皮。东坡诗曰：有山秃如赭。盖地有运会，苟非其时则气不泽润。行数时，渐近突京，平冈迤逦，颇有古垒及村落，然山色枯而力弱，与欧西迥异，足觇突厥之衰矣。"①

可见，康有为海外诗中的诗序，对说明新奇的新世界风光、介绍外国的历史人文景观、表达作者的内心观感等都发挥着特别重要的作用，古已有之的诗序的作用在康氏笔下得到了充分的运用；而且，随着近代以来中国诗歌题材的日益广阔的拓展，当诗序这种传统文体样式和表现手法被运用于海外诗的创作中的时候，就自然具有了丰富和发展中国传统诗歌体式特别是诗序体式的作用。从这一点来看，康有为与他的同时代诗人对中国传统诗歌的变革与发展做出的贡献是显著的，无论是创作观念、诗歌内容还是诗歌体式都如此。

吴承学先生指出："中国古代的诗序有其独特的艺术功能，诗序可以弥补抒情短诗的某种缺陷，它扩大诗歌的背景，增大其艺术涵量，增加了诗歌的历史感。优秀的诗序与诗歌宛如珠联璧合，不可或缺。"② 康有为的一部分重要作品在诗与诗序关系的处理上，表现出明显的二者兼顾兼擅的意识，在这些诗作中，诗与诗序具有同等重要的价值，实现了二者相成、共生双美的创作用意和艺术效果。特别值得注意的是，还有一部分诗作之前的长诗序，表现出明显的文章化倾向，也就是说，作者基本上是将这些诗序作为独立的文章来写的。这些诗序在内容涵量、色彩风格、地位作用等方面是明显地高于诗歌本身的，这种情况较之诗题与诗序合一的追求又向前迈进了一步。康有为诗中出现的"序胜于诗"现象也应当看作是传统诗歌在其最后时代出现的一个新变化。

三、诗注

诗中夹有作者自注也是中国古典诗歌一种值得注意的创作方式和表现手法。与诗题、诗序与诗歌的关系一样，诗注也经历了从无到有、从短到

---

① 上海市文物保管委员会文献研究部编：《万木草堂诗集——康有为遗稿》，上海人民出版社1996年版，第255页。

② 吴承学：《中国古代文体形态研究（增订本）》，中山大学出版社2002年版，第125～126页。

长、从随意为之到有意交代的发展变化过程。这既是中国古典诗歌不断演进成熟的一种表现，又是中国古典诗歌不断寻求突破的一种方式。就康有为的诗歌创作而言，与长诗题和长诗序同样值得注意的是，康有为的相当一部分诗作中，有意运用了为数不少的自注文字，用以对诗歌内容做必要的补充性说明，或者是对相关情况有所交代。这些诗注，有的非常简短，只有几个字；有的则相当长，可以多达百字或者更多。

《论书绝句十五首》每首之后均系以学术化的小注，概括表达了作为近代杰出书法家与书法理论家的康有为对于书法的艺术见解，宛如一部简要的书法理论观念史。《戊戌八月纪变八首》首有小序云："今佚其三，乃怀徐东海及哀诸新参也。"其第一首云："缇骑苍黄遍九关，飞鹰追逐浪如山。我横沧海天不死，犹在芝罘拾石还。"后有注曰："吾乘英船名重庆者往上海，道出芝罘泊船，吾登岸徜徉，拾石而返。登青莱道彭某奉追电时，登舆往胶，到胶省电急返烟台，而吾船已行矣。乃命驱逐水雷舰、飞鹰铁舰来追，以乏煤中道返。梁任公曰：先生以八月初二日奉朱谕命出京，初四日复由林暾谷京卿传口诏促行，初五日遂行。初六日而难作，闭城大索，而先生犹在天津也。初六日午乘重庆船发大沽，其后芝罘、上海两处名捕，意脱于难，若或使之焉。"① 除康有为所作诗注外，还有弟子梁启超所作的诗注，师徒二人共同记载和说明了变法运动中一些重要事件的经过和具体情况。《访四霸遗迹四首》五律有小序，前三首之后均有简明小注对诗意进行说明。《闻前礼部左侍郎徐公子靖之丧，哭祭而恸》长篇五古之后有注云："此诗作于戊申，瑞典误传凶耗，设祭而作。后乃知侍郎尚生，三度西湖泛舟话旧，告以此诗，为之索笑。今丁巳八月二十二日，侍郎乃逝，哀恻心脾，又设祭为文以哭之，书此以为记。"②

《壬戌年正月十四夜，自沪来杭，道过戏园，有告以今夕演光绪皇帝痛史者，下车观之。甫入场，即见扮现老夫冠带在台上，观客指而议论叹息，不知老夫之在场也。感叹伤心，口占得十八章记之，后之读者应有感也》这一长诗题下的十八首诗，均为七绝，其中第十一首云："诏书竟引红丸案，谓毒今皇已大行。英领登舟先问我，可因谋弑去京城。"注云：

---

① 上海市文物保管委员会文献研究部编：《万木草堂诗集——康有为遗稿》，上海人民出版社1996年版，第91页。原标点多处未当，笔者已修正之。
② 上海市文物保管委员会文献研究部编：《万木草堂诗集——康有为遗稿》，上海人民出版社1996年版，第353页。

"吾由英重庆船至沪,英总领事璧利南遣濮兰德登舟,持吾像见吾,入房曰:'汝弑皇上乎?'吾曰:'安得有此怪问?吾忧特达之知变法,天下皆知,感激知遇,至愚亦无弑理。'乃出上谕相示曰:'已革某官康有为进丸毒弑大皇帝,着即就地正法,钦此。'吾阅毕流涕曰:'上已大行乎?'即投海。濮兰德抱吾曰:'消息不确,闻皇上犹在,汝宜少待。'乃以兵轮渡吾还港。盖证明红丸案以进丸毒弑,归罪于我,若吾一杀,即在北弑上。特印吾像,遍发全国,舟车皆有搜,持像对照,遍电郡县拿办我,实为弑上也。及诡谋不行,吾不能戮,无从行弑,乃更备围颐和园。十日中伪旨数变,吾之蒙天幸者,以上天命也。"①诗注中通过相当详细的具体情节、人物对话的纪实性描述,记载了戊戌政变过程中与康氏有关的重要事件,具有补充说明诗歌内容的重要作用,与长诗题一道,构成了对历史事件的详细记载,作者的创作用意也由此得以充分的实现。

康有为在海外写下的大量记游记事诗中,经常使用诗注,这与这些诗歌的内容新颖、需要特别交代有关,也与康氏对自己所见所历的事物怀有浓厚的兴趣有关。如《免恨京三咏》之二云:"啤酒尤传免恨名,创于湃认路易倾。吾曾入饮王酒店,三千人醉饮如鲸。"注云:"吾性不饮酒,德食店不饮者多出一擘。故吾饮啤酒,尤爱免恨啤,免恨英音读为猫惹。此酒创于湃认王路易,德音呼王为倾。有王酒店,吾饮焉,大容三千人,沉湎常满饮者,琉璃杯大如斗。然德人之肥泽由啤酒,醉不害事,亦饮中之佳品也。"②《萨逊四咏》之三云:"萨逊雕墙最妙精,旧宫新院夹河城。王宫杂宝值八兆,小国穷奢亦可惊。"注云:"萨逊土木之精,名于欧洲。旧宫今作博物院,尤伟丽,几冠欧土。王宫藏杂宝值八百兆金,玉珠钴牙漆宝石铜铁各异宝,光怪瑰异,吾一一摩挲之。小国穷奢如此。昔者欧民之苦甚矣,然今民乃甚富。可见立国有方,又不在区区奢俭之间也。"③《刊士丹士三咏》之三云:"约翰呼斯焚石处,铁围碧草尚凄凄。师徒守死难徇教,地狱天宫应尔齐。"注云:"波问人约翰呼斯先马丁路德拒旧

---

① 上海市文物保管委员会文献研究部编:《万木草堂诗集——康有为遗稿》,上海人民出版社1996年版,第418~419页。笔者对原标点有所调整。
② 上海市文物保管委员会文献研究部编:《万木草堂诗集——康有为遗稿》,上海人民出版社1996年版,第237页。笔者对诗注原标点有所调整。
③ 上海市文物保管委员会文献研究部编:《万木草堂诗集——康有为遗稿》,上海人民出版社1996年版,第237页。笔者对诗注原标点有所调整。

教，有遗宅居此，即因于寺下，与其徒气罗尼谟士同瘗于此，今以铁阑围石刻碑焉。碧草凄凄，坚苦守死，以善道，遂为此地名迹。"① 与此相似，《游墨西哥》《波颠湖》《巴登京卡鲁士雷》《游揩鲁壁垒及大学》《波缅京拉煎冈晚望二首》等诗之后，均有或繁或简的小注。

这些诗注，使用了大量的近代以来才出现的新名词术语，还有大量的译音词，对诗歌难以展示的外国奇异风光、史事、人物作了细致说明，对了解诗歌内容和作者感受具有直接的作用，对认识这些诗歌的内容来说，这些诗注的重要性并不亚于诗作本身，甚至显得比诗句还要重要些。不难想象，假如缺少了这些注文，对于诗歌内容的了解或诗人创作情境的了解就会大受影响。诗注的重要作用从这些写新奇的异邦事物的诗作中得到了特别充分的体现。从诗歌体式的角度来看，这些诗人有意为之、精心结撰的诗注对于增强诗歌的叙述性与纪实性特征、更加充分地完成诗人的创作主旨发挥了不可或缺的作用。这实际上已经在改变着传统诗歌的文体习惯，具有明显的创新意义。

还有一种诗注并非作者自加，而是康有为的弟子所加。这些注在作意和作法上与康有为所作有明显的相关性和一致性，只是角度、口吻有所区别而已。因此，这些诗注也同样值得注意。《八月九日，在上海英舰为英人救出时，伪旨严捕，称吾进丸弑上，上已大行，闻之一痛欲绝，决投海，写诗系衣带。后英人劝阻，谓消息未确，请待之，派兵船保护至香港》云："忽洒龙髯翳太阴，紫薇移座帝星沉。孤臣幸负传衣带，碧海波涛夜夜心。"前有序云："时英总领事璧利南谓在广州，久慕我讲学，故力请教，甚感其意。"② 后有梁启超长注云："梁任公曰：戊戌之变，群贼自始欲甘心于先帝，故六七月间，日兴讹言，谓帝疾大渐相惊，以内务府已查大行典礼，又摭愚民仇教之邪说，谓南海先生曾以一丸进帝，服之，遂为所迷惘。此等谣诼，遍布辇毂，并为一谭，牢不可破。其处心积虑则在逮南海先生后，旋即弑帝，因归罪于先生而诛之。故逮捕时，伪旨称帝已大行。其时上海道蔡钧以此伪旨遍示各国领事，各领事无不见之，故各国报纸咸恨我国恤。英领事往救先生，即挟此伪旨，行文中有八月初五日大

---

① 上海市文物保管委员会文献研究部编：《万木草堂诗集——康有为遗稿》，上海人民出版社1996年版，第238页。

② 上海市文物保管委员会文献研究部编：《万木草堂诗集——康有为遗稿》，上海人民出版社1996年版，第90页。

行皇帝遇毒上宾之语,先生亲见之,一痛几绝。此诗所以有帝星沉之句也。而先生为英人所救,事出群贼意外,惮西邻责言,未敢遽行弑逆,而收捕党人又苦无名,乃一变而为谋围颐和园之说。此说起于八月初十日以后,初发难时无有也。此诗根于英领事所持伪旨,实为本案铁证。今者先帝已矣,而凭几末命,犹未免杯弓蛇影。微闻今修实录,无一人敢存直笔,先帝之冤,将永不能白于天下后世矣!谨记所见闻,以告良史。"①

梁启超作为康有为弟子,为先生之诗所作诗注有其明显的特殊性,一方面要体会康氏创作的主旨,了解有关的历史事实,一方面要表达自己对诗中所表现的事件的看法与认识。从以诗存史的角度来看,这样的诗注明显扩大了诗歌的内容含量,有利于更好地实现以诗纪实的创作目标;从诗歌文体与艺术的角度来看,这种文体样式既不同于传统文学创作中的评点与批注,又不同于现代意义上的诗歌批评,而是对传统诗注习惯的一种变革,有其探索与创新价值。

值得注意的是,康有为最多地在绝句尤其是七绝中采用诗注,在五七言律诗中也偶尔采用,而在古体、歌行等其他诗体中则绝少甚至不采用诗注。这种情况当与近体律绝尤其是七绝的短小灵活、自由随意、含量不大等特点有关,也与中国古典诗歌中诗注的运用传统习惯及其与诗本身的关系相一致。

四、结语

可见,在文人政治家康有为的诗歌创作中,诗题、诗序和诗注的频繁使用和表现出来的明显的长篇化、文章化、纪实化的倾向,反映了一些共同的创作指向。这些特征既反映了康有为个人的文学观念、创作用意和创作特点,也反映了在经过长时期的历史准备和形式演进之后,近代旧体诗歌发生种种重要变革的趋势,具有一定的时代文学和文化内涵。这突出地表现在如下几方面:

其一,以传统士人入世情怀为基础的强烈的政治意识,特别是戊戌变法失败、远走海外之后更加明晰并迅速加强的"诗史"精神。梁启超曾评价其师说:"先生最嗜杜诗,能诵全杜集,一字不遗,故其诗虽非刻意

---

① 上海市文物保管委员会文献研究部编:《万木草堂诗集——康有为遗稿》,上海人民出版社1996年版,第90~91页。笔者对原标点有所调整。末一字原作"吏",误。

有所学，然一见殆与杜集乱楮叶。"① 康有为深受杜甫的影响，其实不仅仅是诗歌形式方面的，更应当包括入世的人生态度和致君尧舜、悲悯生民的情怀。这种创作精神和人生态度必然也反映在许多诗题、诗序和诗注之中，从而构成康有为诗歌创作的一个突出特点。当然，给予康有为诗歌创作深刻影响的远非只有杜甫一人。

其二，卓荦超群、自我期许的文士才情和大胆探索、不受羁縻的创新精神。从总体上看，康有为是一个思维敏捷、才情过人、文人气质极强、敢思敢想、敢作敢为、极其自信的人，对于政治、学术如此，对于文学创作及书法理论也如此。他曾写下这样的诗句："新世瑰奇异境生，更搜欧亚造新声"；"意境几于无李杜，眼中何处着元明。……扫除近代新诗话，冥契箫韶闻乐声"。② 如此淋漓畅快的诗性表达很能够体现康有为的诗歌创作个性，他在诗题、诗序和诗注制作与运用方面表现出来的特点当然是其中一个值得重视的方面。

其三，从传统诗歌继承与创新的角度来看，康有为这些作品在诗体解放与新变方面的探索和尝试，具有一定的文学史特别是文体史价值。生活和创作于中国古典诗歌最后兴盛、迅速变革阶段的康有为，对传统文化的迅速变革、西方文化的强烈冲击感受极为深刻，因此他对诗题、诗序和诗注的运用，虽对以往的诗歌创作习惯有所继承，但仍以创新与变革为主要特征。这种基于传统大胆创新的诗歌特征不仅表明康有为个人诗歌创作的特点，也透露出中国古典诗歌创造与变革的重要声息。

其四，从中国近代史特别是近代政治史、戊戌变法史的角度来看，康有为反映近代历史事件特别是重要历史细节的诗作包括诗题、诗序和诗注，也具有独特的史料价值。馀事为诗的康有为对于政治的热衷是非常突出的，这种情愫即便在经历了种种挫折打击之后依然如初。而作为一系列重大历史事件的经历者和当事人，康有为诗歌中留下这些形象载记的史料价值是无可替代的，具有特殊的文献价值。当然，作为文学创作的诗歌有

---

① 梁启超著，舒芜校点：《饮冰室诗话》，人民文学出版社1959年版，第19页。
② 康有为：《论诗示菽园，兼寄任公、孺博弟》，见上海市文物保管委员会文献研究部编《万木草堂诗集——康有为遗稿》，上海人民出版社1996年版，第288页。此诗又题《与菽园论诗兼寄任公孺博曼宣》，末句作："惝恍诸天闻乐声"。见康保延编《康南海先生诗集》，台北中国丘海学会1995年版，第455～456页。

其诗性特征，这些记录和表现也有康氏自己的方式，因此康有为诗歌的真实性与准确性、史料价值还需要与其他方面的材料共同参证，这是不言而喻的。

梁启超小说戏曲中的粤语现象及其文体意义

梁启超在作于 1902 年至 1905 年之间的小说《新中国未来记》，传奇《新罗马》《侠情记》和《劫灰梦》，广东地方戏曲班本《班定远平西域》等作品中，大量运用粤语方言字、词汇、语法及其他表达方式，形成了一种独特的语言现象，也可以视为梁启超文学创作中一种值得关注的重要的文体现象和文学现象。梁启超小说戏曲创作中运用粤语现象的出现，不论是对于其个人的文学创作来说，还是对于中国近代文学的发展变革来说，都具有多方面的价值和意义。

一、小说传奇中的粤语现象

《新中国未来记》计划写六十回，仅发表五回。尽管未能全部完成，但创作意图相当明确。梁启超曾在《新中国未来记》卷首《叙言》中说："余欲著此书，五年于兹矣，顾卒不能成一字。况年来身兼数役，日无寸暇，更安能以馀力及此？确信此类之书，于中国前途，大有裨助，夙夜志此不衰。"又说："兹编之作，专欲发表区区政见，以就正于爱国达识之君子。编中寓言，颇费覃思，不敢草草。……但提出种种问题一研究之，广征海内达人意见，未始无小补，区区之意，实在于是。"①又说："此编今初成两三回，一覆读之，似说部非说部，似稗史非稗史，似论著非论著，不知成何种文体，自顾良自失笑。虽然，既欲发表政见，商榷国计，则其体自不能不与寻常说部稍殊。编中往往多载法律、章程、演说、论文等，连编累牍，毫无趣味，知无以厌读者之望矣。愿以报中他种之有滋味者偿之。其有不喜政谈者，则以兹覆瓿焉可也。"②

梁启超所作传奇三种均未完成，《新罗马》原计划四十出，仅成七出

---

① 阿英编：《晚清文学丛钞·小说一卷》，中华书局 1960 年版，第 1 页。笔者对原标点稍有调整。
② 阿英编：《晚清文学丛钞·小说一卷》，中华书局 1960 年版，第 2 页。笔者对原标点稍有调整。

即止,《劫灰梦》与《侠情记》均只完成一出,刚刚开头便无下文。尽管如此,仍然能够清楚地了解作者的创作意图。《新罗马》开头《楔子一出》中,作者借但丁之口述说写作缘由云:"老夫生当数百年前,抱此一腔热血,楚囚对泣,感事欷歔。念及立国根本,在振励国民精神,因此著了几部小说传奇,佐以许多诗词歌曲,庶几市衢传诵,妇孺知闻,将来民气渐伸,或者国耻可雪。……我想这位青年,飘流异域,临睨旧乡,忧国如焚,回天无术,借雕虫之小技,寓逎铎之微言,不过与老夫当日同病相怜罢了。"① 在《劫灰梦》中,作者也借主人公杜撰之口表白道:"我想歌也无益,哭也无益,笑也无益,骂也无益。你看从前法国路易十四的时候,那人心风俗不是和中国今日一样吗?幸亏有一个文人叫做福禄特尔,做了许多小说戏本,竟把一国的人从睡梦中唤起来了。想俺一介书生,无权无勇,又无学问可以著书传世,不如把俺眼中所看着那几桩事情,俺心中所想着那几片道理,编成一部小小传奇,等那大人先生、儿童走卒,茶前酒后,作一消遣,总比读那《西厢记》《牡丹亭》强得些些,这就算我尽我自己面分的国民责任罢了。"②

由于在故乡广东新会度过童年时光,留下了深刻的原初语言记忆以及后来多年间语言习惯的直接触发,加之上述文学观念和创作意图的巨大影响,梁启超在其小说、传奇作品中大量使用粤语,形成了一种值得重视的语言现象、文体现象和文学现象。

根据梁启超小说、传奇创作中粤语运用情况,可将其划分为以下几种类型:

1. 名词运用

梁启超在小说、传奇中使用的一些名词,是粤语中特有的或是能够鲜明体现粤方言特色的,其中有一些今天的粤语中仍在使用。

《新中国未来记》第一回:"却说这位老博士,今回所讲的甚么历史呢?……据旧年统计表,全国学校共有外国学生三万馀名,……"③ "今回"即这回、这次之意;"旧年"即去年、上年之意。又如第四回:"我

---

① 梁启超:《新罗马·楔子一出》,见张庚、黄菊盛主编《中国近代文学大系·戏剧集一》,上海书店1996年版,第325~326页。
② 阿英编:《晚清文学丛钞·传奇杂剧卷》,中华书局1962年版,第688页。
③ 阿英编:《晚清文学丛钞·小说一卷》,中华书局1960年版,第3~4页。

就讲一件给你们听听罢：旧年八月里头，那大连湾的巡捕头，忽然传下一令，……还记得旧年十月里头，有山东人夫妇两口子，因为有急事，夜里头冒雪从金州去旅顺，……"①"旧年"亦为古汉语词汇，仍然保留在粤方言之中。这种说法在今天的粤语中仍然常见。

第三回："只是他们的眼光看不到五寸远，虽然利在国家，怎奈害到我的荷包，虽然利在国民，怎奈害到我这顶纱帽，你叫他如何肯弃彼取此呢？你若说道，瓜分之后，恐怕连尊驾的荷包纱帽都没有，……"② 又可作"荷包儿"，如第四回："……不过是巡捕的荷包儿瘪了，要想个新法儿弄几文罢了，这有甚么人敢去和他算账么？这讲的是官场哩，再讲到那兵丁，更是和强盗一个样儿。"③ "荷包"即钱包，今天的粤语中仍然在使用。

第五回："举头看时，只见当中挂着一面横额，乃是用生花砌成的，上面写着'品花会'三个大字。"④ "生花"即"鲜花""新花"，粤语中三者语音较接近。"生花"今天粤语中已不常用。

2. 动词运用

梁启超在小说、传奇中使用的一些动词，是粤语中特有或常用的，也集中体现了粤语动词的特点。梁启超使用的一些动词在今天的粤语中仍然常用。

联系动词"系"是梁启超运用得最多的一个动词，也是最能体现其粤语特点的一个动词。粤语中系动词均作"系"，基本上不用"是"，这种语言习惯直到今天仍在延续。在梁启超的小说和传奇中，为了语气或语意的连贯自然，有时单用"系"，有时则用"正系""乃系""算系"等。这样的用例特别多，此仅举数例以为说明。《新中国未来记》第一回："话表孔子降生后二千五百一十年，即西历二千零六十二年，岁次壬寅，正月初一日，正系我中国全国人民举行维新五十年大祝典之日。……却说这位老博士，今回所讲的甚么历史呢？非是他书，乃系我们所最喜欢听的，叫做'中国近六十年史'。……看官，这位孔老先生在中国讲中国史，

---

① 阿英编：《晚清文学丛钞·小说一卷》，中华书局1960年版，第51页。
② 阿英编：《晚清文学丛钞·小说一卷》，中华书局1960年版，第31页。
③ 阿英编：《晚清文学丛钞·小说一卷》，中华书局1960年版，第51页。
④ 阿英编：《晚清文学丛钞·小说一卷》，中华书局1960年版，第77页。

一定系用中国话了，外国人如何会听呢？"① 第三回："如今要说黄克强君的人物了。黄君原是广东琼州府琼山县人，他的父亲本系积学老儒，单讳个群字，……"②

《新罗马传奇》第一出："自由宪法，系与我们专制国体最妨害的，如此办法非但于奥、普两国有损，亦俄皇陛下之不利也。"③ 又："尚有撒的尼亚王国，算系意大利一个正统，就把志挪亚旧壤都归与他罢。"④ 第四出："今日乃系来复休学之期，母亲约定携俺前往海滨游耍，以遣情怀，只得收拾奇愁，强为欢笑，预备陪侍则个。"⑤ "系"作为联系动词，在古汉语中是常见的。梁启超在作品中如此经常地使用"系"，一方面是古代汉语习惯的遗留，但这应当是比较远的源头性原因；更值得注意者，这应当是粤语语言习惯的直接运用，也是梁启超以粤语为母语进行思考与创作的一种反映形式。粤语中保留着较充分的古汉语成分，联系动词多用"系"而少用"是"即为其中之一。今天的粤语中仍然保留着这种语言习惯。

梁启超还使用了多个其他动词，这些动词或是古汉语用法在粤语中的遗留甚至是其所特有，或为非常明显的粤语表达习惯，因而颇能体现粤语动词的特点。

《新中国未来记》第三回："且说毅伯先生在德国留学一年半，又已卒业，还和李去病君一齐游历欧洲几国，直到光绪壬寅年年底，便从俄罗斯圣彼得堡搭火车返国。"⑥ 动词"搭"常常与宾语"车"搭配，成为粤语延续至今的乘车、船、飞机等其他交通工具的习惯表达方式。"返"为返回之意，当为古汉语表达方式的遗留。

《新中国未来记》第三回："现在他们嘴里头讲甚么维新，甚么改革，你问他们知维新改革这两个字是怎么一句话么？……倘若叫他们多在一天，中国便多受一天的累，不到十年，我们国民便想做奴隶也彀不上，还不知要打落几层地狱，要学那舆臣僮，僮臣皂的样子，替那做奴才的奴才

---

① 阿英编：《晚清文学丛钞·小说一卷》，中华书局1960年版，第3～4页。
② 阿英编：《晚清文学丛钞·小说一卷》，中华书局1960年版，第15页。
③ 阿英编：《晚清文学丛钞·传奇杂剧卷》，中华书局1962年版，第523页。
④ 阿英编：《晚清文学丛钞·传奇杂剧卷》，中华书局1962年版，第524页。
⑤ 阿英编：《晚清文学丛钞·传奇杂剧卷》，中华书局1962年版，第535页。
⑥ 阿英编：《晚清文学丛钞·小说一卷》，中华书局1960年版，第18页。

做奴才了!"① "知"即知道,但粤语中多用单音节动词"知"而不用"知道";表示否定则用"不知"而不用"不知道"。又如《侠情记》:"可恨我祖国久沉苦海,长在樊笼,志士销磨,人心腐败,正不知何时始得复见天日哩!"② "知"与"不知"对举,最能体现粤语的语言特点。粤语中比较多地保留了古汉语(特别是上古和中古汉语)单音节词语较发达的特点,许多动词仍然保持着单音节状态,并没有随着近古汉语的演进而进入以双音节词语为主的阶段。动词即为其中一个表现得非常充分的词类。这样的语言习惯也一直延续在今天的粤语之中。

《新中国未来记》第三回:"但凡一个人,若是张三压制他,他受得住的,便是换过李四,换过黄五来压制他,他也是甘心忍受了。"③ "换过"即"换成",也是今天粤语中仍在使用的一种表达习惯。在这一例子中还可以看到,按照普通话的习惯,"黄五"应该是"王五",从上文出现的"李四"更可以印证这一点。但由于粤语中"王""黄"读音完全相同,于是出现了"黄五"的写法。从中甚至可以推测,在梁启超的语言习惯中,"王"和"黄"是不分或者是分不清楚的。

《新中国未来记》第三回:"外患既已恁般凶横,内力又是这样腐败,我中国前途,岂不是打落十八层阿鼻地狱,永远没有出头日子吗?"④ "打落"即打下,粤语中"落"经常表示下的含义。又如第四回:"有一次,我从营口坐车到附近地方,路上碰见一个哥萨克,走来不管好歹,竟自叫我落车,想将这车夺了自己去坐。"⑤ "落车"即下车。今天粤语中仍然这样说,如下雨为"落雨",广东著名的儿童合唱歌曲"落雨大",具有鲜明的粤方言和广东文化色彩,标准普通话的表达应当是"下大雨"。

3. 数量词运用

梁启超小说、传奇中使用了相当多的具有显著粤语特点的数词和量词,特别是有的数词与量词的搭配非常特殊,很可能是粤语中独有的表达方式,经常能引起特别注意。这些数量词的使用从另一个重要方面体现了

---

① 阿英编:《晚清文学丛钞·小说一卷》,中华书局1960年版,第20页。
② 阿英编:《晚清文学丛钞·传奇杂剧卷》,中华书局1962年版,第549页。
③ 阿英编:《晚清文学丛钞·小说一卷》,中华书局1960年版,第39页。
④ 阿英编:《晚清文学丛钞·小说一卷》,中华书局1960年版,第40页。
⑤ 阿英编:《晚清文学丛钞·小说一卷》,中华书局1960年版,第58页。

梁启超小说、传奇创作中的粤语现象和语言特点。

《新中国未来记》第三回:"只要使得着几斤力,磨得利几张刀,将这百姓像斩草一样杀得个狗血淋漓,自己一屁股蹲在那张黄色的独夫椅上头,便算是应天行运圣德神功太祖高皇帝了。"① "几斤力""几张刀"都是粤语表达习惯,特别是后者,今天的粤语中仍然常用。

《新中国未来记》第三回:"寻常小孩子生几片牙,尚且要头痛身热几天,何况一国怎么大,他的文明进步竟可以安然得来,天下那有这般便宜的事么?"② 又如《劫灰梦》:"想俺一介书生,无权无勇,又无学问可以著书传世,不如把俺眼中所看着那几桩事情,俺心中所想着那几片道理,编成一部小小传奇,……"③ 与"几片"搭配的名词是"牙""道理",显然是粤语的表达习惯,而不是标准普通话的表达方式。

《新中国未来记》第三回:"兄弟,各国议院的旁听席,谅来你也听得不少,你看英国六百几个议员,法国五百几个议员,日本三百几个议员,他在议院里头站起来说话的有几个呢? 这多数政治四个字,也不过是一句话罢了。"④ 此处"六百几个""五百几个"和"三百几个"中的"几个",意为多个,今天粤语中仍然延续着这种表达方式。

《新中国未来记》第五回:"那满洲贼,满洲奴,总是要杀的,要杀得个干干净净,半只不留的,这就是支那的民意,就是我们民意公会的纲领。"⑤ 此处的"半只"所指对象为"满洲贼""满洲奴",也就是指人。指人时量词用"只"也显然是粤语习惯,今天仍然这样使用,而标准的普通话表达中,是不可以用"只"来称呼人的。

《新中国未来记》第三回:"你看这一年里头,中国乱过几多次呢?"⑥ 又如第三回:"你说日本吗,日本维新三十多年,他的人民自治力还不知比欧洲人低下几多级呢! 可见这些事便性急也急不来的。"⑦ 第四回:"虽然如此,别样租税,种种色色,还不知有几多。"⑧ 粤语中表示疑问时经

---

① 阿英编:《晚清文学丛钞·小说一卷》,中华书局1960年版,第21页。
② 阿英编:《晚清文学丛钞·小说一卷》,中华书局1960年版,第33页。
③ 阿英编:《晚清文学丛钞·传奇杂剧卷》,中华书局1962年版,第688页。
④ 阿英编:《晚清文学丛钞·小说一卷》,中华书局1960年版,第26页。
⑤ 阿英编:《晚清文学丛钞·小说一卷》,中华书局1960年版,第63页。
⑥ 阿英编:《晚清文学丛钞·小说一卷》,中华书局1960年版,第32页。
⑦ 阿英编:《晚清文学丛钞·小说一卷》,中华书局1960年版,第35页。
⑧ 阿英编:《晚清文学丛钞·小说一卷》,中华书局1960年版,第51页。

常使用"几多",相当于多少,这在梁启超的小说传奇中也比较常见,反映了他根深蒂固的粤语语言习惯。这种用法也是古汉语表达习惯的遗留,而在粤语口语中使用并以粤语语音读之,则充分表现了粤方言的特点。今天粤语中仍然延续着这样的语言习惯,从中可以认识粤方言与古汉语的密切关系。

《新中国未来记》第三回:"你看自秦始皇一统天下,直到今日二千多年,称皇帝的不知几十姓,那里有经过五百年不革一趟命的呢?"① 值得注意的是量词"趟"的使用频率较高,搭配的名词也相当特别。又如第四回:"他便好借着平乱的名儿,越发调些兵来驻札,平得几趟乱,索性就连中国所设的木偶官儿都不要了。"② 第五回:"郑伯才一面下坛,一面只见那头一趟演说那位穿西装的人,正要摇铃布告散会,……"③《新罗马传奇》第一出:"……再将那撒逊王国割了一半,让与普王,也是抵过这趟吃亏了。"④ "趟"是现代汉语中经常使用的一个表示走动次数的量词。但是在梁启超的作品中,"革命""平乱""演说""吃亏"都可以与"趟"搭配,使用范围显然比现代汉语要宽泛得多,应当是当时粤语表达习惯和语言特点的反映。这种说法在今天的粤语中似已不常见。

《新罗马传奇》第六出:"前辈既已凋零,后起不能为继,而且智识卑陋,道德衰颓。这样看来,我意大利靠着这班人是不中用了。"⑤ 以"班"为表示人群的量词,在现代汉语中仍然使用。但是,梁启超使用"班"明显不限于指称人群,可以搭配的名词较多。如《新罗马传奇》第一出:"尤可恶者,那拿破仑任意妄为,编了大大一部法典,竟把卢梭、孟德斯鸠那一班荒谬学说,搀入许多在里面。"⑥ "那一班"意为那一帮、那一些、那一类,类似的说法还有"那班""这班"等,相当于那帮、那些、那类,或这帮、这些、这类。这种表达方式今天粤语中仍然比较常见。

《劫灰梦》中写道:"担多少童号妇嗟,受多少魂惊梦怕,到如今欲

---

① 阿英编:《晚清文学丛钞·小说一卷》,中华书局1960年版,第21页。
② 阿英编:《晚清文学丛钞·小说一卷》,中华书局1960年版,第58页。
③ 阿英编:《晚清文学丛钞·小说一卷》,中华书局1960年版,第73页。
④ 阿英编:《晚清文学丛钞·传奇杂剧卷》,中华书局1962年版,第523页。
⑤ 阿英编:《晚清文学丛钞·传奇杂剧卷》,中华书局1962年版,第541页。
⑥ 阿英编:《晚清文学丛钞·传奇杂剧卷》,中华书局1962年版,第521页。

变作风流话。过得些些，乐得些些，不管他堂前燕子入谁家，只顾我流水落花春去也。"① "些些"意为一些、不少，当为旧时新会一带的粤语习惯，今天粤语中这种说法几乎已不可见。又如："编成一部小小传奇，等那大人先生、儿童走卒，茶前酒后，作一消遣，总比读那《西厢记》、《牡丹亭》强得些些，这就算我尽我自己面分的国民责任罢了。"②

4. 连词运用

梁启超小说、传奇中使用的具有明显粤语特点的连词不多，最重要的只有表示转折的连词"但系"一个。此词明显与普通话中的"但是"相对应，如同粤语中的判断动词"系"与普通话中的"是"相对应一样。

梁启超使用"但系"的例子较多，兹仅举几个以概其馀。《新中国未来记》第三回："但是我中国现在的民智、民德，那里毂得上做一个新党，看来非在民间大做一番预备工夫，这前途是站不稳的。但系我们要替一国人做预备工夫，必须把自己的预备工夫做到圆满。"③ 此例的特别之处在于，在紧接着的两句话中，"但系"与"但是"接连使用。《新罗马传奇》第一出："自由宪法，系与我们专制国体最妨害的，如此办法非但于奥、普两国有损，亦俄皇陛下之不利也。但系今日会议，须要和衷共济，……再将那撒逊王国割了一半，让与普王，也是抵过这趟吃亏了。但系咱奥大利却要那爱里利亚及打麻梯亚这几个地方抵偿抵偿。"④

5. 粤语语法结构和特殊表达方式

梁启超的小说和传奇中，还有一些粤语现象，不是关于词性、词序、语法、语义或其他某一方面，而是涉及多个方面或具有多种语言因素。这种情况可视为以粤语语法结构为基础而形成的具有显著粤语特征的特殊表达方式。这方面的粤语现象相当复杂，比较多样，也最能反映梁启超小说、传奇创作过程中深受粤语影响的语言氛围和创作状态，从而对其小说、戏曲作品的文体构成、形态特征都产生了明显的影响，使这些通俗文体带有相当鲜明的梁启超个人及其所处地域、所在时代的色彩。

---

① 阿英编：《晚清文学丛钞·传奇杂剧卷》，中华书局1962年版，第688页。
② 阿英编：《晚清文学丛钞·传奇杂剧卷》，中华书局1962年版，第688页。
③ 阿英编：《晚清文学丛钞·小说一卷》，中华书局1960年版，第17页。
④ 阿英编：《晚清文学丛钞·传奇杂剧卷》，中华书局1962年版，第523页。

《新中国未来记》第三回："哥哥,你白想想,这样的政府,这样的朝廷,还有甚么指望呢?"① 又:"我说的平和的自由、秩序的平等,就是这么着,兄弟你白想想。"②"你白想想"今天部分地区(如新会、茂名等地)的粤语中仍在使用,当为"你仔细想想"之意。

《新中国未来记》第三回:"兄弟,你说的话谁说不是呢?但我们想做中国的大事业,比不同小孩儿们耍泥沙造假房子,做得不合式可以单另做过,庄子说得好'其作始也简,其将毕也必巨',若错了起手一着,往后就满盘都散乱,不可收拾了。"③"比不同"当为粤语方式,或许是梁启超家乡新会一带的表达习惯,普通话表达为"比……不同",宾语置于介词"比"之后。"耍泥沙"即玩泥沙,"单另做过"意为重新做、另外做,也是粤语表达习惯。"起手一着"即开头一次、开头一回之意,与"末末了一着"或"末了一着"即最后一次、最后一回相对。

《新中国未来记》第三回:"这还不算。却是那国王靠着外国的兵马,将势力恢复转来,少不免是要酬谢的了,外国的势力范围少不免是要侵入的了,岂不是把个历史上轰轰有名的法国,弄成个波兰的样子吗?"④"少不免"即免不了、少不了之意,今天部分地区的粤语中仍在使用。又如第三回:"将来民智大开,这些事自然是少不免的,难道还怕这专制政体永远存在中国不成?"⑤《新罗马传奇》第三出:"你更使惯那两条火腿,少不免贼多从贼兵多从兵。"⑥ 又:"少不免昧着良心,将他们定个死罪,回覆老公相罢了。"⑦

《新中国未来记》第三回:"这还不算。却是那国王靠着外国的兵马,将势力恢复转来,少不免是要酬谢的了,外国的势力范围少不免是要侵入的了,岂不是把个历史上轰轰有名的法国,弄成个波兰的样子吗?"⑧"转来"即过来之意,也可以说"转进来""转过来"等。这种相当典型的粤语表达习惯今天仍在粤语方言区中使用。又第三回:"若是仁人君子去做

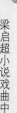

---

① 阿英编:《晚清文学丛钞·小说一卷》,中华书局1960年版,第20页。
② 阿英编:《晚清文学丛钞·小说一卷》,中华书局1960年版,第29页。
③ 阿英编:《晚清文学丛钞·小说一卷》,中华书局1960年版,第20~21页。
④ 阿英编:《晚清文学丛钞·小说一卷》,中华书局1960年版,第23页。
⑤ 阿英编:《晚清文学丛钞·小说一卷》,中华书局1960年版,第41页。
⑥ 阿英编:《晚清文学丛钞·传奇杂剧卷》,中华书局1962年版,第532页。
⑦ 阿英编:《晚清文学丛钞·传奇杂剧卷》,中华书局1962年版,第532页。
⑧ 阿英编:《晚清文学丛钞·小说一卷》,中华书局1960年版,第23页。

那破坏事业，倒还可以一面破坏，一面建设，或者把中国回转过来。"① 第五回："却说黄君克强，才合眼睡了一会，又从梦中哭醒转来，睁眼一看，天已不早，连忙披衣起身，胡乱梳洗，已到早饭时候。"② 第五回："第一件，因为中国将来到底要走哪么一条路方才可以救得转来，这时任凭谁也不能断定。"③

《新中国未来记》第五回："去病听了，点头道'是'。两人一面谈，一面齐着脚走，在那里运动好一会，觉得有点口渴，便到了当中大洋楼拣个座儿坐下吃茶。"④ "齐着脚走"即一起走、同时走之意，今天粤语中仍在使用。又如第五回："两人齐着脚步，不消一刻工夫，就走到张园。"⑤

《劫灰梦》写道："想俺一介书生，无权无勇，又无学问可以著书传世，不如把俺眼中所看着那几桩事情，俺心中所想着那几片道理，编成一部小小传奇，等那大人先生、儿童走卒，茶前酒后，作一消遣，总比读那《西厢记》《牡丹亭》强得些些，这就算我尽我自己面分的国民责任罢了。"⑥ 此处的"自己面分"多不能理解，甚至有以为文字误植并径改之者。此语实为旧时新会粤语中的一种表达习惯，为自己一分、自己本分之意，今天已基本不用，只有说新会话的个别老人尚可理解。《新中国未来记》第三回："我想一国的事业，原是一国人公同担荷的责任，若使四万万人各各把自己应分的担荷起来，这责任自然是不甚吃力的，但系一国的人，多半还在睡梦里头，他还不知道有这个责任，叫他怎么能觳担荷他呢？"⑦ 此处出现的"自己应分"正可以作为"自己面分"的准确解释。

从作品提供的材料来看，梁启超对粤语的使用及其特色是有一定认识的，甚至直接写到运用方言、外语的情况。《新中国未来记》第五回："主意已定，便打着英语同两人攀谈。这两人却是他问一句才答一句，再没多的话，且都是拿中国话答的。杨子芦没法，只好还说着广东腔，便道：……"⑧ 其中提及的不仅有说广东话，还有说英语的情形。此外，梁

---

① 阿英编：《晚清文学丛钞·小说一卷》，中华书局1960年版，第32页。
② 阿英编：《晚清文学丛钞·小说一卷》，中华书局1960年版，第66页。
③ 阿英编：《晚清文学丛钞·小说一卷》，中华书局1960年版，第75页。
④ 阿英编：《晚清文学丛钞·小说一卷》，中华书局1960年版，第67页。
⑤ 阿英编：《晚清文学丛钞·小说一卷》，中华书局1960年版，第70页。
⑥ 阿英编：《晚清文学丛钞·传奇杂剧卷》，中华书局1962年版，第688页。
⑦ 阿英编：《晚清文学丛钞·小说一卷》，中华书局1960年版，第19～20页。
⑧ 阿英编：《晚清文学丛钞·小说一卷》，中华书局1960年版，第78页。

启超还在作品中运用上海话。如《新中国未来记》第五回:"刚说到这里,只见他带来的那个娘姨气吁吁的跑进来便嚷道:'花榜开哉!倪格素兰点了头名状元哉!'"① 又:"李去病拉着黄克强,没精打彩的上了马车。马夫问道:'要到倽场花去呀?'"② "场花"即场合,上海方言。

二、《班定远平西域》的粤语运用

梁启超还曾创作广东地方戏曲粤剧班本《班定远平西域》,剧名前有"通俗精神教育新剧本"九字。关于此剧之作,后来梁启超回忆说:"客岁横滨大同学校生徒开音乐会,欲演俗剧一本以为馀兴,请诸余,余为撰《班定远平西域》六幕,自谓在俗剧中开一新天地。中有《从军乐》十二章,乃用俗调《十杯酒》(又名《梳妆台》)所谱,虽属游戏,亦殊自喜。"③ 此剧虽为应大同学校之邀所作,但是从中仍可见梁启超对地方戏曲的喜好和重视。

梁启超在《班定远平西域》的《例言》中尝专列一条谈写作动机云:"此剧主意在提倡尚武精神,而所尤重者在对外之名誉。"④ 又云:"此剧科白仪式等项,全仿俗剧,实则俗剧有许多可厌之处,本亟宜改良。今乃沿袭之者,因欲使登场可以实演,不得不仍旧社会之所习,否则教授殊不易易。且欲全出新轴,则舞台乐器画图等无一不须别制,实非力之所逮也。阅者谅之。"⑤

因为是应邀为日本横滨大同学校音乐会所作的粤剧班本,且是在日本演出,观众多为广东籍的日本留学生,因而《班定远平西域》中大量运用粤语,并根据剧情和演出的需要夹杂部分日语、英语词汇或语句,营造特定的戏剧环境、形成特殊的语言形态,就是题中应有之意,甚至可以说是一种必然。这种情况不仅影响和决定了梁启超这部粤剧的语言特点、地方色彩,而且深刻地影响了粤剧班本的文体形态,形成了一种既不同于传统粤剧剧本,又不同于新式粤剧剧本的相当奇异、极为特殊的剧本形态。《班定远平西域》的粤语运用有以下几种情况:

---

① 阿英编:《晚清文学丛钞·小说一卷》,中华书局1960年版,第79页。
② 阿英编:《晚清文学丛钞·小说一卷》,中华书局1960年版,第66页。
③ 梁启超:《饮冰室诗话》卷五,台北广文书局1982年版,第8页。
④ 《新小说》第二年第七号(原第十九号),上海书店1980年复印本,第135页。
⑤ 《新小说》第二年第七号(原第十九号),上海书店1980年复印本,第137页。

第一，用粤语表达的舞台指示与说明。此剧的舞台说明虽然比较简略，但基本上都是用粤语写成，不仅使这些舞台说明尽可能适应以广东籍学生为主的大同学校学生的演出需要，而且使剧作带有相当明显的粤方言特色和广东文化特征。

这样的例子在剧中几乎随处可见。如第一幕《言志》："（武生黑须扮班超上，引唱）万里封侯未足多，天教重整汉山河。何当雪耻酬千古，高山昆仑奏国歌。（埋位白）某班超，表字仲升，扶风人氏。"① 又："（固行台唱）罗胸万卷炉天地，下笔千言泣鬼神。毕竟空文难报国，（埋位唱）输他营里一军人。（埋位，班固白）老夫班固。（班惠白）小生班惠。"②"行台"就是在舞台上行走；"埋位"即就位之意，都是粤语表达习惯。此剧中关于行动和演唱的舞台说明大抵不出"行台""埋位"两种，只是有时候行走，有时候坐定，有时候演唱，有时候道白，于是形成比较丰富多变的舞台演出形式。又如第四幕："（起板，班惠常服上，老家人随上，行台唱）战士军前半死生，鹡原延竚涕纵横。天河洗甲应难定，（埋位唱）拟作将军入塞行。……小生班惠，自从送二哥出征，转瞬已经三十多年。在哥哥军国事大，宁辞马革裹尸；在小生骨肉情深，能勿鹡原生感。今欲上书天子，乞赐凯旋。不免将表文写将出来，预备呈奏则可。（埋位坐，起慢板，作写表状，唱）……"③

第二，粤语与英语、日语混合相杂糅使用，在一定戏剧片段中处于核心地位，构成这一戏剧片段的主体部分，形成特殊的语言形态，也形成了具有鲜明时代、地域特点的特殊文体形态，营造奇特怪异、滑稽可笑的戏剧场景。

这种情况集中表现在第三幕《平虏》中。在这一幕中，作者根据剧情进展和塑造戏剧人物性格的需要，主要是为了突出匈奴钦差及其随员奇异怪诞、骄横滑稽的性格，营造强烈的喜剧气氛，索性让这两位外国人以非常奇特的语句来说白来演唱。这一幕剧形成了极为特殊的语言形态和文体形态，也造成了非常特殊的语言效果和戏剧效果。这是梁启超出于推进戏剧情节、塑造戏剧人物需要的一种有意为之，反映了他戏剧与文学创作观

---

① 《新小说》第二年第七号（原第十九号），上海书店1980年复印本，第138页。
② 《新小说》第二年第七号（原第十九号），上海书店1980年复印本，第139页。
③ 《新小说》第二年第八号（原第二十号），上海书店1980年复印本，第141～142页。

念的某些方面。比如："（钦差唱杂句）我个种名叫做 Turkey，我个国名叫做 Hungary，天上玉皇系我 Family，地下国王都系我嘅 Baby。今日来到呢个 Country，堂堂钦差实在 Proudly。可笑老班 Clazy，想在老虎头上 To play。（作怒状）叫我听来好生 Angry，呸，难道我怕你 Chinese？难道我怕你 Chinese？（随员唱杂句）オレ系匈奴嘅副钦差，（作以手指钦差状）除了アノ就到我ヱヲイ。（作顿足昂头状）哈哈好笑シナ也闹是讲出ヘタィ，叫老班个嘅ャッッ来ウルサィ，佢都唔闻得オレ嘅声名咁タッカィ，真系オーバカ咯オマヘ。"① 又如："（钦差白）未士打摩摩（Mr. モモ），你满口叽叽咕噜，呷的乜野家伙呀喂？（随员白）未士打乌，我讲的系 Japanese Lanquage 唎唏。你唔知道咯，近日日本话都唔知几时兴，唔晗讲几句唔算阔佬。好彩我做横滨领事个阵，就学呛了。只怕将来中国皇后都要请我去传话哩。（钦差白）喂喂喂，咪讲咁多闲话咯。个嘅老班嚟到，点样作置佢好呢？（随员白）唏，你硬系口舜嘅，个嘅老班，带三十六个病猫嚟。你打理佢做乜野啫？今晚冇乜事，不如开樽威士忌，滴几杯昏觉罢咯。（钦差白）未士打摩摩，果然爽快。嚟嚟嚟，饮杯，饮杯。"②

这是英语、日语和粤语三者的奇异混合体，是梁启超戏曲中混合运用粤方言和外来语最具有典型性的例子。从中可以推测梁启超创作时的情感状态和思想用意，也可以推测这种独特语言形态可能造成的特殊表演效果。可见梁启超创作《班定远平西域》时对于语言形式、演唱特点、观众反应、剧场效果等的重视和设计，也就形成了这种前无古人、极具时代和地域特点的独特文体形态。梁启超文学创作一向重视社会反响、宣传效果的特点从中也可以窥见一斑。

第三，纯粹使用粤语表达方式的较长片段，而且在戏剧情节片段中处于中心位置，形成明显的广东方言与文化特色，显著增强了戏曲的地方语言色彩，当可引起远在异国他乡的广东籍戏曲观众的兴趣和共鸣。

这是梁启超小说和戏曲创作中运用粤语最为集中、最为充分的表现，也是梁启超本人最原初的粤语能力、原始方言水平的充分体现。这种语言运用情况和粤语特点主要体现在第五幕《军谈》中。这幕剧的主体部分就是由大量的粤语对话和说唱构成的，最集中、最充分地体现了此剧作为广

---

① 《新小说》第二年第八号（原第二十号），上海书店1980年复印本，第136～137页。
② 《新小说》第二年第八号（原第二十号），上海书店1980年复印本，第137页。

东地方戏曲的特点。如:"(幕内设野营景,二军士席地随意坐饮酒食面包。开幕,二军士对谈。甲)今晚真好月色呀咧。(乙)真好,真好。我哋在呢处,真系快活咧。(甲)我哋做军人嘅,就有呢种咁好处。你想佢哋口茅起屋口企,开厅叫局,三弦二索,酒气醺醺,烟油满面,有我哋咁逍遥自在口磨?(乙)我哋中国人,都话好铁唔打钉,好仔唔当兵,真系纰谬。呢种咁嘅狗屁话,个个听惯了,怪不得冇人肯替国家当兵咯。(甲)我哋元帅真系好汉。你睇佢当初唔系一个读书仔吗?一擗擗落个枝笔,立心要在军营建功立业。呢阵平定西域三十六国,整得我哋中国咁架势。你睇有边个读书佬学得到佢呢?(乙)就系我哋跟著元帅,你睇得了几多好处?我每每听见要打仗,我就眉飞色舞。打完仗,睇见我哋嘅国旗,高高的插起。我就好似白鼻哥睇见女人,饮成埋都唔醉咧。(甲)系咧,系咧。越发系自己拚命打出来嘅地方,睇见越发爽心,好比睇花口斋,有咁靓嘅花自然边个都话好睇。但系个的自己亲手种出来嘅,越睇越爱,个种欢喜,真系讲都讲唔出咧。(乙)系咧,系咧。今晚咁好月,我哋又冇事,何不唱几枝野,助吓酒兴呢?(甲)啱,啱。前几日我得闲,做得一只《龙舟歌》,等我唱你听吓呀。(乙)好极,好极。你唱咯,我打板。"①

在这段很长的粤语道白之后,接着就唱起了广东地方民歌《龙舟歌》,其中出现了多个粤方言词语,同样带有明显的地方特色。一曲《龙舟歌》唱完之后,又是二人的长篇粤语对话。这幕戏的最后写道:"(又另一人白)我睇见近来有好多文人学士,都想提倡尚武精神,或做些诗,或做些词。但系冇腔冇调,又唔唱得,要嚟何用啫?又有的依着洋乐,谱出歌来。好呢冇错系好,但洋乐嘅腔曲,唔学过就唔哈唱。点得个个咁得闲去学佢呀?独有你呢几首《梳妆台》,通国里头,无论大人细蚊,男人女人,个个都记得呢个调,就个个都会唱你呢只歌。据我睇来,比大同学音乐会个的野,重好得多哩。(乙)好话咯。咪俾咁多高帽我戴咯。夜深咯,睇冷亲我。(众大笑)"②从班超平定西域的故事本身来看,到第五幕结束的时候,此剧的全部情节就已经结束,最能够体现此剧粤语特点的部分也至此为止。

剧中如此充分准确地运用粤语表现二人对话,并以粤曲小调进行穿

---

① 《新小说》第二年第九号(原第二十一号),上海书店1980年复印本,第139~140页。
② 《新小说》第二年第九号(原第二十一号),上海书店1980年复印本,第146页。

插，营造了非常浓重的广东语言和文化氛围。不难想见，粤语在如此长篇的戏曲片段中连续使用，对于懂得广东话的读者或观众来说，定能收到良好的效果。但是正如所有方言都同时具备的优长和劣势一样，这样的粤方言表达方式对于不通粤语的人们来说，则无法领会到其中蕴含的韵味，甚至连准确地理解其含义都会产生明显的困难。

在最后一幕即第六幕《凯旋》中，作者还别出心裁地设计了一个具有明显宣传鼓动色彩的结尾，让大同学校的师生们迎接凯旋归来的班超。作品写道："（大同学校教师上，生徒若干人各持国旗上。两生别持两大旗，一写欢迎班大将军凯旋字样，一写横滨中国大同学校字样。教师用兵式礼操喝号行三匝，教师白）诸君，今日做戏做到班定远凯旋，我带埋诸君，亦嚟做一个戏中人，去行欢迎礼。诸君，你咪单系当作顽耍啊。你哋留心读吓国史，将我祖国从前爱国的军人，常常放在心中，拿来做自己的模范，咁就个一点尚武真精神，自然发达。人人都系咁样，将来我哋总有日真个学番它晚咁高兴哩。现在凯旋军就要出台，大家跟着我企埋一边等罢。（教师生徒排立一边，棚口先悬一匾额，写欢迎凯旋字样，旁绕生花，内藏电灯，用国旗遮住，至此揭开。内先吹喇叭一通，稍停顿，奏军乐。班超武装盛服上，徐干宝星盛服上，十六军士上。合唱旋军歌，绕场三匝，学校学生挥国旗大呼）军人万岁！中国万岁！"① 此剧最后以大同学校师生及众人齐唱黄遵宪所作的《旋军歌》结束。

三、粤语现象的价值和意义

梁启超是广东新会县（今江门市新会区）人，当地居民的用语属于粤方言的次方言。新会话尽管在口音上与广州话、香港话有着明显的区别，但仍然是文化传统深厚的典型粤语形态。梁启超生长于斯，在不知不觉之中潜移默化地受到家乡文化的熏陶影响，留下了极其深刻的童年记忆。从这个意义上说，梁启超最初对于粤语的感知和运用是自然而然、不由自主的。后来梁启超虽然离开家乡，但是对家乡的语言、习俗、文化一直怀有深厚的情感，对广东文化的认识也愈来愈深切，感情也愈来愈深挚。

在小说和传奇中，粤语语言表达方式的经常出现、运用粤语现象的持续发生，并不是梁启超文学创作中的有意为之，而主要是他最原始的语言

---

① 《新小说》第二年第九号（原第二十一号），上海书店1980年复印本，第149页。

能力、思考方式、表达习惯的一种无意流露。也就是说，梁启超在小说、传奇中运用粤语主要是一种无意流露，而不是有意为之，这一点对于评价梁启超运用粤语现象是非常重要的。这种不自觉或无意识的语言状态和由此形成的语言现象，恰恰反映了梁启超小说和传奇创作时非常细微也极有深度的一种思维状态和语言状态。

这一点，与梁启超创作的广东班本《班定远平西域》稍作联系对比，就可以看得更加清楚。从运用粤语篇幅比重、充分程度、连贯性、重要性的角度来看，《班定远平西域》要远胜于小说《新中国未来记》、传奇《新罗马》、《侠情记》和《劫灰梦》。在一部广东地方戏曲剧本中，梁启超有意识地、大量地使用粤语，还有粤语与英语、日语混杂的非常奇怪的语言形式，是为完成创作意图、实现演出目标的一种自觉的创作手段。这种有着明确创作目的的有意为之，形成了一种极为特殊、具有地方色彩、民族色彩和近代色彩的戏曲语言形态和文体形态。这与梁启超小说和传奇中出现的粤语现象有着显著的不同，甚至可以说存在着本质性差异。

非常明显，《班定远平西域》中的粤语运用最为充分也最为突出，所形成的特殊语言现象或形态也最为充分，必定给读者或观众造成奇异的感受，引起受众的极大兴趣并留下深刻印象。这种粤语运用现象中蕴含着强烈的语言信息、文体信息和文学信息，特别是其中透露出来的语言运用方式、文学创作观念、戏剧文体建构、戏剧演出意识等方面的创新与变革趋势，加之剧本在梁启超本人创办并主持的《新小说》这样具有广泛影响的文学刊物上发表，对于当时的戏剧创作与演出、文学创作与传播都必然产生明显的影响。

梁启超小说、传奇中运用粤语基本上是在不自觉、无意识情况下发生的，而主要是作者原初语言习惯、母语记忆的一种自然流露。不论是作者还是读者、观众，对其中的粤语运用和相关语言现象所具有的功能和价值、所可能产生的效果和作用，基本上没有自觉的追求和积极的期待。但这并不意味着梁启超小说、传奇中的粤语现象不那么有价值。恰恰相反，正是在这种自然而然、不假装饰状态之下创作的文学作品、产生的语言现象，才更加真实准确、生动传神地传达出梁启超小说、传奇创作中的话语情境和语言运用状态，从中可以窥测和推想梁启超的创作状态、思维方式和文化心态。

从幼年至少年时期的主要经历中可以了解梁启超语言习得和运用情况

及特点。梁启超幼年在家乡新会师从多位老师受学,使用的当然是属于粤方言的新会话。其后多年梁启超也主要在广州等粤方言区内学习和生活。也就是说,梁启超二十四岁以前所使用的语言,基本上是新会话,只有应试、离开广东等特殊情况下才可能使用官话(普通话)。如此长时期、如此固定的粤语语言环境对于梁启超的思维方式、语言运用、文学创作及其他著述都必定产生根本性的影响,甚至产生决定性的作用。

作为一名地地道道的广东新会人,梁启超并不仅仅在小说戏曲创作中使用粤语,在《少年中国说》《中国积弱溯源论》《新民说》等文章中也可以看出一些粤语痕迹。但需要分辨的是,由于文体形式的不同、接受对象的差异,在传统观念中属于雅正文学的诗文类作品中使用粤语的情况并不突出,学术类著述也大致如此。只有在最具有俚俗色彩、民间性质的小说和戏曲中,梁启超才如此充分地运用粤语,并形成了奇异独特的语言风格,也造就了新异特殊的文体形态。这反映了梁启超清晰的文体意识、文学观念、准确的语言把握能力和出色的语言运用水平。

这种现象实际上反映了梁启超相当明确的粤方言和广东文学地理学、地域文化学意识。他在作于1902年的长篇论文《中国地理大势论》中指出:"粤人者,中国民族中最有特性者也。其言语异,其习尚异。其握大江之下流而吸其菁华也,与北部之燕京,中部之金陵,同一形胜,而支流之纷错过之。其两面环海,海岸线与幅员比较,其长卒为各省之冠。其与海外各国交通,为欧罗巴、阿美利加、澳大利亚三洲之孔道。五岭亘其北,以界于中原。故广东包广西而以自捍,亦政治上一独立区域也。"① 又指出:"广东自秦、汉以来,即号称一大都会,而其民族与他地绝异,言语异,风习异,性质异,故其人颇有独立之想,有进取之志;两面濒海,为五洲交通孔道,故稍习于外事。虽然,其以私人资格与外人交涉太多,其黠劣者,或不免媚外倚赖之性。"② 梁启超在小说戏曲中运用粤语,就是这种乡邦情愫和近代文化意识的一种具体反映或表现形式。正是通过小说戏曲中有时有意为之、有时无意流露的粤语现象,可以窥见梁启超当时思想与创作的某些隐秘而重要的侧面。他对于当时方兴未艾的俗语文学

---

① 梁启超:《饮冰室文集》之十,见《饮冰室外合集》第二册,中华书局1989年影印本,第84页。

② 梁启超:《饮冰室文集》之十,见《饮冰室外合集》第二册,中华书局1989年影印本,第90页。

语言的尝试与突破、对于创新文体形态所进行的探索与建构以及其中包含的地域文化意识和文学理论观念，通过这些小说戏曲作品也得到了相当充分的表现。

从文体构成因素和文体形态特征的角度来看，梁启超的小说戏曲创作是以变革求异、破体创新为主要特征的。这种文体意识和创作追求不仅符合梁启超戊戌变法失败后流亡海外到20世纪初十年左右的主导思想倾向，而且反映了近代以来包括小说戏曲在内的众多文体的总体变革和发展趋势。他对于小说戏曲文体的探索尝试、创新变革，最集中地体现在小说《新中国未来记》和广东班本《班定远平西域》中。

梁启超在《新中国未来记》卷首《叙言》中说过："此编今初成两三回，一覆读之，似说部非说部，似稗史非稗史，似论著非论著，不知成何种文体，自顾良自失笑。虽然，既欲发表政见，商榷国计，则其体自不能不与寻常说部稍殊。编中往往多载法律、章程、演说、论文等，连编累牍，毫无趣味，知无以餍读者之望矣。愿以报中他种之有滋味者偿之。其有不喜政谈者，则以兹覆瓿焉可也。"① 这虽然是许多传统小说中并不鲜见的客气话，但还是道出了有意识地对于传统小说文体的明显突破，而且其中未始没有自矜的味道。假如从叙事策略、情节设计、人物形象、语言风格、审美情趣等角度看待或要求这部小说，那一定是完全令人失望的，或者说作品的实际情况与这些标准完全是枘凿不合的。从另一角度看，则可以认为是梁启超为了表达政治见解、传达思想观念、启蒙宣传鼓动而主动放弃了对一般意义上的小说文体的经营，而将主要精力花费在了小说之外。这也可以说是梁启超有意识地突破小说的文体规范或习惯，而别出心裁地经营着另一种更接近政论文、论辩体的"小说"文体。当然也可以视之为近代小说创作观念显著变化、文体形态发生重大突破的一个有代表性的例子，反映了相当一部分近代小说文体形态发生的趋势性变化。

广东班本《班定远平西域》同样具有求异创新、尝试突破的形式特征。如上文所述，第三幕《平虏》中出现的粤语、日语和英语杂糅的奇异的语言片段和文本片段，第五幕《军谈》中出现的长段纯粹粤语对白所形成的鲜明的方言色彩，从文体形态来看，已经可以认为是个人创造、地域

---

① 阿英编：《晚清文学丛钞·小说一卷》，中华书局1960年版，第2页。笔者对原标点稍有调整。

意识、时代特征、外国语境等因素共同促发而形成的近代文体观念、戏曲文体形态的新变与突破。不仅如此，《班定远平西域》的文体创新与趋时还突出表现在民间俗曲的运用特别是时人创作新诗的运用上。第五幕《军谈》中，班超军中两名军士说道："（甲）喑，喑。前几日我得闲，做得一只《龙舟歌》，等我唱你听吓呀。（乙）好极，好极。你唱咯，我打板。"① 接着一个唱了一曲极具广东地方特色的《龙舟歌》，另一个唱了同样具有鲜明粤语特点的《从军乐》十二首。二人所唱，构成了这一幕戏的主体内容，主旨在于歌颂班超的功业，夸赞当兵的好处，显然增添了作品的民间性和通俗性。

假如说在戏曲中插入民间说唱形式还是传统戏曲的常见作法，特别是花部戏曲以此作为地方通俗戏曲的一种重要表现形式的话，那么梁启超将其忘年挚友黄遵宪创作的通俗新诗故意运用于剧本之中，则不仅集中表现了作品的思想主题，而且形成了一种极具时代特点和个人色彩的文体形式。《班定远平西域》第二幕《出师》末尾即提示以"合唱《出军歌》，绕场三匝"② 作结，并将黄遵宪新近创作的《出军歌》八首完整录出。第六幕《凯旋》中，在年已七十的班超接圣旨班师还朝后，又合唱黄遵宪的新诗《旋军歌》八首，并特别作舞台提示云："合唱《旋军歌》，绕场三匝"③，且将《旋军歌》八首完整录出以方便表演，最后众人高呼极具近代色彩的口号"军人万岁，中国万岁"④ 结束。

需要说明的是，剧中运用且已成为其内容构成、文体形态重要部分的《出军歌》八首、《旋军歌》八首，都是当时谪居于家乡广东嘉应州（今梅州市）的黄遵宪的新诗，其中《出军歌》前四首曾发表于梁启超主编、光绪二十八年十月十五日（1902年11月14日）出版于日本横滨的《新小说》第一号。作为黄遵宪政治上、文学上的同道，梁启超及时主动地将此诗采入自己的戏曲作品之中，一方面说明他对政治上已经走到尽头但仍怀忧国忧时之情的黄遵宪的钦敬，对这些"新派诗"的喜爱以及二人思想的相通性；另一方面也表现了他活跃敏锐的思想和迅速捕捉创作材料大胆进行文体尝试和创新的能力。同时，黄遵宪尚作有《军中歌》八首，三者

---

① 《新小说》第二年第九号（原第二十一号），上海书店1980年复印本，第139～140页。
② 《新小说》第二年第七号（原第十九号），上海书店1980年复印本，第145页。
③ 《新小说》第二年第八号（原第二十号），上海书店1980年复印本，第149页。
④ 《新小说》第二年第九号（原第二十一号），上海书店1980年复印本，第149页。

总称《军歌》，共二十四首，每首诗之末一字连缀起来，就是富于时代性、鼓动性和战斗性的宣传口号："鼓勇同行，敢战必胜，死战向前，纵横莫抗，旋师定约，张我国权。"梁启超还在《饮冰室诗话》中盛赞道："读此诗而不起舞者必非男子。"① 梁启超将此诗采入《班定远平西域》中，确有深意存焉。从戏曲文体的角度来看，这种处理方式和表现方法造成了一种具有鲜明近代色彩和梁启超个人色彩的文体形式，对于传统的戏曲体制构成了大幅度突破和兼具思想性与艺术性的文体创新。对此，梁启超不仅已经清晰地意识到，而且是有感于当时国家民族政治危急局势而尽力拯救挽回的有意为之。因此无论这种尝试和努力的结果如何评价，其中包含的思想意义和文体价值都是值得深切体会并尊重钦敬的。

从更广阔的背景上看，梁启超这种思想追求与文体创新也是具有广泛价值和深刻启发意义的。随着明清以降地方文化的发达和地域文化意识的兴起，在长期以来形成的语言习惯、创作传统的基础上，小说戏曲创作中使用方言的趋势持续发展并达到新的水平。时至晚清，伴随着具有鲜明时代特征、近代色彩的多种地域文化形态的形成和发展，作为通俗文学代表的小说戏曲中愈来愈充分地表现出强烈的地域文化色彩，而运用方言就是其中最明显也是最重要的表现形式。一些报刊发表的小说戏曲、诗文、政论、通讯报道等也时常带有明显的方言特征。吴语、粤语、闽南语、北京话等都是被较多使用的方言，在不同文本中发挥明显的作用。这可以说是近代以来中国文学语言发展变革过程中的一种重要现象，反映了中国文学近代进程的总体趋势。

梁启超在小说戏曲中大量使用粤语，也透露出明清以后特别是近代以来，随着整个中国文化格局发生的重大变化和地方文化的迅速兴起，使岭南文化在西学东渐、中外文化接触交流中处于非常重要的地位，而且这种倡导力和影响力一直延续到民初至现代时期。在近代以来空前纷繁莫测、动荡多变的社会政治背景下，岭南文化更加充分、空前深入地汇入中华文化的整体格局之中，并在某些重要方面引导或启迪了中国文化的总体趋势和基本选择。从这一角度认识梁启超小说戏曲中的粤语现象及其意义价值，可以认为其在有意无意、自觉不自觉之间反映了岭南文学与文化出现兴盛并影响及于全国许多地区的总体趋势，也反映了中国文学空前丰富的

---

① 梁启超著，舒芜校点：《饮冰室诗话》，人民文学出版社1959年版，第43页。

地域化、多样化形态时代的到来。

附：

粤语释文①

粤语词	释义	粤语词	释义	粤语词	释义
嘅	的	呢	此，这。呢处即此处。呢个即这个。馀仿此	佢	他
唔	不	咁	如此，怎么	估	思量
睇	看	吓	助辞	呷	乱讲
乜	甚么	野	东西	傢伙	东西
哙	晓得	阔佬	阔人，犹言有体面的人	好彩	幸亏
个阵	彼时	呢阵	此时	咪	不可
嚟	来	点样	如何	作置	摆布
硬系	必然之辞，犹纯然	懞	愚蠢	打理	留心
冇	无	咩	？	新华	广东现在名角名
我哋	我们	你哋	你们	佢哋	他们
孖	蹲	屋唴	家里	擗	掷
架势	体面	边个	那个	读书佬	读书人
噲	譬辞	靓	标致	啱啱	刚刚
正咯	正才	好话啰	好说了	木鱼书	妇女所唱俗调
外江佬	外省人	擢	拿	喎	荒唐，谬妄

---

① 按：梁启超在《班定远平西域》卷首《例言》最后一条中说："此剧多用粤语，粤省以外之人读之，或不能解。今特为《释文》一篇。"剧末附有主要粤语词语之解释，原题《附粤语释文》，见《新小说》第二年第九号（原第二十一号），新小说报社光绪三十一年（1905）出版，上海书店1980年复印本，第153～154页。此表为笔者据梁氏原作整理。

续表

粤语词	释义	粤语词	释义	粤语词	释义
唔该	对不住,见谅之辞	咂	遍之意	嘈	喧哗
包	保管	嚟傢伙	动手	细蚊	小孩子
重	还	亲	着,冷亲犹言冷着	番	有回复之意,学番犹言再学到

吴趼人的小说观念与《月月小说》的编辑策略

无论是从中国近代文学史的角度来看，还是从中国小说史的角度来看，近代职业化小说家的出现和专业小说报刊的发展，及其对于中国小说创作产生的多方面深刻影响，都是值得充分关注的问题。吴趼人作为近代职业小说家中最为高产者之一，反映了中国小说家走向职业化过程中的许多现象；《月月小说》的创办不仅是近代小说期刊走向繁荣的显著标志之一，其编辑策略更成为当时小说观念与期刊经营方式的传达。吴趼人在编辑刊物和小说创作中，表现出较为丰富且具有一定价值的小说创作观念，反映了近代早期职业小说家的职业特点和创作意识，也反映了近代小说兴盛发展过程中出现的一种重要现象。

一、吴趼人的小说创作观念

吴趼人在《月月小说》杂志任总撰述，刊物发表的主要撰著作品当由吴趼人承担并完成，还需要负责一部分其他方面的编辑工作，创作和编辑工作相当繁重。虽然还有一位总译述周桂笙，承担着外国文学作品的翻译与编辑发表工作，同样承担着该刊的重大责任，但是《月月小说》作为以发表创作小说为主的刊物，吴趼人的工作量和责任可能是第一位的；同时他在这个刊物中所发挥的重要作用也由此得到了充分表现。

作为《月月小说》的总撰述，作为中国近代最为高产、影响最大的小说家之一，吴趼人本人的一些重要作品就首先发表在该刊上。计有"历史小说"《两晋演义》（未完）、《云南野乘》（未完），"社会小说"《上海游骖录》、《发财秘诀》（一名《黄奴外史》），"诙谐小说"《无理取闹之西游记》，"理想科学寓言讽刺诙谐小说"《光绪万年》，"短篇小说"《黑籍冤魂》《大改革》《义盗记》《黑籍冤魂》《立宪万岁》《平步青云》《快升官》《查功课》《人镜学社鬼哭传》，"札记小说"《趼廛剩墨》，"苦情小说"《劫馀灰》等。这些名目繁多的"小说"，篇幅较短的一次即刊载完毕，篇幅较长的则连载发表；虽然有的作品没能全部连载完，但吴趼人的小说已经通过这种传播方式发生着愈来愈大的影响。除小说外，吴趼人还在该刊上发表了多种其他文体形式的作品，主要有：文章，如《月月小说序》《历史小说序》《两晋演义序》《贾鬼西鼓词序》《说小说》等；传奇戏曲《曾芳四》，时事新剧《邬烈士殉路》，杂录《俏皮话》，诗歌《趼廛诗删剩》等。这种以小说为主、兼从事多种文体创作的特点，颇能发挥吴趼人所长，也反映了中国近代一批职业小说家的知识结构和创作特点，透露出近代社会对于职业小说家创作能力和写作方式提出的要求。

1906年11月创刊的《月月小说》比1902年11月创刊的《新小说》晚了整整四年，比1903年6月创刊的《绣像小说》晚了三年半；而且，《月月小说》创刊时，《新小说》和《绣像小说》或者已基本停刊或即将停刊；《月月小说》在此时创办，恰好接续了已经力量不济、影响渐小的这两种小说期刊，可以说是生逢其时。假如说这种外在环境还仅仅是比较简单的浅层因素的话，那么由于拥有以吴趼人、周桂笙为代表的出色的创作和编辑队伍，就是其可以在当时的同类期刊中取得比较优势地位的重要内在因素。

可见，吴趼人对《月月小说》的创办和发展产生了关键性作用，这也是他一生中用心力最多、发表作品最多的一个报刊。吴趼人对《月月小说》的创办和发展做出了重大贡献，《月月小说》对于作为职业小说家的吴趼人的创作和成长具有决定性意义。

概括地说，产生于近代的中国第一代职业小说家，是早期以小说写作为固定职业和生活来源的下层文人，他们的自身状况和面临的文化环境非常新奇也相当特殊，表现出一些共同特点。比较突出者如，从家庭出身来看，他们一般出身于中下级官吏家庭，家境通常并不好，或者家道已经中落，或者处境日趋艰难，较重的家庭负担对他们的生活和工作造成了明显影响；从教育经历和文化程度来看，他们一般没有机会或不屑接受正统的教育途径，或者不喜欢走科举仕途道路，或者虽努力于科第但屡遭失败而终至失望或失去信心，文化水平并不很高，但是颇愿意接受一些新奇的知识和事物，知识结构中具有某些新因素；从职业经历来看，他们一般都有过编辑报纸刊物、从事新闻出版或其他文字工作的经历，也具有比较广泛的社会阅历和丰富的人生经验，对于世情百态、社会各界、各级官场、芸芸众生等，都有着相当细致的观察和深切的认识；从社会地位来看，他们的社会地位普遍不高，由于经常处在正统社会阶层的外围，表现出相当明显的边缘化境况，这一方面增加了他们的职业难度与生活难度，一方面也培养了他们的社会批判精神；从职业体认和创作实践来看，他们具有比较清晰的职业意识，自觉将报刊发行与收入、读者接受与反应、商业经营与销售等因素纳入小说创作之中，有时甚至将其置于相当突出的位置。

这些特点反映了中国早期职业小说家的主要职业与创作状况，也透露出从传统走向现代的社会转型对于这些新式文人的重大影响。中国近代职业小说家的职业状况、生活状态以及所处的文化环境，对于他们的小说创作产生着重要的影响，也在很大程度上决定了近代小说的创作质量和水平。

从工作经历、文学创作和生活处境等方面的情况来看，是可以将吴趼人作为中国近代第一批职业小说家的代表来研究和认识的。吴趼人虽然写作了许多小说，也进行过其他多种文学形式的创作尝试，积累了非常丰富的创作经验，但是由于职业特点、知识结构和文化水平等因素的限制和影响，实际上并不以小说理论见长，或者说，对于小说理论的思考和阐发并不是他的长处。这一方面是因为他不愿意在这方面多花费经历，另一方面也是因为他在这方面的能力相当有限。尽管如此，在他留下的一些文字中，还是可以看出他对于小说的一些看法，可以由此认识其小说创作观念。

吴趼人非常重视并强调小说道德教育、改良社会的启蒙作用。与近代许多小说家和小说理论家一样，吴趼人对于小说的认识也首先是从小说的社会教育作用、道德规范功能方面开始的；在此基础上，还根据自己对小说的理解和认识，进行了适当的发挥，提出了自己的认识。

在《月月小说序》中，吴趼人在梁启超的著名小说理论文章《论小说与群治之关系》的基础上，提出了进一步的观点。他指出，除了改造社会、教育民众、改良群治的作用之外，小说还有另外两个特殊而重要的功能，一是"足以补助记臆力"，即小说以其通俗易懂的特点，可以增强人们对于历史人物与事件的记忆能力；二是"易输入知识"，即小说以其流行广泛快捷的特点，便于承载和传播新知识，有利于科学知识的普及。因此他指出"凡著小说者、译小说者，当如何其审慎耶"，就是说，由于小说有如此重要的社会教育功能，写作小说的人要怀有小心谨慎、严肃认真的态度进行创作；并在此基础上得出结论："吾人丁此道德沦亡之时会，亦思所以挽此浇风耶？则当自小说始。……吾既欲持此小说以分教员之一席,则不敢不慎审以出之。历史小说而外,如社会小说、家庭小说及科学、冒险等,或奇言之,或正言之,务使导之以入于道德范围之内。即艳情小说一种,亦必轨于正道,乃入选焉(后之投稿本社者其注意之)。庶几借小说之趣味之感情,为德育之助云尔。"① 明确强调小说拯救世风人心、提升社会道德、为道德教育之助的巨大作用。

关于这一点,吴趼人在《〈两晋演义〉序》中也说过:"余向以滑稽自喜,年来更从事小说,盖改良社会之心,无一息敢自已焉。"② 虽然有时候出之以滑稽讽刺等手段,但是以小说"改良社会之心"的宗旨是非常明确的。他还在《〈中国侦探案〉弁言》中指出:"小说之足以改良社会,时彦既言之,不一言矣。然其所以能改良社会者,以其能动人感情也。"③ 在关注小说社会作用的同时,注意并强调小说是依靠艺术感染力来实现其社会价值的,这较之简单地强调小说改革社会、教育民众功能的论述显然要深刻一些,也更切合小说创作的实际。非常明显,吴趼人对于小说作用与功能的认识,从思考方式到认识水平,从论述角度到表达方式,都与梁启超的理论主张相当接近,也与当时许多小说家和小说理论家的认识具有相当明显的相似性。

吴趼人特别重视和强调社会小说暴露现实、社会批判的针砭批判作用。基于对小说社会教育、道德教化功能的强调,吴趼人非常重视社会小说的地位和作用,认为社会小说应当担负起暴露官场弊端、社会问题的责任,可以促进社会的改良与进步,应当在社会变革过程中发挥更大作用。他在《杂说》中特别指出:"呜呼!是岂独不善读书而已耶?毋亦道德缺乏之过耶?社会如是,捉笔为小说者,当如何其慎之又慎也?"④ 认为在当时的道德状况和社会环境之下,写作小说应当深思熟虑,慎之又慎。由此出发,以社会批判和现实改造为主导思想追求的社会小说应当在以下三个方面显示出其特色和价值:一是重在客观暴露,将社会真实状况描绘出

---

① 吴趼人:《月月小说序》,见《月月小说》第一号,光绪三十二年九月望日(1906年11月1日)发行,上海书店1980年影印本,第5~7页。
② 吴趼人:《两晋演义序》,见《月月小说》第一号,光绪三十二年九月望日(1906年11月1日)发行,上海书店1980年影印本,第12页。
③ 吴趼人:《〈中国侦探案〉弁言》,见陈平原、夏晓虹编《二十世纪中国小说理论资料(1897年—1916年)》,北京大学出版社1989年版,第194页。笔者对原标点略有调整。
④ 陈平原、夏晓虹:《二十世纪中国小说理论资料(1897年—1916年)》,北京大学出版社1989年版,第194页。笔者对原标点有所调整。

来给人看，这是小说家直面现实人生的创作精神的体现，也是社会小说实现其社会批判功能的基础。他在《二十年目睹之怪现状》第一回《楔子》中就明确指出："里面所叙的事，千奇百怪，看得又惊又怕。"① 又曾说要将"上中下三等社会一齐写尽"，就是这种理论观念在创作实践中有意识的体现。二是文字要具有嬉笑怒骂的特点，这是实现批判社会、讽刺官场的创作目标的艺术手段，可以收到较好的艺术效果并增强作品的力量。他在《发财秘诀》第十回之后的评语中说过："此篇下笔时，每欲有所描摹，则怒眦为之先裂。"② 虽然面对种种社会现实时作者经常是心绪难平、情绪激昂，甚至不能自持，但是在小说创作中需要采用艺术化的手段和方法，以便实现最佳的艺术效果。三是注意迂回曲折，避免过于简单直白，这是对小说艺术结构和表现方式的有意安排，在创作中多采用细致生动、曲折多变的情节结构，构造具有性格深度且富于变化发展的人物形象，这是实现作品艺术效果的重要保证。他在《二十年目睹之怪现状》第十六回的评语中说过："正是丑怪现状，谁料后文更有于此作反对，更现其不可思议之怪现状者，惜此书迂回曲折，不肯骤以真相示人，读者其宁心以俟之。"③ 可见吴趼人在创作中对于情世和人物的重视，也可见他对于读者对作品的接受及其反应的关注。

基于对中国小说史上传统深厚、影响深远的历史演义小说的认识，吴趼人特别重视和强调历史小说的当代教育启发价值。吴趼人对历史小说的认识主要体现在以下几方面：一是以历史小说挽救世风之浇漓。他在《历史小说总序》中说："惜哉历代史籍无演义以为之辅翼也。吾于是发大誓愿，编撰历史小说，使今日读小说者，明日读正史，如见故人，昨日读正史而不得入者，今日读小说而如身亲其境。小说附正史以驰乎？正史藉小说为先导乎？请俟后人定论之。而作者固不敢以雕虫小技妄自菲薄也。"④ 这就是说，通过历史小说可以使读者获得对于历史的初步了解，可以在此

---

① 吴趼人著，张友鹤校注：《二十年目睹之怪现状》，人民文学出版社1959年版，第3页。

② 吴趼人著，卢叔度、吴承学校点：《发财秘诀》，见卢叔度主编《我佛山人文集》第四卷《中长篇社会小说》，花城出版社1988年版，第77页。

③ 吴趼人著，卢叔度、吴承学校点：《二十年目睹之怪现状》，见卢叔度主编《我佛山人文集》第一卷《长篇社会小说》，花城出版社1988年版，第132页。

④ 吴趼人：《历史小说总序》，见《月月小说》第一号，光绪三十二年九月望日（1906年11月1日）发行，上海书店1980年影印本，第10页。

基础上进而更加深切地认识历史,从中获得必要的经验教训。二是将小说与历史著作相比较,指出小说具有趣味性与真实性相结合的特点。他在《历史小说总序》中说:"盖小说家言,兴味浓厚,易于引人入胜也。是故等是魏、蜀、吴故事,而陈寿《三国志》读之者寡,至如《三国演义》,则自士夫迄于舆台,盖靡不手一篇者矣。"① 他还在《两晋演义》第一回回评中说:"作小说难,作历史小说尤难;作历史小说而却不失历史之真相尤难;作历史小说不失其真相,而欲其有趣味,尤难之又难。其叙事处或稍有参差先后者,取顺笔势,不得已也。或略加附会,以为点染,亦不得已也。他日当于逐处加以眉批指出之,庶可略借趣味以佐阅者,复指出之,使不为所惑也。"② 吴趼人在重视历史小说重现重要历史人物和事件的同时,还非常注意小说本身趣味性强、可读性强的特点,这正是历史小说的特殊价值之所在。三是将历史小说与其他种类的小说相比较,认识历史小说的特点。他在《两晋演义序》中曾说过:"小说虽一家言,要其门类颇复杂,余亦不能枚举。要而言之,奇正两端而已。余畴曩喜为奇言,盖以为正远见不如谲谏,庄语不如谐词之易入也。"③ 社会小说之类就是"奇言",特点是"谲谏",多用"谐词";而历史小说则是"正言",其特点是"正规",多用"庄语"。吴趼人从社会小说与历史小作法、用意、风格、语言的异同比较中,体会历史小说的特点,并对之进行更加深入的了解,可见对于历史小说特殊性的重视。

像同时代的许多小说家一样,吴趼人也不能不对小说创作中无法躲避的因素"情"有所认识;而写情小说作为中国小说传统中一个非常庞大且影响广泛的种类,就如同历史演义小说对于中国小说史的重大意义和广泛影响一样,吴趼人也不能不对之有所体会。吴趼人对写情小说的评论主要体现在如下两个方面:一是对"情"的正统道德化理解和着力鼓吹。他在《恨海》第一回中写道:"我提起笔来,要叙一段故事。未下笔之先,先把这件事从头至尾想了一遍。这段故事叙将出来,可以叫得做写情小说。我素常立过一个议论,说人之有情,系与生俱来,未解人事以前,便有了

---

① 吴趼人:《历史小说总序》,见《月月小说》第一号,光绪三十二年九月望日(1906年11月1日)发行,上海书店1980年影印本,第10页。

② 魏绍昌编:《吴趼人研究资料》,上海古籍出版社1980年版,第145页。

③ 吴趼人:《两晋演义序》,见《月月小说》第一号,光绪三十二年九月望日(1906年11月1日)发行,上海书店1980年影印本,第12页。

情。大抵婴儿一啼一笑都是情，并不是那俗人说的情窦初开那个情字。要知俗人说的情，单知道儿女私情是情；我说那与生俱来的情，是说先天种在心里，将来长大没有一处用不着这个情字，但看他如何施展罢了——对于君国施展起来便是忠，对于父母施展起来便是孝，对于子女施展起来便是慈，对于朋友施展起来便是义。可见忠孝大节无不是从情字生出来的。至于这儿女之情，只可叫做痴；更有那不必用情，不应用情，他却浪用其情的，那个只可叫做魔。还有一说，前人说的那守节之妇，心如槁木死灰，如枯井之无澜，绝不动情的了，我说并不然，她那绝不动情处，正是第一情长之处。俗人但知儿女之情是情，未免把这个情字看的太轻了。并且有许多写情小说，竟然不是写情，是在那里写魔；写了魔还要说是写情，真是笔端罪过。"① 明确地将"情"与"忠孝慈义"这些道德"大节"紧密地联系在一起，可见他复归正统道德的思想倾向。他还在《劫馀灰》第十一回中借人物之口说道："我佛法力无边，情亦无边，所以能普施于众生。可笑世人论情，抛弃一切广大世界，独于男女爱悦之间用一个情字，却谁知论情不当，却变了论淫。还有一种能舍却淫字论情的，却还不能脱离一个欲字，不知淫固然是情的恶孽，欲字便也是情的野狐禅。……我自问从出家以来，愈到心如槁木死灰处，愈是我情最深处。所以我说世人动辄以淫欲二字，作为情字解，还要拿他的见解，发为议论，著书立说，这种人是要落拔舌地狱的。"② 可见吴趼人对"情"的理解是正统道德化的，明显缺少叛逆变革与创新进步的因素。这一点与明清以降富于个性解放思想和叛逆精神的思想家、文学家如李贽、汤显祖、金圣叹等人的思想指向大相径庭甚至完全相反。二是将"情"作为传统道德宣传的工具。他在《月月小说》中《说小说》专栏发表的《杂说》有云："作小说令人喜易，令人悲难；令人笑易，令人哭难。吾前著《恨海》，仅十日而脱稿。未尝自审一过，即持以付广智书局。出版后偶取阅之，至悲惨处，辄自堕泪，亦不解当时何以下笔也。能为其难，窃用自喜。然其中之言论理想，大都皆陈腐常谈，殊无新趣，良用自歉。所幸全书虽是写情，犹未

---

① 吴趼人著，王俊年校点：《恨海》，见卢叔度主编《我佛山人文集》第六卷《中长篇写情小说》，花城出版社1988年版，第187页。

② 吴趼人著，王立言校点：《劫馀灰》，见卢叔度主编《我佛山人文集》第六卷《中长篇写情小说》，花城出版社1988年版，第360页。

脱道德范围，或不致为大君子所唾弃耳。"① 可见，吴趼人是有意识地从正统道德立场来表现他所说的"情"的，而且他对"情"做了泛道德化的解释与说明，这既反映了他倾向于正统的思想道德观念，也反映了他相当一般的思想水平。

总起来说，吴趼人关于小说创作的言论理论内涵并不丰富，创新程度也不高，却颇能针对当时的社会变化而发，具有很强的现实针对性；吴趼人小说创作观念的建设性和推动性贡献并不明显，却颇能运用于他的创作实践之中，或者就是他小说创作实践过程的经验性表述。吴趼人的小说创作观念具有较为广泛的内容，涉及多个方面，这也与他广泛的创作领域和丰富的作品相呼应。因此，与其说吴趼人是中国近代文学史上的一位小说理论家，不如将他视为只是一位具有丰富创作经验和一定创作观念的职业小说家更加恰当。正是这样的职业习惯和思想特点，当然也包括他的人生经验和生活状况，构成了吴趼人小说创作的重要基础和内在动力。这既造就了吴趼人的相当突出的小说创作成就，但同时也决定了他的理论水平和创作能力，明显地限制了他向更加高远的目标进步发展的可能性。吴趼人的这种经历和处境、小说创作成就和提升限度，反映了中国近代早期一批职业小说家的共同特点，也在很大程度上决定了近代一批小说的创作特点和艺术水平，反映了中国近代小说家创作职业化过程中一种内涵丰富、意味深长的创作现象。

二、《月月小说》的编辑策略

在中西冲突、古今嬗变的文化背景下，近代小说家面临的文化环境和创作环境几乎是全新的。近代报刊的大量出现并与小说发生深刻关联，就是其中一个特别重要的方面。报纸和刊物部分地改变了近代小说家的小说观念和创作状态，读者对于小说的接受和认识也因为传播方式的变化而发生着巨大的变化，并由此给近代小说的发展带来了根本性的影响。

1906年11月1日在上海创刊的《月月小说》（The All-story Monthly）为月刊，编辑兼发行者最初为庆祺（即汪惟甫），从第一年第四号起，编辑人改为吴趼人，印刷兼发行者为汪惟父；从第一年第九号起，编辑者

---

① 《月月小说》第八号，光绪三十三年四月望日（1907年5月26日）发行，上海书店1980年影印本，第209～210页。

改为许伏民，印刷兼发行者改为沈济宣。《月月小说》的编辑发行人员的内部构成曾发生了几次变化，反映了有关人员的流动变换，也与当时其他小说期刊编辑人员的相对不稳定情形相似，从一个重要角度反映了当时小说期刊业的真实情况。正如《月月小说》的名称一样，该刊的内容主要为小说，或为创作或为翻译，此外还发表一些论文、诗歌、戏曲等作品。历时两年多，至1909年1月停刊，共出版二十四期。在近代比较重要的二十多种小说期刊中，《月月小说》产生过特别显著的影响，具有特别突出的地位。张静庐在《中国近代出版史料》中就指出《月月小说》"为《绣像小说》《新小说》停后之中心的文艺杂志"①，可见其地位和影响之一斑。

《月月小说》比同时代的其他小说刊物篇幅更大，内容也更加丰富，共发表著译小说一百二十多种（包括部分戏曲作品）、诗词二百多首，此外还有杂录、随笔、笑话、灯谜等轻松活泼、为一般读者喜闻乐见的文学形式。从版权页标注的编辑人员情况来看，《月月小说》的第四期至第八期主要是由吴趼人负责的。第六号发表的《本社特别广告》说："本社总撰述我佛山人吴君趼人、总译述知新室主人周君桂笙，昔皆任横滨《新小说》撰译事，二君之著作久为小说界所欢迎，毋庸赘述。自本社延聘后，《新小说》因此停刊，久已不出。"② 此语虽然明显带有自我表白、引人注意的宣传用意，但也道出了部分实情，至少说明总撰述吴趼人、总译述周桂笙二人在当时文坛的重要地位，特别是他们对于《月月小说》的关键作用。从内容安排、版式设计、办刊宗旨等实际情况来看，《月月小说》的风格和特色主要是从吴趼人接手主持刊物之后才开始的，而且在其后，这种风格和特色也相当完整地保存并延续了下来。可见吴趼人在《月月小说》创办过程中发挥的关键性作用和产生的重要影响。

《月月小说》的创办，正是近代小说期刊方兴未艾、小说理论和创作空前兴盛的时期。与在此前后创刊的《新小说》（1902年11月创刊）、《绣像小说》（1903年6月创刊）、《新新小说》（1904年9月创刊）和《小说林》（1907年2月创刊）等小说期刊一样，《月月小说》的宗旨也

---

① 张静庐：《中国近代出版史料初编》，中华书局1957年版，第106页。
② 《本社特别广告》，见《月月小说》第六号，光绪丁未二月（光绪三十三年二月，1907年3—4月）发行。

在于借小说宣传教育的力量以实现改良社会的目的，主张开通民智，以促进群治进化，认为小说内容便于读者记忆，易于增进知识，小说并非游戏笔墨，而是寄予着教育意义。

《月月小说》有意效法《新小说》的办刊主旨和编排形式，并在此基础上形成自己的特色。《月月小说》与许多其他小说期刊一样，是在《新小说》启发和影响下产生的。这从其理论观念、编辑策略、栏目设置、版式风格等方面可以明显地看出，而从两位核心人物、总撰述吴趼人和总译述周桂笙均与《新小说》曾经有过的密切关系中也能看出一些端倪。

假如将发表于《月月小说》第九号上的《〈月月小说〉报改良之特色》和发表于《新民丛报》第十二号上的《中国唯一之文学报〈新小说〉》的主要内容作一对比，就不难发现二者的相似性。比如：《新小说》主张"本报宗旨，专在借小说家言，以发起国民政治思想，激励其爱国精神；一切淫猥鄙野之言，有伤德育者，在所必摈"；《月月小说》就说"本报宗旨，专在借小说家言，以改良社会，激发人之爱国精神"；《新小说》提出"本报所登载各篇，著译各半，但一切精心结构，务求不损中国文学之名誉"；《月月小说》就说"本报所载各部小说，著译各半，延请名宿精心结撰，务求不损中国文学之名"；《新小说》倡导"本报文言俗语参半，其俗语之中，官话与粤语参用，但其书既用某体者，则全部一律"；《月月小说》也说"本报文言俗语参用，其俗语中纯用官话，一律语言"。① 如此明显的相似性或雷同性绝不能用偶然的巧合来解释。可以由此推测，《月月小说》在设计制定其宗旨与主张时，很有可能直接参照了《新小说》的有关章程，否则就无法解释为什么二者竟是如此的相似，甚至在遣词用语上也如出一辙。

还有一点可以肯定，吴趼人是认真地读过梁启超发表于《新小说》创刊号上的《论小说与群治之关系》及其他文章与作品的。他在《月月小说序》中就说过："吾感夫饮冰子《小说与群治之关系》之说出，提倡改良小说，不数年而吾国之新著新译之小说，几于汗万牛充万栋，犹复日出

---

① 《〈月月小说〉报改良之特色》，见《月月小说》第九号，光绪三十三年九月一日（1907年10月7日）发行；《中国唯一之文学报〈新小说〉》，见《新民丛报》第十二号，光绪二十八年六月十五日（1902年7月19）发行。

不已而未有穷期也。求其所以然之故，曰：随声附和故。"① 吴趼人还说过："小说与群治之关系，时彦既言之详矣。吾于群治之关系外，复索得其特别之能力焉。一曰足以补助记臆力也。……一曰易输入知识也。……小说能具此二大能力，则凡著小说者、译小说者，当如何其审慎耶？夫使读吾之小说者记一善事焉，吾使之也；记一恶事焉，亦吾使之也。抑读吾小说者得一善知识焉，得一恶知识焉，何莫非吾使之也？吾人丁此道德沦亡之时会，亦思所以挽此浇风耶？则当自小说始。"② 可见，《月月小说》的办刊主张和文学观念明显受到梁启超创办《新小说》的办刊宗旨和在该刊创刊号上发表的《论小说与群治之关系》等文章的影响。而吴趼人最有代表性的小说《二十年目睹之怪现状》，也是他亲自从上海虹口的日本邮局寄往在日本横滨的《新小说》杂志社，并连载发表的。这些情况完全可以作为《月月小说》与《新小说》密切关系的有力证明。

《月月小说》也曾受到《绣像小说》的影响。这不仅仅是因为吴趼人与《绣像小说》的编者李伯元是关系密切的朋友，吴趼人曾在该刊上发表过《瞎骗奇闻》、《活地狱》（为李伯元续写）等重要作品，而且从《月月小说》卷首采用的照片和内文偶尔出现的小插图中，不仅可以看到其深受《新小说》的影响，也可以看出《绣像小说》影响的痕迹。

作为新兴的职业小说家谋生途径和手段的小说期刊，作为方兴未艾的专业小说杂志的代表，近代的许多小说期刊都具有明晰的博采众长、竞争进步的编辑意识，在许多方面都体现出具有近代工业社会色彩的商业意识和经营观念。就产生于《新小说》《绣像小说》等期刊之后的《月月小说》而言，它要显示自己的编辑策略和经营特色，寻求自己的发展道路，扩大影响力和发行量，就必须采取认真学习、不断总结的方式，走后出转精、以特色取胜的道路。这是《月月小说》面临的局势所决定的，也是具有丰富的编辑报刊、从事创作经验的吴趼人、周桂笙等人清醒地认识到的。

《月月小说》有意识提倡当代小说家撰著小说，但也不鄙薄翻译小说。在该刊创刊前后的一段时间里，创作小说较之翻译小说不仅数量少，而且

---

① 吴趼人：《月月小说序》，见《月月小说》第一号，光绪三十二年九月望日（1906年11月1日）发行，上海书店1980年影印本，第4～5页。

② 吴趼人：《月月小说序》，见《月月小说》第一号，光绪三十二年九月望日（1906年11月1日）发行，上海书店1980年影印本，第5～7页。

影响也小；许多翻译小说质量不高，有的格调流于低下。如林纾在作于1906年的《〈红礁画桨录〉译馀剩语》中就说过："方今译小说者如云起，而自为小说者特鲜"①；翌年发表于《小说林》第七期的《觚庵漫笔》中也说："小说书岁亦出百馀种，而译者居十之九，著者居十之一。"② 在这种背景下，《月月小说》杂志有意识地强调自撰小说，所发表的小说也以撰著小说为主。其第十五号刊登的《征文广告》中就说："本报注重撰述，凡有关于科学、理想、哲理、教育、政治诸小说佳稿寄交本社者，已经入选，润资从优。"③ 可见其办刊宗旨和提倡撰著小说的导向。

《月月小说》发表最多、最有影响、最能体现其特色与水平的，当然是撰著小说。撰著小说可分中长篇小说和短篇小说，长篇又按内容性质细分门类。按照《月月小说》的栏目设计与分类，该刊发表的主要小说种类有理想小说、社会小说、历史小说、侦探小说、侠情小说、国民小说、写情小说、奇情小说、苦情小说、哲理小说、科学小说、滑稽小说、诙谐小说、寓言小说、虚无党小说、航海小说、冒险小说、立宪小说、警世小说、教育小说、札记小说、短篇小说、译本短篇小说，等等，达二十多种。很明显，这些类别名称并不是按照一个标准划分出来的，而是根据小说内容经常变化安排的。由于刊物编者的变化，小说栏目的设置和重点也有所变化。但是总的说来，这种小说分类方式一方面反映了刊物栏目的细致与生动，努力适应读者需求的主观愿望，另一方面也反映了近代小说文类意识的加强。

这种小说分类方式是从《新小说》开始的，表现了近代小说家在西方文学观念的影响下对于小说类型的理解和分类实践的尝试，其中也含有对于小说期刊栏目设置、小说创作内容丰富化的考虑；而《月月小说》在吸取了《新小说》关于小说分类经验的基础上，根据实际情况有所丰富和发展，从而在近代重要小说期刊中显示出分类最为细致、种类最为繁多的特点；从另一角度来看，这也是《月月小说》与《新小说》密切关系的一

---

① 林纾：《〈红礁画桨录〉译馀剩语》，见陈平原、夏晓虹编《二十世纪中国小说理论资料（1897年—1916年）》，北京大学出版社1989年版，第166页。

② 觚庵：《觚庵漫笔》，《小说林》第七期，见陈平原、夏晓虹编《二十世纪中国小说理论资料（1897年—1916年）》，北京大学出版社1989年版，第250页。

③ 《征文广告》，见《月月小说》第十五号，戊申三月（光绪三十四年三月，1908年4月）发行。

个有力证明。这种分类对古代小说种类观念有所突破，反映了新的小说观念。与《月月小说》相类似的许多小说期刊当时也经常采取这种分类方式，可见这也是当时的习惯做法或文坛风气。

《月月小说》中的译著小说由总译述周桂笙负责，所发表作品的以侦探小说、虚无党小说为多，这两类小说在当时也深受读者喜爱，并在中国近代文学界、文化界发生了深远影响。周桂笙的翻译作品大都采用当时流行的报章体，即浅显的文言文和白话文，在当时颇有独树一帜之概，影响很大。1906年，他倡导发起"译书交通公会"，并撰写《宣言》，申明该会的宗旨。《宣言》阐述了译书的重要性，提出了译者所应该遵循的准则。周桂笙批评一些旧式文人一味自满自大、总以为中国文学为最佳、无须向他国学习的保守心理，倡导向其他国家学习。他认为当今世界是一个开明的世界、一个竞争的世界，只有取他人之长，才有希望一跃而为强国；可以通过译书输入新思想、新学术，使我们的国力不断增强。他还提出：译书者是新思想的传播者，责任重大，万不可草率行事。可是当时译界的状况却未能尽如人意，劣质的译文充斥市场，不但误导读者，也给中国的翻译事业带来了不好的名声。从而提出了更新翻译观念、提高翻译质量的希望和要求。

可见，周桂笙关于翻译的见解是相当通达的，对于当时的翻译界不仅具有针砭警策的意味，也具有建设发展的价值。周桂笙相当明智的翻译主张和开阔的文化观念由此也得到了充分的体现。从《月月小说》杂志的角度来看，延请周桂笙来负责翻译作品及其编辑工作，应当说是很恰当的；他与吴趼人之间两强的联合、互相支持的结构方式也便于二人长处的发挥和刊物的发展。

《月月小说》特别重视和提倡短篇小说，并着意发表了较多的相当成熟的短篇小说。一个相当明显的事实是，《月月小说》以前的小说期刊几乎都不重视短篇小说，这种情况包括《新小说》《绣像小说》等杂志在内。基于对小说文体特点的体会和对于报刊连载小说传播与读者接受特点的体察，《月月小说》在创刊之初，就非常重视短篇小说。《月月小说》对于短篇小说的重视和提倡，与吴趼人的办刊理念和创作经验有着十分密切的关系；甚至可以认为，《月月小说》对于短篇小说的倡导，就是吴趼人编辑思想与创作主张的直接反映。

《月月小说》主要以两种方式表现对短篇小说的重视与提倡：一是从

创刊开始,就专门开辟了"短篇小说"专栏,还一度开辟过专门刊载外国短篇小说的"译本短篇小说",有力地促进了短篇小说的创作和发表。这两个栏目先后发表短篇小说 73 种,占该刊发表的 113 种小说总量的 65%;其中创作的短篇小说 38 种,占该刊发表的短篇小说的 50%以上;而吴趼人自己创作并发表于该刊上的短篇小说就有 12 种,可见他对短篇小说的重视和身体力行。二是通过广告、征文启事等方式,号召提倡多创作短篇小说,增强作者和读者对于短篇小说的重视程度。如第二号的《征文启》中说:"如有短篇小说、札记、杂歌、灯谜、剧本或诗词、寓言等关于小说宗旨而愿付本报刊行者,当视其字数,酌量赠以本报或报以新书,结文字之缘。"① 第十四号的《特别征文》广告说:"本社现欲征求短篇小说,每篇约二三千字,及中西丛谈逸事等稿,海内著作家,如有以佳什见惠者,望投函本社审定刊登,或酬墨金,或谢书报,均望于来函中表明意见,以便商定。"② 第十号的《征文广告》中也说:"本报除同人译著外,仍广搜海内外名家,如有思想新奇之短篇说部,愿交本社刊行者,本社当报以相当之利益。"③ 因此,阿英曾在《晚清文艺报刊述略》中评价说:"《月月小说》的主要功绩,却应该说是对短篇小说的提倡。刊载短篇小说之多,开前此未有之局。……可以说是当时中国新的短篇小说的发轫,一种新的尝试。"④

《月月小说》对短篇小说的提倡和重视,也反映了吴趼人导向意识相当明显且具有进步意义的小说观念。中国传统小说史上也曾出现为数众多的短篇小说,许多文言小说、笔记小说、话本和拟话本小说从篇幅上看都比较短小,可以看作是广义上的短篇小说,但是这类小说仍然属于传统小说;严格意义上的短篇小说,则是到了中国近代小说迅速发展的背景下才真正出现并发展成熟的。可以认为,中国近代短篇小说正是在吴趼人等一批职业小说家的理论倡导和积极实践之后,才在各个方面日趋成熟,并确立了自己的文体地位。吴趼人为此做出了特别突出的贡献,由于他的有意

---

① 《征文启》,见《月月小说》第二号,光绪三十二年十月望日(1906 年 11 月 30 日)发行。
② 《特别征文》,见《月月小说》第十四号卷首,戊申二月(光绪三十四年二月,1908 年 3 月)发行,第 4 页。
③ 《征文广告》,见《月月小说》第十号,光绪三十三年丁未十月(1907 年 11 月)发行。
④ 阿英编:《晚清文艺报刊述略》,古典文学出版社 1958 年版,第 25~26 页。

倡导和大量实践，才使短篇小说发展到了新的阶段，而《月月小说》正是吴趼人表现和实施其小说观念的重要园地。

《月月小说》具有比较先进的经营策略，注意运用照片、绣像与插图，增强刊物的生动性和形象性，扩大刊物的影响和销量。《月月小说》虽不像《绣像小说》杂志一样以"绣像"命名，但其每一期卷首均有"图画"，即古今中外人物、景物名胜的铜版照片，以最直观生动的形式传达更加丰富的文化信息。该刊图画与文字内容相互补充映衬、相得益彰的特点从中也得到了相当充分的显现。这显然是借鉴和延续了《新小说》杂志的做法。《新小说》在每一期的卷首都刊登外国人物或异域风景的铜版照片，而特别是以外国艺术家的肖像照片为主。《月月小说》虽然也刊登了不少外国艺术家的照片，但也登载了一些中国文学家、艺术家的照片；特别有创意的是还刊登了当时一些小说家、报界人物的照片。这些在当时属于即时性内容的照片，在时间已经过去了一个多世纪的今天来看，则具有了相当珍贵的文献价值。

《月月小说》第四期刊登《特别广告》说："本报出版以来，辱承海内外欢迎，销路日广。顷自第五号起，特自备活版机器，自行精印，按期出版。第五号并加增图画及小说四五门，皆极有趣味之作，以符读者诸君之雅望。"① 特别强调新增的"图画"和新的小说种类。如光绪三十二年九月望日（1906年11月15日）出版的第一期的"图画"专栏中，就依次发表了如下十一幅照片：《中国元代小说巨子施耐庵先生遗像》《英国大小说家哈葛德肖像》《本社总撰述吴君趼人肖像》《本社总译述周君桂笙肖像》《本社总经理庆祺肖像》《美国水族鏊判院》《美国纽约地底铁道》《济南府大明湖》《济南府历山》《美国女优白露华》《美国女优铁丽仙》。又如光绪三十二年十一月望日（1906年12月30日）出版的第三期刊登的"图画"依次为：《近代小说家李伯元徵君遗像》《法国大文学家词曲家小说家孟代》《法国大戏曲家马德邻》《日本花园之美女》《合众国之大鸟笼》《没字牌》《历下亭之风景》。再如光绪三十三年丁未正月（1907年2月）出版的第五期刊登的"图画"依次为：《孔子七十六代孙今衍圣公像》《阙里》《孟母断机处》《泰山云步桥游人之风景》《十年不

---

① 《特别广告》，见《月月小说》第四号卷首影，光绪三十二年十二月望日（1907年1月28日）发行。

眠之异人》《法国大小说家罗克当》《法国著名女优盘那儿》《法国女优雷若兰》《法国女优梅绿特》《脑威国之大山洞》《最新发明之救生球》；最后还有未出现在该期杂志目录中的一幅吴趼人的大幅拱手全身照片，上方题"恭贺新禧"四字，下方有说明文字曰"光绪丁未年吴趼人四十二岁"，刊登这幅照片，当是新春之际总撰述向读者致意、恭贺新年之意。由以上几例可见，《月月小说》卷首照片的选择和安排有明确的用意，与它的办刊宗旨、编辑策略、运作方式等均有一定关系。

《月月小说》这种将照片置于期刊之首或报刊之中的做法，不仅仅是中国传统书籍刊印方式的继承，而且是深受西方近代报刊编辑方式影响的结果；或者准确地说，虽然其中也带有某些中国传统的因素，但主要是后者影响启发的结果。这种情形也反映了近代报刊编辑理念、编印方式的时代性进步，也反映了一种更加注意形式多样、讲究信息丰富、注重读者接受的时代风气；而这种风气和习惯对后来的报刊观念和编辑方式也产生了重要影响。

《月月小说》采取以小说为主、兼取其他的文学观念，注重内容的多样性和形式的生动性，通过丰富的内容和灵活的形式吸引广大读者。在近代的主要小说期刊中，就每一期的篇幅而言，《月月小说》是最长的一种。这当然与它内容的丰富性密切相关，也与它努力获得读者关注与好感的商业化目的相关。《月月小说》虽然以小说为主，但广泛吸取多种文艺样式，发表多种生动活泼的文艺作品。在其广告文字中，一再宣传自己内容丰富、形式多样、生动有趣、可读性强的优势。比如第九号发表的《特别征文》就说："名儒硕士如有札记、乐府、插画、剧曲、灯谜、寓言、俳偕以及有关系于小说宗旨者，愿付本报刊行，当视文字之优胜，酬以相当之利益。"① 邯郸道人吕粹声所作的《月月小说》第一年第十二号《跋》中也说："当二十世纪，为小说发明时代，杰作弘构，已如汗牛充栋，以小说附报者，比比皆是，以小说名报者，更指不胜计；若以材料丰富，完全无缺者，舍《月月小说》，更无其二。"② 发表于第二年第一期（总第十三号）中报癖（陶祐曾）所作的《论看〈月月小说〉的益处》一文，首先

---

① 《特别征文》，见《月月小说》第九号，光绪三十三年九月一日（1907 年 10 月 7 日）发行。

② 邯郸道人吕粹声：《跋》，见《月月小说》第一年第十二号，上海书店 1980 年影印本，第 228 页。

陈述了《月月小说》的好处,强调"官场中应看""维新党应看""历史家应看""实业家应看""词章家应看""妇女们应看",之后总结说:《月月小说》"色色俱全,样样有趣,如花似锦,层出不穷,难道还算不得小说报里的霸王吗?倘列位因为小子说得这样天花乱坠,不大相信,便请平心静气,仔细去看,才知道小子这一篇话,真不是拍《月月小说》的马屁呢。"① 可见,这种内容安排和办刊风格是《月月小说》编者的有意为之。

除名目繁多的各种小说外,《月月小说》还登载小说理论文章,并兼及戏剧、弹词、诗词等文学形式。该刊经常开设的栏目和发表的作品种类主要还有颂词、论说、传奇、戏剧、历史传、时事戏剧、忠勇戏剧、弹词、杂录、讥弹、词章、词林、艺苑、挥麈谈、附录、附件等。这种以小说为主,戏剧、说唱、笔记杂谈为辅,兼及诗词、笑话等文学样式的办刊方式,可见该刊以小说为主、兼顾其他多种文艺样式的栏目设置与内容特点,以及由此反映出来的明晰的具有近代都市特点的办刊方向和经营意识。这一点,在近代小说期刊中也是非常突出的。时萌曾指出:"《月月小说》的总倾向虽不及《新小说》和《绣像小说》严肃,但编排之活泼,实为四大小说杂志之冠。"② 这也是当时许多小说期刊的共同方式,反映了一种重要的文坛风气和编辑出版策略。

由于编者的变动或侧重点的不同,《月月小说》的常设栏目经常发生一些变化,或进行若干调整。但总的说来,名目繁多、多种多样的"小说",辅之以上述这些以通俗性、娱乐性和时事性为主要特点的栏目,就构成了该刊的主体,形成了它自己的特色,使之在当时产生了相当大的影响,也在近代众多的小说期刊中占有一席重要的位置。

《月月小说》具有明确的选稿标准和编辑意图,采取以名家名作为主、兼顾其他的选稿标准,特别注重作者队伍的知名度和代表性。在专业小说刊物层出不穷、职业文学家队伍日益壮大的背景下,作者队伍对于刊物的地位和影响具有特别重要的作用。具有丰富编辑经验和创作经验的总撰述吴趼人,当然明白作者队伍对于《月月小说》的重要性。由于该刊总撰述

---

① 报癖(陶祐曾):《论看〈月月小说〉的益处》,见《月月小说》第二年第一期(总第十三号),上海书店1980年影印本,第11~17页。

② 时萌:《晚清小说》,上海古籍出版社1989年版,第7页。

吴趼人和总译述周桂笙二人为好友，而且办报刊经验丰富，同行人士、各路文人均相当熟悉，在上海具有相当大的影响力，他们各自发挥自己的长处，又能互相支持帮助，两人的合作颇有相得益彰的效果。

因此，伴随着《月月小说》创办和发展，逐渐形成了一支人数较多、影响广泛、特点突出的作者队伍。除吴趼人、周桂笙外，经常在该刊发表创作或译作作品的作者有天笑生（包天笑）、罗季芳、祈黄楼主（洪炳文）、杨心一、陆勉旃、陈无我、李郁、报癖（陶祐曾）、冷血（陈景韩）、天虚我生（陈蝶仙）、天僇生（王钟麒）、柚斧（包安保）、白眼（许伏民）等。除此之外，还有不少使用别号、笔名或化名、如今还难以确定其真实姓名的作者，如清河、角胜子、仙友、春飔、中国老骥、大陆、萧然郁生、月行窗、曼叟、仲明等。由这份名单中可以看出《月月小说》作者队伍及其影响之一斑。这种情形也反映了至近代以后，小说家及从事其他文体创作的文人作家愈来愈习惯于使用笔名发表作品，促使作者笔名大量使用、迅速增加的基本趋势。这支相对稳定的作者队伍对《月月小说》的生存与发展产生了至关重要的作用。

因此，假如将梁启超主办的《新小说》视为促进近代小说繁荣发展第一个重要刊物，那么也就可以认为，吴趼人参与编辑的《月月小说》是促进近代小说繁荣发展的又一个重要的专门的小说杂志。

吴趼人能够有如此丰富的创作，与他作为职业作家和专业编辑的身份有着密切的关系，而如此众多的小说品种的出现，固然与近代小说的整体繁荣、作家的勤奋创作不可分；同时，与由于众多小说期刊的出现带来的近代小说传播方式的转变、传播途径的现代化变革也有着十分密切的关系。只有在具备了比较现代化的传播媒介的情况下，具体地说就是在报纸杂志大量出现的情况下，小说才可能获得空前广阔的发表园地和生存空间，才可能出现如此繁荣的局面。《月月小说》恰恰反映了这种具有重要文化史意义的深刻变革。

论诗绝句的集成与绝唱
——陈融《读岭南人诗绝句》的批评史和文体史意义

陈融在完成《读岭南人诗绝句》之后,曾写下七绝四首,以志当时的心境,其一云:"蛮方轻诮古来今,风力坚遒后起任。不染岳云湖绿色,江衣岭带郁蟠深。"其四云:"搜索遗文册载来,光阴偏待惜残灰。独留一管枯馀笔,等到无书读处开。"① 从中可见作者在经过四十年的断续写作、反复修改之后,终于将这部三十多万言的《读岭南人诗绝句》写定之后的复杂心情和深切感受,而作者对于岭南诗人诗作的熟稔程度、扎实的文献根底,特别是对岭南诗人诗作的充分肯定和深厚感情也从中可见;其中也流露出作者对几十年间经历的时势变化、世事沧桑的多重感慨。

一、陈融及其论诗绝句

陈融(1876—1956),字协之,号颙庵,别署松斋、颙园、秋山。广东番禺(今广州)人。早年肄业于菊坡精舍,攻词章之学。光绪三十年(1904)入日本东京法政大学速成科。翌年加入同盟会。1911年4月参加辛亥广州起义。广东光复后,任军政府枢密处处员。1913年后,历任广东省司法筹备处处长,广东法政学校监督,广东警察学校校长,广东审判厅厅长、司法厅厅长、高等法院院长、大本营法制委员会委员,广东省长公署秘书长兼政务厅厅长、行政院政务处处长。1931年任广州国民政府秘书长,旋任西南政务委员会政务委员兼秘书长。1948年受聘国民党总统府国策顾问。1949年赴澳门,1956年病逝。诗词、书法、篆刻、藏书俱负时誉。著有《读岭南人诗绝句》《黄梅花屋诗稿》《竹长春馆诗》《颙园诗话》《秋梦庐诗话》《黄梅花屋印谱》等,编选有《越秀集》等。

---

① 陈融:《〈读岭南人诗绝句〉成书此》,见《读岭南人诗绝句》卷首图版,香港1965年誊印本。

《读岭南人诗绝句》是陈融一生用心最勤、用力最久、最为重要的一部著作，凡三十多万言，从草创至完成前后历四十年。在如此漫长多变的岁月里，六易其稿，方始写定，可见作者对此书的执著用心、一往情深。全书分十八帙，以七言绝句并系小注方式，记载、歌咏、评论、考辨从汉代至民国年间一千三四百年间的岭南诗人凡二千〇九十四家，写下绝句二千六百八十一首；其中有小部分散佚，如第十四帙论民国诗人部分即佚其前半，含诗人五十三家，诗一百〇二首；是书今存者，论列岭南诗人二千〇四十一家，绝句二千五百七十七首。① 值得特别注意的是，此书还专辟三帙，用以记载与品评岭南妇女诗人、方外释家诗人和道家诗人。这虽然是一些诗歌纪事著作和史学著作的常见作法，并非其首创，但是陈融《读岭南人诗绝句》的处理方式，既表现了重视女性诗人、方外诗人的文学观念和文化眼光，又反映了岭南诗歌史上女性诗人、方外诗人做出的杰出贡献和应有的文学批评史与文学史地位，这种判断也符合岭南诗坛的具体情况。② 可以认为，在古今众多的研究者中，对岭南文学与文献如此执著、如此深情者，除《广东新语》《广东文选》的作者屈大均之外，另一重要人物则当推《读岭南人诗绝句》的作者陈融。

　　《读岭南人诗绝句》全部为七言绝句，从多个角度品评每位诗人，少则一首，多则四五首，大抵依其重要程度而定，影响较大、材料丰富或争议较多的诗人则品评文字较多；除绝句之外，还以少则几字，多则上千字的小注形式对所品评的每位诗人进行具体的说明阐发；诗与注之间形成了非常明显的彼此映衬、相互发明的密切关系。而且，就保存岭南人物与史

---

　　① 冒广生《〈读岭南人诗绝句〉序》有云："平生所遭顺逆之境，如梦幻然，若羊胛之乍熟，使人俯仰，有不能喻诸于怀者。独其于诗，愈老而嗜好愈笃。乃以暇日，成此四千馀首，凡六易稿始写定。"见《读岭南人诗绝句》卷末，香港1965年誊印本。按：笔者据该书目录所列诗篇数统计，全书原论及岭南诗人二千〇九十四家，有诗二千六百八十一首，除去散佚者，今尚存诗人二千〇四十一家，诗二千五百七十七首。据此可知冒氏所说"四千馀首"之数不确。另，何氏至乐楼丛书第三十二种本《黄梅花屋诗稿》后附有《读岭南人诗绝句拾遗》（又名《读岭南人诗绝句补编》），增补诗人六十二家，诗一百二十五首，即《读岭南人诗绝句》所佚之第十四帙论民国诗人部分，系由陈融弟子余祖明多方搜求所得，并于1972年编定，何氏至乐楼1989年冬月刊行。若将此部分计算在内，则《读岭南人诗绝句》共存诗人二千一百〇三家，诗二千七百〇二首。

　　② 张伯伟曾将"论闺秀"视为清代论诗诗内容方面值得重视的开拓之一，见所著《中国古代文学批评方法研究》第四章《论诗诗论》，中华书局2002年版，第428～432页。

事的文学价值和文献价值方面来看，这些诗注有时候甚至比诗本身还要显得重要，至少不亚于诗本身的价值。应当认为，陈融的《读岭南人诗绝句》是论诗绝句这种特色鲜明的文学批评形式和诗歌创作方式进入总结时期以后取得的一项标志性成就，具有独特的批评史、文体史和文学史价值。

二、《读岭南人诗绝句》的文献价值

《读岭南人诗绝句》具有独特而重要的文献价值。就陈融的创作动机和主要目标来说，与其说这是一种诗歌批评形式，不如说是系统研究岭南诗歌的学术意图的诗体表达。① 郭绍虞、钱仲联、王蘧常所编《万首论诗绝句》尝选录《读岭南人诗绝句》三百一十一首②，以为殿后，且为全书选录数量最多的一家，可见推重。从岭南文学史与文学批评史的角度来看，《读岭南人诗绝句》展现了空前详赡的岭南诗歌史历程，提供了丰富的岭南文学与文献资料，许多是一般研究者未曾注意的材料，其价值足当引起重视。

《读岭南人诗绝句》根据清晰准确的文献史实，相当全面地清理和记载岭南诗人诗事及有关史实，表现出明确系统的载记乡邦文献、传承地方文化的意识。全书开篇第一首诗即鲜明地表现了这一点，诗云："海风渐渐扫南氛，八代焉能不阙文。岭表诗源议郎首，有人说过漫重申。"注云："杨孚，孝元，南海，屈翁山云：'广东之诗，始于杨孚。'梁崇一云：'汉和帝时，南海杨孚为《南裔异物赞》，诗馀也。'"③ 将杨孚作为岭南诗

---

① 关于此问题，可参考程中山《清诗纪事成犹未，谁识兵尘在眼前——陈融〈清诗纪事〉初探》，见《汉学研究》，台北汉学研究中心2008年版，第263～289页。

② 郭绍虞、钱仲联、王蘧常编：《万首论诗绝句》，人民文学出版社1991年版。张伯伟《中国古代文学批评方法研究》第四章《论诗诗论》尝提及陈融《读岭南人诗绝句》，云："此据《万首论诗绝句》所收，编者题下注云：'录三百十一首。'可知原稿更多。"见所著《中国古代文学批评方法研究》，中华书局2002年版，第423页脚注。周益忠在为所编《论诗绝句》撰写的《导读》中云："陈颙的《读岭南人论诗绝句》更多至四千多首，可谓前所未有。"台北金枫出版社1999年版，第31页。所说数字同样不确，且所述书名亦不确。可见二书对《读岭南人诗绝句》一书均语焉不详。

③ 陈融：《读岭南人诗绝句》，香港1965年誊印本，第1页。

歌兴起的标志,这一观点虽非陈融首创,而是在沿用屈大均①、梁崇一提出的见解,但是从中依然可见陈融对岭南诗歌起源问题的重视和追索岭南诗歌渊源的兴趣。咏王邦畿诗四首,第一首云:"王如美玉孟如珠,珠小偏能与玉俱。篇幅不多《耳鸣集》,浩然犹是此区区。"注有云:"其感时伤事,一托于诗,自名曰《耳鸣集》。澹归序略云:'雷峰虽提持主道,然不废诗,皆推说作第一手。余亦时为诗,性既粗直,诗亦愤悱抗激。每见说作诗辄自失,以为有愧于风人也。说作诗诸体皆工,至其五七言律,真足夺王孟之席。余虽不知诗,天下后世见说作之诗,又将以余为知诗也。王孟并称,当时无异词,千载而下,亦未有敢易置者。譬之置珠于左,置玉于右也。'(此序见《遍行堂集》钞本)又钱牧斋序略云:'诸君子生于岭南,而同室视余,余诚有愧。然若吾里之叛而咻者,所谓蜀日越雪也。王君之诗,学殖而富,意匠深,云浮胐流,殆将别出诸君子之间。名其集曰《耳鸣》,而序之曰自鸣也、自验也。愿以是正于余,余之愧且喜,亦余之耳鸣云尔。'(此序为《有学集》所无,于《楚庭稗珠》见之)。"② 除对王邦畿其人其诗予以高度评价外,特别值得注意的是,引用澹归和尚、钱谦益所作两篇《耳鸣集》序言以为证明,而且这两篇文献或见于钞本《遍行堂集》,或不见于通行本《有学集》,可见其珍贵程度和特殊价值,作者借以保存乡邦文献的清晰意识和细致用心由此也清晰可见。

咏谭莹的三首诗也皆侧重表彰谭氏在岭南文献汇辑、刊刻与传播方面做出的重要贡献,第一首云:"风诗典雅略波澜,持较骈俪季孟间。审定丛书及诗话,是渠归宿九疑山。"第二首云:"检得画幔三四律,晚晴果得颔中珠(晚晴簃所选画幔堂数首,皆佳构)。世情推勘皆症结,坐月支琴总自如。"注云:"谭莹,玉生。南海。道光举人,化州训导,学海堂学长。工骈体文。南海伍氏所刻《岭南遗书》《楚庭耆旧遗诗》《粤雅堂丛

---

① 屈大均尝云:"汉和帝时,南海杨孚字孝先,其为《南裔异物赞》,亦诗之流也。然则广东之诗,其始于孚乎!"见《广东新语》卷十二《诗语》"诗始杨孚"条,中华书局1985年版,第345页。

② 陈融:《读岭南人诗绝句》,香港1965年誊印本,第174~175页。按:此段文字与《楚庭稗珠录》所录颇有异同,见清檀萃编、杨伟群校点《楚庭稗珠录》,广东人民出版社1982年版,第122页。

书》皆其手校,跋尾诗话皆其手笔。生平精力略尽于此。有《乐志堂诗文集》。"① 可见谭莹一生主要精力之所在,在伍崇曜出资刊刻的几种重要总集与丛书过程中,发挥了至关重要的作用,陈融对谭莹的充分肯定也寄予其中。咏吴道镕诗一首云:"乐府连环前代事,尚疑游戏见清裁。茫茫文献乡园泪,后死谁当著作才?"注云:"吴道镕,玉臣,澹庵。番禺。光绪进士,官编修。国变隐居。有《明史乐府》,所任编选《广东文征》,自汉迄清,凡六百馀家,人系一传,遗稿未及写完;经张学华接董其事,续得一百数十人,以次编入,合七百一十二家。《作者考》十二册先成,全书稿本复写十馀份,分藏各图书馆,刊布有待。"② 对吴道镕主要是从其发起编辑《广东文征》并率先完成《广东文征作者考》,对岭南文献做出重大贡献的角度进行评价的,可见陈融对岭南文献搜集、整理和传播的重视与期待。当时《广东文征》尚未出版,因此陈融有"后死谁当著作才"之叹,复有"刊布有待"之语。可以补充的是,时隔多年之后,吴道镕纂辑、张学华增补、叶恭绰传录的《广东文征》第一册(即卷一至卷十四)影印本于1973年10月由香港珠海书院出版委员会出版;《广东文征》全书铅印本六册也以"香港中文大学图书馆丛书第一集"的名义,作为"香港中文大学建立十周年纪念",于1973年10月出版。③ 吴道镕纂辑广东历代文献以表彰岭南文化传统的愿望终于结成了丰硕的果实,陈融的期待也得到了部分的实现。

又如,第十七帙《妇女》所列女性诗人,除少数如王瑶湘、黄之淑、叶璧华、范萱、黄芝台、黄璇、邓秋零、汪鞠生等之外,大多并不为人所知,有的甚至连真实姓名也未曾留下,但是这种对于岭南女性诗人的关注本身,就足以证明陈融周详全面的文献意识和比较先进的文化观念。如咏邓秋零诗云:"逃禅不遂竟沉渊,恨事当年道路传。一卷天荒读遗句,秋风秋雨奈何天。"注云:"邓秋零,慕芬,顺德。父业农,精拳术。零幼亦谙习,能只手举铁机百斤,有女英雄之目。稍长就读港沪女校,与校友黄秋心素称莫逆。早存厌世之想,尝欲削发为尼。民国三年冬,与秋心同返粤,诣肇庆投鼎湖庆云寺礼佛,夜并沉于飞水潭。事详《天荒杂志》,并

---

① 陈融:《读岭南人诗绝句》,香港1965年誊印本,第506页。
② 陈融:《读岭南人诗绝句》,香港1965年誊印本,第693~694页。
③ 许衍董任总编纂,汪宗衍、吴天任参阅之:《广东文征续编》铅印本四册,后来亦由广东文征编印委员会于1986年9月至1988年9月在香港出版,显系《广东文征》之延续发展。

载秋零《题雨中芙蓉》一绝云：'秋风秋雨奈何天，断粉零脂只自怜。何事画师工写怨，染将红泪入毫端。'又《自题披发小照·调寄点绛唇》一词，亦多解脱。"① 可见陈融对岭南杰出女性的重视与评价。

《读岭南人诗绝句》对一些珍稀文献与重要史实进行准确的记录和中肯的评述，或留下重要的文献线索，或澄清重要的历史事实，弥补了以往载记之不足，有助于相关问题的研究和评价。该书品评的第二位诗人是刘珊，有诗二首，其一云："江南有客赋悲哀，送得知音海外来。毕竟当朝重文翰，故教岭左拔清才。"其二云："记室翩翩数辈俦，五言诗最擅风流（张正见，清河东武城人，善五言诗）。宫庭湖水司空妓，未许清河胜一筹。"注云："刘珊，正简，南海，笃学有志操，州郡举为咨议侯。景文之乱，徐伯扬浮海至广州，见其文，叹为岭左奇才。及为司空侯安都记室，亟荐之。太建初，除临海王长史，与记室张正见辈为文翰之友。见《陈书》。"② 以《陈书》为主要根据，记述刘珊诗歌创作与为官经历、生平交游的重要情况，以正史材料参证诗史人物之用意非常明显。咏陈邦彦诗四首，第一首云："真气弥纶书卷多，诗心纯在旧山河。老成方略胸中有，时露精沉出咏歌。"第四首云："广大师门撷众英，三家四子各峥嵘。锦岩萧索风烟后，仅有斐然岭学声。"注有云："丙戌清师入粤，拥兵拒战，退保清远，力竭被执，不屈死。永历赠兵部尚书，谥忠愍。著有《雪声堂集》，《南上草》未见。温汝能辑《岩野集》四卷，存。又著有《易韵数法》《阮志注》，存。其子恭尹，渊源家学，屈大均久游其门，梁佩兰或云同出其门，或云私淑弟子。同时薛始亨、何绛、罗大宾、程可则皆先后钧陶，云淙开社。岩野曾未参与，盖抱负不在此也。而岩野之诗卒开三家四子面目，世称'锦岩诗派'，二百馀年，仅得诗以鸣其故国之思而已。"③ 这段文字除高度赞誉陈邦彦抗清不降、英勇就义的烈士精神，对其仅以诗歌鸣世的际遇多有同情外，考辨的史实也颇为重要：一是陈邦彦著作的流传与版本问题，因其书在清代屡遭禁毁，流传不易；二是包括一般所说三家四子在内的岩野门人弟子问题，特别是对在反清与仕清之间摇摆不定的梁佩兰是否为岩野及门弟子的考究，可以见出作者对此类重要历

---

① 陈融：《读岭南人诗绝句》，香港 1965 年誊印本，第 747 页。
② 陈融：《读岭南人诗绝句》，香港 1965 年誊印本，第 1 页。
③ 陈融：《读岭南人诗绝句》，香港 1965 年誊印本，第 152～153 页。

史细节的重视，保存岭南珍稀文献之用心亦清晰可见。

咏黎简诗四首，第一首云："不出其乡黎二樵（近人论粤诗有此句），似誉似毁太无聊。须知河岳江湖客，界限森严见未消。"第四首云："风雅升沉一代愁，萧条冷月望罗浮。屈陈一百馀年后，应有樵夫在上头。"注有云："黎简，简民，石鼎，未裁，二樵，顺德，乾隆拔贡生，有《五百四峰堂诗钞》。汪氏续刻《诗钞》。评其诗者，除近人有'不出其乡黎二樵，江山文藻太萧寥'句为贬辞外，誉者多小异而大同。余尝访不匮室主人，见其手《五百四峰堂》一卷，因问对二樵诗有何品评，主人曰：'亦跬步二李，而上追杜韩。'他日主人复惠书云：'二樵诗前谓其亦是二李，顷诵其《答同学问诗》云云，自道甘苦，似胜他人之评量；阔步清爽，则非二李所能囿矣。'续又来书云：'读二樵诗臆说，承奖高兴，更申瞽见。诗卷十五《与升父论诗》，尤见作者胸臆与本领。'"① 特别重要的是，此处引用胡汉民与陈融个人交往的言论与书信中对黎简的评价，可见胡汉民论诗的见解和特点。这样的材料不仅极为难得，反映了胡汉民与陈融二人同门交往的片段，而且益发可见作者留存岭南诗坛材料、以论诗诗传人记史的深远用意。陈融咏乃师黎维枞诗三首云："碧腴少日结吟窝，白牡丹花藻誉多。八首磨礲矜一字，内心当驾易秋河。""面壁无功不易臻，精纯原得义山真。一樵略比二樵意，老杜终为众妙津。""神韵当如偶遇仙，轻清易入野狐禅。简严师训无多语，七十年来在耳边。"注有云："黎维枞，簋廷。南海，原籍新会。贡生，候选训导，学海堂学长，越华书院监院。能赋，善画，工骈体文，于诗尤夐夐独造。遗著甚多，身后余所搜得，只有《碧腴楼吟稿》甲编一册、《莲根馆丛稿》庚集一册，暨其少作《思源吟草》一册，殆不及什之二三。思欲刊行，为师存其一鳞半爪而已。展堂甚有同情，为之序曰：'余十八九岁时从簋廷师学诗，师设帐于里中读月山房，湘勤、协之实先受业。师颇赏两人所作，而谓余好驰骋，少含蓄，勖以枕葄唐贤，改其故步，心窃仪之。未几师归道山，余遂未能卒业。师早岁即以咏白牡丹乌桕诗著名于岭南，迄为学海堂学长，掌文科，同时作者皆避席。此数卷为协之今年得之于旧好蟫蠹中，师所手订，识其岁月，则已六十七年矣。卷中皆少作，虽不足以尽师之生平，而隽永绵丽之作，已足以卓然名家。或曰岭南诗人悉好昌谷而师义山，师晚年自号一樵，盖

---

① 陈融：《读岭南人诗绝句》，香港1965年誊印本，第311～312页。

窃比二樵山人之意。二樵亦近昌谷，义山之裔也。协之先曾得师之遗稿若干篇，因并合付梓。闻其他稿多散佚，不可复得'云云。后因欲再事搜索，岁月忽忽，蹉跎至今，余等之罪也！"① 这段文字，从弟子这一独特角度回忆老师的文学创作与成就，引同门胡汉民之序以为补充说明，对老师的诗歌取径、教导学生有所发挥和评价，表达了弟子们对老师的深厚感情和深切回忆，情真意切，令人动容；对黎维枞的著述创作、存佚流传情况及其门弟子的教育经历、文学创作进行了独特的揭示，对了解岭南近代的文学创作与教育传承也具有特殊的价值。这样的文字只能出于陈融笔下，他人断无法写出，可以说非常珍贵。

　　《读岭南人诗绝句》运用相当充分的文学批评史、文学史材料及正史、方志、笔记等其他文献资料，对某些尚未弄清或存有分歧的文献与史实进行简要的考证辨析，或丰富了以往载记之不足，或辨明存有歧见的史实，使是书不仅获得了重要的文学批评史和文学价值，而且具有一定的地方史、社会文化史价值。品评孙蕡之诗共四首，可见陈融对孙蕡的重视，第一首云："南园先后五先生，首数西庵气象横。闽十才人吴四杰，同时风雅动神京。"第四首云："身畔蒋陵秋梦多，萧声凉夜逼天河。骚坛有碍人如玉，剑及儒冠果为何？"注云："孙蕡，仲衍，西庵，南海平步，即今顺德。洪武举乡，官至翰林典籍。何真归附，求蕡作书，与王、李、赵、黄开抗风轩于南园，世称南园五先生。以题画坐蓝玉党，竟置之法，门人黎贞收葬于安西之阳（叶遐庵云：'西当系山之误。西庵葬沈阳之安山，又名鞍山，即日本设重工业处。余曾访孙墓，已无人知矣'）。有《和陶》《集古》《西庵集》《通鉴前编纲目》《理学训蒙》等著。"② 除对南园五子之首孙蕡因为蓝玉题画而被视为蓝玉同党、竟至被杀的遭遇深表同情外，值得注意的还有所引叶恭绰语，对孙蕡所葬之地进行了考辨，表现出明确的以人物系重要史事的用意。咏区大相诗四首，第一首云："南园消息久销沉，岭海钟灵此国琛。毕竟虞山大司马，有无他故弃球琳？"注有云："前后七子称诗号翰林，为馆阁体，大相始力祛浮靡，还之风雅。……朱锡邕云：'海目诗持律既严，铸词必炼，其五言近体，上自初唐四杰，下

---

① 陈融：《读岭南人诗绝句》，香港 1965 年誊印本，第 642～643 页。按："庾集"当为"庚集"之误。

② 陈融：《读岭南人诗绝句》，香港 1965 年誊印本，第 35 页。

至大历十子，无所不仿，亦无所不合。岭南山川之秀，钟比国琛，非特白金水银、丹砂石英已也。'又云：'海目五言律诗，如钝钩初出，拂钟无声，切玉如泥；又如铙吹平江，秋空清响。虞山钱氏置而不录，予特为表出之。'"① 尝在明代诗风转变过程中发挥重要作用的区大相，并未引起钱谦益的应有重视，陈融引朱彝尊对区大相的高度评价，重新表而出之，显然有纠正未当、弥补阙失之意。

咏屈士爃、屈士煌兄弟诗四首，后二首云："题素思归戞玉声，昭关字字筑金城。定知老到难为弟，也许飞扬胜乃兄。""玉友金昆世共伤，彬彬风雅一门强。韶年幼弟先秋气，剩有哀辞哭华姜。"注有云："屈士煌，泰士，铁井，诸生。与兄士爃往来陈子壮军中。同产五人先后卒，独士煌奉母匿迹山村。事迹详于翁山所著墓表。往岁吾友隋斋胡子得其遗诗钞本，辑入《南华杂志》，曾语余曰：'铁井先生集未见前人著录，遗诗八十五首，友人陈君善伯录自沙亭屈氏钞本。细玩诸篇，本事前后错杂，似未经先生手定。而《粤东诗海》所录三首及《鼎湖外集》一首，均未见收，更可证明全集断不止此。'以清朝一代文网之密，为从古所无，虽有孝子贤孙不知冒几许危难，始克保存先人遗著以迄今日，如此编是已。若先生伯氏白园所著《食薇草》，余固求之十年而未能得，即访之屈氏族人，亦无知之者，为可慨耳。"② 通过对屈士爃、屈士煌兄弟著作存佚情况的分析评论，反映清代文网之严密、思想之专制、文献之禁毁等重要的历史事实。以友朋间谈论内容为材料品评论说，堪称独家所有，其珍贵程度显而易见。

《读岭南人诗绝句》注意记载和考辨与岭南诗坛相关的非岭南人物或事件，根据可靠史料和著述对一些重要史实进行考证辨析，由岭南指向其他重要的地方文化区域，使史实的叙述、诗人的品评获得了更加广阔的文学与文化空间，表现出明晰的整体的中国文学与文化意识。咏丁日昌诗三首，第二首云："百兰花盛冶春天，不算销魂不杜鹃。欲学无端写哀乐，时时借着芷湾鞭。"第三首云："波澜忽自何蝯叟，强起荒疏十五年。连岁荔枝香色好，不甘无字作枯禅。"③ 由于丁日昌的特殊政治地位和广泛影

---

① 陈融：《读岭南人诗绝句》，香港1965年誊印本，第121~122页。
② 陈融：《读岭南人诗绝句》，香港1965年誊印本，第165~166页。
③ 陈融：《读岭南人诗绝句》，香港1965年誊印本，第555页。

响,陈融对之予以特别的重视,三首七绝之下的诗注长达千字。值得注意的是,陈融品评丁日昌诗,一方面将其置于岭南诗歌、客家诗歌的层面上进行考量,指出丁日昌有意学习宋湘的创作路向;另一方面,又特别指出丁日昌与当时岭南内外的许多重要人物皆有交往,诗作亦颇受这些人的启发,还特意引用丁日昌与湖南道州诗人、书法家何绍基的酬唱,以示丁日昌诗歌的广泛影响。从岭南、岭北两个维度上考量评价丁日昌诗,使品评获得了岭南以内与岭南以外的双重价值,表现出明显的中国诗歌批评的整体意识。咏朱启连诗三首云:"谁识中强部勒奇,桐城文法及于诗。盆山竹与碔砆玉,那是谦辞是傲辞。""闭门远俗陈无己,掩泪空山元裕之。都有寥天弦外意,茫茫相许在心脾。""元陈姜合是平生,切切颐巢死友评。一曲河梁愁万古,为君寸断玉弦声。"注有云:"朱启连,棣坨,跂惠。本浙江萧山人,父仕粤不归,遂托籍于粤。游汪谷庵之门,且为馆甥。一试不第,即弃去。性敏介,与世落落寡合,愤时嫉俗,辄出以诙谐。尝刻小印曰'隘与不恭'。工诗古文,善章草隶书。晚好琴,妙达音律。陶子政为作家传,颇能揭其学行,有曰:'性行似元结,文学似陈师道,艺术似姜夔。非今之士所有也。'陈宝箴云:'志行郁乎古人,文学超乎侪类。闇然不以其中之所有希世之知,世亦卒鲜知之。'杨锐云:'诗无一语不经酝酿而成,一洗近时浅易粗犷之习。'其自评诗曰:'清而薄,如僧橱之粥也;挺而弱,如盆山之竹也;黝而削,如羸夫之肉也;莹而确,如碔砆之玉也。'虽自谦抑,然坚挺秀健,此正良喻。"① 岭北各省人士入粤并著籍岭南,是岭南文学与文化发展过程中的一个重要现象,这些图南人士为岭表文学和文化的发展做出了重大贡献。对朱启连的品评就反映了陈融对历代入粤人士的重视,而且引用多人评价揭示朱启连的多方面成就,在广阔的中华文化背景下特别是在岭南文化与岭北文化的交流融合中认识朱启连这一类型的入粤名人的重要地位。

此外,对岭南僧人诗作与世变之际僧俗变化、处世态度的关注也是《读岭南人诗绝句》的突出特点之一。咏函可诗四首,前三首云:"关门有梦哭挥毫,雪满千山诗兴高。几曲浩歌存变雅,一生禅语带《离骚》。""瘦驴背子雪霜欺,鞭策长鸣振鬣时。得罪以诗诗更好,油然忠孝念吾师。""风沙黯黯衲衣寒,万里书来忍泪看。痛定哦诗诗是泪,以诗和泪写

---

① 陈融:《读岭南人诗绝句》,香港1965年誊印本,第621~622页。

阑干。"注有云："函可，祖心，剩人。博罗。本姓韩，名宗騋，文恪公日纘长子。少负才名，既丧父母，一意学佛，与曾起莘同参道，独于华首。崇祯己卯，年二十九，入匡山为僧。旋上金轮峰，入古松堂，礼寿昌博山塔。乙酉至南都请经，值国变，咏歌凭吊，致亡国之痛。及将南还，为门者所持，逮京师下狱。洪承畴为文恪门下士，颇左右之，乃以此登弹事狱，具戍沈阳。初至，入普济寺读经。既历主广慈、大宁、永安、慈航诸大刹，苦行精修，暇辄为诗。自谓'绕塔高歌，正如风吹铃鸣，塔又何曾经意？'戍沈阳后，叔兄弟、姊妹、子妇咸死于难。每得家书，流涕被面。痛定而哦，或歌或哭，每以洊沍苟全、不得死于国家为憾。"①虽是品评函可其人其诗，却从一个重要侧面展现了世变之际岭南与岭北的重要史事。咏大汕诗三首，第一首、第三首云："百家绝技一身胜，天界威光万里腾。豪侠逼人离六集，为离为六对心灯。""一书多趣屈介子，平等不甘潘稼堂。生命区区一回事，志书文阙亦荒唐。"注有云："大汕，厂翁，石莲，长寿寺僧，自称觉浪盛嗣，未知是否。所著有《离六堂集》《证伪录》《不敢不言源流就正》等，攻《五灯全书》，兼攻《五灯严统》。潘耒稼堂尝作《天王碑考》以反驳之，见《遂初堂别集》四，非袒全书，实恶大汕也。……大汕本净《五灯全书》，而反为潘耒所净，以致于死，固梦想不及也。然大汕与翁山交恶后，曾欲首其《军中草》，陷之死地，说见潘耒《救狂书》。果尔，则潘耒亦效汕所为耳。渔洋《南海集》下有《咏长寿寺英石赠石公》诗，而《分甘馀话》四极诋之，殆受潘之影响。《道古堂集外诗》《游长寿寺伤石濂大师》云：'离六堂深坐具空，低回前事笑交讧。纷纷志乘无公道，缔造缘何削此翁。'注：'省府县志皆不言师建寺，深惜之也。'余季豫言《援鹑堂笔记》四六论潘向汕索赇事颇详，可参证。大汕《离六堂集》序者十五人，梁药亭、屈翁山外，江浙为多，中有徐电发釚，亦己未鸿博，与耒同邑，而盛称大汕，岂亦念同乡之谊耶？何毁誉之悬殊也？以上录《国粹学报》第七十八期，及陈垣先生《清初僧净记》。"②此处征引多种文献资料，通过大汕、潘耒、屈大均个人际遇和相互关系前后变化、复杂纠结的考订分析，不仅呈现了重要历史细节、复杂多变人性的某些侧面，而且从具体人物和事件的角度反映了岭

---

① 陈融：《读岭南人诗绝句》，香港1965年誊印本，第769～770页。
② 陈融：《读岭南人诗绝句》，香港1965年誊印本，第801～804页。

南人物与江苏、浙江文化某些方面的重要关联，呈现出更加具体的文学史和文化史景观。

《读岭南人诗绝句》中除频繁引用丰富的岭南文献外，还多次引用朱彝尊、钱谦益、赵翼、洪亮吉、徐世昌、陈衍、王逸唐等非岭南人物的著作或言论，以与岭南人物的有关品评相比较参证，也表现出同样重要的价值。这种思考和写作方式一方面使对于岭南诗人诗作的评骘认识获得了更加可靠的参照比较对象和评价角度，另一方面也有效地拓展了对岭南诗歌的认识空间，从而使《读岭南人诗绝句》获得了超越岭南地域文化范围以外的文学批评史和文学史价值。

三、《读岭南人诗绝句》的批评观念

陈融一生如此钟情于《读岭南人诗绝句》的创作，除了搜求、保留、传承岭南历代诗歌文献的深远用意外，还表现出相当明确的批评观念。假如说《读岭南人诗绝句》的文献价值从其外在形式上即已得到相当充分的表现，那么，它的批评观念则主要通过其内在理路同样集中地表现出来。与以往的论诗绝句相比，《读岭南人诗绝句》表现出通达而深刻的批评观念，其中表现出来的批评意识和诗学主张多有堪可总结、值得汲取之处。

《读岭南人诗绝句》以爱古人而不薄近人的评判态度，以既突出大家又适当关注小家的记述原则，非常注重探求岭南诗歌的古老源起，又注重探究其流变壮大的历史过程，也不忽视记录和品评时人与时事，在论诗诗的抒情性与史料的可靠性之间寻求中和稳妥的尺度，力图全面详尽地展现岭南人诗歌创作的风貌。全书从东汉杨孚、南北朝时期陈朝刘珊起，至作者同时代人物为止，著录品评一千四五百年间的两千多家岭南人物的诗作，确可以说是蔚为大观，空前绝后。书中所录，除为人们所熟知的大家名家外，尚有大量的不为一般人所知但又确有其价值的小家；被采入是书者，除一般意义上的"诗人"外，还有一些并不以诗名世的各种类型的岭南人物。这也许是该书以"读岭南人诗绝句"为名，而不用"读岭南诗人绝句""论岭南诗人绝句"或其他名称的原因之所在，亦可见作者的宽阔眼光和深远用意。与众多论诗之作推重古人、穷究古事的习惯相比，《读岭南人诗绝句》既推重古人又不鄙薄近人的态度和处理方式，不仅表现得更加通达开阔，而且符合岭南人物、文学乃至文化发展变化的实际情况，更能准确地反映岭南人物与诗歌兴起、流传、发展壮大的历程。

一个明显的事实是，岭南文学虽然起源很早，可以上溯至汉唐时代，宋代也是岭南文学一个关键性的积蓄、过渡时期，但不能不承认，只有到了明清以后，中国文学最为活跃的区域、产生广泛影响的中心区域才从中原地区、江南地区逐渐再度南移而至于五岭以南，岭南文学方真正迎来了全面发展的时期，岭南诗歌的气象面貌才逐渐形成，并逐渐为其他文化区域的人士所认可。而到了晚清民国时期，由于岭南独特的地理环境、文化生态特点，岭南诗歌乃至多个文学领域才出现了繁荣兴盛、盛况空前的局面，岭南文学与文化也迎来了辉煌的黄金时代。因此，《读岭南人诗绝句》采取的重古人而不薄近人、重诗人而不弃其他人士的方式，是符合岭南诗歌、文学和文化的实际情况的；或者说，这样的处理方式，更能有效体现岭南诗歌、文学与文化发展变化的特点。

咏屈大均诗凡四首，第一首云："儒素缁蓝托意深，诗人气骨自森森。从来燕赵称豪杰，舍却沙亭何处寻？"第四首云："九世深仇虽可复，千年正统未能存。诗亡义有春秋在，可读先生宋武篇。"表达了对屈大均道德文章、人品诗作的由衷钦敬，作者的深挚感情溢于言表。在诗注中，陈融首先引用胡汉民（展堂）关于梁佩兰、屈大均、陈恭尹这"岭南三家"诗之联系与区别、取径与高下的论述："窃谓翁山之诗，以气骨胜；元孝之诗，以情韵胜；药亭之诗，以格律胜。翁山如燕赵豪杰，元孝为湘沅才人，药亭乃馆阁名士也。"之后提出自己的见解道："展堂之说如是，可以序翁山之诗矣。翁山诗学太白，曾自言之，见于《覆大汕和尚书》。第是书言之有物，非总括自评其生平所学也。翁山诗何止专学太白？读者当知如展堂所云云，知其得于杜者尤深。竹垞所评，似未尽允当。"① 认为屈大均诗歌创作风格取径多受李白影响，自有其道理；但是从整体创作风格的角度来看，陈融所强调的屈大均在深受李白启发的同时，也颇受杜甫诗风的影响，无疑更为通达显豁。咏黄遵宪诗四首，第一首云："定庵濡染从何说？晞发观摩亦偶然。左列涛笺右端砚，古人何事位拘牵？"注云："人境庐诗，或以为濡染定庵，陈石遗则以为宗仰《晞发集》。而诗中《杂感》有句云：'即今忽已古，断自何代前？明窗敞琉璃，高炉蓺香烟。左陈端溪砚，右列薛涛笺。我手写我口，古岂能拘牵？'"第二首云："松

---

① 陈融：《读岭南人诗绝句》，香港1965年誊印本，第166～169页。按：胡汉民论岭南三家之语，又见于陈融《颙园诗话》。

阴寰海尽工夫，并力方成人境庐。想象平生知己语，我诗亦许霸才无？"注云："人境庐《李肃毅侯挽诗》句：'人哭感恩我知己，廿年已慨霸才难。'自注云：'光绪丙午，余初谒公，公语郑玉轩星使，许以霸才。'"①清末以降，论人境庐诗并予以高度评价者不计其数。通观陈融所论，仍有其独到之处：一是注重黄遵宪博采众长、追求独创的创作观念与实践经验，并非只受一家一派之影响，这也恰与黄遵宪的创作主张相合；一是将李鸿章称黄遵宪为"霸才"之事引入对人境庐诗歌的评价，揭示了认识黄遵宪及其人境庐诗的一个重要角度，可见推重，这也恰与钱锺书评价人境诗的思路略有相通之处②。

《读岭南人诗绝句》具有相当明确的价值判断标准和诗学评骘尺度，表现出对道德正义、烈士情怀、真情实感、自然澄明、晓畅平易等思想观念或风格特征的尊重甚至崇敬，对岭南诗人诗作体现出来的某些核心价值的深度认可或期待。评黎遂球诗四首，其第一首云："偶为名花写妙词，金罍锦服渡桥时。才人落魄扬州梦，聊慰邯郸午后饥。"第二首云："笔为砥柱墨翻波，磨剑从军花下歌。此是英雄真本色，任教长庆又元和。"第四首云："阁上须眉万古尊，诗人魂亦画人魂。舆图只有林峦补，字字应思碧血痕。"注有云："《广东诗语》：美周五古最佳，如《古侠士磨剑歌》《结客少年场》诸作，与困守虔州，临危时击剑扣弦，高吟绝命有云：'壮夫血如漆，气热吞九边。大地吹黄沙，白骨为尘烟。鬼伯舐复厌，心苦肉不甜。'一时将士闻之，皆袒裼争先，淋漓饮血，壮气腾涌，视死如归。以视李都尉兵尽矢穷，委身降敌，韦鞲椎结对子卿，泣下沾襟，相去何啻天壤？又有《花下口号》，皆不失去英雄本色。"③通过对黎遂球在世变之际、临危之时不失"英雄本色"之行为与诗作的记载与表彰，表现了对英雄人格与烈士情怀的敬仰之情。咏邝露及其子邝鸿诗四首，第一首云："五色肝肠绝世姿，一生不重取师资。自然晚有惊人笔，更益釜嵩海雪诗。"第二首云："桃叶端阳放浪吟，荒原广武发悲音。是真豪士纵横笔，酒热穷途涕泪深。"注云："邝露，湛若，南海，工篆隶诸体。为诸生

---

① 陈融：《读岭南人诗绝句》，香港1965年誊印本，第609页。
② 钱锺书云："余于晚清诗家，推江弢叔与公度如使君与操。弢叔或失之剽野，公度或失之甜俗，皆无妨二人之为霸才健笔。"见所著《谈艺录（补订本）》，中华书局1984年版，第347页。
③ 陈融：《读岭南人诗绝句》，香港1965年誊印本，第138～139页。

时,学使校士,露以真、行、篆、隶、八分五体书于试卷,为学使所黜,大笑弃去。游吴楚燕赵间,赋诗数百章,才名大起;又游广西,寻鬼门铜柱旧迹,遂入岑蓝胡侯槃五土司境,归撰《赤雅》一书,纪其山川风土。旋以荐擢中书舍人还广州。清兵至,与诸将戮力死守,凡十阅月。辛卯城陷,幅巾抱琴出,骑白刃拟之,湛若笑曰:'此何物,可相戏耶?'骑亦失笑。徐还所居海雪堂,列古器图书于左右,抱所宝古琴,不食死(或曰为清兵所杀)。所著有《赤雅》三卷,《峤雅》四卷。"① 这段文字虽不多,活画出邝露极其刚烈鲜明的性格,特别值得注意的是他在清顺治八年辛卯(1651)清军攻破广州城时镇定自若、视死如归的英雄气概。非常明显,字里行间,也表现了作者对邝露人格操守的钦敬之情。

《读岭南人诗绝句》以通达的眼光和明确的诗史意识,对各派诗人与各种人物采取兼收并蓄的态度,注意兼顾突出重点与照顾全面的关系,尤其是对某些下层人士、有争议人物或负面人物也采取了宽容的态度,以存人事与史事之真实,表现出明晰的历史感。咏招子庸诗三首,第一首云:"书生戎马萍蓬客,画壁旗亭远上词。试问风流贤令尹,可能深结上峰知?"第三首云:"薄命天涯啼泪多,酒阑灯灺一枝歌。新声合授琵琶和,人说江湖薄倖何。"注有云:"招子庸,原名为功,字铭山,又号明珊居士。南海。嘉庆举人,性跅弛不羁,善骑射,能挽强弓,善画兰竹及蟹,复精琵琶,与徐铁孙荣同游张南山之门。……铭山精晓音律,寻常邪许,入于耳即会于心,蹋地能知其节拍。故所辑《粤讴》,虽巴人下里之曲,而饶有情韵,拟之子夜读曲之遗,俪以诗馀残月晓风之裔,一时平康北里,谱以声歌,虽羌笛春风,渭城朝雨,未能或先也。铭山有《九松山房诗钞》,不可见,诗选见《海岳诗群》。"② 值得注意的是,陈融对招子庸的多方面才华和他编辑整理的《粤讴》给予高度评价,并介绍有关情况,特别对广东的民歌俗曲表现出极大的热情,为全面了解招子庸及其文学成

---

① 陈融:《读岭南人诗绝句》,香港1965年誊印本,第150~151页。按:屈大均《广东新语》卷十二《诗语》"邝湛若诗"条云:"湛若南海人,名露,少工诸体书。督学使者以恭宽信敏惠题校士。湛若五比为文,以真、行、篆、隶、八分五体书之。使者黜置五等,湛若大笑弃去。纵游吴楚燕赵之间,赋诗数百章,才名大起。岁戊子,以荐得擢中书舍人。庚寅,奉使还广州,会敌兵至,与诸将戮心死守。凡十阅月城陷。幅巾抱琴将出,骑以白刃拟之,湛若笑曰:'此何物可相戏耶?'骑亦失笑。徐还所居海雪堂,环列古奇器图书于左右,啸歌以待骑入,竟为所害。"见所著《广东新语》,中华书局1985年版,第350~351页。

② 陈融:《读岭南人诗绝句》,香港1965年誊印本,第444~446页。

就提供了重要的文献线索。咏周子祥诗二首云:"不知浮世复何物,高咏风花敲唾壶。流水高山几时近,余怀渺渺问樵夫。""不自然中非易学,二樵生硬却能神。功成刻意轧新响,未易心香属九真。"注有云:"周子祥,九真,南海布衣。诗学黎二樵。……李子虎云:'二樵学山谷多不自然,九真学二樵却能自然。'此证明恐于两方均有未到处。胡展堂有云:'山谷力求生新,以砭东坡之熟巧。二樵句云"谷拙实竟巧",非薄山谷,但笑不善学山谷者耳。故二樵生峭处亦时近山谷也。九真适得自然,多于近体得老熟之境界而遂止,学二樵尚未能生峭也。此处可参看第六帙黎二樵绝句诗注所录胡展堂论二樵、与升父论诗及二樵饮酒诗第五首。'"① 由陈融对布衣诗人周子祥的重视和高度评价,可见他论诗并非仅仅是以仕宦通达者为标准,对于平民诗人的关注颇能体现《读岭南人诗绝句》以诗歌创作成就为去取标准的文学批评意识。而将周子祥与黎简联系比较,则既有助于认识周子祥的诗歌取径与创作水平,又有助于认识其独创之处,彰显其诗的思想艺术价值。而诗注中的"参看"云云,则体现了陈融撰写《读岭南人诗绝句》的严谨的学术态度与实证精神。咏梁士诒诗二首云:"骊歌残泪滴离觞,落月萧萧绕屋梁。晚岁小诗随意得,不消台阁有文章。""前席如何借箸谋,南归无语入诗讴。簪裾知己龙门感,交道殊非居下流。"注云:"梁士诒,燕孙。三水。光绪进士,授编修。虽出身翰苑,而不尚文艺。晚岁间为小诗。民国十一年因胶济路案,去职赴日,鱼琦送友归国有诗云:'壮怀伏剑说非难,绿水青山俯仰间。又唱骊歌索残泪,驿亭忍使酒杯干。'二十年得张学良电,知国府取消通缉,有诗云:'闭门学易寻常事,雪满寒江一草庐。起视屋梁绕落月,五更清梦入莎车。'二十二年卒于上海。叶裕甫为作神道碑云:'筹安议起,已出公府;洪宪事败,某方聒当局以之负其责,而南归侍亲,终不一辩,素性然也。'"② 对于并不擅长文学的政治人物梁士诒的评论,虽于文学上价值不大,但对其在几次重大事变中的立场和处境进行描述介绍,有助于更加全面地认识梁士诒其人及相关事件,自有其文学批评史、文学史以外的政治史、文化史价值。

---

① 陈融:《读岭南人诗绝句》,香港 1965 年誊印本,第 583~584 页。按:陈融此处所云"第六帙"不确,查原书,论黎简绝句在第七帙中。
② 陈融:《读岭南人诗绝句》,香港 1965 年誊印本,第 691~692 页。

《读岭南人诗绝句》将浓郁的乡邦情怀与通达的文化观念结合起来，将岭南诗人诗作置于中国诗歌发展的历史过程中考察，既表现出对乡邦人物与文学的理解之同情，又有意识地避免乡曲声气和偏狭之见。品评陈献章之诗凡五首，以五首诗论一人的情况在《读岭南人诗绝句》中并不多见，可见推重。其第一首云："诗亦端倪出静中，儒宗毕竟异禅宗。桴亭自有平生论，狂者天机到处逢。"第二首云："得意柴桑栗里间，篱花日夕鸟飞还。先生尚有执谦语，千炼不如庄定山。"注有曰："朱锡鬯云：'白沙诗与定山齐称，号陈庄体。然白沙虽宗击攘，源出柴桑。其言曰："论诗当论性情，当论风韵；无性情风韵，则无诗矣。"故所作犹未堕恶道，非定山比也。其云"百炼不如"，盖谦词耳。'"① 概括陈献章诗歌特点并与江苏江浦诗人庄昶（1473—1499）之诗联系比较，且引朱彝尊之语以为证明，既使持论更显通达，益发可靠可信，又避免了单纯乡曲之论的局限性。咏黄佐诗二首云："春宵大醉有深怀，信笔扶抟韵绝佳。天下知音惟有酒，归山心事已安排。""不居陆贾终军下，功在章缝变粤风。等是弥纶天壤事，江南差让岭南雄。"② 对黄佐在岭南诗风振衰起弱的历史转变过程中所发挥的关键性作用、所当拥有的在岭南诗派中之"领袖"地位、所发生的广泛影响予以高度评价。诗注中更征引屠文升、张崇象、陈师孔、王世禛、顾玄言、陈子龙、朱彝尊、钱谦益、屈大均诸人之品评以为证明，其中不仅有岭南人，而且有非岭南人，且均具有相当强的权威性，遂使立论更加质实可信。论顺德梁有誉诗三首，第一首云："唐律齐驱谢茂秦，古风平揖李于麟。紫英石畔奇花好，未尽英华迹已陈。"注有云："诸人多少年，才高气锐，互相标榜，视当世若无人，于是七子才名播天下，后掩先芳，维岳不与。……时严嵩柄国，子世蕃欲亲有誉，有誉耻为褒狎，谢病归，筑拙清楼，杜门读书，学者称兰汀先生，为南园后五子之一。朱锡鬯云：'兰汀学诗于泰泉，又与同人结社，所得于师友者深。虽入王、李之林，习染未甚。诵其古诗，犹循选体，七五律亦无叫嚣之状。四溟以下，庶几此人；度越徐、吴，何啻十倍！'"③ 将梁有誉置于前后七子、南园后五子两个具体语境中进行联系比较，置于全国诗坛和岭南诗坛

---

① 陈融：《读岭南人诗绝句》，香港1965年誊印本，第48～49页。
② 陈融：《读岭南人诗绝句》，香港1965年誊印本，第64～65页。
③ 陈融：《读岭南人诗绝句》，香港1965年誊印本，第85～86页。

两个维度上进行评价，特别是将梁有誉与当时的诗坛领袖人物谢榛、李攀龙相参照，征引朱彝尊的言论，既展现了梁有誉的文学贡献，突出其诗歌特点与处世态度，又反映了当时的诗坛风尚，增强了品评的针对性和可靠性。咏温汝能诗三首，第二首云："张吴洪赵（船山、谷人、稚存、味新）道相亲，一点何曾扑俗尘。聊付闲评北江语，高峰终望岭头云。"注有云："温汝能，希禹，谦山。顺德。乾隆顺天举人，官内阁中书。有《谦山诗文钞》。谦山辑粤东诗文为《诗文海》，自汉迄清凡千有馀家，为书近二百卷，蔚然巨观。平生以诗才最捷称于时。洪稚存称其：'一见如旧相识，每剧谈终日，脱略形骸，论古今天下事，娓娓不倦。予并奇其人，遂与之订交焉。因尽览其诗古文词，无体不备，盖出入于唐宋诸大家，而深臻其奥者。其所与游，则吴谷人侍讲、陈古华太守、张船山检讨、赵味新中翰诸子，皆予宿契，退食之暇，诗酒招邀，互相酬唱，世俗贵游之习，声气趋竞之场，概不能染。然后知谦山之诗与其人所以高出流品者，固别有在也。'"① 引洪亮吉之语，述温汝能所交往的诗坛人物，将其置于具体的诗坛风气之中，以见其文学地位与影响，对当时全国的诗坛风气和文学状况也有所反映，充分体现了陈融持论允当恰切的特点和丰富的学术内涵。

四、《读岭南人诗绝句》的集成与生新

论诗诗是中国文学批评的一种重要形式，也是中国古典诗歌中值得重视的创作体式之一。历代论诗诗不仅数量众多，而且体式多样，古近体皆有，比较常见的有五言古体、七言律诗等，而最多者当推七言绝句，其中特别值得注意的是组诗式的七绝，这种体式反映了中国文学批评和诗歌创作中论诗绝句的主导形态。这种情形当与七绝短小灵活、便于运用的体式特点密切相关，特别是与这种体式便于组织连缀而形成具有总体性、多功能、便于系以小注、充分发挥论人品诗的文体功能相关。

钱仲联尝在《万首论诗绝句·前言》中说过："用诗来说诗，是我国古代诗歌理论常见形式之一。在大量的论诗诗中，论诗绝句，占有较多的比重。这一体裁，滥觞于杜甫的《戏为六绝句》，后人踵事增华，作者不

---

① 陈融：《读岭南人诗绝句》，香港 1965 年誊印本，第 359～360 页。

下七、八百家。"① 又指出："评论作家作品的大型组诗，涉及面广，自成系统，可以作为诗学批评史读。……论某一个地区的，如论湖北诗，论四川诗，论广东诗，都可以作为地方文学史的重要参考资料。"② 可见对论诗绝句的重视，特别是对其中的大型组诗、地域性诗歌专论的推重。郭绍虞也曾在《元遗山论诗绝句》一文中指出："自从杜少陵的《戏为六绝句》，开了论诗绝句之端，于是作者纷起。其最早者，在南宋有戴石屏的《论诗十绝》，在金有元遗山的《论诗三十首》。此二者都是源本少陵，但是各得其一体，戴氏所作，重在阐说原理；元氏所作，重在衡量作家。这却开了后来论诗绝句的两大支派。到清代，王渔洋规仿元氏之作，于是论诗绝句，遂多偏于论量方面，或就一时代的作家论之，或就一地方的作家论之；其甚者，撷拾琐事以资点缀，阐说本事以为考据，而论诗绝句之作，遂亦不易看出作者的疏凿微旨了。"③ 概括了论诗绝句或重在阐说诗歌创作原理，或重在品评衡量作家的两种不同写法，也指出自清代王世禛之后，论诗绝句有偏于数量的增加，或重于某一时代的诗人，或重于某一地域的诗人的趋势，特别是对"撷拾琐事以资点缀，阐说本事以为考据"，以至于"不易看出作者的疏凿微旨"的现象提出了针砭。其实，从文学批评方法与观念、诗歌体式与作法的角度来看，论诗绝句的这种变化趋势，反映了清代以降论诗绝句寻求内容拓展和形式更新的愿望，丰富了论诗绝句的数量，强化了论诗绝句的地域特色，也未始不是一种有益的探索和尝试。

从论诗绝句发展历程的角度来看，陈融历前后四十年终于完成的《读岭南人诗绝句》对于论诗绝句这种古老论诗形式、作诗体制进行了集成式的发展与生新，具有明显的综合、总结、终结论诗诗的意味，这是它特殊价值的核心之所在。这种价值至少从以下诸方面得到了充分的彰显，从而体现出其独特的批评史、文体史和文学地位。

第一，清晰的地域文化意识。地域文化意识的兴起并逐渐明晰，特别是相对于中原地区而言的偏远地区自我文化意识的渐盛，是明清以降中国

---

① 郭绍虞、钱仲联、王蘧常编：《万首论诗绝句》卷首，人民文学出版社1991年版，第1页。
② 郭绍虞、钱仲联、王蘧常编：《万首论诗绝句》卷首，人民文学出版社1991年版，第4~5页。
③ 郭绍虞：《照隅室古典文学论集》上编，上海古籍出版社1983年版，第243~244页。

文学创作与批评的重要趋势之一。这种趋势在论诗绝句这种诗歌批评形式和诗歌创作体式方面的体现，就是具有明晰的地域文化意识的论诗绝句的出现。从岭南文学批评史的角度来看，岭南人还是第一次像《读岭南人诗绝句》这样表现出如此明确的岭南文化意识与文化自信。周益忠曾指出："有清一代，论诗绝句可谓郁郁乎盛矣哉！词客方家非但用以阐说诗理，品骘作家，进而以之论词，论曲，论画，论印等等，不一而足。钱大昕《养新录》曰：'元遗山论诗绝句：王贻上仿其体，一时争效之。厥后宋牧仲、朱锡鬯之论画，厉太鸿之论词、论印递相祖述，而七绝中又别启一户牖矣！'"① 这段文字中涉及的其他方面姑置之不论，仅就清代论诗绝句的兴盛一点而言，可以认为，陈融《读岭南人诗绝句》的出现，不仅印证了清初以降论诗绝句渐兴并延续到民国初年的事实，而且充分地表现出岭南地域性论诗绝句的非凡成绩；同时也终结了岭南乃至全国论诗绝句的流风馀韵，从而获得了总结性的价值。假如说屈大均《广东新语》的出现标志着明清鼎革之际岭南人自我文化意识和民族意识的一次全面觉醒，是岭南文化精神的一次着力张扬和集中表现，那么，就可认为，当三百年后的又一次世变之际，陈融《读岭南人诗绝句》的出现，则是岭南人自我文化意识的又一次弘扬，表明岭南论诗绝句创作达到了最高水平，具有空前绝后的标志性意义。

第二，明确的纪史存人意识。郭绍虞尝将"重在阐说原理"和"重在衡量作家"视为"论诗绝句的两大支派"②。假如以此为参照进行具体考察，则可以发现陈融的《读岭南人诗绝句》的重点并不在于阐说诗歌创作原理，而在于衡量历代诗歌作者，而且对以往的论诗绝句的成法和内容进行了大幅度的开拓，从而显示出明显的创新价值。在此需要特别注意并辨析的是，陈融所论并非历代"岭南诗人"，而是古今"岭南人诗"，后者的指称范围显然大于前者，而且这种处理方式也应当是作者的有意为之。《读岭南人诗绝句》的创作，并非出自作者的一时之兴，而是以系统

---

① 周益中：《论诗绝句的馀流衍派》，见周益中编《论诗绝句》附录三，台北金枫出版社1999年版，第280页。

② 郭绍虞：《元遗山论诗绝句》，见《照隅室古典文学论集》上编，上海古籍出版社1983年版，第243～244页。

研究清诗并计划编撰《清诗纪事》的学术基础与多方准备为基础的。① 这一点，从《读岭南人诗绝句》中引用的大量文献史料、涉及的众多人物事件、披露的多种珍贵故实中均可以深切地感受得到；而全书由岭南古今人物和事件构成的相当完整的诗歌史序列，则从整体上显示了普通论诗绝句所无法具备的文献价值和史料价值。因此，就陈融《读岭南人诗绝句》的创作动机和主旨而论，与其说这是一部专论岭南诗道诗艺、显示自己诗歌才华的著作，不如说这是一部具有明确的学术意识和诗史意识、以论诗绝句的形式传达岭南人物与历史的学术性著作更为恰切。这种情形与有清一代诗学大盛、传统学术进入总结阶段的总体文化环境也是密切相关的；或者说，这是清代以降诗歌创作观念、诗歌批评观念变迁的一种堪可注意的表现方式。

第三，细密的诗注相成意识。论诗绝句之下加以注文，当与论诗者诗史意识和诗歌叙事功能的强化密切相关，或者说就是这种创作观念逐渐加强的结果，当然也与中国诗歌创作观念与诗歌体式的演变、诗注的出现和渐盛密切相关。张伯伟尝将"诗加注文"视为"清人对论诗诗的形式"所作的"两项补充"和形成的"两项颇为突出的特点"之一②，可见对这种创作现象的关注。周益忠也说过："论诗绝句虽然为诗人及谭家所喜爱，但也因为受到绝句这一诗体自身的限制，而形成了诸多特色，如组诗的形成、诗中的自注等等，此即是以绝句论诗者的补救之道。"③ 又说："论诗绝句之发展，至有清可谓登峰造极矣。词、曲、画、印、古泉、藏书等等支流衍派，莫不可以绝句论之也。或缘有清乃'文艺复兴时代'所致。学术发达，史实考据兴，为诗者因得旁征博引、分派漫衍、无所不至，是以于议论之外，大量夹注，详其本末、无虞困窘。一则用以存真，再则表章才学，好之者既乐此不疲，所为所论，乃至不可胜数也。"④ 陈融《读岭南人诗绝句》不仅集中反映了这种创作趋势和演变轨迹，而且有意识地将

---

① 参考程中山《清诗纪事成犹未，谁识兵尘在眼前——陈融〈清诗纪事〉初探》，见《汉学研究》，台北汉学研究中心2008年版，第263～289页。

② 参见张伯伟《中国古代文学批评方法研究》第四章《论诗诗论》，中华书局2002年版，第434～436页。

③ 周益中为所编《论诗绝句》撰写的《导读》"六、论诗绝句的缺点"，台北金枫出版社1999年版，第30页。

④ 周益中：《论诗绝句的馀流衍派》，见周益中编《论诗绝句》附录三，台北金枫出版社1999年版，第298页。

诗与注的功能有所区分，诗主要司抒情、品鉴之责，注主要尽叙史、纪事之用，二者相互补充，彼此发明，从而构成一个颇为完整、相当自然的整体，共同实现作者的创作目标。从论诗绝句的发展过程来看，诗注从无到有，从短到长，经历了复杂的发展过程，总体趋势是作者的思考日益细密周详，诗注的作用逐渐被强化。论诗绝句文体形态的演进，作者创作习惯的变迁，反映了论诗绝句创作观念和诗歌批评观念的变化。从这一点来看，可以认为，陈融的《读岭南人诗绝句》具有代表论诗绝句最终形态的典型意义。

第四，执著的巨型组诗意识。杜甫《戏为六绝句》作为论诗绝句的开创之作，实际上已具有组诗的性质。其后的论诗绝句也经常以组诗的形式出现，如元好问《论诗三十首》、王士禛《戏仿元遗山论诗绝句三十二首》、舒位《论诗绝句》二十八首、姚莹《论诗绝句六十首》、李希圣《论诗绝句四十首》、陈衍《戏用上下平韵作论诗绝句三十首》等等，均堪称代表。论诗绝句的总体演变趋势是作者的组诗意识逐渐加强，组诗的规模逐渐扩大。但是，如《读岭南人诗绝句》这样以二千七百多首七绝构成的组诗，无论在岭南文学批评史、诗歌史和文学史上，还是在整个中国文学批评史、诗歌史和文学史上，都可以说是"前不见古人，后不见来者"。冒广生曾在《〈读岭南人诗绝句〉序》中评价说："若专为一都一邑网罗文献，托之长言，蔚成巨制，以吾浅陋，今始得于番禺陈君协之《读岭南人诗绝句》见之。夫岭南固诗国也，世之溯岭南诗者，至张曲江而止矣。协之此作，乃从《汉书》托始杨孚，下逮平生交游，若胡展堂、熊孏然，咸有论列，楚庭耆旧，于是乎因诗以存。美矣富矣，蔑以加矣！"① 其中虽含有出于师友之谊的褒扬之词，但从论诗绝句的创作过程和学术价值的角度来看，此论还是道出了陈融《读岭南人诗绝句》的独特贡献。苏文擢也在《筹印陈颙庵先生〈读岭南人诗绝句〉募捐启事》中说："自汉迄清，延绵并世；旁搜远绍，暝唱晨书。时阅卅年，稿经数易；著录者二千馀氏，品题者三十万言。属辞比事，载以好音；望古可俦，于今独步。"② 也是从内容之广博、创作之勤勉、内容之丰赡的角度高度评价《读岭南人诗绝句》的独特价值。从论诗诗创作的角度来看，在如此广阔

---

① 陈融：《读岭南人诗绝句》卷末，香港 1965 年誊印本。
② 陈融：《读岭南人诗绝句》卷末，香港 1965 年誊印本。

的时空背景下,用二千七百多首七绝歌咏岭南二千一百多位古今诗人,并一一系以小注以为进一步说明阐发,可以想见,假如不是具有过人的诗歌才华和深厚的学术根底,特别是对岭南古今诗坛的熟稔、加之执著坚韧的精神,断难完成这样的鸿篇巨著。这表明陈融在四十年的创作与研究过程中,具有非常明晰的将数量如此众多的论诗绝句构造为巨型组诗的意识和能力。

可以认为,杜甫《戏为六绝句》开创的论诗绝句传统虽代有传人,但是在论诗绝句这种传统体制走向终结的近现代时期,陈融《读岭南人诗绝句》的横空出世式的出现,确可谓超迈前贤,后无来者。因此可以将《读岭南人诗绝句》视为中国文学批评史上论诗绝句传统的一个精彩有力的总结,同时也是中国诗歌史、文学史上论诗诗创作成就的最后一次充分全面的体现,也是对中国文学批评文献的一项重要贡献。

综上所述,陈融的《读岭南人诗绝句》不仅表现出明晰的乡邦情怀、过人的诗性精神,而且具有鲜明的学术意识和历史意识,作者自觉将这些因素结合起来,从而形成了独特的创作风貌,取得了杰出的创作成就。无论是从岭南文学批评史、文体史与文学史的角度来看,还是从中国文学批评史、文体史和文学史的角度来看,都可以认为《读岭南人诗绝句》是具有独特价值的诗歌批评文献,是论诗诗、论诗绝句的结构,是陈融以半生精力为岭南文学乃至整个中国文学做出的一项重要贡献。因此,可以认为,《读岭南人诗绝句》不仅是岭南文学批评史和文学史上的标志性成就,而且是整个中国文学批评史和文学史上的标志性成就,是中国历代论诗绝句的一个集成式的总结,也是一曲悠远的绝唱。

最后还需说明,《读岭南人诗绝句》虽然是陈融最重要的岭南诗论著作,但尚非其论诗之作的全部。陈融的《颙园诗话》《秋梦庐诗话》中也多有关于岭南诗人诗作的记录与品评,其诗集《黄梅花屋诗稿》《竹长春馆诗》中也有若干关于岭南时人时事的诗篇,所编选的《越秀集》中也体现了陈融文学观念与文化观念的某些重要侧面。凡此皆可与《读岭南人诗绝句》相参证,亦可由此更加全面深入地认识和评价陈融的诗论与诗作。不过那已经是另外一个论题,或可俟诸他日再进行讨论。

詹安泰的诗学观念与创作趣味

詹安泰不仅是一位成就卓著的学者、优秀的词学家，而且是一位杰出的诗人。饶宗颐尝在《詹无庵词集题辞》中说："忆君自去澄江而后，虽以倚声设帐上庠，有《宋词研究》讲义之作。然循览鹪鹩巢全集，惟卷三至卷五为词，诗则有六七卷之多。盖是时方刻意为诗，故坪石诸五古，极逋峭冷隽之能事；倚声之业，反不如诗致力之专焉。"① 从总体上看，詹安泰于诗所下功夫、所取得成就，并不下于其词。

詹安泰在诗歌方面既注重理论阐发，又注重创作实践，具有比较完整的诗学理论观念，表现出继承传统与寻求创新兼容的品格，形成了自然中和的诗学主张；这对于中国古典诗歌在新的文学与文化背景下的生存和发展具有重要意义。詹安泰在诗歌创作趣味方面也体现出在综合百家的基础上努力创造、彰显个性的思想与艺术特色，注重学问与性情兼顾、理性与情感融通；这对于最后时代的古典诗人和诗歌来说，也具有深刻而久远的启发意义。

一、自然中和的诗学观念

詹安泰论诗，颇重声韵，将声韵之美视为诗美之不可或缺的重要组成部分，并从创作实践、入手取径的角度对之进行了比较充分的阐发，示学诗者以门径。其《无庵说诗》（1963 年 4 月）有云："诗有声韵美，学诗者自当兼讲声韵。近体之声韵易循，古体之声韵难知，故学诗者当先学近体，次学古体。"除着重强调诗歌声韵美之重要、学诗者当注重声韵的学习之外，还从古体诗与近体诗声韵差异的角度进一步指出，初学者当先由近体入手，而不宜从古体入手，因为近体诗的声韵较易掌握，而古体诗的声韵则较难；由易到难，可获循序渐进之效；从难到易，则可能受徒劳无功之累。就此问题，他还进一步指出："初学为诗，每苦声韵束缚，便思

---

① 吴承学、彭玉平编：《詹安泰文集》，中山大学出版社 2004 年版，第 383～384 页。

从古体入手，以为古体可不拘声韵，较易有成，斯实大谬。古体之声容调度，变化无方，知且不易，遑言创作？以不知之物而冥行妄索，必无悟入处。浅学之士，每用此说以自欺欺人，至切不可为其所误。'欲速则不达'，并近体诗之声韵亦望而却步，更于学乎何有？将见其终无所就而已。"① 可以看到，詹安泰立论的基础，一是从初学诗者获得正确路径、由易渐难的考虑，一是从古体诗与近体诗的声韵难度、诗歌的整体音律美感出发，并结合以往的创作经验而得出了上述认识。

在中国传统诗歌文体观念中，古体诗的地位一般是高于近体诗的。在学习和创作实践中，许多人也是颇重古体而较轻近体，往往从古体入手，似有所谓取法乎上的含意。从诗歌发生学的角度来看，这种观念自有其道理与合理性。但是，从学诗者特别是初学者的角度来看，则不妨说，从声韵较易掌握的近体入手循序渐进，为较难把握的古体声韵奠定基础、积累经验，并最终把握古体之妙处，也自是一种可能取得最佳学习效果的方式。从思想方式来看，这种运思方式和理论观念也体现了詹安泰作为一位毕生从事教育工作的诗人学者从实际出发、从诗歌创作一般规律出发的教育观念，也与他在词学方面对于声韵的熟稔与重视有相通相合之处，反映了詹安泰诗词兼擅、圆融完整的文学理论观念。

在上述核心观念的基础上，詹安泰还结合诗之章法句法、音律节奏，从创作积累与诗体建构的角度进行了具体阐述。他指出："古体诗之声韵，不应于一字一句之间求之，当统观全篇气局以谋配合。大抵来路松者以紧接，来路紧者以松承；紧句多用仄声字，松句多用平声字。布置须极妥贴，然不可以匀称为尽妥贴之能事。未成格调求匀称；既成格调，当求变化。匀称易患平钝；平钝亦非诗病，平钝而无生气，乃真诗家大病。能变化则气局自觉空灵动荡。但非老于此道者未易为也。"② 强调从总体篇章结构之变化配合的角度体会古体诗的声韵规律，而不是从个别字句上孜孜以求；妥贴、匀称、平钝虽然不是创作古诗之病，但终非高水平、高境界；有格调而富于变化、有生气而空灵动荡，才是诗歌创作特别是古体诗创作应当追求的目标。

---

① 吴承学、彭玉平编：《詹安泰文集》，中山大学出版社2004年版，第347页。笔者对原标点略有调整。

② 吴承学、彭玉平编：《詹安泰文集》，中山大学出版社2004年版，第347页。笔者对原标点略有调整。

可见，这种理论观念和艺术趣味，不仅能够从音律美的角度切近诗体本身，在更贴切、更完整的意义上把握诗美的要素，对诗歌艺术进行尽可能全面准确的体味，而且反映了詹安泰独特的艺术修养和品鉴趣味，也与他长于词学声律的修养和兴趣大有关系。这种理论观念实际上也反映了中国古典诗歌创作的某些共同规律，也是许多诗人、诗论家的共同认识。因此可以认为詹安泰对于诗歌声韵之美的特别重视和充分论述，具有重要的理论价值和实践价值。

诗之气格与锤炼、平易与险怪、通俗与艰深，不仅一直是中国诗歌理论与创作中的重大问题，而且几乎是每一个诗人的创作实践中都必然碰到、不可回避的突出问题。对这一点，詹安泰自然有所关注，并进行过认真的斟酌和思考。他指出："一切文字，奇险易工，平正难好，惟诗亦然。"将奇险与平正对举，二者相较，平正的难度要远大于奇险。诗之归于平易、端正、自然，初看起来似乎无何动人之处、深微含意或堪可寻味之微旨，但这却是最难达到的境界。假如不是于诗歌创作心知甘苦并深有所悟，断然不可能发出此番议论并提出这样的见解。他又曾说："诗太炼伤气，太易患滑。锻炼而出之以自然，斯臻绝诣。自然非必明白如话也，主明白如话者，诗中之一派，不能包括自然。"① 还说过："侧重情韵者，失则圆滑，侧重意格者，失则枯涩。恰到好处，正不易言。"② 对于诗人来说，在锻炼与平易、圆滑与枯涩、情韵与意格之间的选择是相当艰难的。这主要并不是理论思辨和阐发表述上的艰难，而是创作实践中具体把握和处理的纠结困惑。而至高至善的境界则应当是锻炼无迹而全以自然出之，自然平易却饱含千锤百炼，也就颇似百炼钢化为绕指柔的境界，也就是"恰到好处"。

詹安泰在几首论诗诗中将诗歌创作的最终目标和至高境界表达得相当充分。其《论诗三首斠师命作》（1940 年）三首之一云："诗者志所之，精埒恃其胆。随物以赋形，穷尽亦可嗿。正变自因时，勇往无险坎。一关遂能造，何论浓与淡。"之二云："奇矫固难阶，凝炼亦可喜。谓与元气

---

① 吴承学、彭玉平编：《詹安泰文集》，中山大学出版社 2004 年版，第 349 页。
② 吴承学、彭玉平编：《詹安泰文集》，中山大学出版社 2004 年版，第 352~353 页。

伴,譬以指喻指。天地岂不宽,人自见一隅。人天果凑合,大道乃如砥。"① 此诗是詹安泰奉其师陈钟凡之命所作,其中提出的随物赋形、正变因时、天人凑合等观念,虽主要还是传统诗学理论的承袭,但此论在古典诗歌已走向式微的 20 世纪 40 年代发出,仍然显示出在特殊诗坛风气和时代背景之下的针对性与现实意义。

詹安泰《学诗一首示湛铨》有云:"成诗辨咄嗟,学诗非儿戏。在天不可求,恃人未为至。人天两得之,得岂易易。……侧艳固所嗤,俗滥尤所避。跌宕生浓姿,清新刻挚意。境寂钩幽玄,兴来极横肆。笔既从所欲,拟常不以类。得鱼能忘筌,劈聱仍伤鼻。恍悟徇迹象,投鼠或忌器。果得造化工,糟粕宁非累。干画马坏足,驱风如骙骙。宋玉赋高唐,讵目睹所记。后山仙骨喻,神妙久无比。理法尚其粗,况乃逐声字。万卷要能破,万象罗胸次。灵机一触辟,何适非正位。"② 其中特别强调的人天两得、得鱼忘筌、造化之工的创作境界,读书万卷、胸罗万象、灵机独辟的进取途径,都是冷暖自知、甘苦自得的当行之论。相当明显,这些观念和论断与上文所述具有明显的相关性和统一性,可见詹安泰诗学观念中一以贯之的思想内涵。

可以说,詹安泰在面对诗歌创作中经常遇到且难以取舍的种种相对观念、两极范畴的时候,选择的是一种稳当持重、中和平正的理论姿态。这对于最后阶段的古典诗歌理论和创作实践而言,不仅具有以综合集成、延续承传为基本特征的理论深度,而且具有极强的现实针对性和实践价值。

诗歌创作的入手与取径,一向是古典诗人和诗论家非常重视甚至是无法回避的重要问题,也是中国诗歌批评品鉴中的关键问题。历代诗人和诗论家在这一问题上的好恶取舍、倡导贬抑、或即或离,不仅可见其在创作

---

① 詹安泰:《鹪鹩巢诗集》卷三,见《詹安泰诗词集》,香港翰墨轩出版有限公司 2002 年版,第 96~97 页。又见《詹安泰纪念文集》编辑组编《詹安泰纪念文集》,广东人民出版社 1987 年版,第 116 页。见詹安泰著,左鹏军点校《詹安泰全集》(第四册,诗词集),上海古籍出版社 2011 年版,第 66~67 页。此三诗又题《论诗三首呈斠师》,收入《清晖山馆友声集》,江苏古籍出版社 2000 年版,第 445 页。第三首末二句作:"陶公岂不伟,无心用自遣。"

② 《詹安泰纪念文集》编辑组编:《詹安泰纪念文集》,广东人民出版社 1987 年版,第 110 页。又见吴承学、彭玉平编《詹安泰文集》,中山大学出版社 2004 年版,第 354~355 页;詹安泰:《鹪鹩巢诗集》卷三,见《詹安泰诗词集》,香港翰墨轩出版有限公司 2002 年版,第 102~103 页;又见詹安泰著,左鹏军点校《詹安泰全集》(第四册,诗词集),上海古籍出版社 2011 年版,第 73 页。

中的风格去取、个性气质、情感倾向，而且经常能够直接表现一定的诗歌理论观念和创作倾向。

对于这一问题，詹安泰是通过自己经常评价、反复体味的几位诗人的创作来表现其理论观念和创作主张的。他指出："梅宛陵五古，气韵绝高，非唐宋所能囿。夏吷庵氏谓唐宋两代诗人，宛陵一人而已。虽属偏见，亦非妄说。宛陵五古之起步，每甚不经意，而愈转愈深，愈深愈厚，绝无刻削之痕迹，亦无剑拔弩张之习气，气力甚大，工候最纯；又善用钝拙句，而鲜明生动。余生平于五古最服膺者，陶公以外，端推此老。"① 论者颇为重视并强调詹安泰喜好宋梅尧臣诗并受其影响。② 从詹安泰有关言论中表达的对于梅尧臣诗歌的推重来看，这自不无道理，且道出了他诗学主张、创作取径的一个重要方面。梅尧臣确是詹安泰提及最多、用力最勤的古典诗人之一。

他还在《澂江苦无书读忽睹〈宛陵集〉大喜过望因题》一诗中写道："壮岁独喜都官诗，亦不见悔人见嗤。连年离乱工转徙，屡欲书窜难为辞（宛陵集外有书窜诗多所指斥）。辞成岂遽羽毛比（老泉诗谁为山川不如羽毛），语涩恐被鬼神疑。橐笔荒陬忽怪事，得所爱好弥称奇。破壁寸燐闲披读，赏心一刻祛忧噫。深远闲淡固莫匹，政以皱折穷覃思。翻空时或吐芬艳，挹之无尽即以离。俗子纷纷乞高格，门墙渺邈况骨皮。亮哉昔有海藏翁，为言宛陵何可追（临川不易到，宛陵何可追。海藏句）。对卷三复还三叹，悠悠斯世知其谁？"③ 除表达自身对于梅尧臣诗歌的"独喜"与"不悔"之外，还引用郑孝胥的言论观点，对此做深一层阐发。詹安泰对于梅尧臣其人其诗的钦敬之情溢于言表。

陈衍《石遗室诗话》有云："宛陵用意命笔多本香山，异在白以五言，梅变化以七言。东坡意笔曲达，多类宛陵，异在音节：梅以促数，苏

---

① 吴承学、彭玉平编：《詹安泰文集》，中山大学出版社2004年版，第350页。
② 罗倬汉《鹪鹩巢诗序》有云："吾友詹祝南教授，少好梅宛陵之诗。"何耀光《鹪鹩巢诗·无庵词合集序》亦有云："其遗诗九卷，曰《鹪鹩巢诗》，寝馈于宛陵者特深，而助之以昌黎、东坡笔势。"
③ 詹安泰：《鹪鹩巢诗集》卷三，见《詹安泰诗词集》，香港翰墨轩出版有限公司2002年版，第84页。见《詹安泰纪念文集》编辑组编《詹安泰纪念文集》，广东人民出版社1987年版，第110页。又见吴承学、彭玉平编《詹安泰文集》，中山大学出版社2004年版，第354页。后者不录诗中夹注。笔者对原标点略有调整。见詹安泰著，左鹏军点校《詹安泰全集》（第四册，诗词集），上海古籍出版社2011年版，第57页。

以诣畅；苏如丝竹悠扬之音，梅如木石摩戛之音。"① 准此而论，詹安泰诗歌创作也不能不间接受到白居易、苏轼等人的影响启发。此外，同样值得注意的是，推重梅尧臣诗并非詹安泰诗学观念的理论终点和最高追求。如上所引，他曾明确指出"余平生于五古最服膺者，陶公以外，端推此老"，显然是将陶渊明之诗看得更高，置于更显赫的地位。他在《东坡书陶诗小楷墨迹丹师命题》中还留下了这样的诗句："平生喜临东坡字，平生喜读东坡诗。亦犹东坡喜渊明，和诗作字无时离。"② 表达对苏轼书法与诗的喜爱之情和所下功夫，更进一步以苏轼之喜爱陶潜为比，间接表达了他本人对陶诗的喜爱。在《论诗三首斛师命作》（1940年）三首之三中，詹安泰再一次提及陶渊明并表达钦敬之情："至人未易求，下此必狂狷。徇名盖可耻，况以要贵显。正声日微茫，湖海致曼衍。陶公猛志在，高辞用自遣。"③

宋代以降，几乎所有的中国古典诗人都不可能忽视或绕过杜甫这个空前绝后的巨大存在，也很难不受到杜诗的影响，只是影响的方式、程度、表现形式有所区别而已。这一方面表明杜甫及其诗歌的包罗万象、博大高妙，另一方面也诠释着中国古典诗歌通变扬弃、传承创新的优良传统。詹安泰作为一位学者型诗人，当然不可能不关注杜甫，也不可能不接受杜诗的影响。其《寒夜读杜集漫成十五韵》云："风雨积旬日，来往迹如扫。解闷惟展卷，杜诗夙所好。理乱关家国，刻未去诸抱。饥饿长相亲，皮骨空尔老。世路悲涩梗，流离失昏晓。惊人百死馀，岂尽由心造。不待痛定痛，惨绝能属稿。当其下笔初，已非人可到。世既惮其行，而苦学其貌。徒诧工力深，公名宁独保。人劫正通天，血肉满衢道。受风猝倒毙，食人以求饱。弹花烧城里，机翼横苍昊。雨泪如沸汤，着木木立槁。使公犹在

---

① 陈衍著，郑朝宗、石文英校点：《石遗室诗话》卷十四，人民文学出版社2004年版，第223页。

② 詹安泰：《鹪鹩巢诗集》卷四，见《詹安泰诗词集》，香港翰墨轩出版有限公司2002年版，第117页。又见詹安泰著，左鹏军点校《詹安泰全集》（第四册，诗词集），上海古籍出版社2011年版，第83页。

③ 詹安泰：《鹪鹩巢诗集》卷三，见《詹安泰诗词集》，香港翰墨轩出版有限公司2002年版，第97页。又见《詹安泰纪念文集》编辑组编《詹安泰纪念文集》，广东人民出版社1987年版，第116页。又见詹安泰著，左鹏军点校《詹安泰全集》（第四册，诗词集），上海古籍出版社2011年版，第67页。此三诗又题《论诗三首呈斛师》，收入《清晖山馆友声集》，江苏古籍出版社2000年版，第445页。第三首末二句作："陶公岂不伟，无心用自遣。"

今，哀歌定浩浩。"① 像历代诗人评价杜甫一样，也主要是从其反映离乱、关怀家国、悲天悯人的角度立论的，而不在于杜诗之功力如何、面貌如何，可见对杜甫思想深度和艺术造诣独绝之处的关注。除此之外，值得特别注意的是诗中"杜诗夙所好"一句，表明詹安泰于杜甫诗作之喜爱程度和所下功夫；而由"使公犹在今，哀歌定浩浩"二句，则可知詹安泰对于杜诗的喜爱和产生的共鸣，与当时的政治局势和国家命运密切相关，对杜甫的评价和感知中寄予了他对时局的感慨。

詹安泰《甲申四月闰四月所作五律》十首之十云："亲老犹多别，时艰每共嗟。浮沉凋鬓绿，风雨损天涯。险字烹东野，宗风拜浣花。一钱今不值，坐看日西斜。"② 颔联不仅表达了宗法杜甫的创作倾向，而且道及在运用险字、锻炼诗意方面受到孟郊的影响。就诗歌创作的取径和趣味而言，由杜甫而延至孟郊，当属顺理成章。詹安泰尝作有《大水二首敩东野》，其一云："哭声满天地，滚此一江水。势驱岸石翻，力割岸根死。千花万花丛，惊呼奔虎兕。夺魄鬼失雄，悚息人瞠视。列屋攒桅樯，飞漂高岌嶬。舟子离舟家，遑遑忘所止。客心脱乱山，危坐观无始。"其二云："三点两点星，守此春夜遥。人语一不闻，风水激相号。万松憯阴墅，流声争来朝。浩然挟正气，馀响冲青霄。正气苟不泯，飞走笑徒劳。掩泪谢江神，蓄胆斩凶蛟。蛟今未可斩，心剑长飘飘。"③ 可以作为詹安泰诗歌创作受孟郊诗影响的一个例证，亦可以从中窥见其诗学主张受东野影响的一个侧面。

中国文学史上另一个彪炳千古的伟大诗人就是屈原。屈原对于后世中国诗人、中国诗歌的影响之巨大深远是难以估量的，更是无法说尽的。詹

---

① 詹安泰：《鹪鹩巢诗集》卷七，见《詹安泰诗词集》，香港翰墨轩出版有限公司2002年版，第197～198页。又见《詹安泰纪念文集》编辑组编《詹安泰纪念文集》，广东人民出版社1987年版，第128页。又见吴承学、彭玉平编《詹安泰文集》，中山大学出版社2004年版，第355页。又见詹安泰著，左鹏军点校《詹安泰全集》（第四册，诗词集），上海古籍出版社2011年版，第132页。

② 詹安泰：《鹪鹩巢诗集》卷八，见《詹安泰诗词集》，香港翰墨轩出版有限公司2002年版，第244页。又见詹安泰著，左鹏军点校《詹安泰全集》（第四册，诗词集），上海古籍出版社2011年版，第163页。

③ 詹安泰：《鹪鹩巢诗集》卷六，见《詹安泰诗词集》，香港翰墨轩出版有限公司2002年版，第173～174页。又见詹安泰著，左鹏军点校《詹安泰全集》（第四册，诗词集），上海古籍出版社2011年版，第116页。

安泰的诗论不仅同样深受屈原的影响，于屈原作品用功甚勤且深有体会，而且对屈原及其作品孜孜不倦、一往情深。其《诗人节怀屈原》有句云："春花开老雨水足，欲热未热天摇绿。白云行空不可招，世上乃有招魂曲。云耶魂耶本同体，魂独冥冥云濯濯。定有精魂逐云飞，千载耿耿人心目。我读离骚每每梦，梦与屈原相驰逐。忽驾六鳌凌沧海，旋登灰野攀若木。扪摘星斗缀风襟，征遣凤鸾歌寒玉。十盏百盏琼楼醉，载浮载沉瑶池浴。"[①] 特别值得注意的是詹安泰读《离骚》所产生的强烈共鸣，甚至出现了如梦如痴、亦幻亦真、同屈原相与驰驱的忘我状态。这对于一向相当理性沉着甚至时常带有几分忧郁心境的詹安泰而言，是非常少见的情感状态，更是他人难得一见的不寻常情状。

不仅仅是诗人节的怀念和咏叹，詹安泰还以学术的方式表达对屈原的感情。詹安泰撰写了《屈原》一书，这也是他最早完成的一部学术专著，后来由上海人民出版社于1957年7月出版。此后又完成了另一部关于屈原的重要著作《离骚笺疏》，由湖北人民出版社于1981年5月出版。可以说，除词体创作和词学研究以外，詹安泰一生用力最勤、用心最深的一位中国古典诗人，就是屈原。而且，这种选择并非出于种种被动原因，而主要是他在创作、教学和研究过程中的一种主动选择。由这种现象本身，就可以体会屈原的作品和精神带给詹安泰几多感动与震撼，也可以推知他由屈原的作品和精神中获得了多少鼓励和力量。

对于诗人和诗论家来说，还有一个重要因素影响甚至决定着其诗歌理论观念或品鉴评价趣味，即一定时期的诗坛风气特别是与之交往密切、多有切磋的师友。从詹安泰经常阅读、经常交往的诗人和诗论家及著作等相关情况中，可以认识其诗歌理论观念的另一些重要方面。其《读蒹葭楼诗二首》之一云："节庵刚父与公三，诗派能开非浪谈。忧自何来煎独饱，梦随蛟瘦舞澄潭。人当雪涕宁初愿，天压重寒素所谙。犹感哀歌今不及，独容后死发深惭（天压重寒似乱原，吾亦作歌哀不及，俱蒹葭楼中语）。"之二云："气古乃如陈后山，不徒拙涩见苍坚。声能变徵肠最断，语到红桑秋自怜。闲着一花观世法，强支残骨傲风烟。别张独帜真何似，欲著明

詹安泰的诗学观念与创作趣味

---

① 詹安泰：《鹪鹩巢诗集》卷六，见《詹安泰诗词集》，香港翰墨轩出版有限公司2002年版，第178页。又见《詹安泰纪念文集》编辑组编《詹安泰纪念文集》，广东人民出版社1987年版，第128页。又见詹安泰著，左鹏军点校《詹安泰全集》（第四册，诗词集），上海古籍出版社2011年版，第119～120页。

诗起昔贤。"① 这是詹安泰读近代广东顺德诗人黄节《蒹葭楼诗》所感，从中可见对黄节诗歌的高度评价，强调黄节对于陈师道的师法与承传。黄节尝有小印一方，上镌"后山而后"四字，可见其对于以陈师道为代表的宋诗一派的肯定与向往，也很能反映黄节的诗歌主张和创作倾向。特别值得重视的是，詹安泰诗中还指出黄节与近代广东番禺梁鼎芬、揭阳曾习经三人有别开诗派之功，并非浪得虚名。

关于梁鼎芬，詹安泰尝作《题梁节庵先生遗诗二首》，其一云："担天风力凤鸾姿，极靓奇声要护持。山馆丛残埋独抱，馀生犬马断深期。幽悁苦写精禽恨，半指寒添别殿悲。闲梦去来总头白，沉湘有愿竟谁知？"其二云："再传弟子学何有（先师杨果庵先生为文忠高第弟子）？窃以芹香叩妙门。自爱灵珠忘食寐，看承仙露瀹心魂。笑谈长蓄经天泪，温厚中藏绝足奔。宗法三元归一乳，正风变雅漫深论。"② 可见詹安泰对梁鼎芬诗的高度评价，特别是对梁氏论诗标举"三元"说，拓宽学诗门径，并以此作为作诗、评诗的准则。陈衍《石遗室诗话》卷一有云："余谓诗莫盛于三元：上元开元，中元元和，下元元祐也。……今人强分唐诗、宋诗，宋人皆推本唐人诗法，力破馀地耳。"③ 上元开元为唐玄宗李隆基年号（713—741），中元元和为唐宪宗李纯年号（806—820），下元元祐为宋哲宗赵煦年号（1086—1093）。詹安泰可谓梁鼎芬再传弟子，与梁鼎芬在诗学渊源上有着如此密切的关系，亦属顺理成章之事，其诗歌理论观念的倾向性也可以从中得到再一次印证。

上述三位诗人，再益之以广东顺德罗惇曧，四人被合称为"近代岭南四家"。清末举人、学者、广东乐昌人张昭芹还于1955年在台湾编辑《岭南近代四家诗》印行。詹安泰的认识和主张显然与此有相通相和之处，共同反映了晚清以来岭南诗坛风尚及其与崇尚义理、讲究学问、不避苦吟之

---

① 詹安泰：《鹪鹩巢诗集》卷八，见《詹安泰诗词集》，香港翰墨轩出版有限公司2002年版，第225页。又见《詹安泰纪念文集》编辑组编《詹安泰纪念文集》，广东人民出版社1987年版，第137页。又见詹安泰著，左鹏军点校《詹安泰全集》（第四册，诗词集），上海古籍出版社2011年版，第150页。

② 詹安泰：《鹪鹩巢诗集》卷七，见《詹安泰诗词集》，香港翰墨轩出版有限公司2002年版，第203～204页。又见詹安泰著，左鹏军点校《詹安泰全集》（第四册，诗词集），上海古籍出版社2011年版，第135页。

③ 陈衍著，郑朝宗、石文英校点《石遗室诗话》卷一，人民文学出版社2004年版，第7页。

宋诗的密切关系，其诗学观念亦从中得到了颇为充分的反映。

除对于晚近岭南诗坛的关注与评价外，詹安泰还与其他地区具有重要地位和广泛影响力的诗人与诗论家多有联系，保持交往，从中也可以考察他诗学主张的部分内容。被称为清末民初时期最有影响力的诗论家，也是杰出诗人、学者、福建侯官（今福州）人陈衍就是其中特别值得重视的一位。詹安泰《上石遗先生》有句云："我公一鼓通宋唐，诗钞诗话诗教昌。纪事褒贬谨毫芒，现身说法居上庠。或引堂室或门墙，或海外来争趋跄，或伏穷僻薰心香。尊杜工部韩侍郎，旁推孟白兼欧阳。都官半山苏陆杨，不祖苦陈斗硬黄。金元明清谁短长，自然体大大无方，万方罗拜罗酒浆。"① 此诗之所以值得关注，不仅仅在于詹安泰对陈衍所编选《近代诗钞》、所著《石遗室诗话》予以高度评价，对陈衍贯通唐宋、综合诸家的诗歌路径予以赞扬，而且反映了他本人对于以陈衍为代表的同光体诗人特别是其中的福建派诗歌主张、诗风倡导和创作路径的赞同。由此可见詹安泰对于诗坛风气的认识与判断，而他自己的好恶取舍、远近亲疏之感也从中得到了相当明显的体现。

总而言之，詹安泰在古典诗歌走向式微萧索不可逆转、唐诗宋诗之争依旧聚讼不已的喧嚣背景下，一方面基于对于古典诗歌理论的继承与创新，一方面基于自身创作过程的经验与体悟，表达了虽不够系统全面却极有见地、极有针对性的见解，在理论思考和创作实践两个方面反映了对中国古典诗学理论的深切理解。其中重要者如：诗之最高境界是人天相得、自然造化之境；诗之声韵美当先由近体入手、上溯至古体而深得之；于诗之取径当怀有开阔通达观念，不可狭隘偏废；在个性气质和兴趣上，特别喜爱宋之梅尧臣，兼及白居易、苏轼等，并由此上追唐之杜甫，而最高目标则是东晋陶渊明，而对于中国第一位伟大诗人屈原也表现出极高的崇敬和向往；对于同时代或稍早诗家，表现出明晰的地域观念，特别重视产生了全国性影响的广东诗人黄节，兼及梁鼎芬、曾习经等，对于当时诗名甚隆、影响极巨之福建诗人陈衍也特别尊重，表现出更多地亲近向往宋调的理论方向和兴趣指向。可以认为，詹安泰的诗学理论观念，无论对于晚近

---

① 詹安泰：《鹪鹩巢诗集》卷二，见《詹安泰诗词集》，香港翰墨轩出版有限公司2002年版，第39页。又见詹安泰著，左鹏军点校《詹安泰全集》（第四册，诗词集），上海古籍出版社2011年版，第28页。

岭南还是全国的古典诗歌理论、诗歌创作、学术研究来说，都是一笔具有重要价值的珍贵财富，确有认真研究、深入理解之必要。

二、才学并至的创作趣味

作为一位诗词创作经验丰富、理论素养深厚的学者型诗人，詹安泰在诗歌理论观念与创作实践之间可以获得相当广阔的思想艺术空间，可以将理论阐发和创作实际自然而然地结合起来、融为一体，从而实现理论与创作之间的自由发展、合二为一。在詹安泰的诗歌创作中，一方面，创作经验为理论观念提供丰富的感性材料和实践基础；另一方面，理论阐述又为创作实践提供了有力的思想资源和理论依据。这种离则两伤、合则双美的人文素养和创作状态，尽管在今日看起来已经遥不可及、恍如隔世，实际上却是传统时代里许多古典诗人的共同之处。

詹安泰素以词作和词学名世，其实诗亦其所擅长。他在诗作方面所花气力、所取得成就，似也并不在其词作之下。以詹安泰生前编定的诗词集为据，《鹪鹩巢诗集》凡九卷，《无庵词》凡五卷，诗之数量大约是词的两倍，且诗作水平也毫不逊色于词。这实际上比较准确地反映了詹安泰诗词兼擅的创作特点。而且，在詹安泰的思想观念和创作过程中，诗与词之间似也不存在不可逾越的界限，并不存在优劣轩轾、非此即彼之别；也就是说，在诗与词的文体选择上，他采取的也是一种兼收并蓄、两相擅场、彼此激发、共同发展的创作路径。

关于詹安泰的诗歌创作及其意义价值，当年的多位师友曾发表过相当全面且精彩的评论，从多个角度评价品鉴詹安泰其人其诗，展现了其诗的思想价值与艺术造诣。但是，在几十年之后的今天，这些言论被关注的程度似乎远不及其词作和词论，甚至被提及的时候也并不很多。这种情况的长期存在，不能不极大地限制和影响詹安泰研究的持续深化与全面发展。

方孝岳《鹪鹩巢诗序》中云："今君以沉博绝丽之才，主盟坛坫，掌教大学，泽诸生以风雅，虽家邦多故，居处未宁，而资之以放情山川，周览人物，旧时文士所谓残杯冷炙苜蓿含辛者，已非今日学人之所恒历，宜其诗之鲸铿春丽，沉雄峻雅，而款步堂堂，绝无一毫羞涩之态。盖几于合韩白为一手，而清和自得之气，又不为前人之所掩焉。天将以昌君之诗者，昌吾华夏，则将为之益多，为正声之鼓吹，而何事删削为哉？"① 此类评价出于同事之口，虽不无出于礼貌客气或趣味相投等因素的有意揄扬，但并不曾遮蔽基于诗歌思想艺术修养和理解做出的值得参考的见道之语。比如以"鲸铿春丽，沉雄峻雅"描摹其诗的基本格调，以"合韩白为一手，清和自得之气"概括其诗的入手取径与独创精神，既可见詹安泰诗歌的气韵格调，又可见方孝岳的评论眼光和品鉴水平。

循此思路品读詹安泰诗，可以得到较为贴切的认识。最能体现詹安泰诗歌才华与功力的诗作，当属集中多有的七言古诗、七言歌行、七言排律，如其诗集卷一的开篇之作《韩山韩水歌寄邵潭秋祖平》《游别峰八十六韵》《上石遗先生》《旅澄一月所怀万端纪以长句》《冰若李氏余忘年交也教授暨南大学五六年今秋赴渝尚未通问遽以客死闻伤哉》《悼张荩臣自忠将军》《游南华寺》《壬午十一月廿三日四十一初度时客平石》《离家一月梅州作》等都是。在这些篇章中，詹安泰的才情、学问、功力、技巧均得到了充分的表现，其思想特点、艺术追求、创作趣味也由此得到充分的显现。其《得慧儿报艺冠其曹成此却寄》云："知谁为汝品题宽，使我于今笑恼难。蹉跌半生书岂补，沉绵万劫眼频看。多时未信龙失驭，何日真能风与抟。共慰唯馀一事在，高堂长健故家安。"② 这样的诗作虽然并不多见，却可以视为以流走畅达之笔、平易浅白之语寓世道板荡、孝亲爱子深情的一个例子。

罗倬汉《鹪鹩巢诗序》（1940年6月）有云："吾友詹祝南教授，少好梅宛陵之诗，著《鹪鹩巢诗稿》，不以色泽自娱，举淳朴古劲之味，敛于行间，以发其奇郁之思。乍视之，若为棘涩；徐而即之，始知其腴拙之味，是殆可谓声与意凑合而相宣者。……祝南亦进退于宋人，独能低回汉魏，将进而之宣尼正乐之所。倘能益以予小子会庙堂钟鼓、山水清音之

---

① 詹安泰：《詹安泰诗词集》卷首，香港翰墨轩出版有限公司2002年版，第6页。又见吴承学、彭玉平编《詹安泰文集》，中山大学出版社2004年版，第379页。又见詹安泰著，左鹏军点校《詹安泰全集》（第四册，诗词集）卷首，上海古籍出版社2011年版，第8页。
② 詹安泰：《鹪鹩巢诗集》卷八，见《詹安泰诗词集》，香港翰墨轩出版有限公司2002年版，第222页。又见《詹安泰纪念文集》编辑组编《詹安泰纪念文集》，广东人民出版社1987年版，第137页。又见詹安泰著，左鹏军点校《詹安泰全集》（第四册，诗词集），上海古籍出版社2011年版，第147页。

旨，激昂而极道之，则揄扬民族之兴也有日矣，而况于陶写身世之感乎！"① 明确指出詹安泰诗歌淳朴古劲、奇郁腴拙、声意凑合相宣的格调，在取径上由宋之梅尧臣上追至汉魏诗歌，直至孔子雅正无邪观念的创作趣味。

这样的评价与詹安泰本人阐述的诗歌创作观念是一致的，洵为知言。詹安泰的五言古诗、五言排律最能体现其质朴古拙、直追汉魏的功力修养与创作特点，如《游翠竹庵》《出澄江废城登麒麟山因游东龙潭》《斠玄夫子寄清晖吟稿属为点定拜读后敬题五十均》《辛巳腊不尽一日坪石初见雪》等都是。《饶城闻梦真之丧悲痛欲绝哭之以诗三首》之一云："八年遭离乱，常嗟会面难。何期一为别（去秋始来饶城晤梦真），竟去不复还？亲老妇淑贤，号痛欲毁颜。幼子始三龄，呼爸故闯棺。知交各惨戚，涕下不可删。天乎胡此酷，而刳我心肝！"之三云："曰固其谁信？少著青睛誉。群书既博涉，大恐虚名误。近乃守以卓，希踪到邹鲁。馀力试为诗，欲叩大谢户。雕缋虽满眼，至理时一遇。精严如其人，坚壁不可侮。膏以明自煎，才实天所妒。鬼瞰莫之逃，穷达宁非数。胡不三缄口，而告人以故？师道自沦丧，彼苍复何与？"② 以幽咽低回与劲直率真相结合之笔，抒发沉痛莫名、悲戚无端之感怀，表达对逝者至真至深的怀念哀悼之情，具有直逼心灵、搅动心扉的艺术魅力。若非达到情感极至以至于达到难以自拔的情感状态，断不可能写出如此沉痛动人、摧人泣下之诗。诗人的情感强度、思虑深度由此得到了淋漓尽致的展现，其创作趣味亦由此得到充分的发挥。

詹安泰《岁暮杂诗》（1947年）六首之一云："复国殷家望，离家又二年。生事不可问，此心常凄然。庭梅知几花，弄影竹娟娟。千山隔重水，一鸟飞苍烟。怀往情如昨，抽身虑渐捐。谁抱岁寒姿，而希人世怜。"之三："阴气郁不舒，畏途难策杖。庭草不曾除，瓶花自长养。推书喜当

---

① 詹安泰：《詹安泰诗词集》卷首，香港翰墨轩出版有限公司2002年版，第10～12页。又见吴承学、彭玉平编《詹安泰文集》，中山大学出版社2004年版，第381页。"相宜者"后者误为"相宜者"。又见詹安泰著，左鹏军点校《詹安泰全集》（第四册，诗词集）卷首，上海古籍出版社2011年版，第10～11页。

② 詹安泰：《鹪鹩巢诗集》卷八，见《詹安泰诗词集》，香港翰墨轩出版有限公司2002年版，第254～255页。又见詹安泰著，左鹏军点校《詹安泰全集》（第四册，诗词集），上海古籍出版社2011年版，第168～169页。

户，初阳悬万象。至道未易穷，高贤来瞑想。宁无清芬挹，或听心泉响。识字忧愁始，此语难激赏。使我昏双晴，古鞭曷由奖?"之六："天风发浩歌，来破萧寂境。关心昨宵语，明日将谁定？及兹一夕晴，微茫涵星影。抠衣出户牖，叩阍再三请。几闻呼跄情，能伏豺虎猛。罢写左徒骚，留梦发深省。"① 将年终岁暮时节孤寂冷落与希冀期许的复杂心境以古朴雅正之笔描摹而出，情感内涵极为丰富，体式运用功力极深，可见诗人造诣修养之一斑。此类之诗，都颇能体现其五古的风格特色，亦可视为其全部诗作中的代表作品。

詹安泰的老师陈钟凡在《〈鹪鹩巢诗〉题词》（1941年5月10日）中说："饶平詹祝南，崛起韩江湄。沉冥积岁月，搏空卒奋飞。当其淬厉初，绮思粲芳菲。流泉不择地，珠玉信毫挥。泽古既已久，落笔转矜持。绳趋日勤劬，处忘行若遗。练就几险句，捻断几吟髭。沉浸亦有年，终自出杼机。情词兼雅怨，文质穷高卑。雅郑别泾渭，天巧契人为。恍若出幽谷，旷快映朝晖。长空任翱翔，浩荡天风吹。赏音代有人，醇醨寸心知。"② 在描绘了詹安泰学诗经历的由绮粲芳菲、信笔挥洒、矜持苦吟等几个不同阶段、走向逐渐进步的历程之后，着重指出其诗自出机杼、自成面貌的长处，从而有可能达到情词兼备、文质双美、人天契合的境界，也就有可能实现长空奋飞、知音代有的效果。其中虽有老师爱护鼓励弟子的成分，但对于詹安泰诗歌创作趣味的描摹还是价值独具、值得参考的。

詹安泰写作向所擅长、数量较多的五律庶可集中体现这一方面的特点。如其《甲申四月闰四月所作五律》十首之一云："一雨遂经月，无花与饯春。山昏云压昼，草腐夜飞燐。壮往终成惜，孤居不厌贫。拚将家国泪，洒向酒怀新。"之三云："枣栗当千户，低回又一时。不成灶下婢，勤老鬓边丝。闹市鱼虾贵，山家耕种宜。何当书苦读，坐此病难医。"之六云："天心存警戒，活计忍酸寒。懒久还成癖，愁深不可宽。轻衫当户外，

---

① 詹安泰：《鹪鹩巢诗集》卷九，见《詹安泰诗词集》，香港翰墨轩出版有限公司2002年版，第312~313页。《詹安泰纪念文集》编辑组编《詹安泰纪念文集》，广东人民出版社1987年版，第135~136页。詹安泰著，左鹏军点校《詹安泰全集》（第四册，诗词集），上海古籍出版社2011年版，第209~210页。

② 《詹安泰诗词集》卷首，香港翰墨轩出版有限公司2002年版，第14页。又见吴承学、彭玉平《詹安泰文集》，中山大学出版社2004年版，第383页。"当其淬厉初"后者误作"当其淬厉切"；"文质穷高卑"后者误作"文质空高卑"；"旷快映朝晖"后者误作"旷快映朝晕"。

乱发舞风端。阅世成孤噤，蝉声应未残。"之九云："道狭艰舒眼，颜苍欲转喉。惊飚奈日夜，大梦几春秋。即物聊观法，逢人只掉头。女萝与山鬼，厌汝说离忧。"① 将时令变化、自然景物与个人心境、国家局势交织于一体，以整饬工稳的形式充分表现出来，都是颇能体现詹安泰五律风格的篇章。

詹安泰的另一位老师温廷敬也在《台城路·寄题祝南老弟鹪鹩巢诗集即用其题高吹万风雨勘诗图韵》（1940年秋）中写道："绮年早具耽吟癖，陈迹已成云雾。八代风标，西江派别，长忆灯哦雨。葩经案谱，溯正变源流，圣心如语。转益多师，鸿炉铸出惊人句。芳华叹随水去，一枝聊可托，隐愿谁诉？粤岭烽烟，滇云帐触，哀情如许。新篇旧赋尽丛集，诗囊两间长住。莫泣新亭，挽澜凭砥柱。"② 其中除了老师对学生的鼓励期许之词外，值得注意的是揭示詹安泰诗学八代、用心于江西诗派的经历和趣味，进而走向转益多师、自成一家的道路。

至于其中提及的在日军侵华、中国人民进行抗日战争时期詹安泰先在广东、后来流落云南澄江的经历，则反映了国家危难、民族危机、时代动荡对于诗人生活与创作产生的重要影响。这一点，在詹安泰作于抗日战争期间的大量诗歌中可以得到集中的体现，也是他诗歌创作中最有真情实感、最为剀切动人、最具历史价值的部分。如《游宋王台》云："一月烦嚣百虑侵，盛年胥负壮游心。摩挲胜迹怜顽石（宋王台仅三巨石耳），多少行人托苦吟。帝子精魂随日远，孤臣痛泪胜波深。楼船仿佛驱风雨，待续龙编感不禁。"③ 在历史的沧桑之感中寄予了时代的感慨。《己卯除夜》（1939年）云："又惊岁月去堂堂，脱乱祛贫未有方。与镊短髭宁避白，强开病眼为思乡。边笳邻笛都成怨，卖剑买牛倘可商。何日真符大吉利，

---

① 詹安泰：《鹪鹩巢诗集》卷八，见《詹安泰诗词集》，香港翰墨轩出版有限公司2002年版，第242～244页。又见詹安泰著，左鹏军点校《詹安泰全集》（第四册，诗词集），上海古籍出版社2011年版，第162～163页。

② 《詹安泰诗词集》卷首《题词》，香港翰墨轩出版有限公司2002年版，第15页。

③ 詹安泰：《鹪鹩巢诗集》卷二，见《詹安泰诗词集》，香港翰墨轩出版有限公司2002年版，第67页。又见詹安泰著，左鹏军点校《詹安泰全集》（第四册，诗词集），上海古籍出版社2011年版月，第46页。

不劳催泪落哀章？"①《庚辰元日》（1940年）云："惯向山城数岁晨，敢辞鬓发逐年新。平生所学知何用，晚辈相过若至亲。浩荡从看一起痼，健顽未信终逃秦。欲穷百国异书读，且领江天自在春。"② 也都是基于时代感怀和自身际遇而发出的内心声音。《丘沧海遗墨为丘瞩云题》云："海日岭云明素抱，深悲苦笑出沉雄。脱赠奇翼有时响，起皱微波无路通。何限沧桑来腕底，但能忧乐与民同。乱馀留此精魂在，作健谁堪拜下风？"③ 通过对近代台湾抗日英雄丘逢甲诗歌的充分肯定和高度评价，表现自己的民族感情。

饶宗颐在作于1980年6月（庚申五月）的《詹无庵诗序》中，不仅高度评价了詹安泰诗，而且借以发抒感慨，意味深长："无庵之于诗，气骨遒而情性蔓。攓太华曾云之峻，不足以方其缥缈之思；吸两颗沆瀣之英，不足以喻其高骞之操。……无庵挂瓢滇海，凄吟武溪，居山林之年，值顾洞之际。晚岁所作，如书之一波三折，遒峭峻絜，至今诵之，低徊悱恻，弥怆平生于畴日。"④ 时詹安泰已逝世十三年，饶宗颐睹诗作思故人，心中自是难以平静。詹安泰与饶宗颐交往极深，已经是众所周知的事实。詹安泰生前尝作《赠饶伯子》二首赞誉饶宗颐，其二云："我往所为诗，凝炼诚自喜。人天未凑合，运斤或伤指。及今读君诗，如游五都市。光采纷四射，无复见俚鄙。我岂深诗者，貌相政尔尔。君才实过我，学亦不可齿。乃者我有疾，乞君代讲几。高情久不忘，小试何足纪。君自有可传，

---

① 詹安泰：《鹪鹩巢诗集》卷四，见《詹安泰诗词集》，香港翰墨轩出版有限公司2002年版，第110页。又见詹安泰著，左鹏军点校《詹安泰全集》（第四册，诗词集），上海古籍出版社2011年版，第79页。

② 詹安泰：《鹪鹩巢诗集》卷四，见《詹安泰诗词集》，香港翰墨轩出版有限公司2002年版，第110～111页。又见詹安泰著，左鹏军点校《詹安泰全集》（第四册，诗词集），上海古籍出版社2011年版，第79页。

③ 詹安泰：《鹪鹩巢诗集》卷七，见《詹安泰诗词集》，香港翰墨轩出版有限公司2002年版，第196页。又见詹安泰著，左鹏军点校《詹安泰全集》（第四册，诗词集），上海古籍出版社2011年版，第131页。

④ 《詹安泰诗词集》卷首，香港翰墨轩出版有限公司2002年版，第1页。又见吴承学、彭玉平编《詹安泰文集》，中山大学出版社2004年版，第380页。又见詹安泰著，左鹏军点校《詹安泰全集》（第四册，诗词集）卷首，上海古籍出版社2011年版，第4页。

可传不系此。"① 诗中不仅回顾了二人在韩山师范学院任教时的深厚情谊，而且于自谦之中对饶宗颐之诗才与学问均给予极高评价。詹安泰此诗中表现的过谦态度自是他人格特征的一种表现方式，并不应据此认为事实本来如此；而二人后来的遭逢和命运，却不幸被此语言中。这也不能说是詹安泰的先知先觉，更不能用一语成谶来解释，只能说是时代吊诡与个人命运的一次无端的巧合。

由于饶宗颐的推荐，何耀光将《鹪鹩巢诗·无庵词》作为"至乐楼丛书"第廿五种，于1982年8月在香港印行，所据版本为詹安泰手定稿本，是为詹安泰逝世之后其诗词集首次获得出版机会。何耀光在该书卷首《序》（1982年8月）中说："君踵承同光诸老之后，挹其流韵遗风，发为诗词，兼精而独到。其遗诗九卷，曰《鹪鹩巢诗》，寝馈于宛陵者特深，而助之以昌黎、东坡笔势。其长篇古风，往往在千言以上，浩瀚峥嵘，极文笔之宏肆；近体雅炼，不避僻涩艰深，意欲历幽险以成孤诣也。而入滇以后，所作尤多。其中纪乱之篇，与杜陵《三吏》《三别》同其悲慨，又可作诗史读焉。其词则初宗白石，继学梦窗，辛辣处殆过其诗。亦欲随古翁、述翁之后，安排椎凿，以力破馀地也与！"② 因为此论较为后出，对于詹安泰诗词创作的取径特点都做了相当细致的评述，较以往所论有所丰富，更能体现詹安泰诗词创作的趣味与风格。尤可注意者，是强调詹安泰诗歌创作继承同光体诸老路径并有所发展、以韩愈诗和苏轼诗为助力的渊源关系。而将其身逢乱离、远走云南澄江期间的诗作视为"诗史"，在中国古典诗歌评价话语体系中，则是至高至美的评价，揭示了詹安泰诗歌反映时代风云变幻、记录个人非凡经历的特点，切合其诗词的实际情况，也反映了对其诗歌创作的钦敬推崇之意。

詹安泰作于抗日战争时期的诗歌，充分反映了耳闻目睹的历史事件，具有诗史的价值；也表现了在战争乱离中的内心感受，也具有心史的价

---

① 詹安泰：《鹪鹩巢诗集》卷二，见《詹安泰诗词集》，香港翰墨轩出版有限公司2002年版，第57页。又见《詹安泰纪念文集》编辑组编《詹安泰纪念文集》，广东人民出版社1987年版，第110页。又见詹安泰著，左鹏军点校《詹安泰全集》（第四册，诗词集），上海古籍出版社2011年版，第40页。

② 《鹪鹩巢诗·无庵词》卷首，"至乐楼丛书"第廿五种，香港何氏至乐楼，1982年冬据詹安泰手订稿本影印。又题为《鹪鹩巢诗、无庵词合集序》，见吴承学、彭玉平编《詹安泰文集》，中山大学出版社2004年版，第382页。又题《序二》，詹安泰著，左鹏军点校《詹安泰全集》（第四册，诗词集），上海古籍出版社2011年版，第2～3页。

值。如《惊闻黄冈失陷》有句云:"忽报一日失黄冈,惊呼乃如中流矢。小室孤灯困横床,追思寸寸断刚肠。青春便与剪髻去,白发可忍倚间望。黄冈离家百里耳,滨水依山人慕义。烈士名节赫四表(黄冈起义在广州前),早与黄花相映美。近十年更日繁华,杰构崇墉交矜夸。……遂使虾夷常侧目,况复赋性具三毒。铁鸟张翼助威势,嗟哉骨肉空尔筑。胁肩谄笑犹纷纷,方生方死未知分。安得龙泉号出匣,飞光直截海东云。"① 广东饶平黄冈距詹安泰出生地甚近,此诗表达了对家乡境况的关切。《得慧儿报各地亢旱求神黯然赋此》有云:"最难支拄此凶年,久醉如焚可问天。三月收风无点雨,万家倾泪欲平田。未闻李靖行骢马,孰踵龟堂拜杜鹃?各有心肝休论命,前头隐隐起狼烟。"② 在战乱背景下,詹安泰通过长子伯慧书信所带来的消息,仍然关心着家乡大旱、民不聊生的苦难情形,悲悯之心由此得到充分的展现。

其《寄怀石铭老普宁铭老故乡沦陷违难普宁三年矣》云:"却忆绳床独坐翁,平时酒力与诗工(《石遗室诗话》谓:晚近诗人得刚健之美者,石铭吾与曾履川而已)。三年不吊繁花死,一饭难量百计穷。日入知谁供涕笑,忧来留梦作沉雄。如狂谈口吾犹尔,何日相看侧岸枫(余居枫溪,铭老时相过从)?"③ 虽是怀念已逝故人,但重点仍在于时局动荡给百姓造成的流离失所与无尽苦难。处于乱离奔竞之中的詹安泰,还系念着香港的亲友,并有《闻乱忆香港诸亲友二首》云:"遭乱同飘泊,向谁问死生!极天无净土,斗海有飞鲸。梦入千家哭,城馀百战声(英兵拒守维多利城已十六日矣)。何堪私痛在,未敢说休兵。"又云:"昔日繁华地,当年帝子魂。尽随烽火渺,留伴海云昏。恩怨竟何说,交亲可幸存?无谁与解

---

① 詹安泰:《鹪鹩巢诗集》卷三,见《詹安泰诗词集》,香港翰墨轩出版有限公司2002年版,第101~102页。又见《詹安泰纪念文集》编辑组《詹安泰纪念文集》,广东人民出版社1987年版,第117页。又见詹安泰著,左鹏军点校《詹安泰全集》(第四册,诗词集),上海古籍出版社2011年版,第72页。
② 詹安泰:《鹪鹩巢诗集》卷九,见《詹安泰诗词集》,香港翰墨轩出版有限公司2002年版,第275页。又见詹安泰著,左鹏军点校《詹安泰全集》(第四册,诗词集),上海古籍出版社2011年版,第181页。
③ 詹安泰:《鹪鹩巢诗集》卷五,见《詹安泰诗词集》,香港翰墨轩出版有限公司2002年版,第144~145页。又见《詹安泰纪念文集》编辑组《詹安泰纪念文集》,广东人民出版社1987年版,第123页。又见詹安泰著,左鹏军点校《詹安泰全集》(第四册,诗词集),上海古籍出版社2011年版,第98~99页。

脱，欲为叩重阍。"① 通过对香港亲友的关注，表达的也是对香港乃至整个中国局势的关切。

又如《得挽波梅州诗适闻坪石失陷》云："阴寒一月惟孤闷，得句如同选胜游。所幸天留真懒窟，不然我滞古韶州。刺心万镞闻初变，覆水何时得再收？煮茗哦诗应不恶，未须生事苦冥搜。"② 通过与老友黄海章的诗歌交往，反映日军攻占广东韶关坪石的近况，表达对战争局势的极度关切。可以认为，从社会意义的角度来看，这些反映抗日战争时期个人经历、精神感受的诗篇，也从一位学者诗人的角度反映了那个特殊的灾难性时代的某些历史事件，是詹安泰一生创作中最具有时代价值和思想意义的作品。詹安泰诗歌创作的思想追求与艺术趣味也通过这些作品得到了非常充分的展现。

概括地说，处于中国古典诗歌最后阶段的詹安泰的诗歌创作趣味具有明显的融通性、综合性特征，其基本格局是才华与学养并重、唐音与宋调兼顾、个人情感与时代感怀相融，希图在广泛地继承和汲取历代诗歌创作经验的基础上创造自成面目的诗作，并寻求建立独特风格的道路。从个人性情禀赋、兴趣爱好、学识修养、诗学渊源、师友交往的角度来看，兼学者、诗人、词人于一身的詹安泰的诗作，更多地倾向于婉曲内敛、筋节骨力、冷峻沉雄、理性哲思一路。假如用唐音或宋调来比方的话，可以认为詹安泰的诗作主要是倾向于宋调的；假如以雄直作为考察岭南诗歌的一种风格尺度的话，也可以认为詹安泰的诗作总体上是倾向于雄直之气的。

詹安泰这种诗歌创作趣味的形成与持续，除其个人方面的原因外，清末民初时期以宋诗派、同光体为主流的诗坛风气的影响也是一个至关重要的因素。钱锺书曾指出："一个艺术家总在某些社会条件下创作，也总在某种文艺风气里创作。这个风气影响到他对题材、体裁、风格的去取，给予他以机会，同时也限制了他的范围。就是抗拒或背弃这个风气的人也受

---

① 詹安泰：《鹪鹩巢诗集》卷五，见《詹安泰诗词集》，香港翰墨轩出版有限公司2002年版，第155页。又见《詹安泰纪念文集》编辑组编《詹安泰纪念文集》，广东人民出版社1987年版，第125页。又见詹安泰著，左鹏军点校《詹安泰全集》（第四册，诗词集），上海古籍出版社2011年版，第105页。

② 詹安泰：《鹪鹩巢诗集》卷八，见《詹安泰诗词集》，香港翰墨轩出版有限公司2002年版，第255页。又见詹安泰著，左鹏军点校《詹安泰全集》（第四册，诗词集），上海古籍出版社2011年版，第169页。

到它负面的支配,因为他不得不另出手眼来逃避或矫正他所厌恶的风气。"① 从这一角度看,詹安泰是有意识地接受清末民初时期主流诗坛风气的正面影响而进行诗歌创作的。这与詹安泰的个性气质、学者身份、诗学渊源、文学交往等多种因素密切相关,当然也与国家不幸、民族危难、时局动荡、个人乱离等因素有着非常密切的关系。因此,詹安泰诗歌创作趣味的形成是诗歌内部和外部多重因素复杂作用而产生的复杂结果,也表明他汇入主流诗坛的主观愿望和努力方向。

三、馀论:学人与诗人之合一

关于诗人之诗与学人之诗的是此非彼、雅俗高下、远近取舍,是清初以来诗歌理论与创作中的重大问题之一。陈衍曾在《石遗室诗话》中指出:"余亦请剑丞评余诗,则谓由学人之诗,作(去声)到诗人之诗。此许固太过,然不先为诗人之诗,而径为学人之诗,往往终于学人,不到真诗人境界。盖学问有馀,性情不足也。"② 他选编的《近代诗钞》也集中体现了"合学人诗人之诗二而一之"的理论主张。从这一角度考察詹安泰的诗歌理论主张与创作趣味、诗作与词作及词学研究、诗词创作与学术研究之间的关系,从多个面向体会其中的经验,可以引发多种思考并获得相当丰富的启示。

由上文所述可以看到,詹安泰诗学理论观念与创作实践之间存在着非常密切的关联性和比较明晰的对应性;准确地说,詹安泰对于诗歌的理解和造诣是从理论观念与创作实践两个方面共同体现出来的。他对于性情与学问、继承与创新、时代与个人、唐音与宋调、浅易与古雅等关系的认识和处理,既体现了理论的合理性与针对性,又体现了实践的允当性和可行性,表现出一种自然中和、才情并至的理论追求和创作趣味。这对于詹安泰及其同时代的许多学者诗人、诗人学者来说,是一而二、二而一的自然关系,宛如一体之两面,学人的修养与诗人的才华互相依托、彼此激发,共同成为创造诗美的要素;只是二者各有侧重、各有偏至、各有其体现方式而已,其间并无任何障碍或枘凿不合之处。这或许是詹安泰那一代及其

---

① 钱锺书:《中国诗与中国画》,见《七缀集》,上海古籍出版社1985年版,第1页。
② 陈衍著,郑朝宗、石文英校点:《石遗室诗话》卷十四,人民文学出版社2004年版,第223页。

前代诗人学者、学者诗人将诗与学问、学问与诗两相结合得如此自然并取得如此杰出成就的重要原因。

詹安泰对于诗和词均素所喜好,在诗与词的文体选择上的认识和作法也是比较自然通达的,并不像某些创作者那样或专注于诗,或专注于词,而是诗词兼顾亦且兼擅,只是根据不同的吟咏对象、表现事物,在不同的情境或兴味之下,根据诗与词的文体特点和艺术个性进行主动的取舍。在多年的写作经历中,除了学术著述、教学活动之外,他把主要精力用于诗词创作方面,而且在诗歌创作方面所花精力、所取得成就并不在其词之下。由这种现象可以认识到,詹安泰的诗歌创作与词体创作之间的关系也十分密切,二者之间存在着一种互相支撑、互相促进的关系,从而共同造就了他的整体诗词创作成就。在传统文学与文化中浸润较深、涵泳较久的许多诗人词家也大多如此。

还有,从总体上考察詹安泰的诗词创作与学术研究,也可以发现彼此之间构成了相辅相成、促进激发、浑然一体的关系。就学术研究而言,詹安泰在诗学方面下过很深的功夫并有重要著作传世,在中国文学史特别是先秦文学史方面也作过专门研究并主编过大学教材,而所下功夫最深、成就最为突出、影响最大者当是词学研究。应当看到,对于詹安泰的诗词创作来说,如此深厚的学术修养、如此丰富的学术经历、如此厚重的研究成果是其诗词创作的学问根柢和强大支撑,也是必不可少的思想资源和精神动力。

才华与学问、兴味与学术、创作与研究之间这种自然而然、浑然一体和共生并进,实际上也是中国传统文人学者的普遍追求,也是他们取得杰出的创作成就和学术成就的一个重要原因。然而,由于近现代以来教育的变革、世道的隆替和文化的变迁,詹安泰和他的同道们,可能是传统意义上的人文知识分子的最后一代了。

黄咏雩诗中的兴亡感慨与家国情怀

黄咏雩尝在诗集《自序》(1961)中云:"今予诗诚不工,然自有性情面目,宛然其为予矣。夫性情善恶,面目妍媸,得之于天,览者固当知之,其工不工,又何俟夫自言?姑置之箧衍,庶以见山川行役,时物变化,师友交游,学问进退,与夫晴雨寒燠,荣枯兴废,聚散歌哭,得失乐哀之情;梦影尘踪,如镜如绘,将内省求益,博学以知脉也可乎!"① 虽多有谦逊之意,然对于自己诗作之自信、对于诗歌思想艺术之追求特别是发抒真性情以成自我面貌的创作观念,仍然表达得相当充分。

黄咏雩挚友、诗人罗雨山在《芋园诗稿序》(1960)中说:"粤诗之盛,有由来矣。今吾友黄子咏雩复以诗鸣,其诗取径骚选,契合于玉溪、海雪,又通佛老之微旨,烹炼精诣,悱恻芳馨,而不欲苟同。殆又异军突起,卓然一帜矣。"② 又曰:"芋山五七律,如碧桃满树,时见美人。而思致绵密,神理内蕴,殆得力于玉溪、海雪,读之使人意远。其沉雄处,又如幽燕老将,笳鼓登坛,令人回肠荡气。五七绝亦清新独绝,雅韵欲流。当于月明花下,把酒诵之。"③ 道出黄咏雩于诗诸体兼擅、自成面目的造诣,将其视为诗风綦盛、渊源有自的广东诗坛中一位异军突起、卓然大家的标志性人物。结合黄咏雩的诗歌创作来认识这些评价,可以说这既是对其人的高度赞誉,也道出了其诗的重要特征和主要价值。

黄荣庚《芋园北江游草·序》(1928)中亦评曰:"夫老杜《石壕》,伤乱之作也;青莲《天姥》,招隐之吟也。芋园自有仙才,亦号诗史。蜡

---

① 黄咏雩:《天蠁楼诗文集》上册卷首,花城出版社1999年版,第9~10页。笔者对原标点有所订正。
② 黄咏雩:《天蠁楼诗文集》上册卷首,花城出版社1999年版,第6页。笔者对原标点有所调整。
③ 黄咏雩:《天蠁楼诗文集》上册卷首,花城出版社1999年版,第13页。

屐几緉，锦囊半肩；雕刻山灵，藻绘野态。不为造物所忌，更得风人之旨。"① 以"诗史"评价黄咏雩诗的历史价值和文学价值，以"得风人之旨"论说黄咏雩的诗歌创作追求，既是中国诗论传统中质实恳切的评价，也是充分饱满的肯定赞誉。从这一角度考察和认识黄咏雩其人其诗，确可看到，生逢乱世、屡遭流离的诗人，在许多诗篇中表达了对于国家兴亡、朝代兴替、历史经验的思考，更表达了对于世道人心、民生疾苦、百姓境况的关注。由此，黄咏雩的学人修养、诗人才华、文人气质也得到了充分的展现，一种强烈的忧生念乱之感、悲天悯人之情贯穿于诗作之中，成为其诗歌的重要思想特征，也成为其诗歌格调的重要表征。

黄咏雩兴亡感慨与家国情怀的重要表现方式之一，就是以湖湘地区为中心，对屈原、宋玉、贾谊遭遇的感慨和对其人格精神的崇敬，以及对其文学才华的效法推重。通过这种用意深微的内容选择和内涵丰富的诗歌创作，表现深挚的情绪和强烈的感慨。通过这种题材和方式的创作，黄咏雩的文学才华、思想深度、学问根柢、文史修养，特别是对于历史事件和人物的体认与评骘，都得到了非常充分的展现。

化用《楚辞》诗句和集《楚辞》诗句，是黄咏雩诗歌创作的突出特点之一。其中最为引人注目的就是集《楚辞》诗句，或化用《楚辞》诗句所作的众多诗篇。长篇五古《逍遥篇》二首，全部"用《离骚》、《九歌》语"② 写成。《南岳一百二十韵全用楚辞屈宋语》（1957）更是这种作法的代表作。首有序云："丙申腊朔（公元一九五七年元旦）予游南岳，灵光岿然，钟簴无恙，女巫将事，备荐馨絜。既扪碑字，寻史迹，徘徊不去。……予辄以《楚辞》屈宋语为七言古诗，得一百二十韵，题曰《南岳》；又为七言律诗九首，题曰《九歌》。殆犹对越神灵，抚山川之琦玮；徬徨天问，仰图画之谲怪。愤懑呵壁，摇落悲秋；神之听之，知我罪我。"③ 黎庆恩《芋园诗稿》批语（1957）云："《南岳》百二韵，全用屈

---

① 黄咏雩：《天蠁楼诗文集》中册，花城出版社1999年版，第214页。又见该书上册卷首，第10页，无"夫"字。

② 黄咏雩：《天蠁楼诗文集》上册，花城出版社1999年版，第15～17页。

③ 黄咏雩：《天蠁楼诗文集》上册，花城出版社1999年版，第196～197页。笔者对标点有所调整。

宋语，体大思精，超越昔贤演骚比之智。"① 七律《九歌用楚辞屈宋语九首》（1957）② 也是这种作法的再次运用。

除化用《楚辞》语句而作新诗之外，黄咏雩还采用集《楚辞》诗句形式，创作了《朝云曲》《湘弦曲》等作品。其《朝云曲》题下小序云："《乐府诗集》有沈约《朝云曲》。予过巫山，云气变化，仿佛有遇，爰集屈宋句，辄成此篇，援沈约之题，拟宋玉之赋。班固曰：'赋者，古诗之流也。'用是敷陈其事，赓歌永言，神女其嫣然，许我可与言诗矣乎？"③《湘弦曲》题下小序亦云："《乐府诗集·湘弦曲》皆咏湘妃而作。予过黄陵庙，集屈宋句谱成此曲，颇觉古音未坠也。"④ 均可看出诗人的创作用意和所下功夫，其学问根底和诗学趣味亦由此得到了相当充分的表达。

此外，黄咏雩还写下多首关于屈原、宋玉、贾谊的诗篇，表达崇敬之情并从中获得思想的共鸣。《屈大夫祠》云："云霓时结晦，日月与争光。呵壁烦天问，传芭礼国殇。大招灵浩荡，终古事周章。何以纫予佩，香溪兰蕙香。"⑤《宋大夫宅》云："白云郢中曲，而今和者谁？朝云无处所，当日有微辞。雨作阳台梦，秋生楚客悲。登墙窥未许，何得觏吾师？"⑥《长沙吊屈贾二贤》云："菲菲长佩欲谁捐？寂寂寒林望渺然。要眇九歌兰蕙气，翱翔千仞凤凰天。美人自昔伤迟暮，诸老何因忌少年？太息怀沙人去后，日斜野鸟又高翩。"⑦

区季谋《芋园诗稿序》（1973）尝评论曰："曩者尝读咏雩《天蠁楼词》，清空丽密，兼而有之，盖折取于周姜二家而有以得，其性之所近，宜其诗亦旷放以为远，典丽以自妍。论者常谓五七言古体，取径于昌黎，近体得力于义山，其集骚诸篇，尤前人所未有。夫以咏雩之性厚，学端而才且美，于艺事何施而不可乎？其发于语言文字之际，不能自掩如此，古所谓面目怀抱，因人世而异者，其信然也。"⑧ 黄咏雩以化用、集句等方

---

① 黄咏雩：《天蠁楼诗文集》上册卷首，花城出版社1999年版，第13页。按：据原诗，"百二韵"当作"百二十韵"。
② 黄咏雩：《天蠁楼诗文集》上册，花城出版社1999年版，第338～341页。
③ 黄咏雩：《天蠁楼诗文集》中册，花城出版社1999年版，第8页。
④ 黄咏雩：《天蠁楼诗文集》中册，花城出版社1999年版，第13页。
⑤ 黄咏雩：《天蠁楼诗文集》中册，花城出版社1999年版，第92～93页。
⑥ 黄咏雩：《天蠁楼诗文集》中册，花城出版社1999年版，第93页。
⑦ 黄咏雩：《天蠁楼诗文集》中册，花城出版社1999年版，第151页。
⑧ 黄咏雩：《天蠁楼诗文集》上册卷首，花城出版社1999年版，第4～5页。

式写下这些诗作,可见对于屈原、宋玉等人诗歌的熟稔程度,表现出深厚的创作根底和学问功力,亦可见对于这种创作方式的喜爱。同时还应当看到,这种创作方式和题材选择不仅仅是出于诗歌创作艺术的考虑,其中必定包含着黄咏雩由屈原、宋玉、贾谊所处时势、身世际遇生发而出的感情共鸣,寄托着关于国家兴亡与个人命运的感慨,也包含着他对三位伟大文学家人格魅力、创作精神的钦敬向往。

黄咏雩兴亡感慨与家国情怀的另一种表现方式是以岭南地区为中心,对宋元之际动荡历史的追怀和对宋朝忠臣烈士的崇敬。作为一位岭南诗人,黄咏雩对于家乡桑梓的历史故事、现实事件不仅非常熟悉,而且特别关心,加之具有深厚的文史学问修养,遂使他能够在长期的创作过程、多变的时代处境中保持对岭南历史人物和相关事件的关注与思考,从而表达具有反思历史经验教训、思索当下与未来意义的诗篇。

岳飞虽与岭南无直接关联,但是由于其深远的历史影响和个人命运中包含的强烈的悲剧色彩与象征意义,仍然引起了在杭州凭吊瞻仰岳飞遗迹的黄咏雩的共鸣。其《岳王坟》(1929)云:"亭外风波一梦空,当时歌舞满湖中。从来和议皆亡国,惟有奇冤是大忠。丸腊早成三字狱,冲冠徒唱满江红。轻阴弄日胡氛炽,松柏萧萧有怒风。(武穆诗:轻阴弄晴日,秀色隐空山。)"① 诗人关注的重点显然在于和议必然亡国的结果和忠贞永垂青史的精神。不能不说,这样的诗句中也包含着诗人对于当时所处时势与国家局势的感悟。《宋熊飞将军故里》(1944)描写南宋抗元将领、东莞熊飞英雄事迹云:"天地膻腥气,山河日月昏。不堪寒食节,来吊国殇魂。芳草银塘路,榴花石塔村。一声啼望帝,风雨黯崖门。"② 着重表现的仍然是熊飞誓死抗争的英雄气概和英雄失路对于当时政治局势的重大影响。

南宋抗元战争中最为伟大、最为著名的人物就是文天祥,历代反映南宋抗元历史的文学作品几乎无法不涉及他。黄咏雩《过零丁洋作》(1941)云:"潮落潮生天地青,九洲南尽此零丁。鹏抟鲲击风斯下,鳌掷鲸呿气尚腥。望里江河供一唾,劫馀鬓发有繁星。从今浮海归耕日,拟

---

① 黄咏雩:《天蠁楼诗文集》上册,花城出版社1999年版,第81~82页。
② 黄咏雩:《天蠁楼诗文集》上册,花城出版社1999年版,第225页。

续龟蒙末耜经。"① 又有《宋文丞相祠》云："天水厓门尽，风沙燕市摧。两间留正气，万古有馀哀。玉带生何往，火轮儿不来。招魂见朱鸟，我亦哭西台。"② 都是把文天祥作为亘古英烈、民族英雄来表现的，其中也蕴含着对于南宋王朝兴亡隆替、忠奸善恶、是非成败的感慨。诗中透露出一种逼人的苍凉哀痛之气，具有震撼人心的思想深度和艺术力量。

宋朝实际上最终灭亡于广东新会厓山。那场发生于宋祥兴二年二月初六日（1279年3月19日）的惨烈的宋元决战，成为南宋王朝灰飞烟灭的标志。宋代以来，历经元明清及民国时期，直至现当代，各个时代均有一些文学家及其他人士对厓山及有关历史事件和人物予以特别关注，并以各种形式的文学作品进行描述、表现和抒发，可以说形成了一个值得关注的"厓山文学"现象。③ 黄咏雩对于厓门及相关人物事件也予以关注并以诗歌着力表现，寄托深挚的今昔之慨与兴亡之感。其《厓门怀古》云："天水苍茫四望穷，慈元荒殿咽沙虫。南来白雁言终验，北捣黄龙事已空。万里艰虞存块肉，一朝气节殿三忠。江山从古胡尘黯，猎猎灵旗拂怒风。"④ 又《新会道中》云："冈州旧是祥兴地，终古圭峰翠欲飞。夹道葵疑青盖立，抱城山似玉屏围。兴亡莫问人间事，离乱如从梦里归。极目慈元遗殿外，厓门风浪是天威。"⑤ 都是从历史兴亡、忠奸善恶的角度表现那次曾经影响了中国历史进程的战略决战，而重点则在于思考其间的经验教训。

除厓门外，遗留于岭南的南宋遗迹所在多有，那些见证历史兴亡、诉说忠奸善恶、引发后人思索评说的遗迹，也自然成为南宋以来许多文学家的表现对象。黄咏雩也延续着这种创作传统。其《九龙宋皇台》（1939）云："天水茫茫问水滨，景炎辇道未全湮。白鹇海上犹同死（见二王本末），金甲云中倘有神（张世杰事，见《说郛》）。天地至今为逆旅，江山从古有胡尘。寒风吹断西台泪，我亦当时恸哭人。"⑥ 凭吊见证兴亡的历史遗迹，面对当时不幸的国运时势，将古今之慨、今昔之叹融为一体，诗

---

① 黄咏雩：《天蠁楼诗文集》上册，花城出版社1999年版，第279页。
② 黄咏雩：《天蠁楼诗文集》中册，花城出版社1999年版，第87页。
③ 关于此问题，可参考左鹏军《厓山记忆与岭南遗民精神的发生》，载《华南师范大学学报（社会科学版）》2012年第6期。
④ 黄咏雩：《天蠁楼诗文集》上册，花城出版社1999年版，第246～247页。
⑤ 黄咏雩：《天蠁楼诗文集》上册，花城出版社1999年版，第247页。
⑥ 黄咏雩：《天蠁楼诗文集》上册，花城出版社1999年版，第258页。

人的感情至为沉痛。《九龙杨亮节庙》(1939)云:"铁胆孰为金甲将(张世杰事,见《说郛》),红光不见火轮儿(王朴事,见《默记》)。一生提举劳王事(德祐二年,以淑妃、弟亮节提举二王府事,见《宋史》),后死慈元系姊思。此去赵家无片地(《宋史·汪立信传》:某去寻赵家一片地死耳),谁知官富有遗祠?神州又睹沉沦日,极目关山鼓角悲。"① 都是同样题材和用意的诗篇,诗人总是不能不将历史人物和事件与当时的国家局势联系起来,表达强烈的伤时感世、忧生念乱情怀。后一首于纪事抒情之中,引用正史、笔记材料以为证据,以诗中自注的形式出之,从一个角度反映了黄咏雩诗歌创作的严谨作风和学问素养。

对于南宋的最后命运而言,广西桂林也是一个非常重要的所在,那里同样发生过非常激烈的战争并对其后的政治局势产生了直接影响。这一切也自然引起黄咏雩的关注并产生强烈的共鸣。《桂林二忠歌》(1964)云:"胡马蹴踏神州沉,朱明日落八桂林。十三镇兵俱成擒,杀人如草鼓声死。力尽援绝事亟矣,高座堂皇者谁子?瞿留守(式耜),张总督(同敞),此头可断不可辱。沙虫一梦三百年,江山洗涤无腥膻。漓江之水清于天。天有倾,地有竭,忠节大名悬日月。"② 又《桂林杂诗五首》之三:"瞿张贞烈壮山河,仰止堂前血不磨。至大至刚唯浩气,回肠作我二忠歌。(叠彩山下有南明留守大学士、临桂伯瞿式耜,兵部侍郎、总督诸路军务张同敞二公成仁处碑,道光间梁章钜题立。其书乾隆赐谥,殊背忠忱。新修仰止堂,壁设瞿、张二公石刻像,旁刻二公狱中唱和诗,题曰《浩气吟》。予瞻仰遗像,作《桂林二忠歌》。)"③ 都是以表现瞿式耜、张同敞之忠勇为中心内容和价值倾向的。这也是历代文学作品所着重表现的共同主题,可见中国文学传统和中国人思想意识中对于忠贞正义、毅勇刚直、烈士精神的深度认同。

对于岭南地区而言,除南宋末年外,另一个在朝代更替、江山易主的动荡变革中产生重要作用,并对岭南文化精神的形成与发展产生深远影响的关键时期就是明清之际。这一时期岭南地区曾出现过众多的抗清志士,他们以不同的行为方式和著述方式昭明自己的政治态度、文化信仰和反清

---

① 黄咏雩:《天蠁楼诗文集》上册,花城出版社1999年版,第258页。
② 黄咏雩:《天蠁楼诗文集》中册,花城出版社1999年版,第77页。
③ 黄咏雩:《天蠁楼诗文集》中册,花城出版社1999年版,第188页。

立场，并在后来的岁月里积淀为岭南文化精神中的核心内容。黄咏雩《〈陈岩野先生永历三年救其子独漉手录卷〉为蒿庵题》（1965）云："朱明日落阵云屯，中宿潮轰战鼓喧。化碧终埋君子血，焚黄差慰鬼雄魂。锦岩石破河山改，独漉堂空日月昏。夷夏已无分限处，孤儿危涕吊厓门。"① 对坚守民族立场、坚决抵抗清军南侵的陈邦彦、陈恭尹父子表达了怀念与崇敬之情。又《陈岩野先生墓园》云："日星河岳壮乾坤，正气长存太艮邨。不信蛮夷终猾夏，犹传忠烈此归元。青林池沼清泉洌，朱果山河落照昏。今日腥膻都洗尽，作诗来告国殇魂。"② 此诗感情极为沉痛深挚，将陈邦彦抗清而死的行为视为为国牺牲之国殇，可见作者的深刻感慨与激动情绪。

黄咏雩还有《清远城吊白忠节灿玉、朱忠愍叔子》（1933）云："朱明日落鼓声死，夜借伶衣谒天子。阋墙不御外侮兵，六脉渠中血为水。岩野先生眼眥裂，手挥残卒保西粤。杀官相应二公谋，清远城高固如铁。轰城火药天地崩，血肉相薄刀枪鸣。白公怒斩百骑卒，四万人无一欲生。白公前仆陈公逐，趋谒朱公相抱哭。青林深处朱家园，空贮琴樽书万轴。衣冠自缢书堂中，哭之拜之悲填胸。孤臣心似西池水，一死要与叔子同。当时将军有药圃，待诏章堂亦歌鼓。云淙题字甘泉记，文燕流连互宾主。南禺花落又清明，阶前泪滴松梢雨。万死难忘报国心，中宿潮声尚激楚。"③ 通过对明末史事的描写和对历史人物的追忆，表达对于明朝灭亡及其历史教训的思考，寄托的仍然是强烈的兴亡成败之感和沧桑变幻情怀，而诗人对于当时政治局势、乱离动荡环境的体认，也间接表现出来。

《粤中怀古二首》也是以明清之际的沧桑巨变及其深远历史影响为中心，展开诗人国家兴亡、成败荣辱的感慨与追怀，寄托着深沉的家国情怀。其一云："朱明天远入重溟，岛屿纷如水上萍。海岸浪翻狮子白，关门山耸虎头青。番禺八桂开秦郡，牛女双星照楚庭。夜半三峰观日出，人间酣睡正迷冥。"其二云："朝汉台前闻鹧鸪，呼鸾道上采蘼芜。宝鞍又见降王去，黄屋聊为大长娱。亦拟曲江献金鉴，更从南海出明珠。山辉川媚依然在，浴日回天爇九隅。"④ 黄咏雩还通过为他人著作题诗的方式表达

---

① 黄咏雩：《天蠁楼诗文集》中册，花城出版社1999年版，第162页。
② 黄咏雩：《天蠁楼诗文集》中册，花城出版社1999年版，第164页。
③ 黄咏雩：《天蠁楼诗文集》上册，花城出版社1999年版，第153～154页。
④ 黄咏雩：《天蠁楼诗文集》中册，花城出版社1999年版，第152～153页。

对明代兴亡的认识与感慨,寄托了浓重的历史经验和教训。《吴太史玉臣〈明史乐府〉题后》云:"人人护党忘忧国,大义微言感慨深。彪狗一群趋内厂,骥蝇千里惜东林。衣冠坐揖胡夷入,金帛翻求蚁贼侵。恨史至今成覆辙,泥谁铁笛付哀吟。"① 虽是题吴道镕所著《明中乐府》之作,用意和思考却远不止于此,而是涉及明朝的统治政策、政治手段与国家兴亡、人心向背之关系等重大问题。黄咏雩思虑之深沉和思想之深刻,集诗人与学人于一身的创作特点,由此也得到了相当集中的体现。

黄咏雩兴亡感慨与家国情怀的又一种表现方式是以北京等地区为中心,通过对明清之际的历史遗迹和政治人物的歌咏追忆,通过对流传保持至现当代的某些历史遗迹及其变化、相关人物与事件、意义与价值的变化的描绘,表达对于历史兴亡与个人命运、民族兴衰与世道人心、现世境遇与青史评价的长远思考,寄托浓重的历史沧桑之感和忧生念乱情怀。这种表现内容与思考方式,表现了深受传统思想文化熏陶的黄咏雩的现世情怀和入世精神,尽管他所能够做到的只有文学创作和学术著述而已。

在中国传统政治体制和文化观念中,首都向来是政治统治中心、文化思想中心,历朝历代的政治、经济、思想、文化特征和最高水平都经常集中反映在首都之中。同时,首都也是最集中地反映治乱兴衰、国家兴亡的所在。因此在黄咏雩的诗歌中,经常以历代首都及相关地区为中心,如北京、南京、西安、开封、杭州等地,都是他经常关注的地区,通过描述重要历史事件和人物来表现对于朝代兴替、治乱兴衰的认识与评价,从而形成了黄咏雩诗歌创作一个明显特征。

在中国历代多个首都城市中,北京无疑是最有代表性的一个,特别是对于黄咏雩经常描写歌咏的元明清三代历史而言,北京更具有无法取代的独特意义。《燕歌集》是黄咏雩晚年最重要的作品,也是以北京地区为中心反映历史兴亡、政治局势、文化变迁的代表性作品。这不仅在于黄咏雩的诗歌才华、学问修养由此得到了最充分的展现,诗人之诗与学人之诗相结合的特点由此得到了最充分的彰显,而且在于他的晚年心境、入世情怀、人生态度也由此得到了集中的体现,而数十年间的风雨飘摇、时局动荡、世变孔亟也由此得到了充分的显现,其中当然蕴含着深刻的世道感慨、兴亡感受、时运体察和家国情怀。

---

① 黄咏雩:《天蠁楼诗文集》上册,花城出版社1999年版,第78页。

《燕歌集·自序》是一篇极其重要的文章，表现了黄咏雩一生的许多感受，值得特别注意。中有云："山川人物之魁殊，十年作赋；今古兴亡之递嬗，世事如棋。慷慨悲歌，讵唯燕赵；风流文采，不少邹枚。……玄女演阵而麾兵，岂是帝鸿之世；天魔跳舞而赞佛，更夸诈马之装。于是叛汉者著隽永之篇，谈天者罹霜飞之狱。望诸奔赵，乃报惠王之书；骑劫功齐，竟触田单之火。民生涂炭，国事沸羹。下递完颜，终失幽兰轩之玺；遥传扩廓，又丧沈儿谷之师。万户抄家，驴驮金饼；九逵主教，人点红灯。土崩之势已形，肉食之谋安出？览古于此，感慨何如乎？……内翰当年，忆阿婆之春梦；半塘今日，谱庚子之秋词。长谣皆盍旦之鸣，促柱亦思归之引，此《燕歌集》旧作所由录存也。或谓：子昔游题咏，不止于燕，胡独以燕歌为名也？予曰：尊国都以概其馀耳。嗟乎！灵猿照水，抱月皆空；孽雁惊弦，冲云独唳。天涯芳草，王孙游兮未归；日暮烟波，乡关伫兮何处？乐土奚适，念苍楚之无家；可人不来，叹风雨其如晦。薄寒憭慄，何来秋士之悲；幽籁于喁，总是劳人之唱。用待轩之采，聊为匦衍之藏。读之者倘视为高渐离之筑，抑雍门周之琴欤？"①

基于这样的心态和感受，黄咏雩写下了许多具有重要总结意义的诗篇。其《燕歌行》标题下注有云："今予燕山怀古，独表昔贤辞让高风，云谁知音？正恨古人不见我，相与掩抑冰弦也。"诗有云："坐我黄金台，馆我碣石宫。赠我以历室之宝鼎，元英之洪钟。……白眼横看时无人，竖子尔乃夸英雄。民生昏垫志士废，世事儿戏将毋同。我来燕市寻酒人，呜呼！我歌兮思何穷。将以和击筑变徵之高渐离，且以答穷哭之阮嗣宗。长歌登车去不顾，易水为我生寒风。"② 诗人的今昔是非之感、世道沧桑之慨清晰可见，诗人百感交集的难平思绪亦历历可见。《煤山》云："寂寞煤山路，落花如血红。狼燧煽宇甸，驳马闯燕宫。毡笠人当宁，金台事转蓬。黄埃西北起，天地不周风。"③ 通过对明朝最后一位皇帝崇祯皇帝自尽处周遭景物的描写，真切而直接地传达出明王朝土崩瓦解时的尘埃蔽日、血雨腥风。《神武门》云："北门空锁钥，左个失戎机。又见铜驼叹，无端铁牝飞。挂冠谁则去，被褐我何归？一瞥倾亡乍，当时万事非。"④

---

① 黄咏雩：《天蠁楼诗文集》中册，花城出版社1999年版，第1～4页。
② 黄咏雩：《天蠁楼诗文集》中册，花城出版社1999年版，第3～5页。
③ 黄咏雩：《天蠁楼诗文集》中册，花城出版社1999年版，第83页。
④ 黄咏雩：《天蠁楼诗文集》中册，花城出版社1999年版，第83页。

也是通过表现明末史事以寄托兴亡成败、世道沧桑之感的作品。《明袁督师墓》云："五年复辽海，一燕对平台。已凿凶门出，难防众口猜。长城终自坏，东市并堪哀。血肉此埋碧，江山亦劫灰。"① 通过对袁崇焕生前死后、朝代更替的咏叹，抒发诗人强烈的兴亡感慨和民族感情。

黄咏雩《故宫咏史四首》分别歌咏辽、金、元、明四朝。其四咏明朝云："朱明日落朔风霾，妻子愁看拔剑来。唱跸鸣钟朝列散，缥衣乌马殿廷开。烽烟柱叹人民苦，门户终成国社灾。闻道故家抄没尽，万驴金饼过金台。"后有说明云："附注：《明史·庄烈帝本纪》：十七年春正月，庚寅朔大风霾。《通鉴辑览》卷之一百十六：明庄烈帝崇祯十七年，三月京师陷，帝崩于煤山。下书曰：帝出宫，登煤山，望见烽火彻天，叹息曰：苦我民耳！徘徊久之，还宫，命分太子、永、定二王于周奎、田宏遇第，以剑斫长平宫主。叹曰：汝何故生我家！趣皇后自尽，后即承旨，自经。又斫杀妃嫔数人，翌日昧爽，内城亦陷，鸣钟集百官，无至者，帝乃复登煤山，书衣襟为遗诏，以帛自缢于山亭，遂崩。李自成毡笠缥衣，乘乌駮马入承天门，登皇极殿。《明史》卷三百九《李自成传》：自成毡笠缥衣，入承天门。伪丞相牛金星、尚书李企郊、喻上猷、侍郎黎志升、张嶙然等骑而从，登皇极殿，据御座，下令大索帝后，尽改官制，六部曰六政府。《明史·庄烈帝本纪》赞曰：惜夫大势已倾，积习难挽，在廷则门户纠纷，疆场则将骄卒惰。故家抄没。详见《明季北略》、《通鉴辑览》卷之一百十六：自成退出之先，悉熔帑金器皿，铸为饼，每饼千金，驴车载归西安。"② 诗后长达四百字的注文，不仅表明诗人以学问典故入诗的创作习惯与修养，更可看出其创作态度之严谨以及在重要历史细节的描述中所寄托的对于历史上兴亡成败、经验教训的体悟。

又如《天寿山明陵》云："昌平叠巘碧千寻，鸟转珠丘见陆沉。天地玄黄经战血，河山迢递起层阴。陵园石马空流汗，校尉材官有摸金。日落欑宫对松柏，题诗愁煞顾亭林。"③ 于肃杀萧索的意境中，可见诗人面对历史遗迹时的沉重心境。《于忠肃公墓》云："北狩乘舆竟凿凶，仓皇土木战尘蒙。一腔热血洒何地，两字奇冤杀有功。冰上鹭鸶迷宿草，墓前骏

---

① 黄咏雩：《天蠁楼诗文集》中册，花城出版社1999年版，第88页。
② 黄咏雩：《天蠁楼诗文集》中册，花城出版社1999年版，第114～115页。
③ 黄咏雩：《天蠁楼诗文集》中册，花城出版社1999年版，第121～122页。

马立刚风。夺门争国终遗恨,愁绝冈州老病翁。"诗后又有说明云:"附注:吾粤陈白沙先生(献章),于明天顺朝,不赴会试。及后再征,谢病不出。其平日题款,自署曰冈州病夫。人谓先生以当时夺斗争位,有愧子臧季札,其皭然高遁,有深意云。恽敬撰《白沙先生祠堂记》言:先生景泰二年会试后,更十五年,至成化二十年,始赴会试。此何为哉?盖景泰之立,所以守社稷也。于义本甚正。至英宗归,而锢之南内,则君臣之礼废,兄弟之恩绝矣。易太子则父子之道舛矣。至英宗复辟,辅之者几如行篡焉,遂成一攘夺之天下,此先生所以不出也。宪宗则序宜立者也,故先生复出焉。此论发前人之所未发。先生尝云:名节道之藩篱,合恽记观之,可以知先生所存。见吴道镕《明史·乐府卷五活孟子篇》,谨详述之。"① 此诗通过文献征引、史实考述,表现身处世变之际、动荡之时的个人出处、政治选择,寄托的仍然是对于历史命运与个人际遇关系的深刻思考。

黄咏雩还有个别诗篇,从其他角度或以另外的方式表达一以贯之的兴亡感慨和家国情怀。为表现抗日战争取得胜利的欢欣鼓舞,诗人写有七律《凯歌八首》(1945),其一云:"轩辕一战服蚩尤,妖雾当风霎尔收。军国有才储玉帐,家邦无缺喻金瓯。且看干羽三苗格,便复春秋九世雠。刻石纪功原盛事,磨崖今已隘之罘。"其五云:"立马神山海宇平,三边应筑受降城。同仇早赋戈矛什,和会真为玉帛盟。兴汉匈奴甘伏阙,盛唐回纥助收京。鸿勋有史前无比,善善何须用战争?"其七云:"绝汉穷庐树外防,三台分野赫重光。黎桓尚遣还交趾,卫满仍教治乐浪。紫塞好归区脱地,白门更榜大功坊。长蛇封豕今能制,岂在穷兵侈杀伤?"②

《行路难》(1962)则是体现黄咏雩另一种政治关怀和时局感受的诗作,如有句云:"我闻三雄同盟一独尊,无冠之王执政官。元老会议颂功德,奈何变生肘腋间?又闻英雄垂暮窜荒岛,手浇翠浪声潺潺。世界震撼狮子吼,始何勇猛终何孱?……复闻赤符真人白玉棺,朱宫晏驾开羑门。当时举国拜神圣,一朝身死丛讥弹。愤甚鞭尸置之火,小碑黑字埋榛菅。嗟吁乎!行路难。同舟岂意生敌国,叱驭那敢超危峦。世途险恶难复难,

---

① 黄咏雩:《天蠁楼诗文集》中册,花城出版社1999年版,第137~138页。
② 黄咏雩:《天蠁楼诗文集》上册,花城出版社1999年版,第289~291页。

人情诡变艰复艰。"① 显然，这是一首结合20世纪五六十年代的国内局势、国际关系、中外首要政治人物的命运遭遇，表现诗人外在观感和内心感受的作品，同样具有反映当代中国政权变化、政治局势的用意。诗人对于历史故实、朝廷更替、兴亡成败、国家局势、民族命运等重大问题的一贯关注，也寄予于其中。黄咏雩这位从旧社会走进新时代的诗人、学者的入世情怀、家国之感和晚年心境由此也可以窥得一斑。

特别值得注意的是，黄咏雩晚年还写有一些对当时中国政治状况、国家局势、时事人物、历史古迹进行思考和评说的诗篇，虽用语较为隐晦，用意颇为深微，创作态度相当谨慎，但从中还是可以看出诗人晚年所处所思、所念所感的一些方面，同样表现了诗人的入世精神和家国情怀。特别值得注意的是，从这些诗作中运用曾流行一时的带有鲜明政治色彩的名词术语和由此引起的中国传统诗歌话语体系的重大转折中，可以分明感受到20世纪中后期中国政治文化气氛的某些方面。

如其《君子有所思行》结句云："老养壮用足温饱，四民乐业登嘉祥。不朽有三福有五，人其仙矣俱寿昌。昆仑积雪流金珠，戈壁万里农牧场。黄河清宴支祁伏，休烦疏凿兼隄防。海不扬波地不震，九州八极通梯航。战器毒药皆消毁，万国玉帛隆一匡。三千大千极乐土，娑婆世界莲华香。跨汤越禹迈三五，遂臻大同逾小康。大同之望何时偿？梦寐求之思难忘！"② 虽然此诗写作的具体时间尚未能确定，但那种强烈的理想浪漫色彩、简单乐观的自信情绪，仍然反映了那个时代特有的社会气氛和个人情绪。《轩辕台怀古三十四韵》有句云："览古涿鹿野，登高轩辕台。日月迭出矣，山川何辽哉！……后昆垂七亿，功烈光九垓。革命此权舆，战争亦初阶。黄星他有耀，玄雾谁能霾？来者孰取法，明时得追陪。迢迢阅年代，茫茫吹风埃。鼎湖遗故剑，髀冢扬其灰。景云今倘睹，神策将安推？世道递隆污，人情生乐哀。望道道阻长，驱马马虺隤。黄轩何处所，浩歌归去来。"③ 也是从人类发展最终目标的高度，通过追怀古迹、品味其文化象征意义来思考和认识革命、战争及其可能带来的结果以及其间存在的局限性，同样寄托了诗人的理想追求和浪漫情怀。

---

① 黄咏雩：《天蠁楼诗文集》中册，花城出版社1999年版，第15～16页。
② 黄咏雩：《天蠁楼诗文集》中册，花城出版社1999年版，第6～7页。
③ 黄咏雩：《天蠁楼诗文集》中册，花城出版社1999年版，第31～32页。

又如《天安门篇一百二韵》有句云："众星拱北辰，广场临勃海。蓟丘宛建瓴，燕山犹负扆。遑遑天安门，熙熙北平市。浩穰集万品，迢嶤过百雉。……普天皇星明，泰阶景云启。至今七亿人，传世五千载。……阅世怳枰棋，登场诮傀儡。古今浩无穷，得失良有以。……民主法共和，封建毒煎洗。寰宇俨家庭，四海皆兄弟。异同能共处，世界庶宁乂。古人俱已往，大同今可企。……艰难知稼穑，恭敬维桑梓。三径抚松菊，九畹艺兰芷。袭义而亲仁，入孝而出悌。民生同乐康，兵气长消弥。天下方晏然，先生且休矣！"① 此诗以历史时序为线索，以丰富的史料史故实为基础，将作为中华人民共和国政治象征的天安门的历史经历、风云变化一一写出，最后寄托了对于世界大同、民生乐康、天下晏然的希望。

总之，以中国传统知识分子的入世精神和淑世情怀为思想底蕴与精神动力，以深厚的历史修养和深刻识见、杰出的诗歌才华和丰富的创作实践为基础，黄咏雩一生创作了为数众多的以朝代更替、国家局势、民族兴亡、个人处境、政治选择、命运评价等为中心内容的诗篇，表现出对于古今沧桑、是非成败、忠奸善恶、历史经验、时代忧患、未来可能的深刻反思，表现出独特的思考角度和思想深度。

通过这些诗篇，黄咏雩诗人兼学人于一身、性情才华与学问根底并重的致思方向和创作观念，格调高古、刚健遒上、厚重深沉的诗歌创作风格也得到了充分的表现。黄咏雩一生诗歌创作丰富，多达一千二百多首，且擅词作与文章，兼及学术著述，但是，从诗歌创作的角度来看，应当将表现兴亡感慨与家国情怀的诗作视为其最具代表性的作品，反映了他诗歌创作的最高水平，也反映了时代的风云变幻和个人的思想历程，因此兼具时代诗史和诗人心史的双重价值。

---

① 黄咏雩：《天蠁楼诗文集》中册，花城出版社1999年版，第17～22页。

近现代岭南文史考辨六题

近代距今虽为时未久,但由于时局动荡、文化变迁、厚古今薄近代、重时效轻积累等原因,近代文史文献散佚严重、少受关注;一些重要史实或未为人知,或存有歧见,每令人心生疑惑或全然不晓。在许多人看来偏处一隅之岭南及其地方文献更复如此。实际上,近现代以来岭南经常处于独特而重要的地理位置和文化位置,一方面在文史哲及其他领域取得了显赫成绩,影响广泛深远;一方面由于缺少关注,在许多具体文献史实方面多所未知,尚缺乏足够的关注和认识。

本文拟根据所见知的文献资料,就有关陈融编选《越秀集》的内容选择与文化用意,屈向邦《粤东诗话》与《广东诗话》及《荫堂诗集》的有关问题,陈寅恪与冼玉清的一首唱和诗及相关事实,詹安泰签赠尤其伟的一册《无庵词》及二人交往,侯过、孙城曾和吴剑青《嘤鸣集》的两种版本,孙金声《孙波庵先生诗文集》及相关事实等六个近代岭南文史问题进行具体考辨与呈现,主要涉及著述版本、人物交往、时代风气、相关史实等方面,冀图有裨于相关问题的研究深入,丰富对相关历史故实的认识把握。

一、陈融与《越秀集》

《越秀集》,署"颙园老人选",丁卯七月三十日(1987年9月22日)地藏王菩萨圣诞日香港南华社刊本。

编选者"颙园老人"即陈融。陈融(1876—1956),字协之,号颙庵,别署松斋、颙园、秋山。广东番禺(今广州)人。早年肄业于菊坡精舍,攻词章之学。光绪三十年(1904)入日本东京法政大学速成科。翌年加入同盟会。1911年4月参加辛亥广州起义。广东光复后,任军政府枢密处处员。1913年后,历任广东省司法筹备处处长,广东法政学校监督,广东警察学校校长,广东审判厅厅长、司法厅厅长、高等法院院长、大本营法制委员会委员、广东省长公署秘书长兼政务厅厅长、行政院政务处处长。1931年任广州国民政府秘书长，旋任西南政务委员会政务委员兼秘书长。1948年受聘国民党总统府国策顾问。1949年赴澳门，1956年病逝。诗词、书法、篆刻、藏书俱负时誉。著有《读岭南人诗绝句》[①]《黄梅花屋诗稿》《竹长春馆诗》《颙园诗话》《秋梦庐诗话》《黄梅花屋印谱》等，编选有《越秀集》等。

《越秀集》卷首有盛鹏运1936年冬所作识语，并有何氏至乐楼藏《天然和尚自书诗卷轴》《澹归书绿绮台歌卷》《薛剑公为陈独漉绘画册》之影印件。是书选录函可诗18题20首、函昰诗14题18首、二严诗11题13首、今释诗43题65首、王邦彦诗29题45首、区怀瑞诗29题47首，全书收录上述六位明清之际诗人诗作共144题208首。书后附《海云六今诗翰》。

是书在体例上颇可注意，于每诗人名下首先简要述其字号、生平、籍里、著述等情况，然后重点辑录同时及后代诸家评论，材料来源包括笔记、诗话及其他文史文献，之后以自撰《颙园诗话》的相关内容补充丰富之，提供了丰富的文献资料。这种体例颇能反映作者以纪事述史、保存文史文献、发扬民族精神为主的编选用意。

盛鹏运识语陈述了《越秀集》编辑体例、经过及相关情况，于认识此书颇有价值，录之如下：

> 颙园老人以清诗总集无善本，又以自来撰诗话者亦多择前人一二佳句稍加评论，鲜详事迹，既莫悉其人与世，则虽读其诗，何由知其脑臆之寄托耶？乃略订为体例，先列姓名爵里，次各家评语、诗话、笔记，继以育自诗话，然后列所选诗。其所选诗，必求诸本集，不似他家仅凭稍贩。颙园插架既富收藏，又复借人阅市，故能成就如此也。其书以明之遗逸始，以清之遗逸终，造端宏大。属稿未定，冒疚斋丈见之，即为邮寄沪上《青鹤》杂志，继续刊市，已历两载。鹏侍几席任翻检，深恨浅陋，未能补助万一。每因一人而兼及他人，一事而兼及他事，辄费多日始能钩稽其本末，以见其人生平。案头书卷堆

[①] 陈融：《读岭南人诗绝句》，香港1965年誊印本。可参考程中山《清诗纪事成犹未，谁识兵戈在眼前——陈融〈清诗纪事〉初探》，载《汉学研究》第26卷第3期，2008年9月；左鹏军《论诗绝句的集成与绝唱——陈融〈读岭南人诗绝句〉的批评史和文体史意义》，载《中山大学学报》（社会科学版）2011年第4期。

积盈尺,而老人浏览一过便举笔,顷刻了却,多者或逾万言,真神勇也。书中家数常有增益,故时代先后,猝难编次。顷胡隋斋丈复有《南华月刊》之编纂,意在搜罗吾粤文献。先就老人所选定粤人诸诗抽出单行,别名《越秀集》。以鹏从事久,属为记其厓略。廿五年冬日盛鹏运谨记。①

从中可以知晓一系列重要事实:《越秀集》尝受到著名学者和诗人冒广生(号疚斋,1873—1959)的关注和高度评价,并热情推荐,使其中的部分内容尝发表于《青鹤》杂志,后来由主持香港《南华月刊》笔政的胡毅生(号隋斋,1883—1957)之帮助而刊为《越秀集》。不仅如此,从此书所选内容、编选用意中还可以认识陈融的文化心态与学术观念的某些重要方面。

从岭南文学文献和文化精神的角度观之,《越秀集》所选诗人诗作所可特别注意者还有如下几方面:第一,以明清之际的广东文人史事为中心,确是抓住了岭南文学与文化的一个重要时刻,具有把握关键、衡古论今的独特价值。从岭南文学和文化发展过程与兴盛变化的角度来看,这一时期文学精神、文化思想发生的变化和呈现出来的独特面貌,对于岭南文学精神的形成和发展、对于岭南文化独特面貌的形成与演变,都具有关键价值。第二,在明清之际的岭南文学史上,尽管相当明显地出现了全面发展、整体兴盛的局面,岭南文学与文化的独特面貌得以稳固地确立,也由此产生了愈来愈文学的全面性影响,但是必须承认,诗歌是其中最为活跃、最为重要、最能体现世变之际岭南文学和文化精神的意义。第三,此书对于岭南诗歌的考察和选择角度相当独特,且有特殊的文学与文化价值。其中所选录的,大多是明清之际世乱纷仍、时局动荡、改朝换代背景下的岭南诗僧的诗作,或者是与佛教关系密切的诗人之作,生动传达出在明清之际这一极其特殊的政治文化环境下,岭南佛教文学和文化极一时之盛的景象,并由此折射出清军南下占领广州乃至整个岭南地区的过程中及其之后,岭南文学与文化总体面貌、基本精神、思想内涵等方面发生的重大变化。

因此,可以认为陈融选辑的《越秀集》是一部具有特殊价值的重要的

---

① 陈融编选:《越秀集》卷首,香港南华社1987年刊本。标点为笔者所加。

岭南文学与文化文献，反映了明清易代之际岭南文学精神和文化面貌等方面发生的显著变化。而这一时期，正是岭南文人气节、思想意志、生命价值经受空前严峻考验的历史时刻，也是岭南文学精神、思想传统、文化精神得到极大提升和充分弘扬的关键时期。因此，陈融对这一时期的僧人、诗家及其创作表现出如此浓重的兴趣并予以表彰，确是抓住了岭南文学与文化的一大转捩点和关键之处。《越秀集》的编辑，不仅表现了陈融的学术兴趣与文献意识，而且反映了他的文学观念、心态心境和文化态度的某些重要侧面。因此，不能不说此书具有重要而且特殊的诗史价值和文献价值。

二、屈向邦《粤东诗话》与《广东诗话》及《荫堂诗集》

屈向邦（约1897—1967年以后），字沛霖，号荫堂。广东番禺人。屈大均后裔。生卒年未详，清末民国间在世。有《粤东诗话》《广东诗话》《荫堂诗集》《荫堂笔记》《诵清芬室印集》等，辑有《诵清芬室藏印》等，又尝与邬庆时合编《广东诗汇》。

关于屈向邦生卒年，一般记载未详，兹据相关材料略加考察。首先是关于屈向邦生年问题，屈向邦尝有《丙戌香江除夕》诗云："江楼腊鼓动微吟，爆竹声喧夜又深。酒晕红怜寒守岁，花容春透贵量金（花市合时，牡丹标价千金）。劳生纵有繁华梦，知命常全淡泊心。五十年来回味处，坦然无愧是投簪。"① "丙戌"为1946年，诗中有云"知命""五十年"，可知当时诗人五十岁。又《六十生朝伯健表兄有诗来寿奉和述怀》云："酒会南昌又五周，多君犹记月当头。平生乐事诗同选，晚岁良俦艺与游。惶愧予愚无足述，幸凭先德有前修。儿孙晋祝从吾愿，温饱无忧福便遒。"② 此诗作于丁酉，即1957年，当时诗人六十岁生日。据此可推知屈向邦出生于1897年，即光绪二十三年。

关于屈向邦卒年，《正续广东诗话》卷首有作者丁未（1967）初春所作"补志"。是书香港龙门书店1968年8月出版时，作者亦当尚健在。可知作者当时已年逾七十。至其卒年，则尚未能确定，待考。

《粤东诗话》四卷，作者署"诵芬居士"，即番禺屈向邦，线装本一

---

① 屈向邦：《荫堂诗集》卷上，诵清芬室1962年自印本，第17页。
② 屈向邦：《荫堂诗集》卷下，诵清芬室1962年自印本，第22页。

册，中华民国三十七年（1948）诵清芬室自印本。卷首书名"粤东诗话"楷书四字为作者手书，后署"向邦"二字，并钤"沛霖"朱文篆书方印一枚。首有民国三十七年（1948）孟春廖恩焘作于上海之《序》，次为作者作于戊子孟春（民国三十七年，1948）的《自志》。

廖恩焘《序》对是书特点进行了颇为全面的概括评价，云：

> 夫维诗话而专说粤东，前人所无，是为创作特色一。持论透辟，必尽其辞，无影响语，无玄虚语，特色二。说诗多为全篇，间有摘句，与全首有关者必尽录出，阅者无翻阅之烦，得全豹之窥，不只称便，实助研求，特色三。同光以前诗事，尚可于诸家著述中窥见鳞爪；同光以后，绝少闻见。此作于同光后作者谈说特详，而同光以前亦前人所略者始及之，绝不蹈袭，特色四。自来作诗话者，多先见到可说之诗，然后加以论说。此作则多是先欲论说某一种诗，然后征引，以实其话，颇异于全是以意就诗者，特色五。又作诗话者常存标榜之见。此作注重切磋之益，有时不免说及时贤作品之小小疵累，以显其意。作者具此善意，绝非吹毛求疵者比。且见仁见智，作者本无自是之心，亦聊备一说云尔。固无损于贤者之大纯焉。特色六。①

此《序》相当详细地介绍了《粤东诗话》的内容特色及其专门考察论述广东诗歌的特殊价值、体例特点、以同治与光绪时期为主要评论对象、处理诗歌材料与评价的特色和用意、与时贤商榷诗艺的写作特点等，对于准确认识和把握《粤东诗话》的内容特点和作者的写作用意颇有帮助，值得注意。

屈向邦在《自志》中对该诗话的写作经过、主要用意及相关情况作了说明，有助于从另一角度理解此作。中有云："此编作于沪上，始于民国二十六年夏，盖应《青鹤》杂志主人陈灨一先生之邀而作也。当时约得百则，匆匆草成，以诵芬居士笔名付陈先生，时距'七七'芦沟桥事变甚迩，后闻'八一三'淞沪战起，《青鹤》亦停刊。初稿谅未刊出，遂汇续得之百则，分为四卷。自惭疏陋，未足言诗，爰止于此，就正高贤。然有亟须声言者，则就诗言诗，与人无涉也，借此以为讨论之资耳。今雨旧

---

① 诵芬居士：《粤东诗话》卷首，诵清芬室中华民国三十七年自印本。标点为笔者所加。

雨，无意褒贬也，今人古人，更无意褒贬也。元遗山云：'书生技痒爱论量'，其此之谓欤！"① 从中可知《粤东诗话》1937年夏天开始写作于上海的缘起及其与陈灨一主持的《青鹤》杂志的关系。尽管由于日军全面侵华、中国人民抗日战争爆发，《青鹤》停刊，《粤东诗话》未能在《青鹤》上发表，但是此番经历对于屈向邦的诗话写作产生了决定性的影响，并奠定了诗话的基础。后来又在原有初稿的基础上继续创作，完成了今见的四卷《粤东诗话》。个中因缘，假如不是作者亲自道出，其他人恐难以知晓此中详情。可见作者的夫子自道具有独特而重要的史料价值。

笔者所得一册《粤东诗话》为作者签赠本，扉页有作者毛笔楷书"镜吾词长雅政　向邦上"，下钤朱文篆书"荫堂"正方形印一枚。此书为作者亲赠，当无疑，唯所赠者何人未详，待考。

《粤东诗话》又有香港龙门书店1964年9月重印本，线装一册。内容版式与诵清芬室1948年初印本相同，当是根据初刊本所作翻印而成。

《广东诗话》，卷首书名为作者手书楷书"正续广东诗话"，后署"向邦"，并钤篆书朱文"沛霖"方印一枚。香港龙门书店1964年5月初版，1968年8月再版，平装本一册，又有精装本，亦一册。卷首有龙门书店1968年8月所作《出版说明》云：

> 广东自张曲江而后，风雅之道，蔚然炳然，代有作者；而僻处岭南，自成风气，甚有足述。番禺屈向邦，缵翁山骚绪，擅沅芷才华，撰著是编，以为置岭南文献，掌故者略窥涯涘。初编四卷，名曰"粤东诗话"，甫及刊行，而存书已罄。其后复有增广，成续编一编；因将全书再加标注，合正续编重为铸版，易其名曰"广东诗话"，以供研究粤风者参考。②

于了解此书编辑、刊行情况及其与《粤东诗话》之关系颇有参考价值。

首有民国三十七年（1948）孟春廖恩焘作于上海之《序》，次为作者作于戊子孟春（民国三十七年，1948）的《自志》，其后又有作者丁未（1967）初春所作补志曰："是编初版时名《粤东诗话》，出版未几而罄，

---

① 诵芬居士：《粤东诗话》卷首，诵清芬室中华民国三十七年自印本。标点为笔者所加。
② 屈向邦：《广东诗话正续编》卷首，香港龙门书店1968年版。标点为笔者所加。

后周学长康燮,以予笔记中有与粤诗有关者,属录出,成续编一卷,汇而再版之,名《正续广东诗话》云。"① 从中可知增补内容来源及其与初编四卷之关系,而屈向邦所说其他笔记著述似未刊布,知者无多,益发显现出所增补一卷之难得。

《广东诗话》与《粤东诗话》相较,比较明显的差异体现在以下几方面:其一,在原书四卷之后增加了《广东诗话续编》一卷,含诗话三十则;其二,为全书各卷编制"目次",并为每则诗话拟定标题,以利于检索利用;其三,卷首作者《自志》后有补充文字,对续编一卷情况予以说明;其四,全书改为排版铅印本,分装道林纸精装本和报纸平装本两种。可见《广东诗话》一书能够更加全面地反映屈向邦论广东诗歌的特点、成就及相关情况。

屈向邦又有《荫堂诗集》上下卷,线装一册,作者署"番禺屈向邦沛霖",诵清芬室1962年自印本。首有作者壬寅(1962)春所作《自序》,后为南海王卓芳《题语》。卷首书名"荫堂诗集"为作者手书楷书,署"向邦",后钤"沛霖"朱文方形篆印一枚。

屈向邦《自序》有云:

> 予为诗志在遣兴,懒于录存,常以笺草散积箧衍间,存佚非所计也。今春内子咏璧(番禺陈氏)特衷集而钞正之,得若干首,云付剞劂,且要予为序。……自检存诗,则甚至如藉吐胸中奇之作亦少见,而平淡无奇、聊以记事之作则触目皆是,何心手之不相应若是耶?抑当怫郁无聊之境,迨然罔觉,故无不平之鸣耶?无不平之鸣,则不能奇,理或有焉。如再以所为。《粤东诗话》比观之,则诚自视慊然,弥觉眼高手低,心手不相应。虽然,世事心手不相应者十常八九矣,何慊夫诗?因此诗者亦聊以自娱之品而已,何必认真,何必认真?咏璧编吾诗成,检阅一过,以此解嘲云。②

其中虽多有自谦之语,但仍然可知《荫堂诗集》编辑刊行的基本情况、作者夫人陈咏璧在其中所起重要作用等,也反映了作者的诗歌创作观

---

① 屈向邦:《广东诗话正续编》卷首,香港龙门书店1968年版。
② 屈向邦:《荫堂诗集》卷首,诵清芬室1962年自印本。

念和人生态度。鉴于有关屈向邦的文献资料并不丰富,此序仍有值得关注的史料价值。

王卓芳《题语》对屈向邦诗歌予以高度评价云:"荫堂诗学养深醇,自成面目,大抵思欲精而笔欲活,以显豁雅澹为主,称其情性之所出。朱伯韩所谓诗教根性情者也。又其诗绝不类孟东野,惟韩昌黎荐东野诗云:杳然粹而深清,可以镇浮躁,斯二语又欲移赠斯集。"① 虽不免题词之作普遍带有的以褒扬赞誉为主和持论宽厚的传统习惯,但其中对于屈向邦诗歌特点的评价仍然可以作为认识屈向邦诗歌创作门径、特点的有益参考。

从岭南诗歌与诗歌批评研究拓开深化的来看,多年来受到关注无多但确有独特价值的屈向邦其人及所著《粤东诗话》《广东诗话》和《荫堂诗集》自当引起更多注意和更充分的研究。

三、陈寅恪与冼玉清的一首唱和诗及其他

陈美延、陈流求编《陈寅恪诗集·附唐篔诗存》收录陈寅恪先生1950年1月所作《纯阳观梅花》一首,诗如下:

> 我来只及见残梅,叹息今年特早开。
> 花事已随浮世改,苔根犹是旧时栽。
> 名山讲席无儒士,胜地仙家有劫灰。
> 游览总嫌天宇窄,更揩病眼上高台。②

查蒋天枢先生编《寅恪先生诗存》,亦收录此诗,然有一处异文,即第三句作"花事亦随浮世改"③。

陈美延编《陈寅恪集·诗集》所收此诗,与《陈寅恪诗集·附唐篔诗存》本相同。唯有编者注云:"本律另稿题为'漱珠冈纯阳探梅'。第三句作'花事亦随尘世改',第五句作'名山讲席谁儒士'。"④ 然未交代文献出处及版本依据。

---

① 屈向邦:《荫堂诗集》卷首,涌清芬室1962年自印本。
② 陈美延、陈流求编:《陈寅恪诗集·附唐篔诗存》,清华大学出版社1993年版,第61页。
③ 陈寅恪:《寅恪先生诗存》,见《寒柳堂集》后附,上海古籍出版社1980年版,第27页。
④ 陈美延编:《陈寅恪集·诗集》,生活·读书·新知三联书店2001年版,第70页。

从此诗内容与字句对仗关系来看,第六句既是"苔根犹是旧时栽",则第五句当以"花事已随浮世改"为佳,即"花事亦随尘世改"一句与下句属对难工,以陈寅恪先生的诗歌修养而论,当不会如此出句。因此"花事亦随尘世改"之说恐无甚根据。

偶阅陈智超编注之《陈垣来往书信集》,见1950年1月15日冼玉清致陈垣书中附录此诗并冼玉清和诗,且述及有关情况,如当时寅恪先生的身体、心境,此诗创作的具体时间等,颇可注意。如有云:"陈寅恪先生身体日健,常有晤言。前句因登漱珠冈探梅,往返步行约十里。陈夫人谓渠数年无此豪兴,附唱和诗可知也。"①

冼玉清信中录此诗与上述二集所录不仅诗题不同,诗句亦有数处异同。现转录于此:

纯阳观寻梅呈冼玉清教授

我来只及见残梅,太息今年特早开。
花事已随尘世改,苔根犹是旧时栽。
名山讲席谁儒士,胜地仙家有劫灰。
游览总嫌天宇窄,更揩病眼上高台。

冼玉清和诗为:

侍寅恪先生漱珠冈探梅次元韵

骚怀悯悯对寒梅,劫罅谁来讯落开?
铁干肯随春意改,孤根犹倚岭云栽。
苔碑有字留残篆,药灶无丹只冷灰。

何意两回花甲后(纯阳观朝斗台建于道光己丑,距今一百二十年。壁有碑记),有人思古又登台。②

冼玉清《碧琅玕馆诗钞》卷二收此诗,题曰《漱珠冈探梅次陈寅恪韵》,并于诗题下注曰"己丑仲冬",诗云:

---

① 陈智超编注:《陈垣来往书信集》,上海古籍出版社1990年版,第760页。
② 陈智超编注:《陈垣来往书信集》,上海古籍出版社1990年版,第760页。

骚怀悒悒对寒梅，劫罅凭谁讯落开。
　　铁干肯因春气暖，孤根犹倚岭云栽。
　　苔碑有字留残篆，药灶无烟剩冷灰。
　谁信两周花甲后（壁间有碑，立于道光己丑，去今适百二十年），有人思古又登台。①

可见，《陈垣来往书信集》和《碧琅玕馆诗钞》所收此诗字句颇有异同，二者诗意虽无大变化，但语意颇有深浅强弱之别。此种情况当系冼玉清修改己作之故，或者反映了作者对诗意的锤炼推敲。

由上引冼玉清致陈垣书信中可知，陈寅恪、冼玉清同游纯阳观并有诗唱和之当日，陈寅恪夫人唐篔实一同前往。因此唐篔亦有《同寅恪纯阳观寻梅》一首，诗云："乘兴寻梅梅已残，扶筇惆怅上高坛。暗香浮动任吹尽，俯见苍松独耐寒。"② 陈美延编《陈寅恪集·诗集》所附《唐篔诗存》字句全同。③

四、詹安泰《无庵词》的一册签名本

《无庵词》，詹安泰亲自编选，蔡起贤协助抄写，夏承焘题签，选编词作76题100阕，1937年自印本，线装一册。

卷首有丁丑（1937年）秋作者《序》云：

> 余志学之年，即喜填词，风晨日夕，春雨秋声，有触辄书，书罢旋弃。三十以后，爱我者颇劝以存稿，积今五年，得百首，亦才十馀六七耳。蔡生起贤见而好之，为荤抄成册。呜呼！兵火满天，举家避难，尚不知葬身何所。守此区区，宁非至愚？顾敝帚自珍，贤者不免。余亦不恤人间耻笑矣。随身行李，尚有《鹪鹩巢诗丙丁稿》《花外集笺注》《宋人词题集录》等稿本。丁丑秋中无庵自识于枫溪途次。④

---

① 冼玉清撰，陈永正编订：《碧琅玕馆诗钞》，广东人民出版社2008年版，第76页。
② 陈美延、陈流求编：《陈寅恪诗集·附唐篔诗存》，清华大学出版社1993年版，第148页。
③ 陈美延编：《陈寅恪集·诗集》，生活·读书·新知三联书店2001年版，第194页。
④ 詹安泰：《无庵词》卷首，1937年自印本，第1页。标点为笔者所加。

序文虽不长，但值得注意的是，透露出当时日军侵华背景下兵火满天、国家战乱的局势，作者奔波不定、生死难卜的生活境况。作者于序文中对业已完成、尚未刊行的几种学术著作稿本的记述，也当具有尽当时可能留存文字记录、以防不测的含义。

近年来，笔者以参与编校《詹安泰全集》①之因缘，与詹安泰先生哲嗣詹伯慧教授往来较多。2010年6月，詹伯慧教授出示笔者一册《无庵词》，为詹安泰签名本。是书扉页左侧有直行毛笔行书"逸农我兄方家吟政　弟安泰谨赠"十三字，下钤长方形朱文篆书印"祝南"一方。当詹安泰先生去世四十多年之后，其签名本《无庵词》尚存于世且余得以一见，其文献价值之珍贵与此中情感之深挚复杂，已可不言而喻。

詹安泰此册《无庵词》的所赠者"逸农"即著名科学家尤其伟。

尤其伟（1899—1968），字逸农。江苏南通人。农业昆虫学家，农业教育家，我国昆虫学奠基人之一。1899年2月11日（光绪二十五年己亥正月初二日）生于江苏南通。1920年7月考入南京高等师范农业专修科。1921年9月，国立东南大学正式开学，教育部委任郭秉文为东南大学校长，同时兼任南京高等师范学校校长。尤其伟由专习生物学而转学昆虫学。1923年南京高等师范学校全部归入国立东南大学。1924年尤其伟毕业留校任助教，同时补读大学病虫害系课程。后任教于中央大学、中山大学（1930—1933）、南通学院。1931年春，发起成立中山大学农学院昆虫学会。1952年，国内高校院系调整后，被调往扬州筹建苏北农学院。1952年10月奉中央高教部和林业部调令赴广州参加筹建华南热带作物研究所，该所成立后任第四室（即植保研究室）主任、研究员。1953年至1954年间参加综合考察队，先后对广西、粤西垦区和海南老胶园进行了实地调查研究，采集昆虫标本，取得了大量第一手资料。1954年当选为昆虫学广州分会理事长。1957年10月加入九三学社。1958年随研究所下放到海南岛，兼任华南热带作物学院教授、院学术委员会委员。1968年10月18日病逝于海南岛儋县宝岛新村。

尤其伟一生共出版学术专著16部，发表学术论文200多篇，编写各种昆虫学与热作害虫学教材讲义约600万字。代表著作有《虫学大纲》

---

① 按：詹伯慧教授主持之《詹安泰全集》（全六册）已完成，并由上海古籍出版社于2011年12月出版。

《昆虫的研究》《昆虫学概论》《害虫防除学》等。除科学研究外，对文物字画亦颇有研究，爱好集邮，善金石雕刻，尤精于刻砚。所刻砚台构思奇巧，多以昆虫入画，技艺精湛，风格高雅，闻名于国内。

詹安泰是何时将此册《无庵集》赠予尤其伟的，因未署时间地点等，已难以判断。但可根据有关材料和史实略作分析。尤其伟1930年9月至1933年7月曾任教于中山大学，彼时詹安泰尚在韩山师范学院任教，二人相识交往的可能性不大。1952年10月起，尤其伟主要在广东工作，直至去世。1938年10月起，詹安泰在中山大学任教，直至1967年4月去世。这一时期詹安泰与尤其伟相识并交往的可能性较大。此册《无庵集》或许是詹安泰1952年至1957年之间送与尤其伟的。因为1957年以后詹安泰已即被打成"右派"，处境日趋不幸；尤其伟也于1958年被下放到海南岛，终至埋骨异乡。在如此困难的境况下，二人交往并将著作相送的可能性已经极小了。当然这还只是推测，详情尚有待更多的文献发现并做进一步考察。

此册詹安泰签赠尤其伟的《无庵词》，当年赠送之后情况如何，又如何流传至今并为詹伯慧教授得见，其间具体情况虽定然丰富曲折，然已不可详考。但可以肯定的是，此书不仅留下了两位学者之间交往的记忆，而且留下了那个时代文化记忆的断片，具有特殊的价值。这在今日看来，都显得非常遥远而且珍贵。

此外，《詹安泰全集》已由上海古籍出版社于2011年12月出版，詹安泰一生学术著作、诗词创作及其他著述已经大备，为研究者提供了空前系统的文献资料，也是对这位著名文学史家、词学家、诗词作家、书法家的最好纪念。但仍不无遗珠之憾，如其早年发表报刊的个别论文尚待进一步搜求，抗日战争时期发表于《韩山半月刊》上的文章尚待补入，尚有若干书信、笔记有待进一步发掘整理。特别需要指出的是，其在澄江期间编印的诗词选集《滇南挂瓢集》颇为少见，一直未能见到一个完备的本子，笔者在点校《詹安泰全集》第四卷即诗词集期间，即颇感受此限制。詹伯慧教授所示的一册相对完整，但因在日军侵华战争局势下铅字印刷质量低劣粗糙，加之年代较久，其中有一两处已严重破损，影响了个别文字的辨识。而广东省立中山图书馆所藏的一册更为残本，所存篇幅内容尚不及全书的一半。经过研究者的继续搜集整理，希望能够将《詹安泰全集》补充得更加齐全完备。

五、《嘤鸣集》的两种版本及其他

《嘤鸣集》,是广东梅州诗人侯过、邈厂、梗萍三人的诗歌合集。邈厂即吴剑青,梗萍为孙城曾。

侯过(1880—1973),字子约,原名楠华,广东梅州城北人。书法家,诗人,中国近代林业先驱。光绪三十一年(1905)留学日本,专攻林业。加入同盟会,任日本广东同盟会支部长、旅日广东同乡会会长。1916年秋,日本东京帝国大学毕业后归国,受聘于江西农业专门学校。1923年回广东,历任中山大学农学院教授、院长数十年,长期致力于林业的教学与科研工作。1929年赴台湾,得日本友人松风富雄馈赠甘蔗苗万株,亲自运到海南培育。1946年冬至次年春再度赴台调查农林业。为收集材料,进行田野调查,历览国内名山大川,朝鲜、越南等国亦尝涉足。1949年中华人民共和国成立后,继续从事林业教学和科研工作。1950年8月出席在北京召开的全国科学工作者会议。同年从中山大学退休,任广东省参事室副主任、广东省文物保管委员会主任、广东省文史研究馆馆长,当选为广东省政协常委,广东省第一、二、三届人大代表,中国农工民主党广东省常委。1963年到湛江、海南等地视察林区,提出许多有益于林业发展的建议。1973年病逝于广州。

侯过平生著作颇丰,先后出版有《森林经理》《测树学》《林业法律学》《林业经济学》《森林工学》等著作。除林业科学方面著作外,亦擅诗词,风格冲淡自然,平易近人。诗词作品有《五木斋诗草》《蓬莱诗草》《约庐诗草》《三万里游草》《归来研室词稿》等。为纪念侯过诞辰100周年,1980年香港嘉属商会还出版过《侯过诗选》。

孙城曾(1908—),号梗萍。广东梅州梅城江北人。梅州中学高中毕业后,考取北平朝阳大学法科,毕业后在教坛耕耘多年。20世纪50年代在香港创办中侨国产百货公司并任董事长。20世纪50年代末至60年代初中国大陆遭受天灾人祸的困难时期,与嘉属商会委员捐款60万元物资,运回家乡赈灾,还广泛发动旅居东南亚梅县乡亲捐款为家乡排忧解难。从80年代开始,先后在嘉应大学、梅州中学集资办学,设立教学基金。为香港嘉应商会永远名誉会长,香港中华商会第四届副会长,第五届广东省人大常务委员,第六届、第七届全国政协委员,1985年至1990年基本法咨询委员会委员,梅州市荣誉市民。国学功底深厚,能诗擅词,有诗作多首。2013年还曾向家乡梅州捐助物资、图书文献等。

吴剑青（1909—1975），号邈厂。广东梅州人。古典文学专家、近代文学专家、诗人，亦擅书法，华南师范学院中文系（今华南师范大学文学院）教授。早年尝求学于北京。后任高中语文教师。抗日战争期间曾投笔从戎，在广东曲江任军部秘书。抗战胜利后回广州，任教于广东文理学院，后并入华南师范学院（今华南师范大学）。20世纪50年代曾参加中国农工民主党。为人正直，重义守诺，作风倜傥豪放，心直口直。"文革"期间遭到批斗，被遣送老家梅县三角镇闲居。1975年5月28日，于贫病交加中，因心脏病突发而逝世。当时"文革"尚未结束，冤案也未及平反。

吴剑青是最早把客家文化引入大学讲堂的学者，是华南师范大学中国近代文学研究的开创者，也是国内黄遵宪研究的先行者之一。早期论文《黄遵宪评传》等颇有影响。后又为撰写《黄遵宪传》一书费尽心血，广搜资料，多访轶闻，书稿交付时恰逢"文革"，因政治运动的关系未能出版，原稿也下落不明。其遗作《黄遵宪》书稿的部分内容于20世纪80年代初由其50年代的弟子管林教授整理并陆续发表。其20世纪50年代后期内部印行的函授课程讲义《先秦文学简史》，经整理发表于《岭南学》第四辑①。

关于吴剑青的最后岁月，其数十年挚友孙城曾尝记述云："一九七五年六月二日上午，接剑青兄五月廿六日由梅县来函，写来潦草无力，一反过去对书札认真的常态。信中有云：'龚定庵《铁君惠书有玉想琼思之语衍成一诗答之》：我昨青鸾背上行，美人规劝听分明。不须文字传言语，玉想琼思过一生。'弟读后颇有所悟，今后不再雕肝镂肾，摛藻骋辞，只有'玉想琼思过一生'了！我看后不禁一惊，直觉上感到不是好兆。讵料是日下午，即接吴三立教授五月廿九日自广州来信，谓学校方面接梅县电告，剑青兄因心脏病突发昨日逝世了。当时两封信同摆在案上，我一面看看这封，看看那封；一面在想：剑青兄不过六十五岁，一向达观，若非受过磨折，不会有心脏病，若非被迫还乡，即使有病亦可抢救……越想越愤

---

① 《岭南学》第四辑，中山大学出版社，2011年12月出版。

慨，终于涕泪滂沱了！"①

关于吴剑青其人其诗，孙城曾又有记述云："剑青兄是一位旧士大夫意识很重的人，特点是骨硬气壮，重义守诺。作风倜傥豪放，心直口直，有话便说，从来不扭扭捏捏。有人喜欢他，所以座上客常满；有人害怕他，所以文革一起便赶入牛栏。"② 又云："剑青兄作诗异常认真，力求字面清丽，句语洗炼，音调铿锵，内容健康含蓄而又富于时代气息。每首诗成，反覆吟哦，真至满意后，才出示友好。"③

《嘤鸣集》有两种版本：一为1965年1月广州自印本，小32开本，是为初版本；一为1988年10月旅港嘉应商会印行增订本，大32开本，作为"旅港嘉应商会丛书之一"以赠送友朋同好为主，属"非卖品"，因此印行数量亦无多。

是书初版本首有侯过所作《序》，梗萍所作《题词》，其为三人诗歌选，即侯过《约庐诗选》48题，吴剑青《邈厂诗词选》，含《邈厂诗选》32题、《邈厂词选》15题两部分，孙城曾《梗萍杂诗百首》。

侯过1965年1月八十六岁高龄时作于广州的《嘤鸣集序》颇能反映此书的编辑经过和用意，提供了重要的第一手资料，对于了解这三位客家诗人具有重要价值。其文曰：

> 梗萍邈厂均酷嗜吟咏，抗战初期，始相识于曲江，是老人已年逾六十，而二君方在壮年，一见如故。自此以后，时相过从，可称莫逆。胜利后，返至广州，往来尤密。时梗萍经商省港，邈厂则在大学授课，然仍不忘旧好，廿馀年如一日。老人与二君，可谓结交最晚，情谊独厚矣！解放后二君随时代之进步而进步，事业学业，各能向前发展。然其酷嗜吟咏，则犹曩昔也。
>
> 老人不能诗，惟好游成性，旅途中耳闻目见，辄以俚句自娱，或以片词纪事，日积月累，覆瓿之物，不觉多矣。而二君于解放后，目

---

① 侯过、邈厂、梗萍：《嘤鸣集增订本》卷首，香港旅港嘉应商会，1988年印行，第145～146页。

② 侯过、邈厂、梗萍：《嘤鸣集增订本》卷首，香港旅港嘉应商会，1988年印行，第144页。

③ 侯过、邈厂、梗萍：《嘤鸣集增订本》卷首，香港旅港嘉应商会，1988年印行，第145页。

去新人新事,亦诚于中形于外,所作反映大时代精神之诗词,均逾数百首。因与老人谋各选近作百数十首,合刊成册,用抒歌舞盛世之情,兼志针芥相投之契,意美且善,老人无词以却之。世之君子,倘以炫鬻见哂,是岂吾曹之志也夫!是岂吾曹之志也夫!

一九六五年一月　八六老人侯过序于羊城约庐①

侯过《嘤鸣集序》之后,有梗萍题词云:

踏莎行 题嘤鸣集

脂夜兴妖,银花耀梦,红炉白日堂堂送。敢抛心力贸才名?卮言可耐如泉涌。　吴子情高,侯翁意重,弦歌各擅梅花弄。风雷叱咤看今朝,新人新事新词颂!②

初版本之后二十三年出版的《嘤鸣集》增订本,除校正了初版本排印上的一些错误,更值得注意的是内容上发生了显著变化,增补了重要的诗作和相关资料。除初版本内容外,还增补了如下内容:梗萍(孙城曾)所作《增订本前言》,吴剑青《邈厂旮旯集》52题及部分和作,梗萍(孙城曾)《梗萍诗词选》之《商馀墨渖》,包括《漫游篇》68题、《漫感篇》16题及部分和作、《诗馀篇》5题及部分和作,梗萍附录二种:1977年在香港所作《忆侯过先生》,1981年初夏在香港所作《从一卷如花说起》。

《嘤鸣集增订本》卷首1988年秋梗萍所作《增订本前言》交代了增订出版经过,于了解此书编辑出版前后情况极有价值。中有云:"《嘤鸣集》于一九六四年出版,至今已过廿四年了。古人以十二年为一纪,在过去两纪中,事物起了空前的大变化,而侯吴二老也先后逝世了。我现在捏起笔来,对他们有无限的敬意和怀念!"③ 又云:"去春忽然收到素未谋面

---

① 侯过、邈厂、梗萍:《嘤鸣集》卷首,广州自印本,1965年,第1~2页。
② 侯过、邈厂、梗萍:《嘤鸣集》卷首,广州自印本,1965年,第3页。
③ 侯过、邈厂、梗萍:《嘤鸣集增订本》卷首,香港旅港嘉应商会,1988年印行,第1页。按:初版本卷首侯过《嘤鸣集序》署时间为"一九六五年一月";增订本卷首侯过《嘤鸣集序》署时间为"一九六四年一月"。此处梗萍亦云"一九六四年",《忆侯过先生》中亦提及"一九六四年,侯过先生,邈厂兄和我三人合出了一本《嘤鸣集》"(见《嘤鸣集增订本》,第139页)。时间显然不一致,然均系第一手资料,未能判断何者正确。

的李连杰君寄来一本手抄的《旮旯集》,据说吴老退休回梅后的作品尽在集内,而他是吴老生前任教的华南师院学生。我检出细看一遍,其中都是吴老曾寄给我看的,不禁令人大喜!最初我想把《旮旯集》立即付印,但随后想起吴老生前不愿自出专集,常说要吗就联同三两知己出合集,才有纪念意义。《嘤鸣集》就是在他极力主张下出版的。因此,我一再与友好商量,最后改出《嘤鸣集增订本》,这样已包括了当年拟加印及出续集的建议,又体现了吴老不出专集的精神。"①

卷末所附梗萍两篇文章,一为怀念侯过而作,一为怀念吴剑青而写,作为《嘤鸣集》三位作者中当时仅存的一位,此文之珍贵显而易见。

《嘤鸣集》初版本当时只印行 500 册以赠送友朋,如今是书已颇为难得。笔者所藏一册《嘤鸣集》初版本为侯过签名本,扉页有蓝墨色钢笔行书"志刚同学 侯过"六字。虽然目前尚不知晓所赠者"志刚同学"其人的具体情况,然此册签名本已颇为珍贵。至于《嘤鸣集增订本》,当较其初版本流传广些。然时间既已过去二十多年,且当时在香港作为"非卖品"印行,亦非正式出版物,数量亦不会很多,至今亦属难得一见之书矣。

六、孙金声与《孙波庵先生诗文集》

孙金声(1872—1955),字波庵,号莲洲沓香子。广东梅州人,世居梅城更楼下活泉书室。清同治十一年七月十三日(1872 年 8 月 16 日)生。清末两州师范学堂毕业。在两州师范学堂求学期间,国文教师为马叙伦,并得其高度评价。中日甲午战争之前曾在台湾从事教育四年。曾任梅城西小学校长、嘉属官立中学(今梅州中学)、东山师范学校教师,前后达三十馀年。后在梅州中学任教直至退休。乙未年七月初一日(1955 年 8 月 18 日)去世。

孙金声一生致力于教育,教子课生,多育成才,为梅州近代教育的开创者之一,亦能诗。有四子二女,后皆为知名学者,敦厚传家。长子孙亢曾,曾任台湾师范大学校长,次子孙睿曾,上海中华艺术大学毕业。三子孙馥曾(字宕越),考入中山大学经济系,后考入法国里昂大学,获地质

---

① 侯过、邈厂、梗萍:《嘤鸣集增订本》卷首,香港旅港嘉应商会,1988 年印行,第 1~2 页。

学硕士和地理学博士学位，曾任中山大学地理系教授及系主任。四子孙雄曾，华南师范学院物理系（今华南师范大学物理与电信学院）教授。

《孙波庵先生诗文集》上下册，台北市梅州同乡会、台北市梅县同乡会1999年10月影印本。是书系根据孙金声四子孙雄曾教授所藏手稿影印，为目前存世的孙金声著作集，含如下几部分：第一篇《古稀诗史》，包括1942年至1955年的诗作，第二篇《诗词随笔》，第三篇《赓千家诗》，第四篇《楹联拾存》，第五篇《杂文》，第六篇《沪杭笔记》，第七篇《先迹辑录》。后有附录：第一章《孙波庵先生诔辞》，第二章《孙波庵先生诗文集补遗》，第三章《孙睿曾先生奉尊命书扇面》，第四章《孙亢曾先生百龄晋一庆贺集》。最后有廖传淮、温怀粦、丘尚尧所作《后序》三篇，及《编后话》。

《孙波庵先生诗文集》的主要内容为《古稀诗史》，为作者一生创作诗歌的结集，约占全书的四分之三篇幅，也是最有价值的部分。这些诗篇不仅记述了其一生的主要经历，更反映了所处时代的重大事变与历史变迁。作者以"诗史"自期，确具有亦诗亦史的双重价值。

孙金声1942年秋所作《古稀诗史弁语》云：

> 年来欲记述七十年前经过缀拾成篇，以比较时势得失，间阎治忽，与夫风习变迁，自身遭际之安危忧乐，第外患稽延，搁笔者再。今秋七一初度，适浙战方殷，两男滞迹沪渎，思维国难，罢举椒觥。是日以诗自寿，穆然覃思，不禁抚时感事，馀意未阑，亦得抚时事绝句百数十首。虽不免嬉笑怒骂，而情真境确，非过激言，录而存之，至足鉴也。暇日因本前志，以能追忆概历，皆纪之以诗。依时先后，或直述，或曲写，共汇录得四百首。本乎性情声韵，工拙不拘，道学心禅，坦然并露。名曰《古稀诗史》，实吾生梦影，亦贻后之渡筏云。中华民国三十一年壬午秋仲莲洲沓香子书于缘未了斋。①

夫子自道，且颇为详细质实，谈及诗歌创作观念及诗歌创作情况的某些细节，作者的心绪情感亦得到流露。从中可见《古稀诗史》的创作用意和创

---

① 孙金声：《孙波庵先生诗文集》上册，台北市梅州同乡会、台北市梅县同乡会1999年10月影印本，第6～7页。标点为笔者所加。

作情况概略，亦可看到作者诗歌创作观念的主要方面。

在上引《古稀诗史弁语》之后，为《凡例》，颇能体现作者的创作用意、题材选择与艺术处理的诸多方面，对认识把握《古稀诗史》具有特殊价值。录出如下：

> 一、此三百二十首绝句，有二百首，纯以文言道世俗，不用典，不敷辞，间有乡谈土谚，意在事实能达真。白香山作诗，务求老媪能解，兹亦本此意。
> 一、兹诗多类似邵程诸子道学口吻，惟浑厚有所不及。因邵程等作，多言心性，而兹则多半伤时，境地固不同也。
> 一、兹诗内有百数十首，遣词命意，多示警戒，间写谲谏，所谓放翁之佚放，梨洲之沉郁，景濂之讽喻，或一效之。至疑维摩偈语，不免羼入，其然岂其然。
> 一、兹诗用意用典，或有未尽明显，及馀意有所未尽，一一皆加以詹注，或旁注，又年时或亦注入，使览者不假思索，益觉了然。
> 一、兹诗分为上下二卷，经感占最多，其次社会人情之凡概，又次为律身持家，应世旅行之要略，苟能细心领会，补助社会人生当不浅也。①

其中尤可注意者，是作者在诗歌创作中对于世俗状况、道德前景、社会人情、经历事实的关注和强调，因此采取和选择的艺术方式则倾向于浅易通俗、能达真情、议论教化方面。这显然与孙金声一生从事教育活动、关注社会状况、强调人格完善的教育家身份密切相关，也反映了这位传统知识分子的社会关怀和入世精神。

孙金声为其《赓千家诗》所作《弁语》，更加充分地表现了诗歌创作观念，且材料难得，亦录出如下：

> 余不惯作诗，亦不善作诗。赵瓯北云："国家不幸诗人幸，话到沧桑句便工。"世异事变，人道各殊，积年经过，并入胸次。兹之作，

---

① 孙金声：《孙波庵先生诗文集》上册，台北市梅州同乡会、台北市梅县同乡会1999年10月影印本，第8～9页。标点为笔者所加。

由感而起，感之深，不觉言之至。其中所指，或曲写，或直写，或旁喻，或比托，意显而词微，岂所谓怨而不怒，微显阐幽耶？要惟直道在人，采于刍荛，圣人所许。古君子伤时之言论，实为救世之针砭，将以警既往，戒来兹。有闻必录，载笔者之责也。是篇都八十四首，比原作多一首，名之曰赓，赓其韵而已。①

从中再次可见孙金声以诗歌记述个人经历、记述所处时代的思想意识不仅相当明晰，而且颇为强烈，由此也可以约略看到诗人的创作态度和精神追求的某些重要侧面。这种创作态度和精神追求恰恰是许多近代中国知识分子的共同思想特征，生动地传达出那个时代的精神文化状况。

《孙波庵先生诗文集》为台北市梅州同乡会影印本，有精装本与平装本两种装帧，主要用于赠送友朋亲属、客家乡亲，印制数量并不算多。笔者所购藏一套《孙波庵先生诗文集》平装本，为孙金声四子孙雄曾教授签名本，上册扉页有蓝黑色硬笔行草书"先严诗文集　敬赠　曾梅珍学友　孙雄曾　二〇〇年一月"。

孙雄曾出生于1911年，曾长期担任华南师范师范大学物理系（今物理与电信学院）教授，长于理论物理学，晚年住华南师范大学石牌校区②，2013年9月10日在家中去世，享年103岁。这册《孙波庵先生诗

---

① 孙金声：《孙波庵先生诗文集》下册，台北市梅州同乡会、台北市梅县同乡会1999年10月影印本，第686页。标点为笔者所加。按：赵翼《题遗山诗》此二句作："国家不幸诗家幸，赋到沧桑句便工。"

② 近日笔者尝通过师友了解孙雄曾教授及其父亲的有关情况，并拟前往拜访。但通过联系，其子女均表示父亲年事已高，且听力视力皆明显大不如前，不便接受访问。在此情况下笔者即尊重其子女意见，未敢直接打扰孙雄曾教授，遂于2013年3月9日上午前往孙雄曾之子孙番典家中访问，并示以此套《孙波庵先生诗文集》及有关材料。据孙番典介绍，此书扉页签名确为父亲手笔，这套书是当年签赠一位年轻学人的，至于受赠者"曾梅珍"之情况，则虽有印象，似曾在暨南大学任教，但具体情况已不详矣。访问交谈中，孙番典除谈及父亲经历、治学、交往之有关情况，如孙雄曾的主要学术领域理论物理学及数学等领域，对自己、子女的严格要求，生活中的许多事情之勤勉亲为等，当年与客家乡同、华南师范学院中文系（今华南师范大学文学院）教授吴剑青、廖苾光、吴三立等交往甚密。此外还介绍了孙家由北京南迁经过、家风家学、三位伯父及家庭、学问等情况。又据孙番典告知，孙雄曾先生已于2013年9月10日去世。笔者与孙先生同在一校工作，且住处相距不远，却终未能得见孙雄曾先生一面，竟得斯人已逝消息，备感遗憾。孙番典现为华南师范大学物理与电信学院教授，住华南师范大学石牌校区。特记之于此，以志谢忱。

文集》签赠本，是孙雄曾教授十三年前赠予年轻朋友者，今日已逐渐显示出其独特价值。所赠者曾梅珍为孙雄曾早年学生，毕业于中央大学医学院，后主要从事妇产科工作，与《孙波庵先生诗文集》的题签者陈思明为同学。近年详细情况不明，若尚健在，年龄当已在80岁左右矣。①

---

① 据2013年3月15日上午孙番典教授电话告知，上述情况系经询问孙雄曾先生所知。

近现代香港文献考论三题
——兼及寓港学者的文献意识与文化情怀

近现代距今虽为时未久，但由于时局动荡、文化变迁、厚古今薄近代、重时效轻积累等原因，这一时期文史文献散佚严重、少受关注，一些重要史实或未为人知，或存有歧见，每令人心生疑惑或全然不晓。在许多人看来偏处一隅的岭南更复如此。其中澳门、香港由于特殊的地理位置与政治文化环境，近现代以来与广东及中国内地之间形成的特殊政治文化关系，在一些时期成为一些文学艺术、文化学术人士得以栖居的特殊所在，也成为保存和出版岭南文献、延续和传承岭南思想学术精神的重要地点，以至于形成了一种值得关注的文化学术现象。

本文拟根据所见知的文献资料，就有关罗香林编选《兴宁先贤丛书》和《兴宁二十五家诗选》的主要经过与学术目的、陈荆鸿《独漉诗笺》的三种版本流传与情感寄托、余祖明编选《近代粤词蒐逸》和《广东历代诗钞》的基本情况和文化用意等三个岭南近现代文史问题进行具体考证辨析，主要涉及著述版本、人物交往、时代风气、相关史实等方面，冀图有裨于相关问题的研究深入，丰富对相关历史故实的认识把握。

一、罗香林与《兴宁先贤丛书》和《兴宁二十五家诗选》

罗香林（1906—1978），字元一，号乙堂。1906年生于广东省兴宁县宁新镇。1924年夏毕业于本县兴民中学，入上海承天英文学校就读。1926年夏从上海政治大学考入北京国立清华大学史学系，兼修社会人类学。1930年夏毕业后，即升入清华大学研究院，专治唐史与百越源流问题，兼肄业于燕京大学研究院。1932年10月任教于中山大学。1936年任广州市立中山图书馆馆长兼任中山大学副教授，讲授史学，并与馆中同仁创办《广州学报》季刊和《书林》半月刊。历任暨南大学、中央政治大学、广州国民大学、广州文化学院等校教授，广东省政府委员兼广东省立文理学院院长。1949年移居香港，先后在新亚书院、香港大学等校任教，荣获香港大学终身名誉教授称号。学识渊博，治学严谨，著述颇丰，主要有《客家研究导论》《客家源流考》《粤东之风》《国父家世源流考》《国父之大学时代》《香港前代史》《香港与中西文化之交流》《民族生存论》《中国族谱研究》《中国民族史》《唐代文化史研究》《唐元二代之景教》《历史之认识》等。编有《兴宁二十五家诗选》《客家史料汇篇》等，发起并参与编辑《兴宁先贤丛书》等。其著作多出版于香港、台湾，在中国大陆较少流传，影响亦受到明显限制。近年整理出版有《罗香林论学书札》[①] 等。

《兴宁先贤丛书》共十册，大32开本，袁五松、王荫平、罗香林发起，由设于香港的兴宁先贤丛书校印处于1958—1977年间陆续出版，所收著作俱根据钞本或刻本及铅印本影印。该丛书具体情况如下：第一册收录胡曦辑录《宋乡贤学士遗事考略》、胡曦辑录《明乡贤王御史遗事考略》、胡曦撰《枌榆碎事》，1958年7月出版；第二册收录张天赋撰《叶冈诗集》，1958年10月出版；第三册收录何南凤撰《訒堂馀稿》、石咏竹撰《菜根谭注》、曾荣科撰《曾玉峰先生文存》、罗青英撰《松亭诗文钞》，1959年12月出版；第四册收录陈炳章撰《音辨》、胡曦撰《湛此心斋文稿》、胡曦撰《湛此心斋诗话》，1960年10月出版；第五册收录罗学旦撰《鲁亭诗文钞》、罗献修撰《尚书大义述》、罗献修撰《周礼学》、罗献修撰《荀子讲义》、罗献修撰《修身学》，1973年7月出版；第六册收录罗翙云《客方言（上）》，1973年7月出版；第七册收录罗翙云《客方言（下）》、张祖基撰《谚语格言韵编》，1973年7月出版；第八册收录罗师杨撰《亚洲史》，1973年7月出版；第九册收录石咏竹撰《随园文集》、石娥啸撰《小匡庐诗文钞》，1974年11月出版；第十册收录胡曦辑录《甘露事类》，刘鉴仁撰《兴宁治水计划》，颜筱园原著、罗荣辉重订《重订眼科约编》并附兴宁先贤丛书校印处编辑之《贤劳辑略》，1977年6月出版。

关于兴宁的文学传统、学术兴起与文化历程，及此丛书的编辑宗旨，三位发起人袁五松、王荫平、罗香林在《刊印兴宁先贤丛书引》表达得相

---

① 广东省立中山图书馆、香港大学冯平山图书馆编：《罗香林论学林札》，广东人民出版社2009年版。

当充分,如有云:

> 兴宁自有宋罗学士孟郊,以文节为天下倡,与赣人胡铨等,诋秦桧议和,率太学生陈东等数千百人,请愿拒敌。一时才俊,感发兴奋,咸思报国。……至于光绪之世,尤学者辈出。言文学则胡曦晓岑,言数学则饶宝书简香,言经学则罗献珍孝博,言小学则罗翙云蔼其,言史学则罗师杨幼山。而胡先生尤精力过人,又最为老师,有群峰共仰之概。胡先生少游邑儒陈炳章烁林之门,传受经史与诗古文辞,更与嘉应黄遵宪公度、镇平先辈钟孟鸿遇宾友善。公度善以新词入诗,胡先生相与扬榷其学,而一主于曲达诗义之微,与学术志节相表里。自以吾粤人也,阐扬先业,叙述风土,不敢以让人。穷居著述,积数十年,成《兴宁图志考》《枌榆碎事》《湛此心斋诗文集》《梅水汇灵集》等三十馀种。大要以推源治本,昌明绝学,宪章名节,宏扬风雅为依归。盖自是而吾邑历世相守之学,尽得于时焉。同人等生长斯乡,景仰情切,兹拟悉力蒐访,刊为《兴宁先贤丛书》。所愿邦人君子,四海知交,协助印赀,勷斯盛举,则先贤志业,得所阐发。而学术文化,维系不蘉,岂惟桑梓之幸,抑亦民族之光也。

《刊印兴宁先贤丛书引》之后为1958年4月15日罗香林撰《兴宁先贤丛书辑录略例》,更加详细地介绍了丛书体例、学术用意等情况。以其重要且难得,全文录出如下:

> 一、兴宁处粤之东隅,去闽赣殊近。其素习兼具粤赣闽之长,明耻尚义,隆礼守法。而贤能之士,每孕育其间。惟土地蒸湿,木鱼易蓄,是以历代贤士,虽有述作,而时序稍更,辄多残蚀。兹就蒐罗所及,略加理董。其有原稿尚存,或有刻本者,则以原稿或原刻影印。其无原稿,或原刻已残缺者,则以旧藏钞本,或新所辑佚,比次影印。大要以整理先后为序。俟全书印成,容当别为分类目录也。
>
> 一、自来辑印乡邦文籍,原以景仰前贤为旨。敬恭桑梓,发潜阐

---

① 《兴宁先贤丛书》第一册卷首,香港兴宁先贤丛书校印处1958年版,第1~4页。原文标有句读,新式标点为笔者所加。按:此丛书各册卷首均有此文。

幽，取材例自稍宽，与作者自印有殊。本丛书所辑先贤遗著，每帙必为撰作序跋，以志缘起，或为辑录其人碑传，系于卷端。其有仅得零篇，未能成帙，而词义高卓，可为世法者，则拟编入《兴宁文征》，此不悉载焉。

一、本丛书蒐集于乱离之世，百端护持，备历艰苦。今幸承热心俊彦，协助巨赞，克为印行。缅维高风，实深感佩。爰于每册附页，表列协助芳名，藉为纪念云尔。

民国四十七年四月十五日罗香林识于香港①

从影印本《刊印兴宁先贤丛书引》《兴宁先贤丛书辑录略例》的字迹来看，这两篇文章当为罗香林手书。罗香林对《兴宁先贤丛书》所做出的努力和贡献，由此可以再度得到认识。

《兴宁先贤丛书》虽有三位发起人共同促成之，然其中罗香林出力尤多。这主要表现在两方面：一是所收录文献中，有多种为罗香林家藏珍贵钞本或刻本，其中更有罗香林之父罗师扬（字幼山，晚号希山老人）之旧藏，传世非常稀少，其文献价值尤显突出；二是在此丛书编辑出版过程中，罗香林于具体文献选择、编校整理等方面学术工作上出力最多，保证了丛书的学术质量和文献价值。这不仅表现了罗香林严谨的学术态度、敏锐的文献眼光和清晰的乡邦文化意识，而且传达出高远的学术追求、浓郁的家乡情怀和具有前瞻性的文化传承意识。这对于今天的文献整理、学术研究与文化建设来说，仍然是值得学习发扬的榜样，具有长久的启发价值。

《兴宁先贤丛书》呈现、保留和传承了特别珍稀、空前详备的兴宁文化史料，所收文献资料不仅涉及文学、史学、经学、小学、伦理学、方志学、民俗学、水利学、眼科学等多个学术领域，而且多为传世无多之珍稀钞本、刻本及铅印本。其中许多文献资料都是首次披露或极少披露的，其文献价值和学术价值显而易见。如被视为兴宁文化最重要标志的胡曦，由于生前贫穷、身后萧条、时局动荡等原因，著作多未刊行，流传非易，有的甚至濒于湮没。目前所知见的胡曦著作，主要是依靠这套丛书保存和流

---

① 《兴宁先贤丛书》第一册卷首，香港兴宁先贤丛书校印处1958年版，第5~6页。原文标有句读，新式标点为笔者所加。按：此丛书各册卷首均有此文。

传的，从而使之具有了深入研究、发扬光大的可能性。

《兴宁先贤丛书》的编辑出版，在长期以来的兴宁文化、客家文化、岭南文化研究中都是第一次，到目前为止也还是唯一的一次。可惜这种学术方式和出版活动由于各种学术因素和非学术因素的干扰制约，后来连有意识地继承下来都没有比较好地做到，就更不用说有所发扬光大了。罗香林在《兴宁先贤丛书辑录略例》提及的编辑《兴宁文征》的想法，由于各种学术因素与非学术因素的影响和制约，似也没有能够进行下去，留下了难以弥补的学术遗憾。

因此，结合《兴宁先贤丛书》的编辑过程、文献价值和学术影响，参照当下客家文化、岭南文化研究的基本情况和发展可能，可以认为，无论是从客家文化研究的角度来看，还是从岭南文化研究的角度来看，《兴宁先贤丛书》的编辑出版都具有显著的创新价值和启发意义，特别是对于今天的客家文化、岭南文化研究及其他地域文化研究，都具有值得借鉴的学术价值和文化价值。

《兴宁二十五家诗选》，罗香林辑选，香港中国学社1973年3月初版，手写影印本。

卷首有陈槃1971年6月19日在台北南港所作《兴宁二十五家诗选叙》，中有云："罗元一先生既于数年前倡刊《兴宁丛书》，表章其邑先贤之学术道艺，今更有二十五家诗之选辑。余读其书而善之。从来辑录地方之诗者，或以诗存人，或以人存诗。元一此编，自亦不能外是。盖至是而一地方文献，巨细亦略已备矣。后有君子，吟咏篇章，怀思耆旧，其道伊迩，而风教可知。然则元一辑诗之意深远矣。"① 不仅叙述了此书编选之基本情况和文化学术用意，而且予以高度评价，赞赏有加。可作为认识此书的重要参考。

继有罗香林1972年6月30日在香港所作《兴宁二十五家诗选序》，于了解是书之编选用意和学术意图具有特别重要之价值。中有云：

> 《兴宁二十五家诗选》，盖余避地海岛，感怀世事之艰，亟思乡邦文物之护持，既为辑印《兴宁先贤丛书》，遂乃贾其馀勇，依宋明以

---

① 罗香林辑选：《兴宁二十五家诗选》，香港中国学社1973年版，第1页。原文仅有句读，新式标点为笔者所加。

来，邑贤诗集，撷其精英，或有原集已佚，而曾见别书征引者，则为转录。几经缮袭，努辑而成者也。①

又云：

> 诗以道志，志以诗明。此吾邑二十五家者，虽其所遗诗篇，多寡不一，然其志业皎然，则皆可于其诗窥见之焉。世有欲为劝民风者，吾知必有取乎此也。②

从中可见罗香林辑选是书时的心境和学术用意，这部看起来属于纯粹文学文献选集性质、篇幅不大的诗词选本，实际上反映了罗香林自觉承传家乡文学传统的用意，寄托了深沉的乡邦文化情怀，从中更可见他对于家乡的系念和对于乡邦文献的珍视之情。

《兴宁二十五家诗选》选辑自宋代至民国时期广东兴宁县二十五家诗人诗作，以有诗集者为限，始以宋代罗孟郊，止于民国何天炯，共收录古近体诗275首。该集所选诗作最多者为清末诗人胡曦《湛此心斋诗选》62首，其次为民国诗人何天炯《无赫斋诗选》44首，其他诗人则选录1首至20首不等，盖根据其重要程度、历史影响及作品多寡而定。

该书于每位诗人名下，有作者生平事迹简介及诗歌评论，其中多有不常见的文献资料，对于认识了解相关诗人的创作及相关情况具有特殊价值。是书的乡邦文献价值和文学价值也由此得到相当充分的显现。如全书所选第一位诗人罗孟郊，虽然仅有五律一首，但对于其人之介绍相当详细，具有重要的史料价值，其意义恐已超越其诗而上之。其全文云：

> 宋罗孟郊，字耕甫，号休休。循州兴宁人。宣和五年癸卯领乡荐。越年，成进士（第三名及第）。历官太学博士，翰林学士。钦宗即位，孟郊令太学生陈东上书，谓蔡京、王黼、童贯、梁师成、李彦、朱勔等为六贼，请即诛之，以谢天下，钦宗嘉纳之。绍兴时，秦

---

① 罗香林辑选：《兴宁二十五家诗选》，香港中国学社1973年版，第3页。原文仅有句读，新式标点为笔者所加。
② 罗香林辑选：《兴宁二十五家诗选》，香港：中国学社1973年版，第5页。原文仅有句读，新式标点为笔者所加。

桧谋与金人和，孟郊与叶三省、杨炜、王远，力诋和议，桧使罗汝楫奏以饰非横议，三省贬筠州，孟郊贬兴国军，炜贬万安军，远贬高州，诸大夫祖饯，皆为下泪。孟郊谢曰："吾本豫章柏林族，兴国军盖故乡也。惟天下事至此，奈何？诸君勉力报国，勿为偷生者念。"绍兴二十三年，卒于贬所，年六十二，所撰《学士集》，今佚。事迹见胡曦辑《罗学士遗事考略》。①

又如全书选录诗作最多的诗人胡曦名下介绍云：

> 清胡曦，字晓岑，号壶园。兴宁人。自幼颖异力学，从名儒陈炳章明经游。年十七，补博士弟子员，旋捷步食饩，与嘉应州本州黄遵宪、梁诗五，镇平钟孟鸿、陈雁皋，长乐陈元焯等，相交友，以诗古文辞，经世之学，乡邦文教，相与上下议论，同治十二年，考选拔贡生。翌年，朝考报罢，即一意阐扬先业。自以吾粤人也，搜辑文献，叙述风土，不敢以让人。穷居著述，积数十年，成《兴宁图志考》《枌榆碎事》《莺花海》《梅水汇灵集》《湛此心斋诗文集》等，凡三十余种。大要以推原治本，昌明绝学，宪章名节，宏扬风雅为依归。光绪三十三年卒于乡，年六十四。晓岑善以新事及方言入诗，所作《火轮船歌》七古长篇，溶铸新词，奇伟恣肆，最负盛名。其《莺花海》四卷，则仿山歌风格，以口语为诗，最为黄遵宪所重，惜其书今不得见耳。②

耕读传家向为中国文化传统的重要表现和传承方式之一，这种方式在从中原地区南迁至江西、福建、广东等地的客家人群中得到了相当充分的继承和发扬。盖自宋代以来，特别是明清至近代以来，广东客家地区文风、学风蔚盛，出现了为数众多的著名人物。兴宁作为广东客家人聚居的重要地区之一，自然延续着这种古老的文化传统。但是在此书之前，以兴宁诗人为编选对象的专门的诗歌集尚不多见。因此，作为兴宁杰出学者的

---

① 罗香林辑选：《兴宁二十五家诗选》，香港中国学社1973年版，第11～12页。原文仅有句读，新式标点为笔者所加。

② 罗香林辑选：《兴宁二十五家诗选》，香港中国学社1973年版，第83～84页。原文仅有句读，新式标点为笔者所加。

罗香林辑选的《兴宁二十五家诗选》，不仅生动地反映了他深挚的乡邦情怀和故土深情，表现出敏锐的文化眼光和执著的学术意识，而且从诗歌这一角度反映了兴宁地区的文化传承与发展脉络，保存了大量的地方文学与文化文献，因此具有重要的学术文化价值。

二、余祖明与《近代粤词蒐逸》和《广东历代诗钞》

余祖明（1903—1990），字少骦，号筱凤。广东南海人。毕业于广东省立第一中学、广东大学（今中山大学）。1924年加入国民党，任国民党中央政治训练所训练员，广州市党部指导员，广东警卫军政治部特别区党务指导员。1928年秋任南京中央军校政治训练处中校组织科长，中央训练团上校政治教官。1934年任军事委员会南昌行营政训处副处长。抗日战争爆发后，曾任第三十一集团军总司令部少将政训处长，重庆防空司令部政治部主任。1946年退役后转任中央政治大学教授，后赴台湾任教。后曾任香港能仁书院文史系教授，主讲历代诗选与杜诗选读等课程。陈融弟子，尝襄助其编校《读岭南人诗绝句》，耽于著述。能诗词。编有《近代粤词蒐逸》《广东历代诗钞》《近代广东印人遗作汇辑》等。

《近代粤词蒐逸》，余祖明纂辑，1970年香港自印本。是书纂辑自丘逢甲至余少湘83位广东词人词作凡368首。卷首有汪兆铨、陈融、刘景堂、余少湘词翰影印件，并有苏文擢、陈本《近代粤词蒐逸序》，及曾希颖、罗忼烈、区季子、黎心斋、饶宗颐诸人《题词》，并有作者《近代粤词蒐逸自序》；书末有《近代粤人词集目》。

余祖明《近代粤词蒐逸自序》有云：

> 窃思近代论粤词者莫不推尊于汪芙生、沈伯眉、叶兰雪三先生。盖其沾溉士流，声宏岭外，历有年所。嗣后派衍坛场，风靡南服，作者继美，咸协元音。以世代言，则汪氏后有荦伯、彦平、乔梓暨诸小阮，沈氏有哲嗣芷邻、孙媳张端仪，叶氏有三英与犹子次周、文孙遐庵。皆斐然绍述，为枌榆盛道。以薪火言，则岭表珠湄，无不有三家弟子、再传弟子以迄于今。固已家有楹书，人珍秘本。然自世变侵寻，不遑宁处。行箧所庋，不毁于水火，即劫于兵干，甚则目瞑异乡，魂飘域外。遗篇散落，委同沙砾。至于诗名既显者，每不欲以倚声自传。然揆其蕴藉，有足千秋。亦或孤芳自赏，隐遁林泉，身后遗

馨，罕逢捃拾。而志切藏山者又终无以致梨枣。如斯雅制，倘事搜求，尚可裒然成帙。用是不忖谫陋，汇为是编。非敢妄拟先达，评骘前贤。徒以生当叔季，日逼桑榆，翘首师尊，追怀世谊。感故旧之飘零，睹缥缃之蠹蚀。且朋侪乐善，时相劝披，乃毅然命笔。①

结合近代以降广东词家词作的承传演进发展变迁，特别是家族文学传承、师徒授受关系的变革，在时局动荡、民生多艰的背景下，在文献遭遇水火之厄与战争劫掠、文化传续濒临危殆的局势下，道出了此项乡邦文献搜集整理工作所蕴含的深刻的思想内涵和文化寄托。此语颇能表现此辑之宗旨，亦颇为沉重深挚，足堪充分注意并认真品味咀嚼之。

余祖明《近代粤词蒐逸》乃仿黄子高（1794—1839）辑《粤诗蒐逸》体例，具有特殊的文献价值。正如余祖明在《纂辑近代粤词蒐逸凡例》中所说的："本编托始于汪芙生、沈伯眉、叶兰台三家之后，意在蒐存散佚，凡先贤已有词集行世者不录。"② 是书所录近代广东词家词作，多为未出版过词集者，或未编入有关词集或其他总集、别集之作，其拾遗补缺、传承遗篇之学术用意与文献意识清晰可见。这也正是此书特殊文献价值的集中体现。

《粤诗蒐逸》的编选者黄子高，字叔立，一字石溪。广东番禺（今广州）人。道光十年（1830）优贡生，笃于文史和词章，工于书法和山水画，两广总督阮元聘其任学海堂山长。留心地方掌故和金石文献收藏，藏书多异本，并加以校勘，尤注重地方文献的搜罗。广东藏书家伍崇曜、谭莹辑刊《岭南遗书》《粤十三家集》，多与借抄藏书。有绝句颂其："一生心事向残编，鬓发萧疏不计年。见说乾隆禁书目，亲投甘结到官前。"卒后，谭莹撰写《黄石溪墓表》云："雅擅词章，益研经史，渐富储藏，特精雠校。邢邵之读已遍，转思误书；任昉之家不贫，率多异本。略分部录，尤重乡邦；桑梓弥恭，瓣香原属。"又云："遍收唐帖，兼喜晋砖。石研素琴，法书名画，尊罍彝鼎。"黄子高去世后不久，其子亦去世，所藏书籍散佚殆尽。除选辑《粤诗蒐逸》一书外，尚著有《知稼轩诗钞》《石

---

① 余祖明纂辑：《近代粤词蒐逸》，1970年香港自印本，卷首第11～12页。原文仅有句读，新式标点为笔者所加。

② 余祖明纂辑：《近代粤词蒐逸》，1970年香港自印本，卷首第14页。原文仅有句读，新式标点为笔者所加。

溪文集》《续卅五举》等。

近代以来,岭南词学蔚然兴起,名家辈出,不仅反映了经过明清以来数百年的文学、学术、文化积累,加之外部文化环境发生重大变化,至于近代时期岭南文学、学术空前兴盛繁荣的文化史事实,而且反映了晚清至民国时期岭南文化总体兴盛繁荣背景下,不同文学部类、不同文体的发展特点与时代变迁,从一个重要角度揭示了近代以来岭南文学、学术乃至文化发展演变的时代特点和地域特征。基于这样的文学史、学术史和文化背景,可以说,余祖明纂辑的《近代粤词蒐逸》的出现,就透露出这样的文学发展与文化变迁信息。从文献学角度来看,是书根据一向不为藏书家所重的近代岭南词学文献,特别是根据散落于民间、散落于境外各地的材料,汇集了相当丰富的近代词人词作,其中大多是从未印行过词集的词家之作,亦颇有一些词家的集外佚词,可以弥补有关文学家词集、别集之阙,可谓眼光敏锐,角度独特,具有重要的辑佚补阙价值。

笔者所藏一册《近代粤词蒐逸》中,夹有16开插页一张,上有楷体文字,其文曰:"吾粤文风凤光前载,词人代起,盛极一时。惟自晚清以来,作者踵接,幽光久闷,事待阐扬。用是辑成粤词蒐逸,幸借他山之助,克完文献之征。谨检是书一册,敬祈赏收。付梓仓卒,遗漏定多,倘荷博闻君子订摘微瑕,庶几异日续修,务瓻全璧。幸甚幸甚!此上。家伟学长文席。余少飓手启。"① 其中"一"字、"家伟学长文席"五字为手写体,当是出自余祖明之手笔。这显然是余祖明于是书印成之后赠送友朋所附,从中可见此书出版后之有关情况,透露出此书印成之后分赠友朋及其他读者的信息,可作为上引《近代粤词蒐逸自序》之补充,颇可注意。至于其中所说"家伟"其人,笔者目前尚未知晓,其中详情待考。

《广东历代诗钞》是继《近代粤词蒐逸》之后,余祖明编选的又一部广东文学总集,且篇幅更大,文献价值更高。

是书卷首能仁书院院长白志忠1977年冬所作《序一》有云:"本院文史系教授南海余少飓先生,今之诗人也,主讲历代诗选与杜诗选读有年,循循善诱,深受学生爱戴。授课之暇,每与余论及乡邦文献,辄慨然于先贤诗稿湮没尚未多,拟就前人编纂诸集之遗珠,广事网罗,汇刊行世。先

---

① 按:"是书一册"之"一"字,"家伟学长文席"为圆珠笔书写,当出自余祖明之手。标点为笔者所加。

生穷数十载之力，蒐得吾粤历代诗凡千百馀家，洋洋大观，都为一集，颜曰：《广东历代诗钞》。"① 从中可知余祖明编辑此书的用意和大致经过，特别值得注意的是编选者对于乡邦文献的关注热情及以这部诗选集补以往文献之不足、保留承传岭南诗歌文献的学术用意和文化观念。

丁巳年（1977）腊月吴天任作于香港的《序二》有云："友人余少飒，近钞辑粤诗为历代诗钞，自汉以下至于近代，悉为蒐采。而于前此总集之已有录及者，辄不重见。录诗之外，分系作者小传，各就所知，详略参差，不一而足。或以诗传史，或以人传诗，或以诗传人，略如元遗山之《中州集》，朱竹坨之《明诗综》。虽曰历代，而实着重近数十年乱离亲旧师友之作。盖清代以前作者，前人采辑已多。而自御倭战争以来，山河糜烂，骨血暴野，天翻地覆，伦纪无存。士君子飘泊四方，或窜伏岩阿，饥寒贫病，僇辱困顿以死者，不可胜数。其残篇断简，随身而没，藉见其人，而留纪念。此则渔洋《感旧》之微旨也。"② 值得注意的是，其中不仅交代了此书的编辑体例和诗歌选择标准，评价了此书拾遗补阙的文献价值，而且相当充分地强调编选此集过程中超越一般意义上的文献保存、发扬诗学等方面的学术目的，而主要是有着深挚的以诗传人传史的文化寄托、承续有可能湮没无闻的文化精神的人文关怀。从岭南文学精神与文化精神存续的角度来看，这是此序及《广东历代诗钞》最值得关注和深思之处。

己未端午（1979年5月30日）陈本所撰《序三》则从另一角度评价该集，中有云："少飒于是编矻矻穷年，先挈领提纲以疏其脉，终复广稽博征以著其爵里。其采摭也广而不滥，其持择也约而必精。吾粤诗人，不必尽于是编，而后之览者，某也为名家，为大家，为忠臣，为义士，当知所法。将有风动而兴起者欤？是亦知人论世之资也。"③ 此序同样出自余祖明友朋之手，着重强调的文人品格、文学精神和蕴含的以诗存人、知人论世观念，与编者的认识多有相应和之意，可以作为认识了解《广东历代

---

① 余祖明编：《广东历代诗钞》卷首，香港能仁书院1980年版。原文仅有句读，新式标点为笔者所加。
② 余祖明编：《广东历代诗钞》卷首，香港能仁书院1980年版。原文仅有句读，新式标点为笔者所加。
③ 余祖明编：《广东历代诗钞》卷首，香港能仁书院1980年版。原文仅有句读，新式标点为笔者所加。

诗钞》的重要参考。

卷首编者《凡例》颇为详细地交代了此书的学术用意、编辑体例、选择标准及其他相关问题，反映了编者对广东诗歌发展历程的基本认识，也透露出编者的文献意识与文学观念。录其前两则如下：

一、本集继《广东诗粹》、《粤东诗海》、《岭南群雅》、《粤诗蒐逸》、《岭表诗传》、《楚庭耆旧遗诗》、《柳堂师友诗录》、《岭南诗存》各总集之后，搜辑广东先贤遗诗，凡前书已收诸家，概不重录。

一、诗风首重忠孝节烈，足以辅名教而励末俗尚矣。次则山川物产，文献足征。若乃温柔敦厚，无悉作者录之。①

由于明清以降岭南文学、学术、思想的蓬勃兴盛并愈来愈充分地得到其他地区人士的深度认同，加之先有澳门、后有香港的兴起，愈来愈多地带来了西方文化的多方面影响，岭南文化出现了全面繁荣、高度发展的局面，进入了一个崭新的引领时代风气的阶段。仅从文学文献角度来看，清代中叶以来直至民国年间，岭南文学总集的编辑、印行也出现了空前兴旺的局面。在这样的学术背景和文化背景下看待余祖明编纂的《广东历代诗钞》，可以认为，这是在继承以往多种广东或岭南诗歌总集编辑经验的基础上，出现的又一部重要的广东诗歌总集，而且由于其清晰的编辑标准、明确的编选目标，具有特别重要的文献价值。特别是编纂者具有对于清末至民国时期的岭南诗人诗作予以重点关注、着重著录的文献意识和文化眼光，更使这部诗歌总集增添了独特的文献价值、学术价值和文化意义。

三、陈荆鸿《蕴庐诗草》与《独漉诗笺》的三种版本

陈荆鸿（1903—1993），名文潞，字荆鸿，号蕴庐，别号庚同，以字行。广东顺德人。早年受业于温肃、温幼菊。十六岁赴上海，与黄宾虹、吴昌硕等结为忘年交，有"岭南才子"之称。与赵少昂、黄少强并称"岭南三子"。师从书法大家康有为学习书法技艺及理论，擅长章草，书风古朴遒健，别具一格，独步一时，为香港书界翘楚，与篆印家冯康侯齐

---

① 余祖明编：《广东历代诗钞》卷首，香港能仁书院1980年版。原文仅有句读，新式标点为笔者所加。

名，有"陈书冯印"之说。抗战时期，在香港任回圈报社社长兼总编辑，历任《越华报》《循环日报》社长兼总编辑，1947年以后任香港各大专院校教授、主任。1987年以书艺获英女王颁授荣誉勋衔。主要著述有《独漉诗笺》《蕴庐诗草》《蕴庐文稿》《艺文丛稿》《海桑忆语》《蕴庐书画》等，可谓教泽广被、文名远播。其关于岭南文化的部分著作辑为《蕴庐文萃》10册，由广东人民出版社于2009年12月出版。

《蕴庐诗草》是陈荆鸿的诗集，笔者所见有两种版本：一为辛酉（1981年）秋月潘小磐、潘新安、梁耀明、何式南、何竹平根据作者手稿本香港重印32开本；二为1995年6月香港根据作者手稿本原大影印之大16开本。

《蕴庐诗草》辛酉年重印本卷首有陈荆鸿七十三岁像一帧，书法两帧、画作一帧，继为杨圻、诸宗元、方大方、黄质、谢瑾虞、秦之济、顾申、陈璪、沈演公、易家钺、潘飞声、叶恭绰、许菊初、易孺、梁寒操、邓万岁、黄荣康、吴肇钟、吴天任、郑三、李翰、赵威、李景康、王绍新、陈宝尊、杨虞、潘新安、伍庄、罗惇曧、黄棣华、黎昌埏、潘小磐、何乃洪、梁简能、苏佐、梁耀明、陈秉昌、张爱、吕集义、尹望卿、文叠山、劳天庇、关殊钞、黄同万、谢启睿、陈伯祺、陈本、林仁超、刘绍进、李鸿烈、李富华、潘慧文、周绍谦、何式南、何竹平共55人《题辞》。其后为作者《自序》，简要交代了诗歌创作经过及用意，并忆及少年以来经历。录之如下：

> 予弱冠离乡，南北奔走，虽间岁归省吾亲，然未尝一月居也。客中馀暇，喜以吟咏自娱。诚知不足语乎矩度，亦惟言予志、发予情而已。犹忆儿时，家君子体弱多病，夏夜饭后，持卷就榻前受课，母氏篝灯治衣线于旁。坐稍倦，辄为予扇凉拭汗，复出果饵以为奖勉。少日读书所能记诵者，悉基于此。今二亲逝矣，而予远游于外，役役无所成就。追维畴昔，欲复为髫龀一日之欢不可得。故园寥落，予亦七十许人矣。始自二十之年，以至于今，光阴之推夺，时世之迁移，人事之悲欢离合，意有所感，悉寄诸诗。录而存之，时省览焉，所以念劬劳之教也。

乙卯始春陈荆鸿书于鳌洋山居。①

序文中所云"乙卯"为1975年，可知此序作于该年初春。尤可注意者是其中表现的对于诗歌创作观念的表达、早年经历的追怀和时世变迁的感慨。

《蕴庐诗草》1995年6月香港印本，一册，书脊楷书"蕴庐诗草一卷"下方，有相同楷书"蕴庐陈荆鸿先生手迹"九字。此书是作者去世之后，其夫人潘思敏及友朋根据作者最后改定手稿本原大影印，最能反映陈荆鸿诗歌创作的最后面貌。而且将《蕴庐诗草》与《独漉诗笺》五卷合为一函，印制精美，装帧典雅，外加以蓝色书函，在陈荆鸿手书隶书金色"蕴庐诗草"四字下方，有朱文篆书印一方，上刻"本书为纪念蕴庐陈先生捐馆三周年刊行"十七字。可见此书的出版具有重要的纪念意义，也具有特殊的文献价值与学术价值。

是书末有茹香作于乙亥年（1995）仲夏之编后记，交代此书印行过程并记录予以帮助之有关人士以示申谢之意。中有云："岁月不居，星霜屡易，蕴庐陈先生归道山已三年矣。青灯白发，风雨唱酬，往事回思，能无感慨？爰于手泽搜拾阙遗，校付剞劂，以永其传。其已成者，曰《艺文丛稿》，曰《海桑忆语》，而《独漉诗笺》五卷，《蕴庐诗草》一卷，出自手写，尤可宝贵，故旧门人所欲先睹为快者也。此外别集、尺牍、书法、画本等，姑徐徐布之耳。"② 从中可了解此书进行过程及相关情况若干，不仅寄托了对于陈荆鸿的追思怀念之情，还比较具体地记录了此书编辑、印行过程中的若干具体情况，特别是对为此书出版提供帮助的人士表示感谢，如梁球琚之女王梁洁华等。此则材料出于陈荆鸿亲属，不仅真实可靠，而且颇为难得，于了解此书及有关情况具有特殊价值。

陈荆鸿《蕴庐诗草》的两种版本，俱印行于香港，在今日看来均具有特殊价值。1981年本出版时间较早，为陈荆鸿诗歌之首次印行，且彼时作者尚健在，此书颇能体现作者的用意，因此其文献价值和文学价值不容忽视；1995年本出版时间在后，彼时作者已去世，家人及友朋印行此书

---

① 陈荆鸿：《蕴庐诗草》卷首，辛酉年（1981）香港重印本，第1～2页。标点为笔者所加。

② 陈荆鸿：《蕴庐诗草》卷末，1995年香港影印本。原文仅有句读，新式标点为笔者所加。

寄托纪念追怀之意，且系根据原大影印，作者对于诗歌的推敲斟酌痕迹过程由书修改之处历历可见，并与《独漉诗笺》五卷合为一套，从诗歌创作和学术研究两个角度共同反映了陈荆鸿的突出成就，因此具有更加独特的文献价值与文学价值。

笔者所藏一册《蕴庐诗草》辛酉年刊本为编者之一何竹平签赠本，扉页有毛笔行书"机泉宗兄惠存　何竹平敬赠　辛酉冬月"，并钤有白文篆书印"何竹平印"一方。可知当是此书出版后不久，何竹平签赠三水何机泉者。此书当时印数并不很多，在三十馀年已过去的今日见之，已显得相当珍贵了。

《独漉堂诗》是明清之际广东著名抗清名士、杰出诗人陈恭尹的诗集。

陈恭尹（1631—1700），字元孝，初号半峰，晚号独漉子。广东顺德龙山乡人。顺治三年（1646）清军攻陷广州，其父陈邦彦举兵抗清，兵败殉国，全家被杀，恭尹只身逃脱。南明亡后，定居广州。因"三藩之乱"曾被牵连入狱，从此心怀畏惧，壮志渐消，避迹隐居，自称"罗浮布衣"。晚年寄情诗酒，曾与官府贵人往来，然仍怀故国之思。与屈大均、梁佩兰并称"岭南三家"。也是著名书法家，有清初广东第一隶书之誉。晚年在广州育贤坊建小禺山舍，以遗民终老。今人郭培忠编校《独漉堂集》①。

《独漉诗笺》是陈恭尹诗歌笺释集，也是陈荆鸿一生最为重要的学术著作。此书有三种版本：一为香港中华书局 1951 年铅印本，书名《独漉堂诗笺》，上下册，32 开本；二为香港 1995 年 6 月根据作者原稿影印本，五卷，大 16 开本；三为广东人民出版社 2009 年 5 月根据作者手稿影印本而出版，上下册，16 开本。

《独漉堂诗笺》香港中华书局 1951 年铅印本与另外两种版本差异明显。卷首依次有杨圻《序》、作者《自序》《又序》，《凡例》，《陈独漉先生象》《陈荆鸿竭墓诗》《陈独漉先生听剑图》《陈独漉先生自题听剑图赞》，又有梁佩兰《陈独漉先生行状》、冯奉初《陈独漉先生传》、彭士望《独漉堂集序一》、赵执信《独漉堂序二》、《陈独漉先生原序》。

陈荆鸿辛卯年六月（1951 年 7 月）所作《又序》云：

> 戊寅之岁，予笺独漉堂诗，稿甫脱而乱作。携之香江，尝分日刊

---

① 郭培忠编校：《独漉堂集》，中山大学出版社 1988 年版。

报章上。其后日军陷境,予复间关归国,诗文图籍不克挟以俱行,寄存同乡织坊中,遂为飞车所毁。战事告终,重抵海隅,友人刘君筱云,以其曩所剪存者,计凡六帙,悉以归赠。高情足感,喜不自胜。然亡佚尚多,盖只原稿之半耳。悯其为之也劳,不忍弃去。今夏逭暑山居,乃拾遗补阙,重加诠次。窗外海涛松风,时相和答,若慰予之寥寂者。不意忧患馀生,犹得以其兵燹残编销磨岁月。此固先生词赋有灵,予亦幸偿夙愿焉。回首茫茫,又十馀岁,学殖荒落,而双鬓斑矣。辛卯六月,陈荆鸿书于赤柱山中。①

陈恭尹《又序》之后又有笺注者说明文字云:"本笺付印中时日迁延,而先府君弃世,渴欲一睹不可得,抱憾曷极?谨书此志劬劳之教。辛卯冬十月陈荆鸿。"② 由此可推知此书出版时间。

是书《凡例》之后、《陈独漉先生象》之前有《丙子九月二十五日先生生朝约同州中士绅赴祥云岭谒墓敬赋》四首,诗云:

何处遗庐认大良,更无山舍育贤坊。分明墓是无穷事,留与人间作耿光。(先生修先墓诗云:墓是无穷事,人兼不朽名。)

翁山山带一时捐,黯黯离怀正此年。寄语九原如可慰,不辞载酒暮云边。(先生诗云:离怀黯黯伤今夕。自注:时翁山物故。考屈翁山、吴山带均没于丙子。)

记读生朝乙丙吟,锦岩两岁见归心。固知一掬西风泪,写到馀年感倍深。(先生集中有乙亥生日归锦岩先祠一首、丙子生日归锦岩次去年韵一首,句云:泪洒西风罔极天。)

为公遗著补言诠,多觉疏庸不自铨。百里驱车齐下拜,夕阳犹是故山川。③

此诗颇能表现陈荆鸿对于陈恭尹及其同道屈大均、吴炜道德文章的

---

① 陈荆鸿:《独漉堂诗笺》卷首,香港中华书局1951年铅印本,第7页。标点为笔者所加。
② 陈荆鸿:《独漉堂诗笺》卷首,香港中华书局1951年铅印本,第8页。标点为笔者所加。
③ 陈荆鸿:《独漉堂诗笺》卷首,香港中华书局1951年铅印本,第12页。标点为笔者所加。按:此诗又见《蕴庐诗草》,题为《丙子九月独漉先生生朝同州中诗人赴鹿步谒墓》,第二首末句作"敢辞载酒暮云边";又全无作者自注。

钦敬怀念之情，亦颇能表现作者对自己所处世变之际政治风雨、时局动荡的深切感受。

《独漉诗笺》五卷，大16开，香港1995年6月影印本。是书为陈鸿荆去世之后，其夫人潘思敏将陈荆鸿生前反复修改之原稿本检出，并将其与作者诗集《蕴庐诗草》之最后写定本共同刊印。各册于书脊楷书"独漉诗笺卷一"至"卷五"下方，有相同楷书"蕴庐陈荆鸿先生手迹"九字。此书根据作者最后改定手稿本原大影印，最能反映陈荆鸿笺释陈恭尹诗歌的思想用意、学术功力和最后面貌。而且将《蕴庐诗草》与《独漉诗笺》五卷合为一函，全书共六册，印制精美，装帧典雅，外加以蓝色书函，在陈荆鸿手书隶书金色"独漉诗笺"四字下方，有朱文篆书印一方，上刻"本书为纪念蕴庐陈先生捐馆三周年刊行"十七字。可见此书的印行具有特殊的纪念意义和独特的学术价值。

至此，《独漉诗笺》这部经过陈荆鸿数十年笺释修改、凝聚其一生学术心血、乡邦情感和文化情怀的著作，也是最足以体现其学术水平、治学风格与文化态度的著作，终获出版，得以流传。

此书属自印本，印数不多，且在香港印行，在方便了境外、海外传播的同时，明显不利于在中国大陆的传播，其学术作用和文化影响也不能不受到明显的限制。尽管如此，陈荆鸿穷一生中数十年而完成的《独漉诗笺》终获印行并得以流传，使之不致湮没，且具有了深入研究体会、继承发扬的可能性。这无论是对于陈荆鸿其人其学而言，还是对于陈恭尹这位以文学才华、气节人格、精神意志彪炳古今的英雄人物而言，抑或是对于岭南文献与文学、学术与文化研究而言，都应属极其幸运之事。

《独漉诗笺》广东人民出版社2009年5月影印本。卷首有杨圻《序》、作者《自序》、《续序》、《凡例八则》、《独漉堂集初刻原序》、《初游集原序》。杨圻戊寅中秋（1938年10月）作于香港之《序》有云："荆鸿与独漉同里同宗族，其尊人纬南先生为绩学之士，荆鸿秉承家训，早以能诗蜚声海内。兹本悉据明清两朝史传记载、省县志书、遗逸诗文著述、各家家乘年谱，详征博采，缘诗考事，不以事饰诗，精当翔实，开卷了然。吾知有此笺本，独漉之诗将更大行于世。而三百年来，潜德幽光之若明若晦者，将由是而其道大光。若少陵、梅村之家弦户诵焉，则荆鸿穷年兀兀之功也。"①

陈荆鸿戊寅初秋（1938年9月）作于香港之《自序》有云：

> 窃思独漉堂集世不多见，《岭南三家诗选》中，只是一鳞一爪，未足以知先生。且慨夫有明之季，士夫凛节死义，湮没无闻者，何可胜数？永历蒙难，粤中忠贞体国之烈，尤为亘古罕觏。"满清"入主中夏，纪述者格于时势，乃多略而不详。沉沉于今，三百年矣。读书论世，予于集中诸诗，其有关先生生平大节者，悉按当时情事，细意寻绎。而于酬唱往还诸人事迹，亦不惮烦冗，考纪独多。非敢谓发潜德之幽光，亦藉以补辀轩之未逮耳。嗟夫！山河破碎，人纪沉沦，哀此炎昏，视先生时为尤烈。旷世相感，有使人掩卷低徊而不能自已者。厓门海水，东去滔滔。奈之何哉！奈之何哉！②

作者对于陈恭尹其人其诗的钦敬感动之情，笺注独漉堂诗的学术文化用意，对于陈恭尹所处腥风血雨、鼎革动荡时势的共鸣与感怀，以及对于自己所处国难当头、危机四伏时代之感慨，均于字里行间清晰可见、真切可感。上文所引"嗟夫"以下一段，原文作："嗟夫！山河破碎，人纪沉沦，未有甚于此者也。或假忠孝之名桀骜自私，或辱祖宗之灵靦觍从贼。读先生诗，不其尤深旷世之感欤？兹篇参考典籍都二百馀种，有为家藏者，有得诸友朋借助者。自愧学浅年轻，谬误不免。大雅君子，以时补正之，则幸甚矣。"③ 从内容和语气来看，当实有所指。后经作者以毛笔圈去。从这一文字修改的具体情况中可以窥见陈荆鸿对于《独漉诗笺》反复斟酌、精心锤炼过程之一斑，亦可从中寻绎其学术用意、文化观念、思想意识变化的某些有意味的方面。

陈荆鸿作于1950年10月之《续序》介绍了此书撰写、编著过程中的许多情况，具有独特价值。其文云：

> 戊寅之岁，予笺独漉堂诗，稿甫脱而乱作。携之香江，尝分日刊

---

① 陈荆鸿：《独漉诗笺》，广东人民出版社2009年版，第5页。标点为笔者所加。
② 陈荆鸿：《独漉诗笺》，广东人民出版社2009年版，第8～9页。标点为笔者所加。
③ 陈荆鸿：《独漉诗笺》，广东人民出版社2009年版，第9页。标点为笔者所加。

报章上。其后日军陷境，予复间关归国，诗文图籍不克挟以俱行，寄存同乡织坊中，遂为飞车所毁。战事告终，重抵海隅，友人刘君筱云，以其囊所剪存者，计凡六帙，悉以归赠。高情足感，喜不自胜。然亡佚尚多，盖只原稿之半耳。悯其为之也劳，不忍弃去。今夏逭暑山居，乃拾遗补阙，重加诠次。窗外海涛松风，时相和答，若慰予之寥寂者。不意忧患馀生，犹得以其兵燹残编销磨岁月。此固先生词赋有灵，抑予亦幸偿夙愿焉。回首茫茫，又十馀岁，学殖荒落，而双鬓斑矣。庚寅九月，陈荆鸿书于赤柱山中。①

据作者手稿影印本可知，此文除由前此"后序"改为"续序"外，尚有如下修改："携之香江，尝分日刊报章上"，原作"携之香江，主循环报笔政，尝分日刊诸报章上"；"以其囊所剪存者"原作"以其囊所剪存于报章者"；"今夏"原作"庚寅夏"；"此固先生词赋有灵"以下，原作"此固先生词赋之灵，抑予亦与有荣焉。回首前尘，忽忽又十馀岁，学殖荒落，而双鬓亦已斑矣。庚寅岁秋九月，陈荆鸿书于赤柱山中"②。从中可见作者推敲字句、斟酌文意的具体过程及细致用心。

卷首《凡例八则》较详细地概括了笺释体例、著作用意及相关情况，确有发凡起例之意。录其第一条、第二条、第五条及第八条以见一斑：

> 独漉先生父子为南明遗臣，今在笺释中特书永历年号，以从其志。
>
> 按先生请恤疏后称先府君，易名之典，以徒手之故，议之连年。粤以再陷，而终不定。故先生于诗文集中，只尊其父为先大司马，而不及谥。惟据明史，则云桂王赐谥忠愍。迨清乾隆四十一年，褒扬胜朝殉节诸臣，复赐谥忠烈。今依明史，在笺释中称先生父曰忠愍公。③
>
> 先生晚岁卜居广州，鬻诗字自给。稍与当世往还，故酬唱集中，

---

① 陈荆鸿：《独漉诗笺》，广东人民出版社2009年版，第11页。标点为笔者所加。按：此《续序》与上引香港中华书局1951年刊本《独漉堂诗笺》卷首《后序》相较，除"后序"改为"续序"及篇末所署时间不同外，字句仅一处有异同，即"抑予亦幸偿夙愿焉"一句中前本无此"抑"字。

② 陈荆鸿：《独漉诗笺》，广东人民出版社2009年版，第11页。标点为笔者所加。

③ 陈荆鸿：《独漉诗笺》，广东人民出版社2009年版，第13页。标点为笔者所加。

多有幕府儒生及四方往来宾客，事迹不详，只有待考。①

斯笺参考书籍，除家藏外，多获友朋借助。海隅兵后，诸感荒阙，自愧学浅年轻，谬误不免。大雅君子，以时指正之，幸甚幸甚！②

卷末有近人潘小磐、何乃文、杨虞、何竹平题跋及今人罗韬撰《〈独漉诗笺〉跋》。潘小磐乙亥年初夏（1959年5月）的跋语有云："而荆翁特出其笺释独漉堂诗稿相示，余乃稔其同里同宗，渊源有自，而详征博采，历历如绘，尤服其用力之勤也。"③ 杨虞所作跋语有云："荆老托中华书局刊印独漉诗笺时，虽得观其稿，仍未知尚有手书原本之精细也。荆老书，瓣香三王，尝言小楷心法所自，虞亦习于所闻，中心悦服之久矣。今春邂逅陈夫人潘思敏女士，欣闻陈夫人偶检出荆老手录蕴庐集及独漉堂诗笺精细写本，遂合两种精华而付印行。美矣哉！将必广传于海内外不待言矣。"④ 何竹平乙亥年（1959）暮春所作《蕴庐乡丈遗著手书独漉诗笺》五古云："大序为商作，毛诗赖郑笺。天不生斯文，将安启后贤。维我蕴庐公，恭敬同比肩。堂堂光先烈，赫赫表遗篇。洋洋百万字，历历三百年。引吭希燕市，采薇歌北田。是气所磅礴，非公恐失传。公以同族里，代异气相连。先烈固多艰，公亦历烽烟。几度流离日，辎轩苦稽延。凤愿终能偿，真不负在天。滔滔崖门水，无穷接颍川。仿修十郡志，彰美在为先。宛写四部书，庄严尤万千。风前载拜读，语语动心弦。灯下每摩挲，笔笔像玑璿。一帙成双璧，高并泰山巅。一帙亦双宝，先生北斗边。传之以宗族，垂后与光前。传之于乡邦，香火百世然。藏之在名山，不让太史迁。"⑤

今人罗韬己丑年正月（2009年2月）所作跋语中有云："元孝以阅历悲愤，溢为词章，其诗沉郁苍茫，劲气内转，但见性情气骨，不显语言文字，每有所作，法不孤生，一一因于所遇。"⑥ 又云："当元孝之殁二百四十年，东夷犯华，是原板荡，斯民倒悬，其乡有人焉，独登高楼，剧感风

---

① 陈荆鸿：《独漉诗笺》，广东人民出版社2009年版，第14页。标点为笔者所加。
② 陈荆鸿：《独漉诗笺》，广东人民出版社2009年版，第15页。标点为笔者所加。
③ 陈荆鸿：《独漉诗笺》，广东人民出版社2009年版，第1023页。标点为笔者所加。
④ 陈荆鸿：《独漉诗笺》，广东人民出版社2009年版，第1028页。标点为笔者所加。
⑤ 陈荆鸿：《独漉诗笺》，广东人民出版社2009年版，第1029页。
⑥ 陈荆鸿：《独漉诗笺》，广东人民出版社2009年版，第1037页。

雨，口诵独漉之章，遥慨朱明之失，异代相感，激荡中怀，豁然与古贤心契而志同。乃遍征国史家乘，州书府志，重演其行迹，遍考其交游，细味其苦心，则元孝一生行藏大节，荦然复现，事迹斑斑而可考，风骨棱棱而可扪。诵其诗，友其人，共其世，直造一今古合流、乡邦浑融、国身通一之境。斯可谓诗之遇也夫！蕴庐固为元孝之功臣，抑亦元孝之后身耶！"所论颇带有理解同情之感受，可作为认识陈荆鸿《独漉堂诗笺》的参考。

总之，陈荆鸿《独漉诗笺》的三种版本，具有不同的文献价值和学术价值。香港中华书局1951年铅印本出版时间最早，是笺释者在经历战乱动荡、流离颠沛终获安定之后所作的一项重要学术工作，为是书之首次印行，当时印数即不多，至今已逾六十年，且为陈荆鸿在世时所见唯一印本，反映了当时此书的内容特点和作者的学养风格。香港1995年6月印本为陈荆鸿去世之后，其家人与友朋为追怀纪念他而印行，系根据手稿原大影印，印数同样不多，书中所存多处涂改痕迹反映了陈荆鸿对此书的反复修改推敲，有的地方是值得认真体会、深入研究的重要修改，从中可见其学术观念、著作用意、思想学养于数十年间所发生的某些重大变化，且此书五卷与其诗集《蕴庐诗草》一册合印，成全书六册，是为陈荆鸿诗歌和最重要学术著作之首次合刊，堪称全璧，具有特别重要的纪念意义和学术价值。与前一种版本相比，笺释内容多有修改补充、丰富发展，可谓有后出转精之妙，从中亦可见由于个人生活经历的丰富、学养根柢的进步与时代文化的变迁、学术环境的改变，陈荆鸿学术思想、文化意识的某些方面发生的明显变化。上述两种版本均印行于香港，且均非正式出版单位印行本，主要用于友朋间切磋交流或追怀纪念故人之用，印数当然不多，流传并不广泛，特别是对中国大陆许多地区的研究者和普通读者来说，就更加难得一见。而最为晚出的广东人民出版社本，实为这部凝聚了陈荆鸿数十年心血、最能代表其学术水平与学术成就的重要著作的首次正式出版本，且大大方便了包括中国大陆人士在内的广大海内外读者，对于此书的流传、使用及相关研究，当发挥最为重要的推动作用。

四、馀论：寓港学者的情感寄托与文化情怀

20世纪三四十年代，随着日军侵华战争的爆发、国共两党政治力量

---

① 陈荆鸿：《独漉诗笺》，广东人民出版社2009年版，第1038页。

的消长隆替及由此引发的中国政治局势的重大变化等一系列事件的连续发生,随着五六十年代以来粤港澳三地之间政治关系、文化关系及口岸政策、管理方式不断进行明显的调整改变、持续发生巨大而深刻的变化,澳门、香港特殊的政治制度、地理位置、文化环境及其文化学术环境也日益成熟地形成,并发生着愈来愈显著的影响。这种地理环境、政治格局和文化关系的形成,对于近在咫尺的广东及整个岭南地区的影响无疑是最为直接、最为深刻的:一方面出现并形成了澳港与内地之间愈来愈隔膜、愈来愈疏远甚至对立的政治文化格局,彼此在意识形态、政治制度、思想文化等许多方面发生着根本性的转变,澳门、香港作为西方国家殖民地的特征被双方的诸多变化和各种物质与精神条件显现得空前充分;另一方面,在澳门、香港这两个具有特殊政治含义、国家意义、文化政策的地方,也形成了对于广东人及其他邻近省区人员而言可以寄居生活并从事学术文化活动的精神港湾,特别是在政治局势、国家局势动荡不安甚至发生战争、自然灾难或政治动荡的时候,这种作用往往表现得更加明显。

仅就香港而言,从日本侵略者发动全面侵略战争的20世纪30年代起,到50年代前后,一批批广东籍或寓居岭南及相近地区的文化学术人士由于各种主客观原因、在意料之中和意料之外、在情愿或不情愿的情况下陆续来到香港,成为香港可以代表和延续中国传统文化学术的一支重要力量。到1949年以前,其中的一部分倾向于中国共产党的外省籍人士由于最高层的精心安排和大力营救,辗转到了北京,成为新中国成立前后政治协商、民主人士的代表;一部分在观望政治局势变化、选择判断出处之后去了台湾及其他地区;还有以广东籍为主的一部分则选择长时间地滞留在了香港。这批人士中的一部分在经过了时局的动荡、政治的鼎革、文化的断续之后,逐渐清晰地意识到负有传承中国传统文化、保护岭南传统文献、延续岭南精神命脉的使命,而香港的社会变迁、政治环境又使他们获得了使这种主观愿望变为现实的可能性。于是从20世纪30年代以来,直至70年代,在或者战争不断、灾祸连连、时局动荡,或者政治专制、文化破坏、文明不昌的局势下,加之这一时期国际政治局势对中国的巨大压力、某些时期大陆与台湾关系的紧张和交流的隔绝,寓居香港的一批文化学术人士却承担起了发展教育、保护文化、传承文明的责任。保护、整理和出版岭南文献,就是这一总体行动的一个组成部分。香港的学海书楼、何氏至乐楼、龙门书局、中国学社等都是其中的代表,香港中华书局、商务印书馆也在这方面做出过努力,另外还有多个广东同乡会、宗教文化组织、企业团体等也为此做出了多方努力和贡献,在有关人士的亲属、后人、弟子等支持下而产生的自印本也是这一时期岭南文化保护延续、出版传播的一个重要途径。

近现代以来寓居香港的文化学术人士执著坚持、努力不懈地保护传承、整理出版、传播弘扬岭南文献及其思想文化精神的现象是值得关注并研究的。从时间关系来看,这批不同程度地受到传统教育熏陶的寓港人士与中国传统文化的关系是亲近且多有感受的,甚至某些传统习惯、价值观念已经成为他们的一种处世方式和生活态度,他们本身就是传统文化造就并成为其精神气质的承载者和传播者。这应当是他们保护和传承岭南文献及其精神价值的深切动因。从地理关系来看,这批从广东及附近地区流寓香港的人士其实是最方便的,不仅空间距离近、来往相当方便,而且生活方式、日常习俗、气候特点、方言种类都非常接近,为他们适应新的生活环境提供了充分的保障和最充分的适应可能性。这应当是这批人士做出寓居香港的最直接、最现实动因。

但是,从政治关系和文化关系来看,无论是在清末民初还是在中华人民共和国成立之后至1997年7月1日之前,无论香港与广东及内地所在地区的政治文化关系如何变化,有一些根本的政治关系、主权关系、领土关系是不曾发生改变的,即香港的主权并不属于中国,香港作为英国的殖民地被统治了150多年。也就是说,在一个半世纪的漫长时间里,这些寓港人士是在政治关系、领土关系上距离中国很远的所在进行着延续保护、传承发扬岭南文化传统乃至中国文化传统的执著努力。这种看似相当异常、颇有几分吊诡色彩的现象背后,实际上承载着浓重的思想情感,寄托着深厚的人文情怀。也就是说,恰恰是这批亲身经历了如此深刻巨大、天翻地覆的政治动荡、文化变迁的具有传统文化修养和人文关怀的有识人士,才如此深切地感受到保护岭南传统文献、延续中国文化传统的紧迫与重要,正是由于生活经验的丰富多元、文化处境的动荡多变,才激起了他们护持优秀文化传统、保护岭南精神命脉的意识并为之付出不懈的努力。

在这种个人难以预料更无法改变的现实处境与人生理想的剧烈冲突和深刻矛盾中,保护那些传世无多且很有可能湮没无存的珍稀岭南文献,延续和传承那些在剧烈世变中即将消失的岭南文化精神,使这些文化无所凭依、精神难有所寄托的人士在一定程度上获得了内心情感的满足和精神的安慰，他们的人生价值和文化信念从中也得到了部分的实现。当然，这种颇有一些知其不可而为之的入世执著、更带有几分悲怆孤独色彩的行为本身，也是岭南优秀文化精神和中国优秀思想传统在特殊环境下一种有意味的表现形式。

因此，从更加广阔的世运推移和文化变迁角度来看，这种关注传承岭南文献、探究阐发岭南文化精神的执著努力，由此形成的值得注意的学术文化现象，实际上反映了近现代由于种种原因寓居香港的一批文人学者空前清晰的保护乡邦文献意识，寄托着极为紧迫的传承岭南人文传统的悠远情怀。近现代寓港岭南文人学者的这种精神感受、文化态度和学术行动，与明末清初处于鼎革动荡之际的屈大均于晚年撰著《广东新语》、编选《广东文集》和《广东文选》，不仅在行为方式上多所相似，而且在精神寄托和文化态度上更有相通之处。甚至可以将这种现象理解为近现代寓港岭南学者对先贤屈大均思想方式、精神追求和学术态度的自觉继承和着意发扬。

本文所述，仅为近现代以来寓居香港人士保护和传承珍稀岭南文献、延续和发扬岭南优秀文化传统的几个显著例证而已。随着文化学术的变迁、社会观念的变化，对于包括寄居澳港的文化学术人士及其活动与价值意义的认识也当愈来愈深切，愈来愈多一些对于传统文化的理解之同情。假如能引起学界对这一重要文化学术现象的更多关注和更深入研究，则不仅于这些有识人士及学术文化活动为幸事，更于当今的文明思想传承与学术文化发展有所裨益。

岭南近代戏曲史实文献考辨四题

从中国近代戏曲史的总体格局和戏曲家的地域分布来看，岭南近代戏曲可能算不上最活跃、最突出的，这一点与中国近代小说家的分布情况颇为相似，而与岭南近代诗词、文章等方面取得的显赫成就、产生的深远影响形成有意味的对比。但是，岭南近代戏曲家及其创作仍然是中国近代戏曲史的一个重要部分，其中既有岭南籍戏曲家在其他地区的创作活动，又有非岭南籍南来创作的戏曲作品，构成了比较丰富多样的戏曲史景观。从中国近代戏曲史和文学史研究进步发展的角度来看，岭南近代戏曲确有深入研究、恰当评价之必要。

一、许之衡与《霓裳艳传奇》

许之衡（1877—1934），字守白，号饮流斋主人，别署曲隐道人。广东番禺（今广州）人。留学日本，毕业于日本明治大学。历任北京大学国文系教授兼研究所国学门导师，北平师范大学、北平女子文理学院教授。工吟咏，精词曲，善治印。著有《守白词》（一名《步周词》）、《词馀》、《中国音乐小史》、《曲律易知》、《声律学讲义》、《曲史讲义》、《中国戏曲研究讲义》、《饮流斋说瓷》等。光绪三十一年（1905）有文刊于《国粹学报》。作有传奇《玉虎坠》《锦瑟记》《霓裳艳》等。卢前尝说："许之衡的几种传奇，也只是稿本。"① 笔者所见仅民国十一年刻本《霓裳艳传奇》一种。

《霓裳艳传奇》，署"曲隐道人填词　借居士评点"，扉页墨围标注"壬戌冬月刊成翻印必究"，可知刊行于民国十一年（1922）冬。凡二卷，卷上、卷下各十出，共二十出。出目为卷上：《订曲》《娱亲》《绳艳》《征歌》《舞筵》《逼娶》《潜放》《宵遁》《述美》《钗慰》；卷下：《诗诨》《进表》《题影》《拒客》《撮会》《合歌》《打媒》《远游》《扇梦》

---

① 卢冀野：《中国戏剧概论》，上海：世界书局1934年版，第248页。

《幻园》。

首有朱梦鸳所作《序》一篇,其后为张树青、徐立槎、何鸥客、朱静夫四人《题词》七绝十五首,对此剧题材、风格、创作特点及其作者情况有所介绍评价,其中虽包含赞扬褒奖之辞,但仍可作为认识许之衡戏曲创作的有益参考。朱梦鸳《序》中云:

> 宜夫绛树双声,并奏团圞之曲;琼枝交干,同谐婉娩之音。箫史台高,引凤吹于弄玉;文箫鹤跨,写唐韵于吴鸾。补缺陷则世有娲皇,传韵事则歌翻子夜。奇人奇合,付传奇而不朽;诗史词史,非同稗史之无稽。虽云非非结想,拟兰台宋玉之辞;自然栩栩传神,胜洛浦陈思之赋。所以瑞光楼上,高则诚擅谱新词;玉茗堂前,汤若士爱填妙曲。是编之作,殆其俦欤?……作者其殆借歌传白雪之篇,舒击碎唾壶之感乎?宜其一时纸贵,十倍价增,播乐府于鸡林,备遗闻于羯鼓。投明珠于字里,满目琳琅;转清角于云间,九天笙磬。填胸块垒,借酒杯而堪浇;空际云烟,早拈花而微笑。合付旗亭画壁,同龙标黄河高上之篇;不殊歧府重逢,生杜甫落花江南之感也。①

张树青《题词》六首,其一云:"丝竹中年感慨多,冰池涤笔画青娥。闻歌不少桓伊感,每向尊前唤奈何?"其四云:"廿载旁观笑与颦,凡情世态写来真。谁知灯下填词客,原是东方谲谏人?"其六云:"赤水青藤足比肩,瓣香端合接临川。浓熏班马浑闲事,难得宫商应管弦。"徐立槎《题词》四首,其一云:"堕马妆成舞柘枝,几人付粉竞涂脂。是谁夺帜歌台上,压倒秦青走段师?"其四云:"谱成丽句付何戡,乐府新翻绝妙谈。合似杜陵多感事,落花时节又江南。"四何鸥客《题词》三首,其一云:"烟暖花飞欲暮春,宣南城外草如茵。鸾台日日征歌舞,谁似刘娘绝代人?"其三云:"稗野何妨托幻缘,笔参造化句如仙。则来修月蟾圆好,同证人间忉利天。"朱静夫《题词》二首云:"素客风流倚洞箫,红儿绰约舞垂腰。天然一对秦台客,合付词人付绿么。""艳闻胜过李香君,血染桃花扇底春。那怕侯门深似海,笑他金谷坠楼人。"②

---

① 曲隐道人(许之衡):《霓裳艳传奇》卷首,民国十一年(1922)刻本,第1~2页。
② 曲隐道人(许之衡):《霓裳艳传奇》卷首,民国十一年(1922)刻本,第1~2页。

此剧系根据当时北京菊坛实事创作,写才子阮心存(字冷云)经常与词曲大家蒲愿(字后轩)切磋昆曲,向其请教。天津名伶刘喜娘(小名魁儿),色艺俱佳,品质高洁。年已花甲之威远将军兼滁州节度使蒋奇,派单作梅前往京津一带寻访美人,准备纳第九房姬妾。蒋奇借作寿之名令刘喜娘前往滁州表演,且道明欲收为妾本意,遭喜娘严词拒绝。蒋奇幽禁喜娘,待其回心转意。蒋奇之妾、尝与喜娘同一戏班的王琴阁,乘机放走喜娘。刘喜娘与母亲逃回北京,京城名士尤士恭、文伯坛千方百计捧角儿,极尽丑态,刘喜娘厌恶万分。阮心存深佩刘喜娘才艺,蒲愿约刘喜娘与阮心存一同演黄燮清《凌波影》,一扮洛神,一扮曹子建,阮心存向喜娘表殷勤之意。尤士恭、文伯坛遭冷淡,心中不平,欲介绍刘喜娘嫁与男伶杨紫香,被杨紫香老婆打出。官员、阮心存父执北海公反对阮心存串戏,心存只好远游。刘喜娘亦因母丧守孝,不再唱戏。梨园祖师老郎神见二人一为风流才子,一为绝代佳人,遂令二人结下幻缘,在仙境相会,成其鸳侣。

　　此剧以一对才子佳人的爱情故事为线索,集中反映了旧时代女伶的可怜命运,对当时的社会风气尤其是士林风气多有讽刺,对许多文人无才无德、招摇撞骗的行为予以揭露,从中亦可见作者无可奈何的感慨和愤激之情。以《家门》述大意云:"【水调歌头】(副末上)古今大戏剧,天地一梨园。看尽风云幻态,只合纵狂颠。偶拾京尘轶事,付与红牙板,低唱百花前。韵史霓裳艳,写入锦霞笺。　　这些时,无聊日,奈何天。试学量宫刻羽,倚笛小词填。恰遇才人粉墨,我亦此中过客,同调倍相怜。幻合风流梦,一段戏因缘。"① 全剧结束曲云:"【北尾煞】戏中看戏真喧闹,古往今来,都是一个戏字包。还留下一本戏幻因缘的游戏稿。"结诗云:"鸾吪凤靡百忧深,只借歌弦写素襟。敢诩新声翻白纻,久无消息托青琴。郎当舞袖谁为侣,却曲空山且独吟。自是当年桓子野,人间哪识奈何心。"②

　　在创作上,此剧比较突出地体现了学者型戏曲家的创作特点。彼时风气大开,时代气息时露于人物说白中,使用现代新名词入戏,尚觉妥当,少有早期戏曲家运用新名词的生搬硬套现象。偶将吴语用于人物说白,亦

---

① 曲隐道人(许之衡):《霓裳艳传奇》卷上,民国十一年(1922)刻本,第1页。
② 曲隐道人(许之衡):《霓裳艳传奇》卷下,民国十一年(1922)刻本,第51页。

反映了时代风气。由于作者精于曲律,熟悉搬演,全剧情节曲折动人,排场巧妙,曲牌选择、文词处理皆极讲究。道具运用方面也有时代特色,反映了传奇杂剧表演由写意化向写实化方向发展的趋势。有时将关于前代戏曲作家作品、当时戏曲状况等内容写入剧中,有时将梆子戏或皮黄戏名称串合于曲文之中。曲词能兼本色与绮丽之美,见出作者的学问才情,均体现了戏曲学者作剧的特点。

剧中对当时名士捧角之风多有讥刺。第十一出《诗诨》有云:"【菊花新】(丑巾服引杂仆人上)(丑)自夸风雅大名流,几句歪诗唱打油,老脸不知羞,俺还算其中翘秀。妆点名流架子,附庸风雅名家。捷径终南竞走,虚声处士全夸。俺尤士恭,是最时髦的一个大大名士。你说做名士有什么法子?第一件是要狂,装出那目空一世的样子,自然人家不敢看小。第二件是要嚷,你说我是李杜复生,我说你是苏黄再世,从来的名士,都是嚷出来的。第三件是要光,没有带着钱出来做的,要光是好拿人家的钱使。第四件是要臜,什么希奇古怪的丑历史,都要有些,人家才记得你名字,不是清清洁洁的人可做得的。这就是做名士的秘诀。"① 尽将所谓名士的老底揭穿,冷嘲热讽,语含愤激。

由于政治动荡、时代变迁、学术嬗替、文献零散亡佚及其他原因的影响,许之衡及其戏曲创作与研究长期湮没无闻。其实许之衡在戏曲史、音乐史等学术领域多有建树,词曲创作方面也取得了突出的成就,是一位杰出的戏曲史研究家和戏曲作家,也是陶瓷研究等领域的杰出学者,其学术成就和戏曲创作足以使他在晚清民国学术史和戏曲史上占有重要的地位。

《霓裳艳传奇》所写人物故事,系依据民国初年著名京剧女演员刘喜奎经历及有关著名政治人物、诗人墨客及民国初年追捧坤伶的时代风气创作而成。

刘喜奎(1894—1964),女,京剧、河北梆子演员。原名志浩,后改桂缘。祖籍河北南皮黑龙村。光绪三年(1877)喜奎祖父刘兴台携带其父贻文、叔贻虎、贻鹿至天津谋生。刘贻文入清朝海军,为兵工修理匠,曾参加甲午中日之役。战后流浪于旅顺。在旅顺居住期间,街坊有一戏班,喜奎常看他们排练,耳濡目染,遂爱上戏曲。后因生活困难,又返回天津,途中贻文丧于营口,至天津靠母亲针黹为生。喜奎八岁入天津李海科

---

① 曲隐道人(许之衡):《霓裳艳传奇》卷下,民国十一年(1922)刻本,第1页。

班学戏，学京剧青衣，兼学花旦。十岁时拜河北梆子演员毛毛旦为师，出师后，在哈尔滨、海参崴及津、沪一带演出。刘喜奎是民国初年京津地区戏剧舞台上的风流人物，扮相婀娜多姿，神韵颠倒众生，兼之当时鲜有女伶登台献艺，故艺名远播。在上海尝与周信芳同台，在津、京与谭鑫培、杨小楼等合作，皆获好评。此后声誉日隆，与鲜灵芝、金玉兰并称"女伶三杰"。1950年在文化部举行的宴会上，周恩来总理亲自向她敬酒，称赞其为"中国戏曲界的明珠"。1955年中国戏曲学校（今中国戏曲学院）成立后，增设地方剧科，聘刘喜奎与李桂香、秦凤云任河北梆子班教师。1964年刘喜奎病故于北京，葬于八宝山革命公墓。

关于民国初年一批文人墨客追捧刘喜奎及其他坤伶事，当时及后来笔记及其他史料、杂记、回忆录中多有记载。刘成禺《洪宪纪事诗本事簿注》云："骡马街南刘二家，白头诗客戏生涯。入门脱帽狂呼母，天女嫣然一散花。"诗注云："帝制时期，自命帝党者，荟萃都下，皆捧坤伶。中和园虽有富民三友（竹友、兰友、菊友），恋马小进（骏声）吞金之金玉娘，而刘喜奎色艺实领王冠。名士易哭厂、罗瘿公、沈宗畸辈，口奔走喜奎之门，得一顾盼以为荣。哭厂曰：喜奎如愿我尊呼母，亦所心许。或曰：是非汝《绿树荫》中之老妈乎？喜奎登台，哭厂必纳首怀中，大呼曰：我的娘！我的妈！我老早来伺候你了。每日哭厂必与诸名士过喜奎家一二次，入门脱帽，必狂呼：我的亲娘，我又来了。喜奎略通文墨，后拜哭厂为师父，日习艺文。喜奎曰：易先生见面呼我为娘。我今见面，即呼彼为父，岂不两相作抵。瘿公曰：现在皇帝要登极，你也可以为皇后坐殿。喜奎曰：恐怕皇帝不成，皇后也被金兀术掳去了，岂不呜呼哀哉。人谓喜奎识见，远胜颂圣诸公。喜奎日与哭厂、瘿公诸名士往还，诗句文字，颇能着笔，其刻入诸文人集中者，想系好事名士大加润色。喜奎色艺，名动一时，慕者愿罚十五金易一吻。后嫁参谋部科长崔承炽，未几崔殁，喜奎闭门守霜。民国十七年，报传北平安定门谢家胡同崔宅，盗窃崔府霜妇姨太太崔刘氏金珠银钞万元，是时尚空房独守也。（录《后孙公园杂录》）"① 又云："两班脚本斗金钗，歌满春园花满街。观客无须争座位，让他亲贵占头排。"诗注云："乙卯年北京闹洪宪热，人物麇集都下，争尚

---

① 刘成禺：《洪宪纪事诗本事簿注》，见刘成禺、张伯驹《洪宪纪事诗三种》，上海古籍出版社1983年版，第211~212页。

戏迷。三庆园、广德楼两班竞技，广德楼以鲜灵芝为主角，三庆园以刘喜奎为主角。广德楼天花板所绘《四裔人物朝贡图》，装束风俗，形态奇诡，云为乾隆八十万寿时，搜罗四裔色目种族，驿会日下，赐宴上寿，各奏土戏，内府制为《王会图》以夸大四夷来朝之盛。广德班赓飏盛典，乃摩绘原图于楼顶。两班皆坤角，捧者又为左右袒，各张一帜，互斗雄长。易实甫尤倾倒鲜灵芝，当时袁氏诸子、要人文客长包两班二排。喜奎、灵芝出台，实甫必纳首怀中，高撑两掌乱拍，曰：此喝手彩也。某日灵芝演《小放牛》，其夫跟包倚鬼门而望，小丑指灵芝向其夫白曰：你真是装龙像龙，装凤像凤。实甫坐前排，一跃而起，大呼曰：我有妙对，诸君静听：我愿他嫁狗随狗，嫁鸡随鸡。樊樊山有诗四章，歌咏其事。（蒲圻覃寿堃孝方补记）"①

张次溪《珠江馀沫》记刘喜奎事云："歌女刘喜奎者，小字桂缘，南皮人也。少孤，从邻媪以为活，其地多习歌曲者，喜奎间杂于众小女儿中习之，颇能肖。乐师商之媪，列诸门墙。喜奎自是力学不倦，未几能歌二十余出。乐师携之津门登台献技，旋从名伶侯俊山、金月梅游，艺大进。之申浦，名乃大起。喜奎幼慧甚，喜书翰，及其名日高，名流多喜近之。喜奎亦自喜，从之问业，学乃益进。后复从易实甫学诗古文辞，所作多可诵。"② 又云："喜奎之色既甲天下，其艺尤冠一时，故为喜奎倾倒者，大有人焉。其时旧都名流，多谱新词以相赠。甚者组党结社以相持，某党某社之成，皆藉以博喜奎一粲耳。自是不免有竞争之举，然非喜奎之所愿也，故作书以自白。书曰：喜奎一弱女子，上有寡母，下鲜兄弟，孤苦伶仃，无所依恃。不幸而操业伶官，藉艺以为奉养计，牺牲色相，沦落风尘，其遇亦可哀矣！入都以来，荷承都人士怜惜，揄扬贬责，各臻其极。虽毁誉殊途，然为怜惜喜奎，俾喜奎日进于善之心则一也。喜奎得此，曷胜感激。乃不图以此之故，竟兴笔墨之争，浃旬累月，愈演愈烈，此往彼来，疲神劳力。烟云郁以惨淡，楮墨黯然无光。争雌雄竞胜负之概，诚恐欧洲今日之血战，亦无逾此也，果何为哉！果何为哉！……夫喜奎自喜奎，喜奎无可奈何而业伶，藉卖艺以博资，此喜奎之分也。喜奎唱戏，君

---

① 刘成禺：《洪宪纪事诗本事簿注》，见刘成禺、张伯驹《洪宪纪事诗三种》，上海古籍出版社1983年版，第53页。
② 张次溪：《珠江馀沫》，刘成禺《洪宪纪事诗本事簿注》附录，见刘成禺、张伯驹《洪宪纪事诗三种》，上海古籍出版社1983年版，第212～213页。

等听戏,是喜奎之不幸,而君等之幸也。其他之事,固无系于喜奎,亦何与于君等?其或为美,或为恶,或为喜与不喜,皆喜奎所自有之,君等胡不惮烦为之呕心血、绞脑浆、哓哓叫嚣一至于此哉!……夫吠影吠声,无礼之毁,固喜奎所不任受,即评姿评色,轻薄之誉,亦喜奎所不愿闻,君等其可以休矣!喜奎生不逢辰,不幸为女伶,君等遂得如是而誉之,如是而毁之,脱令生长名门世胄,君等试思能如是誉之毁之乎!即君等家中妇女,亦能任人如是誉之毁之乎!如曰能也,则君等更何誉于喜奎,更何毁于喜奎。如曰不能,则由前之说,君等为势利;由后之说,君等无恕心。喜奎亦人子也,不过遇蹇耳。本正当之人道主义,怜惜一孤苦伶仃之弱女子,天理也,良心也。若君等今日之所为,直以喜奎为君等之赌胜物,喜奎不足惜,其如君等之良心何!设犹长此不休,则君等直人道之罪人而已。……嗟呼!风云日恶,国步艰危,使君等果怀爱国大志,济世高才,则值此存亡攸系、千钧一发之秋,奔命救死之不遑,宁有馀暇为喜奎一弱女子呕如许心血、耗如许精神,以事此无意识之争论哉!君等非昂藏七尺之伟男子乎?急公义、赋同仇,今其时矣!大好头颅,幸勿辜负。君等纵不自惜,喜奎为君等惜之。君等纵不自羞,喜奎为君等羞之。呜呼!君等若再不猛省回头,急起直追,尽心瘁力于国事,则君等又为国家之罪人矣。……喜奎尚有一言为君等告,夫婚姻自由,国有明令,此神圣不可侵犯之主权,而竟有某某横施以干涉之词,破坏法律,蔑弃人道之罪,某某其能免乎?抑主持舆论者,固应如是乎?其他污蔑私德之事多端,喜奎自问无他,故亦在所弗许。然以为若是之人,而亦厕身舆论界,喜奎虽不肖,亦为我大中华国之舆论界放一哭也!夫喜奎嫁与不嫁,果何与于人事,若以某某类推,漫京津间无一可嫁之人,即谓举世无可嫁之人可也。喜奎谨矢言,非得上马杀贼下马草露布、光明磊落、天真澜漫之好男儿而夫之,宁终身不嫁。苟得其人,虽为之婢妾,亦所愿也。至若权豪纨绔之子弟,以及金玉其外、败絮其中之小白脸,咬文嚼字、纯盗虚名之假名士,喜奎固早尘土视之矣!知喜奎者,其惟此乎!罪喜奎者,其惟此乎!"①

张伯驹《红氍纪梦诗注》云:"独战花魁三庆园,望梅难解口垂涎,

---

① 张次溪:《珠江馀沫》,刘成禺《洪宪纪事诗本事簿注》附录,见刘成禺、张伯驹《洪宪纪事诗三种》,上海古籍出版社1983年版,第213~216页。

此生一吻真如愿，顺手掏来五十元。"诗注云："清末民初，坤伶颇极一时之盛。刘喜奎色艺并佳，清末演于天津下天仙，民初演于北京三庆园，以独占花魁一剧最著，人即以花魁称之，为其颠倒者甚众。一日刘演于三庆园，夜场散戏后，刘卸妆归家，至园门口，遽有某人向前拥抱吻之，警察来干涉，某即掏出银元五十元，曰：'今日如愿矣！'扬长而去。盖警察条例，调戏妇女，罚洋五十元。"又云："当年艳帜竞刘鲜，樊易魂迷并为颠，垂老声名人不识，一场空演翠屏山。"诗注云："民初坤伶刘喜奎、鲜灵芝并称。刘演于三庆园，鲜演于广德楼，每出场皆满座。樊樊山、易实甫皆捧鲜灵芝者。后喜奎嫁参谋部司长崔承炽，武清县人，乃喜奎同乡。鲜亦不见出演。某岁，忽见戏报，鲜于第一舞台演出翠屏山，计此时鲜当已五十五、六岁，余乃往观，则座客寥寥，盖时移世换，无人知其名矣。"①复云："才子张灵是后身，抚棺恸哭泪沾巾，拚将叹凤伤麟意，来吊生龙活虎人。"诗注云："易实甫、顺鼎，湖南龙阳人，号龙阳才子，自谓为明张灵后身，酷喜捧坤伶。民初坤伶刘喜奎、鲜灵芝、金玉兰齐名。玉兰病卒，易往其家中吊之，抚棺痛哭，并挽以诗，内有句'拚将叹凤伤麟意，来吊生龙活虎人。'玉兰家人大诧异，不知为谁，因询其车夫，乃印铸局局长也。"②张伯驹《续洪宪纪事诗补注》又云："要命弯弓足架肩，杏花仙是荡魂仙。捧场文墨皆馀事，更赋琼瑶坐御筵。"诗注云："洪宪时，易实甫日于三庆园、广德楼捧坤伶刘喜奎、鲜灵芝、张小仙。小仙擅演《小放牛》一剧。（刘成禺君《洪宪纪事诗本事簿注》'两班脚本斗金钗'诗注，谓鲜灵芝演《小放牛》，乃张小仙之误。）《小放牛》一名《杏花村》，故小仙有'杏花仙子'之称。小仙有武工，能扳左右两腿，足接于肩，实甫捧小仙诗有'要命弯弓足架肩'句。项城赐宴瀛台赋诗，实甫亦与焉。"③

喻血轮《绮情楼杂记》中《易实甫风流韵事》一则有云："易于狎妓外，尤好捧女伶，民初旧京红坤伶刘喜奎，易捧之尤力，每日必过喜奎家一次。入门，必脱帽狂呼：'我的亲娘，我又来了。'甚至作诗云：'我愿将身化为纸，喜奎更衣能染指。我愿将身化为布，裁作喜奎护裆裤。'其

---

① 张伯驹：《红毹纪梦诗注》，中华书局香港分局1978年版，第9页。
② 张伯驹：《红毹纪梦诗注》，中华书局香港分局1978年版，第10页。
③ 张伯驹：《续洪宪纪事诗补注》，刘成禺、张伯驹《洪宪纪事诗三种》，上海古籍出版社1983年版，第309～310页。

颠倒如此。刘禺生《洪宪记事诗》有'骖马街南刘二家，白头诗客戏生涯。入门脱帽狂呼母，天女嫣然一散花'，即咏此事也。其他韵事尚多，未能尽记。才子风流，自古已然，此固未足为易氏病也。"① 又有《一代妖姬刘喜奎》一则云："民国五六年间，旧都女伶刘喜奎，色艺冠绝一时，上自名士贵人，下至贩夫走卒，无不捧之若狂。其在三庆园演剧时，每日必出入大栅栏维时街。一日，戏毕归家，忽有一狂徒，竟于维时街转角处，拥喜奎狂吻，当为警察所拘，科罚五十元，其人犹曰：'值得，值得！'其令人颠倒如此。时参谋部长陆锦，年少貌美，狂恋喜奎，每至喜奎家，必携其第一局长崔某为伴。陆性躁，常因细故与喜奎忤，辄赖崔某从中调解。崔为人黠甚，对陆恭顺，对刘柔和，久之，陆无所得，而喜奎竟下嫁崔焉。时都中显贵，欲致喜奎者甚多，而喜奎独垂青于崔某，群皆以为异，不知崔实于柔和中得之也。易实甫倾倒喜奎，予前已记之，喜奎因拜实甫为师，故亦能为小诗，曾有见志诗一绝云：'由来一样琵琶泪，弹出真心恨转深。红粉青衫久惆怅，怕君听入亦伤神。'一时传诵都下。《亚细亚报》记者刘少少，亦单恋喜奎甚久，所居一陋室中，四壁萧然，独有喜奎放大像一帧，悬于卧榻之侧，自谓朝夕相对，足慰心神，是亦近于狂矣。喜奎外貌诚美，然据其梳头娘姨语人，喜奎颈以下，肘以上，肌肤粗糙不堪，然则造物造美人，似犹有所靳也。"② 此语出自报人小说家笔下，且系多年后所作回忆录，其中多有虚构夸张、拟想不实成分，但也反映了当时刘喜奎及其他女伶广受追捧、声名鹊起、倾倒一时的一个侧面，同时也反映了民国初年政治环境、社会风气、文人生活与士人心态的某些重要方面，其中内容可与《霓裳艳传奇》所写人物故事相参观。

二、林栋与《龙虎缘传奇》

邹颖文编《李景康先生百壶仙馆藏故旧书画函牍》下卷《故旧函牍择存》中，收有《林栋书戏曲一种》，即林栋撰《龙虎缘传奇》一种③。此剧不见有关曲目、曲录及有关文献著录，为以往所未知，述之如下。

剧名《龙虎缘传奇》，署"东木投稿"，此四字左侧加盖"九华宝记"

---

① 喻血轮著，眉睫整理：《绮情楼杂记》，中国长安出版社2011年版，第12页。
② 喻血轮著，眉睫整理：《绮情楼杂记》，中国长安出版社2011年版，第111~112页。
③ 参见邹颖文编《李景康先生百壶仙馆藏故旧书画函牍》，香港中文大学出版社2009年版，第212~217页。

篆文方形朱印一枚。原稿初署"林东木",后将"林"字以墨笔圈去。剧名下有编者说明曰:"纸本,六页,每页纵二十三公分,横二十六公分。"① 为20世纪60年代李景康去世之后,其家人捐赠崇基学院者,原件今藏香港中文大学图书馆。

凡四出,每出不标序次,出目为《登临》《邂逅》《良宵》《哭别》。

剧写岭南古冈州书生杜撰,表字子虚,颇感生不逢时,怀才不遇。策马登高,问花载酒,以消块垒。恰于山中遇二美人,貌女才男,良夜相逢,天成眷属,遂得一宵相会,共效英皇。二女原为王母侍儿,因思凡被遣。次日哭别,依依难舍。离别之际,一化为龙,一化为虎,飞腾而去。杜撰猛然惊醒,原来这一切均是梦中所见。剧中只有三个人物出现,情节简单,但从第一出内容来看,似有寄予作者对时局感慨之意。

以【梁州新郎】开场:"老天多事,生侬何意?极目关河百二,凌云壮志,凄凉老大徒悲。恨那爱钱宰相,怕死将军,国事真儿戏。这般走肉与行尸,断送锦簇花团一局棋。瓦釜喜,黄钟毁,英雄用武无地。大一统,空谈耳!"上场诗为:"蛰龙三冬卧,老鹤万里心。昔时贤俊人,未遇犹视今。"② 最末两曲云:"【南双星子】真奇绝,真奇绝,那龙吟声声切;怪难说,怪难说,那虎啸声声咽。临分诀,涕如雪。把新愁旧恨,付与长淮。【北尾煞】记昨宵定情时节,叹今朝万事都差。只落得梦中缘,一夕龙潭虎穴。"③ 剧末加盖"九华宝记"篆文圆形朱印一枚。

此剧创作时间未详。既标明"东木投稿",则有可能尝刊于某报刊。从剧作内容与作者生活时代推断,作于民国初年至20世纪20年代之间之可能性较大。具体情况待考。

《李景康先生百壶仙馆藏故旧书画函牍》有作者林栋介绍云:"林栋(一八八八——一九三四),又名朝栋,字世权,号东木。广东新会人。香港圣士提反中学毕业,以优异成绩入读香港大学,为首届文学院毕业生。从事教育,一九二五年受聘新加坡中文视学官,一九二九年回港,担任香

---

① 邹颖文编:《李景康先生百壶仙馆藏故旧书画函牍》,香港中文大学出版社2009年版,第213页。
② 邹颖文编:《李景康先生百壶仙馆藏故旧书画函牍》,香港中文大学出版社2009年版,第213页。
③ 邹颖文编:《李景康先生百壶仙馆藏故旧书画函牍》,香港中文大学出版社2009年版,第217页。

港大学中文学院翻译讲师。一九三四年四月西环煤气局爆炸,波及其寓所而不幸罹难,终年四十五岁。灵柩归葬佛山时,李景康为撰《香港大学讲师林栋君墓志铭》。"①

李景康(1890—1960),字铭琛,号凤坡,又号青山道侣,斋名百壶山馆。广东南海人。出生于广东南海松溪(今广州市白云区罗冲围松北村)。1916年香港大学首届文科毕业,旋赴南海,掌南海中学,并与绅商创办石门中学。1924年返香港,任首位华人视学官。1926年,香港首创官立汉文中学,任校长,翌年兼长汉文师范学校。抗日战争期间,经澳门入广东,赴贵州、广西、赣南,先随军讲学,后投职余汉谋第七战区,官至上校参议官。抗日战争后返回香港,任职于商界,主持学海书楼及硕果社,活跃香港文坛四十年。善诗能文,旧学深醇,雅好书法绘事,毕生致力搜罗前人翰墨及时贤真迹,收藏宏富。去世后,部分收藏由其家人捐与崇基学院,今藏香港中文大学图书馆。② 著作编为《李景康先生诗文集》,有香港永德印务1963年6月印本,后收入香港学海楼丛书,2003年再版。

三、蔡瀛壶与《草堂梦传奇》

蔡瀛壶(1865—1935),名卓勋,字竹铭,自号瀛壶仙馆居士,别署吹万室,人称壶公。广东澄海县西门人。年十五,以府试案首,举博士弟子,声名凌铄,并时无两。光绪二十四年(1898),循例得岁贡。光绪二十六年(1900),经学使樊介轩遴荐,就读广州广雅书院,又越二年东归回里;历主澄海县崇祀先贤、弘扬文化教育之文祠暨其所属之同善祠,于文化教育卓有建树。民国元年(1912),任汕头总商会兼潮州厘金总局文案,又举为澄海县署文牍长,时作有《辛亥澄城心影录》。1917年,长子夭折,受到打击,家居赋闲,二年后,成《南华今梦集》《青鸟梦影》等。1920年后,又到汕头定居;1921年,去儒学贾。1923年,在组织壶社的同时整理出版著作四种,即《小瀛壶仙馆文钞》《小瀛壶仙馆诗钞》《闲闲录》《小瀛壶仙馆别集》,及其次子蔡少铭的文集《学海馀波集》。

---

① 邹颖文编:《李景康先生百壶仙馆藏故旧书画函牍》,香港中文大学出版社2009年版,第213页。

② 参见李景康生平介绍,据邹颖文编《李景康先生百壶仙馆藏故旧书画函牍》卷首编者《前言》《〈李凤坡先生年谱〉辑要》及封底之生平简介综合而成,香港中文大学出版社2009年版,第12页,第213页,全书封底。

同年，还送次子蔡少铭赴香港中国文学社函授一年。1924年冬，六十寿辰时，广集诗文画，梓有《瀛壶居士六十征画》《蔡瀛壶遐龄集》。后来又刊有《小瀛壶仙馆诗府》，较为全面地总结一生的诗歌创作。其著作尝寄存于上海著易堂，拟待自己七十岁以后成书印行。不料因1928年秋著易堂失火，书稿尽被焚毁。遂于1929年重新汇所存诗文、词曲、传奇、笔记，并得老友庞友兰（字馨吾）之助，编为《壶史》，今有台湾新文丰出版股份有限公司1977年9月印本。

蔡瀛壶《壶史》自序有云："《壶史》者，瀛壶一生历史也。史传信不传疑，文字传真不传伪。瀛壶于身、于家、于友，其所自信，及其所见真之处，一一托之诗若文。故文即其史，诗即其史。纪事不必依史裁，编年不必沿史例，归之于诗文所在，即瀛壶一生历史所在，为瀛壶存，非为诗文存也。"①《壶史》卷首《缀言二》有云："瀛壶于身、于家、于友，俱从吾心血铸出来，只好言外得之。故不以纪事为史，而以诗文为史。""瀛壶诗文，只取诗如其人，文如其人而已。其赠朋友诗文，只取是此人赠此人而已。所存友赠诗文亦然。故曰史也，惟其真也。""取名《壶史》，总其成也；别以文史、诗史，从其类也。一卷《壶史》，如镜平生。天地间有此晚景打叠之一人，以与五洲人物相照应，不多求也。""凡词曲、传奇、杂录，归入《史馀》，附之卷末，亦史补之意也。"从中可见作者对自己著作的态度，亦可见其对于著述的基本态度和主张。

蔡瀛壶撰《草堂梦传奇》之事实为以往所未知，此剧亦未见有关戏曲目录、提要著作著录，可谓新发现的一种传奇剧本。

《草堂梦传奇》今辑入《壶史》之《史馀》部分内，台湾新文丰出版股份有限公司1977年9月铅印本。

凡五出，出目为：第一出《立意》，第二出《得师》，第三出《草堂》，第四出《入梦》，第五出《晚悟》。

剧写蔡瀛壶携琴童山水兼程，至五羊城，游览越秀山、三元宫，拜三元宫中之诸葛庙，颇有所感，遂在西村外筑草堂一座，以长祀诸葛亮。一日蔡瀛壶在草堂散步，忽蒙诸葛亮召见。诸葛亮结合世道人心、众生百态，讲述以往经历，认为自己当年出山便错，将此道理指示蔡瀛壶，并言三十年后定有醒悟之时。蔡瀛壶自得诸葛亮梦示三十六年后，白发催人

---

① 蔡瀛壶：《壶史》上册，台北新文丰出版股份有限公司1977年版，第9页。

老，想自己家世，感世道风波，方悟得诸葛亮所言真是当头棒喝，发人深省。

第一出《立意》以【蝶恋花】开场："图画湖山君记取。不是闲人，不作湖山主。一笑姓韩人已古，何曾絜得湖山去？　　浪博封侯天不许。生长瀛洲，占却瀛壶住。岭外别寻龙卧处，草堂旧梦先生语。"随后的开场白颇能表现作品主旨，云："我蔡瀛壶太觉虚生了，不负诗书偏负我。我这儒冠误身，是不必说的。只古今第一流人，恰可梦想到南阳诸葛庐中去也。怎生勾得一见呢？罢罢，还去氍毹秋风，冕落身世则个。琴童，你可收拾行装，随我南行去也。"【尾声】云："这回方释劳生憾，始信这啖蔗由来尾最甘。我满植八百株桑托衍南（筑有衍南草堂）。"

剧末有汪炳麟、吴鸣麒、钱嘉毂三人评语，可见作者与此剧相关情况若干。汪炳麟评曰："不衫不履，如见其人。其会心处，正不当于引商刻羽中求之也。《晚悟》折虽寥寥短调，真麻姑指爪，痛搔痒处。如噉哀梨，如啖生果，令人百读不厌。安徽汪炳麟石青。"吴鸣麒评曰："《草堂梦》是《木皮子》缩板。古今才人所遭身世，可以嬉笑怒骂之事，不借嬉笑怒骂出之，恐若辈胸中垒块，要高过昆仑山顶。读此曲，如与我一鼻孔出气。江苏吴鸣麒蓼伯。"①钱嘉毂评曰："居士不为尘网牵，世茧缚，珊珊有仙骨，早另具一别眼光。读至《入梦》出，释卷而叹：诸葛有知，当引居士为知己！江苏钱嘉毂竞五。"②

最后有作者蔡瀛壶识语云："《草堂梦传奇》，居士一生幻影也。事真梦真，梦中之言，字字皆居士心声，幻仍真也。汪玲仙赏我曲，吴小圃入我心，曲塘居士并通我梦矣。天下事，何者是幻？何者为真？付之银筝檀板间，亦大得意事。瀛壶居士识。"③

《草堂梦传奇》为作者晚年之作，看似消遣游戏之意，实寓数十年人生经历之体悟感慨。此剧虽篇幅比较短小，笔调也比较轻松，但并非

---

① 蔡瀛壶：《壶史》下册《史馀》部分，台北新文丰出版股份有限公司1977年版，第10页。

② 蔡瀛壶：《壶史》下册《史馀》部分，台北新文丰出版股份有限公司1977年版，第10～11页。此语又见钱嘉毂《读〈草堂梦传奇〉答客问》，《壶史》上册《文史》三，台北新文丰出版股份有限公司1977年版，第2页。

③ 蔡瀛壶：《壶史》下册《史馀》部分，台北新文丰出版股份有限公司1977年版，第11页。此语又见钱嘉毂《读〈草堂梦传奇〉答客问》文末，《壶史》上册《文史》三，台北新文丰出版股份有限公司1977年版，第3页。

闲来无聊的游戏之作。剧中实际上反映了蔡瀛壶在走过了几十年的人生历程之后，回顾经历的种种，对于人情世态、世道人心、人生归宿等重大问题的重新思考，也反映了作者晚年了悟世相、归于自然的一种人生态度。

四、程曦与《灵潮轩杂剧三种》

程曦撰《灵潮轩杂剧三种》，即《望夫山》《燕园梦》《妒妇津》杂剧三种，灵潮轩自印本，丙午正月（1966年2月）初版于香港。有一纸片夹于书中，内容如下：

```
WITH COMPLIWENTS OF HIS CHENG,
411 GILMORE HALL,
UNIVERSITY OF IOWA,
IOWA CITY, IOWA,
U. S. A.
```

从其内容可以判断，是为当时程曦在美国的通讯地址。由此可知，此书在香港出版时，作者当尚健在并居于在美国。

《灵潮轩杂剧三种》虽曰杂剧三种，然三剧故事各自独立，皆较为严格地遵守元杂剧之一般规范，如一本四折体制、严守北曲矩矱、区分旦本末本、标识题目正名等。现分别述之。

1.《望夫山》

《望夫山》，全名《莫珍华化石望夫山杂剧》，署"河北程曦仲炎撰"。四折。旦本。

剧写广州南海郡宝安县莫珍华与丈夫吴其士故事。莫珍华与吴其士新婚，感情甚笃，尝于春光烂漫之时，相携登山游览，心情酣畅。结婚百日后，莫珍华已有二月身孕，送夫入京应试。临别之际，吴其士答应岁末定然回来，莫珍华亦应允定到山颠眺望，待夫归来。时近年末，邻居梁二叔捎回口信，言吴其士途中生病，不听劝阻，遂带病北上应试，不知下落。腊月三十日，适在病中的莫珍华背负刚及半月之女儿，勉力登上山峰，眺望远方，等丈夫归来。至日已西沉时，莫珍华被风吹倒于地，昏睡之中，吴其士托梦于妻，言自己不听梁二叔之劝说，扶病上路，竟死于途中，埋骨荒郊。莫珍华慌悸而醒，痛不欲生，僵立于山巅，化作望夫石。社长率村民前来祭奠，天上出现白鸥无数，亦为凭吊赞礼之意。

以【仙吕点绛唇】开场："碧草芊绵，瑞云初展。春光绚，野色秾妍。远海如吹练。"结束曲为【离亭宴煞】："他荒村埋骨凄凉状，犹似那踏青携手风流相。俺这里五内惨伤，肺肝摧裂心神丧。悟彻了浮世景皆妄，魂去后何人祭飨？没处可归休，无须再来往。"最末为题目正名："题目：吴其士归魂思妇梦。正名：莫珍华化石望夫山。"

剧后有作者《跋》交代此剧作意及写作经过，于了解此剧颇为重要，故全引于此云：

> 望夫山在九龙沙田，岭同海奇迹，气象天成。余旅港数年，颇思为文颂美。爰于新春元旦后二日，灯下命笔，历十八夜，成北曲杂剧一种。盖亦兴之所至，率尔成篇，不烦后人考辨也。中华民国四十四年岁在乙未春正月二十三日，程曦自识。①

此跋语作于1955年2月15日，从中可知此剧始作于旧历乙未年正月初三日（1955年1月26日），完成于正月二十一日（2月13日）。作者所述作意当可相信。剧中故事为出于此剧立意之虚构，男女主人公姓名均系谐音，隐含作者用意。吴其士，为"无其事"也；莫珍华，为"冇真话"也。由剧中表达的情感可知，此剧虽为纪念九龙沙田之望夫山而作，但也透露出作者对于传统婚姻道德观念的某种认可，尽管作品的主旨并不在于此。

2.《燕园梦》

《燕园梦》，全名《彦原仁醒寤燕园梦杂剧》，署"河北程曦仲炎撰"。四折前加楔子。末本。

剧写出身于富厚之家的彦原仁考入燕京大学后，正值华北沦陷于日军之手已然四年之时。彦原仁心仪之同学陈赍绣，天生丽质，聪慧无双，然尚无缘相识，时常烦闷于心。太平洋战争已起，大队日本军警闯入校园，

---

① 程曦：《灵潮轩杂剧三种》之《望夫山》，香港灵潮轩1966年自印本，第18页。

封占各处，接管燕京大学。燕京大学南迁，于川中复校，彦原仁遂赶往成都，居住于华阳县文庙内。同学们轻歌妙舞，举止豪华，彦原仁阮囊羞涩，避之不及。后来日本宣布投降消息传来，众人鸣放爆竹，奔走相告。彦原仁随燕京大学北返，多人北归后得以名利双收，然由于彦原仁只是一介书生，又值家道中落，颇受白眼。遂闭门读书，多有进益。时至暑假，终于毕业。同学纷纷离校，彦原仁恋恋不舍，虽与陈赍绣有一面之交，然待得知陈赍绣小姐已举家南迁，再无消息之后，遂黯然离校而去。彦原仁离校后数月，尝谋得一职，与同学张三同住，因为处世鲁直，受不惯世俗闲气，辞职而去。后又得同学李四推荐，又得一职，亦觉郁郁无聊。一夜沉闷入睡，梦中重回燕园，入得一座高山，清静幽深，遂准备长住此间，也不做和尚，也不做道士，只做一个无是无非自由自在的人。经陈赍绣劝导，示以饥民苦难，晓以处世道理，遂有所悟。然又担心下山之后，无缘再见陈赍绣。陈小姐开导之，云去到哪里都可以寻得到她，尘世闺秀，都是其化身。言毕忽然不见。彦原仁醒寤，方知刚才所见所想乃是一梦，于是身外出。其时方才五更，但见满天星斗。

楔子以【仙吕端正好】开场："俺则见画楼深，又则听莺歌溜。轻波动水影悠悠，便仙源也合人消受。好正是雨过山横秀。"第一折开场曲为【仙吕点绛唇】："烟散云收，远山如皱。低徊久，望不见燕侣莺俦。不语频搔首。"结束曲为【太平令】："猛可里愧当年枉效那武陵年少，走烟尘裘马轻骄。只待要醉梦里欢腾歌笑，怎料得在风浪里翻腾困扰。今日里与这旧交共邀鹊桥，浑似那长夜中天鸡报晓。"最末为题目正名："题目：陈赍绣感应尘世心。正名：彦原仁醒寤燕园梦。"

剧中主要人物皆系采用谐音寓意之法，彦原仁，即"燕园人"是也；陈赍绣，当系"尘世休"之意也。由此可见作者戏曲创作特点之一斑。

剧末有作者《跋》语一篇，于了解此剧颇为重要，录之如下：

《燕园梦杂剧》之作，虽出于一时遣兴，然不同于传奇志怪者也。剧中人士非实有，剧中情理非尽无。而当时史事，则悉真确，盖亦变乱中人海波澜之可歌可泣者也。宇宙万象，陆离光怪，凡属近于情理者，莫不可呈现，第吾人未尽闻见耳。余偶所见者，大地湖山一曲间少数人物中之极少数人物，尝有类此之心境感慨，因纳之一端，藉元人法式以传之，初不过我手写我口，不计是非工拙也。天地悠远，世事迁易，不久而即此情理且将变改。知我者，其此极少数人物乎？中华民国三十六年岁在丁亥仲秋月，程曦跋于海淀燕京大学。①

此跋不仅交代了剧作的写作缘起与主要内容，且多流露欲说还休、隐约其词之情状。揣摩此跋内容与作者语气语意，可以认为，剧中所写当系实事，甚至可能与作者亲身经历有关。假如此种推测无大误，则剧中"彦原仁"极有可能就是作者化身。

其后复有作者《后记》一篇，提供了许多此剧创作、修改与影响的相关情况，以材料重要且难得，亦全文录之如下：

> 此剧作于十八年前，曾印成小册，分赠师友。当时陆志韦师戏赠诗云："不是《桃花扇》，曾非《燕子笺》。摆来新杂耍，挑出古云烟。呫呫书空日，奄奄待毙天。忽惊玄女梦，且唱再生缘。"邓文如师赠诗云："八统趋东海，幽都气象雄。规模垂五代，学艺重司农。炼字文心峭，思玄旨趣通。英年期远大，吾道未终穷。"孙正刚同学赠诗云："万水千山百炼身，可怜鸿爪已成尘。微君一卷《燕园梦》，谁是当年独醒人？"十余年来，迁徙流转，每思重正格律，而稿本印本均不在手。尽力追忆，尚十得五六，因漫书于片纸，以待暇时修正，而劳生草草，阁置箧中，久未翻阅。乙巳孟冬，偶然兴至，闭门伏案者累日，改写一过，约略存其旧观，大致稍有删易。惟第三折诸曲，尤多属新作，良以记忆模糊，非得已也。当日入川师友，而今散居四海，甚少通音问，独幸客蓉时燕大校长梅贻宝师今岁周游世界时曾过从朝夕耳。往事云烟，言之恍惚不在远，勺园文庙，风景皆依稀目前。质诸各地师友，想有同感也。中华民国五十四年岁在乙巳冬十月，程曦记于吉隆坡斑苔谷。②

此文作于1965年11月，即《灵潮轩杂剧三种》出版之前半年左右，时作者在吉隆坡。作者于十八年后回忆此剧创作情况，并述其个性经过，对认识此剧立意、做法，多有参考价值。文末数语，再次透露出作者对于

---

① 程曦：《灵潮轩杂剧三种》之《燕园梦》，香港灵潮轩1966年自印本，第18页。
② 程曦：《灵潮轩杂剧三种》之《燕园梦》，香港灵潮轩1966年自印本，第19页。

在燕京大学勺园生活与川中文庙经历的追忆与怀念，甚至表现出某种一往而深的情愫。此剧之于作者经历与情感表达的关联，作者对于此剧之珍视系念，亦从中可以明显看出。至于陆志韦、邓文如等人对此剧之评价，水平虽有高下之别，用意虽有贴切与否之辨，但共同反映了此剧在当时的传播情况与影响。

《燕园梦杂剧》初有著者自刊本，中华民国三十六年十二月（1947年12月）印行。笔者未见。

3.《妒妇津》

《妒妇津》，全名《济危困舟横妒妇津杂剧》，署"河北程曦仲炎撰"。四折。末本。

剧写万仁贤长于穷乡僻壤，遭逢荒年岁月，水旱连年，干了多种营生，还是潦倒依然，遂外出谋生。一日来至大河，名唤作妒妇津，水深浪阔，四周高山峻岭。此岸地瘠民贫，对岸却是一片沃野。年年岁岁，男男女女，皆渡过河去找寻生路。但凡所有男女，于渡河之先，必先到河神庙中祭拜。河神为一女子，最忌美貌妇女，船中如有美女，行到中流，定然风浪大作，舟覆人沉。因此千百年来，凡有妇女登舟，都要剪发毁容，方保平安无事。于是彼岸妇女，均是形如鬼怪，相沿成风；新生女子，也以剪发毁容为正经模样。万仁贤见此情景，在河神庙中叱骂河神为害黎民行径。众人见万仁贤如此，均不愿与之同舟渡河。渡河不成，反遭河神辱骂，且被众人排斥，万仁贤只得踱步河干，无计可施。老船夫邀万仁贤饮酒食肉，并讲述妒妇津之来历，原来此处水神即妒妇所化。时值性爱天然的十八岁女子刘美厚在寻找旅食他乡的父母路途中，来至渡口，准备过河。既不肯前往河神庙焚香上供，又不肯剪发毁容，且痛骂责打蛊惑妇女剪发毁容之庙祝，遂同样不能被允许渡河，耽搁于河滩之上。万仁贤与刘美厚相遇，顿生知遇之感，二人下定决心渡河。二人饥餐松果，渴饮河水，采集木料，自制木筏。待木筏已成，将渡河之时，被庙祝发觉，遂将木筏毁坏。万仁贤与刘美厚并不灰心，采木伐竹，准备再造木筏。此种百折不回的硬骨头之举令老船夫异常感动，遂决定将自己所撑之船送与二人。万仁贤送刘美厚渡河，此时暴雨大至，河水顿涨，将河神庙浸泡，至于崩倒。刘美厚过河，抵达彼岸之后，即被当朝宰相选为秀女，主持国家山川大祭。万仁贤则打定主意，暂做船夫，渡万千苍生过此河。

以【仙吕点绛唇】开场："四野丹霞，尽人描画。常潇洒，清风无价。望里乾坤大。"结束曲云："【煞尾】鱼在渊，云在空；稻在田，麦在垄。生涯天地中，如梦，惝悦。前途尚遥永。"最后为题目正名："题目：变风云水漫河神庙。正名：济危困舟横妒妇津。"

剧后有作者《跋》语，于了解此剧颇有价值，录之如下：

> 元杂剧率有所本，大体结构不离本源，尚易为力。此剧总剧情并无依傍，凿空下笔，难于速成。妒妇津之名虽见《酉阳杂俎》，前后却少相关。昔年草成《望夫山杂剧》后，即已着手，时作时辍，久历岁时。近岁周览世界，每对江河湖海漫生遐想。铢积寸累，渐亦成篇。终于乙巳腊月离吉隆坡赴港之前夕草成之。来日灵潮轩中剪灯夜吟，亦聊有足以回忆者矣。①

由此可知，此剧之作，开始于1955年2月15日《望夫山杂剧》杂剧完成之后，直至乙巳腊月（1965年12月—1966年1月）方于吉隆坡完成，此时正值作者将由吉隆坡赴香港之前夕也。

剧中故事虽无所本，然人物亦为谐音，多有寓意，且寓意颇为深刻。万仁贤，即"万人嫌"也，刘美厚，当系"留美后"之意也。作者通过独立与从俗，独立与屈服，所要表达的是众人皆醉与自我独醒之间的冲突，是在个性自由与同流合污之间选择的困惑，是个人甘受苦难与普度众生之间的具有崇高精神的自主选择。在程曦的三种杂剧之中，此剧是最富于思想深度与哲学意味的作品，且带有明显的宗教意味。

关于作者程曦的生平事迹，今知者已无多，且不系统。比如有载记云："程曦（约1918—1997），河北文安人，曾就读于燕京大学。平生酷爱诗词曲文，善画石，能唱昆曲，喜吟诵。曾为陈寅恪先生助手，任教于燕京大学（成都）、广州岭南大学、马来亚大学、爱荷华大学等，为一级教授。在国内执教国文，在海外主要教授中国戏曲。著有《燕园梦》（元杂剧体戏曲）、《灵潮轩杂剧三种》及编译《幽默社交术》等。"② 按《燕

---

① 程曦：《灵潮轩杂剧三种》之《妒妇津》，香港灵潮轩1966年自印本，第22页。
② 秦德祥、钟敏、柳飞、金丽藻记录整理：《赵元任程曦吟诵遗音录》，商务印书馆2009年版，第81页。

园梦杂剧》初有著者自刊本,中华民国三十六年十二月(1947年12月)印行,后收入《灵潮轩杂剧三种》,即为程曦所作杂剧三种之一。此处所述不确,当予更正。

岭南文化研究的学术立场与现实情怀

岭南文化不仅仅是一个区域性的物质文化概念，而且是一个精神文化概念，它是岭南地区精神品质与文化形态深层内涵的概括性表述。这种精神品质和文化形态往往也是文化传统中最深邃、最有价值、最有生命力的部分。对岭南文化精神品格的深层开掘，把握其内在特质的深刻与精微之处，正是文化研究的重要目标。岭南文化历史底蕴的探寻和确认，既是对岭南历史传统的一种回顾、一种体认、一种激活，也是使岭南文化这一概念获得学理价值和丰厚内涵的重要条件。

岭南文化研究既已开展多年，且取得丰富成果，近年则有再掀高潮之势。这由广府文化、潮汕文化、客家文化研究的再兴与"香山文化"概念的提出、岭南物质与非物质文化遗产的申报、保护与研究中即可见一斑。这一方面与我国其他地域文化——如湖湘文化、八闽文化（闽学）、徽州文化（徽学）、巴蜀文化（蜀学）、齐鲁文化、东北文化、京派文化、海派文化等——研究的兴盛相映；另一方面与以广东为中心的岭南地区经济、社会发展到一定程度的必然要求相合，是基于新的政治、经济环境与新的社会发展理念的一种深层次的文化自觉。这种必然要求和文化自觉既体现了岭南文化深厚的历史底蕴，在当下的文化背景下也很有可能获得适宜的现实机缘。

在许多学术研究中，观念、立场与方法往往会发生根本性的作用，会对整个学术活动产生决定性的影响。岭南文化研究亦不能例外。因此，有必要思考和解决岭南文化研究中重要的观念问题，以寻求和建立科学通达的文化立场，确立并运用恰当的研究方法，在学术追求与现实关怀两个维度上推进岭南文化研究的进展。

一、乡邦情怀与通达视野

文化总是以具体的方式而不是以抽象的方式而存在和表现的。从根本上说，每一个人都是一定的具体的乡邦文化的产物和载体，其存在方式都必定是具体而独特的文化语境的体现。因此，当任何一个研究者进入任何一个文化研究领域时，其自身的独特性和具体性都必定会被带入其思维活动和学术活动当中，这是一种不可忽视也不必超越之必然。当带着这种特殊性或局限性进入自己所生存的文化语境的研究之中时，人人都具有的这种情愫就极其容易转化成一种强烈的以情感共鸣和文化认同为主要特征的乡邦情怀，并在其学术活动中或隐或显地表现出来。

岭南文化研究亦自是如此。无论是否岭南人，无论是否生长于岭南，也无论与岭南文化是何种关系，一旦将岭南文化作为一种研究对象，就首先需要一种乡邦情怀，一种了解之同情，一种文化家园意识，一种内心体认与感同身受。这不仅仅是相关的专业知识的积累，更重要的是一种情感态度、一种思考方式。这是走近并走进岭南文化的情感基础和必要修养，也应当是进行岭南文化研究必须具备的素质之一。若无这种情感接近和内心体验，恐难真正进入岭南文化的深层体认，亦难把握岭南文化的精微之处，也就难以进入真正的学术意义上的岭南文化研究。

然而，只有这种乡邦情怀尚不能满足学术意义上的岭南文化研究的要求，在此基础上建立并获得的通达视野与开放心态也同样重要。这不是一般意义上的学术态度，而是岭南文化的变革历程和存在形态所要求的。岭南文化从来就不是一种自足独立的文化形态，尽管有着自己的若干鲜明特性，但它总是在中国文化传统中生存、发展与变革的一种区域文化，它的命运总是与整个中国文化的命运密切相关、息息相通。因此，不宜脱离与中国文化的深厚背景和深刻关联，过分强调岭南文化的某些个性或特殊性。

因此，探究岭南文化的特质，必须以中国文化为背景，甚至应当具备一定的世界文化视野，以获得广阔的文化参照和深邃的文化情怀。因为自明清特别是近代以来，岭南已经与西方产生了愈来愈深刻的文化关联，这种关联后来逐渐扩展到整个中国。要把握岭南文化的形成过程、内部构成要素及其相互关系，只从其内部进行考察是无法解决全部问题的；还当从其外部入手，如岭南文化与其他区域文化的关系，乃至与中华文化、世界文化的关联，在联系比较中确定岭南文化的特质，认识岭南文化的精神品格。

在目前的岭南文化研究中，尤当强调通达视野与开放心态的建立，减少狭隘观念和封闭心态，避免急功近利、急于求成和主观随意、缺乏学理性的做法，不可出于某种现实动机轻易地将许多区域文化的共同性当作某一地区文化的独特性予以片面夸大，形成明显的非学术、不科学的判断或似是而非的看法。学术研究中必须遵守的认识的科学性原则与结论的可靠性原则在岭南文化研究中也同样适用。

因此，如何在研究活动中恰当地处理身在"岭南之内"与"岭南以外"的关系，恰当地处理"自我"叙述与"他者"叙述的关系，将"自我认同"与"他者认同"结合起来，并顺利实现它们之间的必要交叉和自由转换，向来非常重要，而在当下尤其如此。

二、感性体悟与理性精神

与其他地域文化研究一样，岭南文化研究中同样需要确立恰当的学术角度和价值立场，以激活优良传统、融通历史与现实、整合物质文化与精神文化为途径，以创造新文化、寻求新发展的综合性的文化建设工程为目标。既需要感性体悟，又需要理性精神，并力争实现二者的密切结合和自然交融。这是通过学术研究进而实现岭南文化传承与延续、转换与创造的应有的文化情怀和精神追求。

感性体悟主要是指岭南文化研究中的深入体验、深切感受、自觉融入，其体验方式主要表现为在具体的学术活动和文化生活中保持一种热诚参与的情绪、真挚火热的激情和由此带来的发自内心深处的对岭南文化的感动。这种感性体悟看似自由随意，有时甚至显得有些虚无缥缈，但实际上往往是基于生活经验和情感体认而生发的对于一种具体文化形式的感知与亲近，这种妙手偶得式的内心感受和情绪体验对学术研究来说相当重要，不可或缺。

同样重要的是理性精神。这主要是强调在岭南文化研究中要保持清醒客观、严肃冷峻的态度，保持激浊扬清、自由超越的批判意识，进而确立独立与超然的学术立场和以人文精神与现代意识为主体的文化品格。这就要求研究者在学术活动和文化体验中始终清醒地认识与分辨岭南文化的优点与缺点、成就与不足、精华与糟粕，对研究对象采取基于理性分析与学术判断的通变、扬弃的自由立场。这种学术立场和精神品质在岭南文化研究中异常重要。

从学术研究的角度来看，感性体悟和理性精神不惟不相矛盾，且相辅相成。二者实际上是从不同角度、不同层面上赋予岭南文化研究以生机与活力,共同构成了岭南文化研究的双翼。它们各自映衬着对方,彰显着对方,也造就了对方。在具体的岭南文化研究中,能否处理好二者的关系,将它们密切结合起来,实现它们之间的自然交融和适时转换,是衡量研究水平和学术境界的重要标志。

从目前岭南文化研究的一般情况来看,更应当强调加强基于科学态度和理性精神的文化批判意识,因为这恰恰是岭南文化研究界多年来明显缺乏的。许多研究者或出于乡土深情与狭隘之见,或出于思维定势与学术习惯,对岭南文化采取的态度有轻易认同和过多肯定的倾向,缺少了本应具有的清醒的分辨能力、冷峻的批判意识和超然物外的独立情怀,从而对岭南文化中的某些明显的局限性、某些精神缺失也未能采取理性分析、学理批判的态度。这实际上不仅大大影响了岭南文化研究的进展和深度,也影响了岭南文化精神传统的深入分析和现代建构。这种情况如不能被清醒认识并得到尽快改变,其弊端将日益明显地表现出来,必将愈来愈深刻地影响岭南文化研究的进展和现代岭南文化精神的建构。

扩大一点范围来看,在以往和当下的许多区域文化研究中,经常不同程度地出现赞之过多、誉之失当的倾向,往往缺少原本非常重要、不可或缺的文化批判意识和科学理性精神。实际上,理性精神和批判意识的缺失,既影响对文化局限性的清醒认识,也会大大影响全局性的学术判断,也就不可能真正发现和认识优秀的文化精神,必然极大地限制文化研究的整体水平和深度。

三、经济优先与文化本位

新时期以来,作为改革开放的试验区和最前沿,以广东为主体的岭南地区获得了跨越式发展,表现出明显的地域优势和独特价值,但同时也产生或暴露出一些颇为紧迫的深层次的文化问题。岭南地区社会进步、经济发展和文化建设必须面对和解决这些问题,必须从社会文化综合发展的高度去探寻如何在新环境下保证岭南地区社会文化的谐调发展。从这个意义上说,岭南文化研究是在反思历史、认识现实和规划未来的高度上寻求新的经济增长、文化发展和社会和谐进步的重要举措。

因此,可以认为,岭南文化研究是新时期以来岭南地区社会经济文化发展到一定阶段的一种带有文化反思意味的回顾。既是对岭南文化传统的学术清理,又是对岭南文化现状的价值重估,也是具有文化自觉意味的对其未来发展的战略性思考和前瞻。

基于这样的认识,就可以说,目前最为重要的是在历史和现实的交汇点上寻找岭南文化研究最广阔的发展空间和最深厚的人文价值,始终保持岭南文化研究的学术品质和文化品位。如何实现岭南历史文化传统的现代性转换,使深厚的文化积累获得新的现代价值,成为现代文化建设与社会发展的内在基础和精神动力;如何在现实社会经济发展与文化建设中保持已有的个性与特色,吸取自己历史和现实中的经验和教训,并适当借鉴其他地域文化或外国文化,使岭南地区走上健康和谐的综合发展之路,都是岭南文化研究的题中应有之义。

因此,保持岭南文化研究的"学术"品质和"文化"本位,就显得非常关键,有必要特别强调。也就是说,岭南文化研究应当始终保持以追求真理性为特征的学术品质和以追求崇高精神为旨趣的文化本位,不可以因为其他任何因素冲淡或消解这种根本性的精神追求。有必要指出,一些颇为流行的似是而非的观念对以学术理念和文化本位为基点的岭南文化研究造成了不良影响。多年来时有所闻的所谓"文化搭台,经济唱戏"之说即其一例。这种论调看似既重视文化也重视经济,实则是将"文化"永远置于"经济"的脚下,"文化"的根本性价值被瓦解和否定,而经常被作为一种装饰或点缀,落入任人打扮、随意驱使的境地。这种情况的存在,不仅颠倒了文化与经济的关系,而且必然使文化研究和建设陷于日益艰难,最终受到影响的,是文化与经济等各个领域乃至社会发展的所有方面。这种由于非学术、非文化因素影响而明显有意冲淡和消解文化根本性地位与核心价值的观念与做法必须引起警觉并尽快得到改变。

四、即时效应与恒久价值

许多研究领域都有可能面临即时效应与恒久价值及二者的关系问题,许多研究者也经常碰到此种困惑。对即时效应与恒久价值之长短优劣做出清醒的认识并处理好二者间的关系,实现二者的统筹兼顾和适当转换,对岭南文化研究同样相当重要。多年来的岭南文化研究过多地强调时效性、现实性,而对更加重要的恒久性价值注意得不够。近年来,随着国家的全面发展与其他地区经济、文化的迅速崛起,岭南原有的得风气之先的优越性与优越感已如明日黄花,这种倾向带来的局限性已逐渐明显地表现出来。

文化研究的时效性较容易被认可，其重要性也似乎更容易被认识；其实通常较难被广泛接受的长久性才更加重要。比较理想的局面是在文化研究中将时效性与恒久性结合起来，从长久性着眼，从时效性入手，打通二者兼容互补与自由转换的通道，实现即时性与长久性的对接与双赢。因为真正学术意义上的文化研究和建设绝不可以希望一蹴而就、立竿见影，往往需要长时间的沉潜努力才有可能取得有恒久价值的成果；不可急功近利，不可急躁求成，过于强调时效性必然伤害长久性的追求，也必然给学术研究造成根本性的伤害。

　　当下的岭南文化研究尤应注意寻求数量与质量、时效性与长久性、基础性与应用性、学术性与社会性的结合点，使它们有效地统一起来，保持岭南文化研究的持久活力与学术品格。从长远文化建设与社会发展战略的角度探寻和认识岭南文化研究的学理价值与当代意义，这是岭南文化及其研究获得历久弥新的生命力的重要保障。基于这样的认识，从历史与现实两个维度上思考和认识岭南文化的内涵及其意义，寻求岭南文化的历史底蕴与现实机缘的结合点，培育岭南文化的历史感和生命力，就显得非常必要。

　　近年来，时常可见因关注即时效应或某种现实需要而忽略学理根据、忽视长久价值的观点或主张，此种假学术之名行非学术之实、以学术之法毁学术之理的做法极不可取。有人提出并一再申论的"珠江文化"大于、新于"岭南文化"之说即一显例。从学理依据、思维逻辑和岭南文化历程与现实存在的角度来看，此种主张不仅稀奇古怪、匪夷所思，且多有强加于人、难圆其说之弊。将珠江的源远流长和流域的宽广作为"珠江文化"的成立并可以取代"岭南文化"的理由，从理论与实践、学理与现实上看，根据均着实不足；试图以"珠江"及其流域取代本来相当明晰且久已被认可的广阔地理历史概念"岭南"，不知其如何可以？若按此逻辑推演下去，黄河与长江流经中国的多个省份，其流域可涵盖中国的大部分地区，那么，是否可以用"黄河文化""长江文化"取代"中国文化"？违背常规常理的主观随意的突发奇想、一厢情愿经常会使学术研究受到直接损失，而无视客观现实、缺乏学理根据的大言欺世、哗众取宠和沽名钓誉，其为害抑岂仅学术而已？

五、各施所长与融通互补

与其他区域文化一样,岭南文化也是一个复杂的综合性的体系;而且,愈是充分认识岭南文化的丰富性与复杂性,就愈有可能对其做出接近事实本相的研究和估价。因此,岭南文化研究必然涉及多个学术领域和学科门类,远非某一学科、某一机构、某些个人或团体所能完全胜任、包打天下,而需要众多学科、众多领域研究者的各施所长和融通互补,共同营造并保持岭南文化研究的良好局面和广阔前景。

这就首先要求研究者在具体的研究工作中根据自己的学科特点和学术习惯,充分发挥学术优长,各展优势,各显才华,坚持独立的学术思考与自主的研究理路,秉持学术的本意,把握岭南文化的精髓,深入认识岭南文化与其他地域文化、与中国文化和西方文化的关系,在宽广的学术平台上开展有广阔前途的岭南文化研究。多年来,岭南文化研究在历史学、方志学、哲学、文学、文献学、方言学、民俗学、经济学等人文社会科学领域做的工作较多,成绩也较为突出。除此以外,还有广阔的学术空间有待开拓,多个学科门类需要加强,特别是弥补薄弱环节和填补空白领域,重视交叉学科和新兴学科的开发与建设,保持传统学科和新兴学科的协调发展。

实际上,学术界对岭南文化及其研究的理论思考和学术反思从未停止过,随着学术与时代的发展,这种回顾和探索必须不断深入,为相关研究提供足够的理论资源和方法论支持。近期有学者正式提出并进行较全面论述的"岭南学"概念,就是一种具有建设性和前瞻性的学术努力。这种努力所追求的,就是以往的岭南文化研究为起点,以已有的相关研究成果为参照,并借鉴其他相关领域或学科的建设情况,着眼于当下建设与未来发展,全面提升岭南文化的研究水平,使之走上规范化、学科化的道路。这种努力反映了岭南文化的历史积累、现实状况和未来发展对学术界提出的必然要求,具有特别重要的学术价值。有关研究者和学术文化部门应当承担起这种既有学术性又有普及性、既有理论性又有实践性的文化责任。

岭南文化研究是一项历史与现实相融通的综合性学术建设和文化建设工程,需要人文科学、社会科学乃至自然科学等多学科众多研究者的合理分工、通力合作、共同努力,也需要社会文化各界的积极参与和热情支持。应当特别加强总体规划与综合部署,加强学术界的深度合作,集中不同学科、不同领域、不同机构的学术优势，弥补个体化、单一化的学术方式带来的局限性，真正促进岭南文化研究保持高水平的持续发展，使岭南文化研究保持深度与广度、具体性与全面性、学理性与实用性的统一。

就目前的岭南文化研究而言，除当注意一般意义上的基础建设、人才培养、学科交叉互补、学术机构的协作联合之外，尤当强调岭南地区的研究者与国内其他地域文化圈的有关研究者（特别是与岭南地缘接近、与岭南文化关系较为直接的研究者）的交流与合作，与国外相关领域研究者的交流与合作。香港、澳门虽同属岭南文化区域，但由于历史与现实的诸多因素，其文化形态与学术习惯有明显的特殊性，有必要特别强调内地学者与港澳学术界的交流与合作，共同促进岭南文化研究的进展。台湾虽难以划入一般所说的岭南区域，但从历史上看，它与岭南文化的渊源非常深刻，可以说文化精神血脉相连。因此大陆的岭南文化研究者有必要加强与台湾学术界的交流与合作，共同促进岭南文化研究的进展。学术乃天下之公器。在当下及今后，只有学术界的分工互补、共同努力，才有可能迎来岭南文化研究的新局面，取得无愧于时代的学术成绩。

总之，作为一种具有深厚历史传统、旺盛现实生命力和广阔未来前景的区域文化，岭南文化必然是渊深博大的；岭南文化及其个性品质、精神内涵也应当是开放变革、丰富发展的。因此，岭南文化研究就应当是一个不断适应时代文化建设需求，不断追求学理性、科学性、真理性的学术过程。清楚认识和准确把握这一点，追求岭南文化研究尽可能广阔的学术空间和自由境界，是保持其生命力与恒久性的重要条件。

从岭南文化研究走向岭南学构建

中国的人文社会科学研究总是与时代风气、政治环境有着密切而微妙的关系。这种具有鲜明特色的状态和关系既是一个显著的学术文化现象，也是一个值得反思的学术文化问题。地域研究作为人文社会科学的一个研究领域，也经常带有这种意味深长的特点。

新时期以来，地域文化研究的状态、处境和影响也总是与具体的社会文化环境、传统的学术政治观念息息相关，从一个独特角度反映着人文社会学术的变迁。20世纪80年代前中期，在枯木逢春、百废待兴的文化氛围中，在学术界如饥似渴、争分夺秒的时代精神感召下，岭南文化研究曾出现过一次繁荣发展的机会，也产生了一批成果，其中有一些至今仍不失其学术价值并有可能取得一席学术史地位。但是，随着90年代初发生的那次中国社会政治、文化学术的重大转向及其造成的深远影响，岭南文化研究逐渐失去了繁荣发展的动力，仿佛进入了一个有气无力、似断似续的休眠期一般。这种情况持续了十年左右，到新旧世纪之交发生了明显的改变。随着新世纪的到来，学术文化界在反思回顾、瞭望前瞻共生的语境下又一次兴起了对地域文化的关注，其中当然包括岭南文化的研究，而且由于岭南地区在近现代中国政治史、文化史上发挥的特殊作用和具有的独特地位，岭南文化研究仍然处于相当活跃、备受关注、颇有影响的状态之中。

近年来，方兴未艾的地域文化研究的一个重要变化就是从一般性的人文社会科学研究向地方专学的转换。这种转换是具有学术史意味的，反映了纯学术研究的学理性与现实文化关怀相统一的通达观念，也反映了学术与文化发展的必然。从岭南文化研究的学术传统、建设发展和岭南社会文化变革对相关学术文化领域提出的更高要求来看，有必要强调建设岭南文化研究的学术体系，使之走向系统化、学科化的道路。因此，提出和构建"岭南学"，就是在反思总结以往的岭南文化及相关研究经验的基础上，怀有新的学术视野和更高的学术期待，将一般意义上的岭南文化研究提升到新的学术层面的一种努力,是岭南文化研究在经过较长时间的学术积累、学术史反思之后进行新探索、寻求新发展的一种表征,也是学术研究逻辑发展与社会文化进步的共同期待。

从近代以来产生于中国的具有现代意义的许多人文社会学科的建设与发展的一般过程来看,经常是在西方学术理念和学科分类观念、知识体系的影响之下,结合中国学术传统中的某些活跃因素,在二者相互冲突、激发、融会、共生的过程中,产生新的学术构想并逐渐进行具有学理性和实践价值的学术构建的。也就是说,西方的学术观念只有在与中国学术传统的接触、交融过程中才可能获得具有中国特色的新的学术价值。从这一角度来看,包括岭南文化研究在内的地域文化研究也面临着深化发展、持续进步的任务,也应当在理论构建、实践应用、思想内涵、文化价值等方面做出思考和尝试,在建设发展的过程中积累各方面的经验,保持其学术品格和现实文化关怀。在这个意义上可以认为,就岭南文化研究学科建设、学术发展和未来文化进程、建设目标的角度而论,提出"岭南学"的学术概念并对之进行有效的理论阐发与实践探索,在此基础上进行学科建构的各种努力,不仅是适时的,而且具有明显的必要性和可能性,因此也可以说反映了学术发展与文化进程某种必然性。

一、"岭南学"的提出,反映了学术研究的一般规律和逻辑进程

现代学术的发展主要呈现出两种趋势:一是分门别类日益精细,产生了愈来愈多的新学科;一是学科交叉融通综合,形成了许多交叉学科。而这两种变化路径恰恰反映了人类对于自身和外在世界认识的不同方向,二者构成了具有启发意义的相反相成关系。总体来看,现代学术的发展趋势既在一些方面与中国传统学术相异,又在一些方面与之相同。但无论如何,有着较为充分的学理依据的学科概念的提出,往往是一个新的学术领域被开拓和认同的起点,也往往反映了学术研究的一般规律和逻辑进程。

明代广东新会哲学家、理学家陈献章即已表现出明显的岭南意识,而明末清初广东番禺的学者、文学家屈大均则以《广东新语》《广东文选》等著作标明具有深刻文化内涵和历史意味的岭南精神。20世纪初以来,在传统学术向现代学术转换的过程中,多位著名人文学者、思想家不仅表现出更加明晰、更加紧迫的岭南意识,甚至明确提出了"岭学""南学"

"粤学"等具有深刻学术内涵和文化价值的构想,梁启超、黄节、陈寅恪、岑仲勉、冼玉清、陈垣、罗香林、李沧萍、詹安泰、吴天任等都曾对岭南或广东的地域文化问题予以不同形式的关注。除这些岭南籍学者或寓居岭南的学者外,刘师培、汪辟疆等也曾对岭南予以特别的关注。近现代以来,几代学者一直不懈探索并呼唤"岭南学"这一地域性专学的成立。因此,"岭南学"概念的正式提出,就具有这样的标志性意义。

二、"岭南学"的提出,反映了岭南文化研究的学术进展与内在要求

在广阔丰富的中国文化格局中,岭南地区一向具有显著的特质。关于这一点,梁启超在作于1902年的长篇论文《中国地理大势论》中就有过充分的论述。他指出:"中国为天然一统之地,固也。然以政治地理论细校之,其稍具独立之资格者有二地:一曰蜀,二曰粤。此二地者,其利害常稍异于中原。粤,西江流域也。黄河、扬子江开化既久,华实灿烂;而吾粤乃今始萌芽,故数千年来未有大关系于中原。虽然,粤人者,中国民族中最有特性者也。其言语异,其习尚异。其握大江之下流而吸其菁华也,与北部之燕京,中部之金陵,同一形胜,而支流之纷错过之。其两面环海,海岸线与幅员比较,其长卒为各省之冠。其与海外各国交通,为欧罗巴、阿美利加、澳大利亚三洲之孔道。"① 又说:"广东自秦、汉以来,即号称一大都会,而其民族与他地绝异,言语异,风习异,性质异,故其人颇有独立之想,有进取之志;两面濒海,为五洲交通孔道,故稍习于外事。虽然,其以私人资格与外人交涉太多,其黠劣者,或不免媚外倚赖之性。"② 岭南人也一向在本土文化、主流文化与外来文化之间进行着颇有文化史意味的选择。这一点,在近现代以来的中国社会变迁、政治变革中表现得尤其突出。因此,经常处于时代变革前沿的岭南地区,不仅有必要对自己的文化形态、文化精神进行深入清醒的反思,而且应当对丰富的文化体验、思想经验进行学理认识和学术总结,从而为中国文化的现代建设与发展贡献应有的思想成果。

---

① 梁启超:《中国地理大势论》,见《饮冰室文集》之十,《饮冰室合集》,中华书局1989年影印本,第84页。
② 梁启超:《中国地理大势论》,见《饮冰室文集》之十,《饮冰室合集》,中华书局1989年影印本,第90页。

从比较广泛的意义上说，以比较清晰的文化学术观念进行岭南文化研究，生活于明末清初的屈大均是第一个重要标志；而近现代以来多位著名学者的思想倡导和学术践行，使岭南文化研究进入了更加自觉的阶段。尽管几十年来的岭南文化研究如同这一时期社会文化的多个领域一样，经历了种种的风风雨雨、阴晴圆缺，但是总体上还是在向着前进的方向发展。近年岭南文化研究的一个显著变化是一些地域性专学的倡导和探索，这实际上反映了地域文化研究的学科化趋势。"岭南学"概念的提出同样反映了这种趋势，而且具有唯一性和不可替代性。岭南学研究与相关学科领域的发展趋势相呼应，共同昭示着地域文化与学术研究的深度自觉。继20世纪80年代前中期出现的地域文化研究热潮之后，近年来地域文化研究明显复兴并深刻影响着多个领域的学术进展。具有长久学术积累、特殊学术价值和显著学术影响的岭南文化研究，也酝酿着一场深刻的学术变革。岭南学概念的提出就及时反映了这种学术发展的必然要求，是地域文化与人文学术研究寻求突破、深入发展的学术化体现，也是岭南文化研究水平显著提升和学术价值充分彰显的突破口与生长点。

三、"岭南学"的提出，与相关学科领域的发展趋势相呼应，共同昭示着地域文化与学术研究的自觉

在中国学术传统与西方文化影响相互作用的过程中，近现代以来我国人文学术领域多有以"学"命名者：有专家之学，如许学、郦学；有专书之学，如选学、红学；有以时代为名之学，如汉学、宋学；有以范围命名之学，如甲骨学、敦煌学。欧美国家的研究者还有将研究中国的学问统称中国学或汉学者，甚至有直接把研究亚洲的学问统名东方学者。这实际上反映了近现代以来学术概念、学科发展与文化交流、文化认同的一个普遍方向，也是一种具有学术思想意义的表达方式。

从地域文化研究基本发展趋势和主要学术意图来看，近年来的多个地域文化研究领域也发生了显著的变化，总体上继续向着深化、细化、创新、变革的方向努力。继20世纪80年代前中期兴起的多个地域文化研究热潮和90年代以来兴起的国学研究热潮之后，近年来地域文化研究有明显的再兴之势，而且朝着更加细致充分、更加深入广泛的方面发展，各种"文化"研究层出不穷，如京派文化、海派文化、湖湘文化、巴蜀文化、滇黔文化、三晋文化、八闽文化、关东文化等，不胜枚举。与此同时，借

鉴和仿效其他学科的概念表述、命名习惯，以各种"学"为名者也逐渐增多，如徽学、闽学、楚学、湘学、蜀学、晋学、桂学、上海学、北京学等已被正式提出并产生了明显的学术文化影响，其中有的还得到了多方面的认同。在这样的文化背景和学术语境下，具有深厚的文化传统、独特的文化形态、深邃的文化精神，并对中国历史进程做出了独特而且重要贡献的岭南，不应该无动于衷，也不应该无所作为。因而，"岭南学"概念的正式提出、理论阐述和建设实践，就具有了与上述诸"学"同等甚至更加重要的学术文化价值，同样是地域文化与学术寻求突破、深入发展的愿望的集中体现。

四、"岭南学"的提出，与当下的文化建设目标和发展方向相一致，具有广泛的思想文化价值

人文学术总是以自己的独特方式介入社会现实和文化环境，以学术的方式参与一定时期的社会文化建设与发展。文化的概念是抽象的，但文化的呈现方式总是真切的，文化建设的历程也总是具体的。地域文化研究经常以比较中观、比较明显的方式直接参与地方文化建设，从而对整体文化建设和发展做出重要贡献；或者反过来说，任何一个地方的社会文化建设与发展都离不开富于地方特色和学理依据的人文学术的支撑。历史的经验一再证明，缺少了丰富文化品格、深厚文化底蕴的时代精神总是苍白无力、不能持久的，人文学术正是以其无用之大用对社会发展和历史进步做出不可或缺、无可替代的贡献。"岭南学"的提出实际上与岭南地区当下和今后的发展进步关系十分密切，它也必将承担起这种社会文化建设与发展的使命，其意义不仅仅是纯学术的，而应当具有更加广泛的社会文明、思想文化价值。

经过 20 世纪初以来多位学者对"岭南"概念的界定，逐渐使之成为一个内涵与处延都非常明确、逐渐获得广泛认同的历史地理学概念。这种认同伴随着中华的概念、国家意识的生成而逐渐发展变化，特别是与明清至近代以来的地域观念、国家观念、世界观念的兴起和渐趋明晰密切相关。从理论观念和实践可能的角度来看，"岭南学"所指主要是以人文学术为核心的多种学科或学术领域，也可以包括社会科学的部分领域甚至自然科学的某些方面，因此是一个以人文学科为核心的具有开放性特点的综合性学科，或具有交叉学科性质的人文学术领域。当然，随着这种学术探

索的进展，对于这一基本概念内涵和外延的规定还有可能进行调整和完善，不断向着更合理、更规范、更有效的方向努力。

假如说对于建构地域文化专学的必要性的思考主要是基于思想逻辑、学理可能、主观观念的话，那么对其可能性的估价就更多地需要关注客观条件、学术基础、学术目标及效果，将这种理论思考与不可脱离的现实性、实践性结合起来。从学术建设与文化发展的角度思考和探寻建构"岭南学"的可能性，并对相关问题进行更深入的考察，不仅可以增强其实践品格，而且可以将理论阐述与建构实践、思想逻辑与践行可能更加密切地结合起来，从而丰富和完善"岭南学"的理论内涵和实践意义。

五、"岭南学"的基本概念清晰

一般所说的"岭南"包含两层含义：一是以中原地区为核心文化立场对五岭以南偏远甚至蛮荒之地的一种带有价值判断色彩的称谓；一是岭南人对自己所处地理位置和文化地位的由不情愿到情愿甚至带有某些自得的一种带有文化立场意味的表述。"岭南"从他者到自我的文化含义与意味的变迁是复杂漫长的。近现代以来，有多位学者对"岭南"的概念进行过界定，逐渐使之成为一个内涵与处延明确、逐渐获得广泛认同并具有约定俗成意义的历史地理学概念。千百年来，岭南的行政区划多有变化，岭南与周边地区、与正统文化的关系也错综复杂，但是它所指称的是五岭以南直到南海的广阔地区的地理范围的轮廓总是清晰的。

岭南概念的明晰化和确定性，为"岭南学"内涵和外延的相对确定与合理性提供了重要的基础。"岭南学"所指主要是以人文学术为核心的多种学科，也可以包括社会科学的一些学科甚至是自然科学的部分学科，它应当是一个以人文学科为核心的具有开放性特点的综合性学科。近代以来的多位学者曾对岭南予以的特别关注，也可以作为对岭南学进行理论阐述和建设探索的一个重要参考。刘师培论南北学派的不同，曾经标举岭南学派；汪辟疆论近代诗派与地域，也曾专论岭南诗派。另一方面，文学史、学术史上流传甚广且已被广泛接受的多种与岭南相关的种种并称，如"岭南三大家""粤东三子""岭东四家""粤东二妙"等，也可以作为考察和确定相关概念的重要参考。因此可以说，"岭南学"的概念是清晰的，且具有充分的合理性。

六、"岭南学"的学术重点明确

岭南文化源远流长,据考古发现,新石器时代已有古人类活动于此;汉代南越国的建成,逐渐形成岭南气象。至唐代曲江张九龄身居丞相高位,开通梅关古道,使岭南与中原交通空前便捷,对岭南的社会发展和文化认同起了关键性作用;而韩愈被贬阳山和潮州,则把中原文明携带传播到了岭外。宋代更有大批文士官员被贬谪到岭南,以至于成为一种重要的政治文化现象,这些遭贬谪的人士以一己之困厄带来了岭南文明开化的福音。与此同时,以余靖、崔与之为代表的岭南人士的异军突起,应是岭南文化兴盛的先导。明清时代的岭南,人杰地灵,文化学术渐盛,哲学、理学、经史、政事、文学等领域都出现了具有全国性影响的人物,越来越多地受到中原人士与主流文化学术的认可接受。晚清以来,岭南文化得到全面繁荣,出现了一批融通中西、先知先觉、领时代风骚、改变了中国历史进程的杰出人物;而澳门和香港的先后兴起,成为中国与世界交流的最重要窗口。现当代的岭南,也经常是发挥特殊作用、具有特殊意义的所在。

因此,作为地域文化专学的"岭南学"的阐述和建构,一方面必须与岭南文化传统、特殊地位与文化精神的总体趋势、基本构成相适应,另一方面也必须与现代学术观念、理论方法相适应。如此才有可能赋予"岭南学"以真正的学术内涵、理论价值和实践可能。基于这样的理解,就可以说,"岭南学"的重点,以时代而论,当以其核心时代为重点,即当在唐宋至现代之间,在此基础上兼顾其他时代;以学科门类而论,当以人文学科为重点,适当兼顾社会科学及自然科学门类,使其获得应有的综合性、开放性特点,使之保持足够的学术敏感和学术活力。

七、"岭南学"必须运用科学的理论和可靠的方法

岭南学的研究领域非常广阔,涉及的问题多样而复杂,而且还经常处于变化生新的文化过程之中。因此,在理论上,应当主张以宏通的视野和博采众长的气度,根据具体的研究对象有效借鉴和运用科学的理论,建立牢固的学科理论基础。在具体的研究过程中,既可以运用中国传统的理论观念与范畴,也可以运用外国的理论观念,重要的是选择和运用最有效的科学理论进行具体问题的实证性研究。在具体方法上,应当强调继承中国传统的学术方法,如经史、舆地、方志、小学、文献的研究方法,兼得义

理、考据、经济、辞章之所长，也可以运用外国近现代学术方法，如文化人类学、考古学、心理学、语言学、民俗学等，最理想的境界是能够自如地综合运用古今中外多种学术方法对研究对象进行最有效的研究考察，达到古今融通、中西合璧的境界，实现传统方法与现代方法的完美结合。

也就是说，在学术活动研究中，方法本身并不是目的，不宜为方法而方法；而且研究方法本身并不存在高下优劣之分，重要的是为所研究的对象、所解决的问题找到最合适、最有效的研究方法，实现学术目标，取得预期的研究成果。鉴于"岭南学"的研究对象和学科特点，其理论和方法应当具有开放兼容的特征和更新进取的机制，这是保持"岭南学"研究学术生命、创新可能和学术价值的重要条件。对于许多研究者来说，这虽然是一个难以完全实现的目标，但是不可以不怀有这样的理想追求。

八、"岭南学"要建设坚实的学术基础和完善的学术队伍

一般意义上的人文学术基础主要体现在两个方面：一是原始文献，经过多年的积累，岭南及有关的传世文献和出土文献已达到一定的规模，近年更有重要的出土发现和重大文献整理工程的开展，这是"岭南学"有可能成立的最为重要的学术基础；二是研究成果，这是学术史历程的展示，也经常是前沿学术水平的标志，对"岭南学"的建设与发展具有关键性作用。多年来岭南学术界及有关学者已经做了大量有成效的工作，取得了一大批具有重要价值的研究成果。与此同时，也需要清醒地认识到，目前的岭南文化与岭南学研究基础只能说是较好的水平，远未达到令人满意的程度。这一点，与地域文化和地方专学开展得相当深入、保持活跃状态和领先水平的一些省市或地区如安徽、山西、上海、湖南、浙江、江苏、江西、福建、北京等相比，就可以认识得更清楚，感受得更真切。岭南文化与岭南学研究界及有关部门对自己所处的真实学术位置、文化位置应当具有清醒的头脑并做出真实的判断，应当在建设发展与创新开拓上真正有所作为，而不仅仅是一厢情愿地自说自话、夜郎自大式地感觉良好，这样方有可能真正使广东进入文化强省、学术强省的行列。

学术研究最重要的因素是人才，这是不言而喻的常识。但事实上，对于这样的常识并不是所有应当懂得的人都懂得。"岭南学"研究亟需一批高水平的创新型专业人才，这是岭南文化和岭南学研究能否取得进步并产生重要学术文化影响的关键所在。从学术队伍的角度来看，多年来以广东

高校、科研院所为主体的多个人文社会科学学科已经培养了一大批高层次高水平学术人才，特别是文史哲等学科门类的博士研究生，很有可能成为这一领域的新生力量，发挥重要的学术作用。但是，从建构"岭南学"学科的角度来看，不能不同样清醒地认识到，目前我们在学术基础和学术队伍建设方面做的工作还远远不够，还不能满足岭南学术建设、社会文化发展的需要，学术基础建设和人才培养的重要性还没有引起有关主管部门和社会公众的足够重视。这种情况也应当得到尽快改变，特别是在培养专业素养好、创新能力强、协作精神佳的岭南学与岭南文化专门人才方面，应当充分重视并采取有效行动。否则，不仅岭南学和岭南文化研究将变成一句没有实际意义的空话，而且广东的学术人才建设、"理论粤军"建设也将无从谈起。应当充分认识到，学术创新、思想创新是文化创新的原动力，社会的进步、文明的发展，最终应当归结于人的自我完善和全面发展。

从严格的学术意义上说，"岭南学"的建构还处于理论探索和实践尝试阶段，有许多理论问题和实践问题有待思考探索、研究解决，也有一些困扰着研究者的学术文化现象需要做出认识和判断。从目前国家和广东对教育发展、学术创新、文化进步提出的要求来看，特别是从"美丽中国"的建设、"中国梦"的实现的高度来看，完全可以认为"岭南学"建设和研究恰逢其时，大有可为，也应当大有作为。希望经过岭南学术界以及海内外学者的共同努力，将以"建岭南之专学，昌中华之文明"为宗旨的地域文化专学"岭南学"的理论阐述和建构实践不断向前推进，将岭南学的建构汇入其他地域文化专学建设与发展的进程中，共同为方兴未艾的地域文化研究做出贡献，推进中国文化研究和当代文化建设的繁荣发展。

岭南文化研究与岭南学构建
——就研究方法与学术构想问题答友人问

问：随着人文学术国际化程度的提高，近年来大陆对于世界人文学术前沿的关注和呼应也有愈来愈及时、愈来愈深切的趋势。从物质文化与地域文化研究来看，大陆的一些研究者愈来愈多地予以关注并在具体的学术研究活动中借鉴、运用这种学术观念和研究方法。您对此是怎样看待的呢？

答：物质文化研究在国际学术界方兴未艾，这不仅反映了国际学术界一种重要的研究趋势和学术方向，而且表明对于物质文化与人类本身关系认识的调整和深化。从国际汉学或中国学的角度来看，海峡两岸在物质文化研究方面也有了可喜的起步，在这方面，台湾学界开展得更加充分也更加深入一些。从当代世界人文科学总体趋势和中国人文学术的进展来看，中国物质文化研究的开展不仅仅是中国学术国际化、世界化的需要，而且是其更加学理化、民族化的需要。在当代学术背景下，这似乎已经是一个无可回避也不必回避、必须积极面对的学术潮流和发展方向。

基于对物质文化概念及对相关问题的基本认识，我觉得需要强调指出：首先，物质文化与非物质文化之间实际上存在着彼此依赖、不可分割的密切关系，在理论探索和具体研究实践中必须充分关注与尊重文化的整体性和系统性。这不论是在有关概念的理解、重要问题的理论认识中，还是在具体问题的考察、研究计划的实施中，都会一再得到证明。其次，由于学术观念、研究理路的差异性，海峡两岸研究者对文化研究的理解、重点和进路似乎有所不同。比较明显的表现是，当近年大陆学界多关注"非物质文化遗产"研究的时候，台湾学者则以"物质文化"为主要研究对象。如何从国际汉学和世界学术进展的视野上更加深切、更加广阔的意义上进行中国文化研究，特别是在物质文化与非物质文化的联系性、整体性，文化研究的互补性、统一性等方面，我们可以更多地予以考虑并在研究实践中有效实施，从而共同推动中国文化研究的进展。

问：从一般的意义上看，您所在的广州在文化上是一座很特殊的城市。至少从近代开始，以广州为中心的岭南地区在文化上特别是在对外关系上经常扮演特殊而重要的角色。在人文学术的对外交流、感受与接受西方学术观念、研究方法上也是如此。结合广州的文化特色和人文学术背景，您对岭南物质文化研究的意义有何看法？

答：从文物储备、遗产资源的角度来看，广东并不是一个文物大省，岭南也不是文化遗产最密集的地区。但是，岭南却是物质文化非常丰富、极有特色和价值的所在。岭南文化历史生成与地域文化特征的展现，多种文化因素的复杂关联、多重作用、相互激发，促使岭南文化在一定历史时期和多个历史转捩点处于先锋位置或扮演重要角色，也为岭南文化形态的复杂多样、内涵的丰富深刻、影响的广泛深远奠定了深厚的基础。相对于岭南文化的形态特征、价值意义来看，目前对于岭南物质文化的系统考察、深入研究还刚刚起步，还有许许多多工作需要开展，是一个极具学术魅力和发展潜力的新的学术领域。

岭南物质文化研究亟待开展，不仅仅是基于上述文化特性、价值、影响等纯学术原因，而且也是当下岭南文化形态、处境和社会发展演变的迫切需要。大陆实行改革开放的三十多年来，广东因占得先机经济得到高速发展，特别是近年来广东已经成为大陆名副其实的第一经济大省，而且这一地位可以相当稳定地保持。经济的高度发展需要文化的相应同步发展，从而获得更加有力、更加深厚的文化支撑，但并不是所有的人特别是当政者对此都有足够的清醒。另一方面，任何发展都必然付出代价，包括文化与文明的代价，有时候甚至是沉重的代价。广东经济的高速发展实际上已经对文化生态构成了极大的影响甚至冲击，而且随着岭南地区经济的持续发展扩张，特别是工业化、城镇化的加速实现，人口的急剧增加包括大量流动人口的涌入，的确给岭南地区尤其是珠江三角洲的文化带来了巨大影响，并有可能显著改变岭南文化生态状况。因此，经济高速发展的岭南地区特别需要对其物质文化和非物质文化进行深入研究和有效保护、传承。

问：我注意到，您主持的广东省人文社会科学重点研究基地华南师范大学岭南文化研究中心开展了多项具有重要价值、产生了广泛影响的学术活动，发表了多项特色鲜明的研究成果。从物质文化与岭南文化研究相结合的角度来看，您在基地研究计划的设计上有什么新的想法？

答：在近年的研究计划中，除了继续延续发展基地已有的研究方向，进一步突出重点、彰显特色之外，我们还注意借鉴和运用新的理论观念和研究方法，继续拓展学术视野和学术空间，提升研究能力和学术品位，向着更新更高的学术目标迈进。在我们正在实施的新研究计划中，重点之一就是积极开展岭南物质文化的研究，希望由此带动岭南文化研究的深入发展。

在这方面，台湾地区的人文学者、海外汉学研究者所开展的物质文化研究，无论是在学术观念上、方法上，还是在研究内容、研究方式上，对我们都具有直接的影响和启发。我们愈来愈深切地意识到，如何更加有意识、更加充分地从物质文化学、汉学典范转移、国际中国学视野等方面进行岭南物质文化的研究，赋予岭南物质文化研究以更加充分的国际因素和本土因素，更恰切地将大陆研究界近年经常谈论的非物质文化与物质文化研究结合起来，特别是针对目前岭南地区社会变革、文化变迁可能带来的深层次问题、文化危机等情况进行具有预判性、前瞻性的研究，为当下与未来的岭南社会文化发展提出有建设性、科学性的建议等，都是我们需要认真面对、深入研究的问题。

同时，我们也注意到20世纪90年代兴起于德国、随后产生愈来愈广泛影响的"文化记忆"理论带来的启发。这种以西方学术传统为中心，基于文化传承、仪式烙印、民族心理、文化模式等观念而形成的"文化记忆"理论，具有沟通一般所说的物质文化与非物质文化的作用，对于更加完整、更加恰当地开展岭南文化研究具有启发意义。从这一角度重新认识岭南文化，可以打开更加广阔的文化空间和学术空间，有望带来岭南文化研究的新视野，迎来岭南文化研究的新局面。文化记忆是传统文化精神的积淀与传承，是把握当下的枢机，也是开启未来的钥匙。岭南文化中留下了岭南人丰富的文化记忆和精神传统，这一领域的研究还有许多工作有待展开。

问：就我对"物质文化"研究的理解和我对岭南文化研究的观感来说，多年来包括贵基地在内的一些研究者实际上已经在进行着岭南物质文化的研究而且取得了一些值得关注的成果，这种趋势近年来有日益发展的趋势，这当然是可喜的现象。我觉得一个重要的差异是，目前的岭南物质文化研究在自觉性和紧迫性、计划性和深入性方面似乎还可以加强，以期更多地与海外学术界交流共进。

答：的确如此。我觉得当前的岭南物质文化研究，应当充分注意并努力解决好以下几个问题：

（1）物质文化内涵的深入探究与合理显现。对于物质文化的内涵、价值及其对于当代、后世文化传承与发展的意义，不应当首先从是否直接有用于政治需要、经济发展的角度考虑，而应当更多地回到文化本身。这就要求对岭南物质文化进行更加系统有序、全面深入的学术研究，真正从学术意义上、文化意义上认识其价值，并对其应有的地位、尊严进行严格的规定，在学术研究和制度保障的双重意义上显现并认定岭南物质文化的长久价值。

（2）解决好物质文化遗产的开发与保护之间的矛盾。物质文化遗产的开发与保护是两种不同的态度，也是两种不同的方式，二者之间必然存在矛盾，有时候甚至是尖锐的矛盾。在这种难以兼得的两难面前，应当明确保护永远是第一位的，应该是在严格完善的保护基础上才可以谈开发问题。其中的道理并不深奥，但是在执行过程中却非常艰难。多年来，岭南物质文化遭到破坏的情况屡见不鲜，借开发之名行破坏之实的人和事所在多有。

（3）物质文化与非物质文化的统一关系。文化存在形式的完整性和统一性决定了物质文化与非物质文化之间的差异性和相关性，也就是说物质文化往往是承载着非物质文化而存在的，非物质文化也往往是伴随着物质文化而生存的，正是二者之间的彼此依赖、共生同在构成了完整的文化统一体。这就需要以联系的、完整的文化眼光看待复杂的文化，用合理的、科学的方法对待丰富的文化。

（4）眼前经济利益与长久文化价值的协调。岭南向来是一个顾眼前、重实用的地区，这种实用主义的工具理性已经成为岭南文化的重要特征之一。对于文化的建设与发展来说，过于顾眼前、重实用并不是一件好事。假如不懂得重视文化的长久价值，总是对文化做出过于急功近利的要求的话，那么结果就会非常令人失望和沮丧。开平碉楼与村落于2007年被批准为世界文化遗产以来出现的保护与利用、研究与开发之间产生的矛盾，不能不促使中国的第一经济大省广东更加深入地思考经济发展与遗产保护、关注眼前与着眼长远等社会文化协调建设等问题。

（5）专业工作者、学术文化界与政府文博部门及其他管理者作用的真正发挥。从普遍的意义上说，文化的保护与发展需要全社会的参考，但是总有一些单位和个人应该处于重要位置,应该担负较多责任。比如在专业研究、学术支撑方面,有关学科的专业工作者、学术文化界的人士应当担负起主要责任并发出自己的学术声音,引导有关部门和社会公众向着认识文化、保护文化、传承文化的方面发展;在文化政策与措施、管理与保护、制度与监督方面,政府文博部门就具有不可推卸的首要责任。

(6)社会公众特别是青年学生对物质文化价值的深入认识和深切体悟。岭南文化受关注、受尊重、受重视的程度远远达不到较高的标准,甚至在一些方面低于全国平均水平。许多人对于不可能带来物质享受、实际利益的文化根本没有兴趣,对自己的文明程度也缺少自觉反省和自我提高的能力,甚至根本没有这样的愿望。凡此种种,对于岭南文化的既往、当下和未来都是极堪忧患的,有些方面是亟须改善的。

问:您一口气谈了这么多认识,看来对于岭南物质文化研究的现状有许多思考和忧思,这些思考可以作为进一步开展研究的基础,也可能成为贵基地的学术特色。作为广东省唯一的以岭南文化为研究对象的重点基地,你们的主要研究方向和学术重点都有哪些方面?

答:2005年9月经广东省教育厅批准成立的华南师范大学岭南文化研究中心,是广东省普通高校人文社会科学重点研究基地。根据基地人才队伍情况和对岭南文化的理解,起初我们设定了三个研究方向:

(1)岭南文学与艺术,根据岭南文学艺术的历史特点,注意地域性与共性的结合,还注意不同文艺形式之间关系的考察,比较全面系统地研究岭南文学艺术。

(2)岭南方言与民俗,探讨方言与民系、民俗的关系,凸显岭南方言与民俗的文化内涵,从方言学与民俗学角度拓展岭南文化研究的深度和广度。

(3)岭南思想与宗教,考察对岭南思想文化发展产生重大影响的历史人物和宗教文化现象,关注中西文化碰撞交流过程中岭南思想文化的变迁与重视港澳思想文化变迁。基地成立后,按照这样的思路进行了一些问题的研究,也取得了一些比较重要的成果,基地的研究特色、学术影响逐渐形成。

问:是的,上述三个方面均有重要学术成果发表,已经成为贵基地的突出特点。同时我也注意到,你们随后设立和开展的"岭南学"研究更有特色。能否请您介绍一下这方面的情况?

答：根据岭南文化研究的最新进展和地域文化研究的发展趋势，为提升基地的研究水平，进一步突出和彰显学术特色，在经过一段时间的学术准备、凝练概括之后，我们于2007年7月重新规划了基地的主要研究方向，增设了"岭南学理论与实践"这一新的研究方向。该方向主要探讨作为地域文化专学的"岭南学"的重要理论与实践问题，从人文学术的意义上为建立和发展岭南学做出持续的学术努力，为发掘和研究、传承与创新岭南优秀文化传统、建设时代的岭南文化格局做出新贡献。本方向的主要目的在于根据目前地域文化和人文社会科学学术发展的趋势与需要，首倡并试图建立"岭南学"这一新的人文社会科学门类或新的人文学术领域。

问：在很多时候，一个新的研究领域、学术观念的产生是伴随着理想性、目标性因素的。从这一点看来，"岭南学"这个学术设想和概念的提出很有价值，不仅体现了创新发展的学术意识，而且反映了相当高远的学术理想。但更加重要也更加艰巨的是对其进阐述、建构和推动的努力。在这方面您和您的学术团队是怎样思考和实施的呢？

答：明确提出这一学术构想之后，我们主要从以下几方面开展研究和建设工作，取得了一系列学术成果：其一，"岭南学丛书"编辑出版。基地组织撰写并出版了"岭南学丛书"第一辑。该丛书由我本人主编，包括五种著作：《黄遵宪与岭南近代文学丛论》（左鹏军著）、《广东方言与文化探论》（邵慧君、甘于恩著）、《岭南人物与近代思潮》（宋德华著）、《岭南近代文化论稿》（刘圣宜著）、《古代广东史地考论》（颜广文著），由中山大学出版社于2007年10月出版。该丛书不仅体现出基地岭南文化与其他地域文化研究相结合的特色，而且也展示了基地建构"岭南学"学科体系的努力。出版后引起学界的关注，产生了显著影响，《中国出版》《华南师范大学学报（社会科学版）》、中国学术会议在线、南方网等重要刊物和网站均刊发或转载了相关书评或者评论，对其学术价值和建构"岭南学"学科体系的努力予以充分评价，表达了高度认同。2008年12月，"岭南学丛书"第一辑荣获广东省出版业协会颁发的"第二届广东省优秀出版奖（图书奖）"。

其二，"岭南文化与岭南学笔谈"策划发表。为及时反映研究动态、展示学术成果，特别是从研究方法、学术理念等方面深入持续地探讨岭南文化研究、"岭南学"构建等问题，在华南师范大学学报编辑部的大力支持下，基地自2007年8月开始，在《华南师范大学学报（社会科学版）》

显著位置开辟"岭南文化研究之窗",发表"岭南文化与岭南学笔谈"文章,每年一期,约请校内外著名专家就岭南文化与"岭南学"问题广泛发表意见,提出研究设想,推进该领域及相关领域的研究。截至目前该专栏已出版四期,发表笔谈文章21篇,在岭南学界引起广泛关注和讨论,有力地推动了岭南文化和"岭南学"的研究进展。

其三,《岭南学》创刊出版。经积极筹备,基地创办了以"建岭南之专学,昌中华之文明"为宗旨的专业性学术集刊《岭南学》,自2007年起每年出版一辑,力图为海内外岭南文化研究者和相关领域的学者搭建一个较高水平的学术交流和沟通平台。《岭南学》主要探讨作为地域文化专学的"岭南学"的重要理论与实践问题,为建立和发展"岭南学"做出持续的学术努力,兼及岭南文化其他问题的研究探讨。《岭南学》旨在展示岭南文化研究的新思维、新观念和新成果,拓展学术交流的空间,增进海内外相关领域的学术交流与合作,提升岭南文化研究的学术品位,发挥基地在岭南文化与岭南学研究中的重要作用。目前已出版六辑,第七辑正在编辑之中,预计年内出版。

问:这些情况我也有所注意并产生了继续关注的兴趣。比如《岭南学》辑刊就很有影响,台湾、香港等地都可以买到,有关的图书馆也有收藏,供研究者和广大读者阅读参考。另外,贵基地主办的以岭南文化与岭南学为主题的几次学术研讨会特别是国际学术研讨会也在海内外产生了重要影响。关于这些会议的具体设想和情况怎样?

答:以岭南文化和岭南学为主题的学术研讨会的顺利举行,可算是我们推进岭南学建构和岭南文化研究的第四个方面的工作吧。为深入开展岭南文化及其相关课题的研究,不断扩大岭南文化及其研究的学术影响和社会影响,加强学术交流,基地先后主办了几次高水平的学术研讨会,主要有以下几个研讨会:

(1)"岭南文化与岭南学国际学术研讨会"(2007年11月9日—12日,广州)。会议研讨的主要问题有:岭南文化研究的回顾与前瞻,在肯定以往取得的研究成绩的基础上,比较全面地清理了当前岭南文化研究中存在的问题,并对今后的研究工作提出了极富建设性的意见和有针对性的建议;岭南文化人物和专题研究;岭南文献史料的发掘、整理与研究;从方言学、民俗学、建筑学、地理学等不同角度探讨岭南文化;探讨岭南文化与其他地域文化以及海外文化的关系。

（2）"岭南学的理论与实践学术研讨会"（2008年11月27日—29日，佛冈）。与会专家学者围绕"岭南学"的建立与发展、"岭南学"的学科理论与实践、"岭南学"与岭南文化、"岭南学"与其他区域文化和外来文化等中心议题展开深入探讨。从岭南文化的悠远历史、深厚底蕴与丰富复杂、变化多端的现实形态来看，本次会议初步探讨了"岭南学"学科中的一些重大理论和实践问题，仍存在诸多方面有待学界投入更多精力去开拓与提升。

（3）"侨乡文化与岭南文化学术研讨会"（2008年12月13日—14日，江门）。此次会议由我们基地与广东华人华侨研究会、五邑大学广东侨乡文化研究中心联合主办，围绕侨乡文化与岭南文化、侨乡文化与华侨文化、侨乡文献对岭南文化研究的价值等主题进行了深入交流，促进了侨乡文化和岭南文化研究的学术进展，也是基地间学术协作与交流的一次有益尝试。

（4）"岭南文献与岭南学国际学术研讨会"（2009年11月20日—22日，广州）。本次国际学术研讨会具有多学科、多领域相互交流借鉴、融通共进的研究特点，表现出明显的实证色彩和扎实学风。会议讨论的问题主要有：从长远学术发展和文化建设的角度为岭南文献的发掘和整理出谋划策，共商保持学术长期发展繁荣的方略；依靠新发掘的材料和细致独到的解读，在多个方面有所开拓；对岭南文献形态的理解和认识有了突破性进展，除关注一般所说的古代文献外，还从非物质文化遗产保护的角度有意识地对口传文献、田野调查、当代文献进行研究；除关注藏于广东、香港、澳门、台湾地区的公共文献外，还注意私人收藏的文献、国内其他地区、海外其他地区收藏的岭南文献，试图为岭南学的建构和岭南文化研究的纵深发展提供更加强有力的文献支撑。

（5）"辛亥革命与岭南文化国际学术研讨会"（2011年11月10日—12日，广州）。会议主要研讨以下几方面的问题：辛亥革命对岭南文化的传播与影响；近代岭南历史人物与辛亥革命的关系；辛亥革命史与孙中山思想研究；岭南乡土与民系文化及相关问题。伴随着近年来相关史料的不断发掘以及学术思维与视野的日益扩展，对于辛亥革命这一历史大变动时期岭南社会、经济、文化等各个方面的变迁，以及辛亥革命对现当代岭南文化发展的影响等诸多问题，都亟须进一步地再审视，并给予新的解读。

（6）"岭南学与基地发展战略研讨会"（2012年12月15日—16日，

花都)。与会专家达成了多项共识：继续推进、深化"岭南学"研究；将基础文献、理论问题的研究与现实、社会热点的研究结合起来，在研究的高度、深度上下功夫，集中科研的力量出精品，力争形成具有重大影响的成果；重视人才培养和梯队衔接，面对新形势和新任务，基地要加强人才队伍的引进、培养与提拔，进一步巩固和利用好现有的学科优势和人才队伍优势；提升研究成果的实践价值和基地社会文化服务功能，将学术研究成果应用于社会服务、地方文化、企业文化等实际工作中，更好地承担将学术研究服务于文化实力建设的社会责任。

这些学术研讨会的成功举办，有力表明华南师范大学岭南文化研究中心在广东人文学术研究与文化建设中所具有的独到眼光和强烈的责任感，为岭南文化研究者和相关领域学者搭建了交流与沟通的平台，促进了岭南学与岭南文化研究的进展，对岭南文化的传承和弘扬起到重要的推动作用。

问：是啊，从上述这些学术研讨会可以看到，您的计划主要围绕两个中心词：岭南学、岭南文化，而且二者形成了彼此发明、相互促进的关系，再辅以相关领域及重大问题的研究，形成了系列会议的结构和功能。这充分表明贵基地对"岭南学"与岭南文化研究的发展所做出的努力和承担的学术责任。贵基地在学术交流等方面也相当活跃，一些活动开展得有声有色，也产生了重要影响。

答：学术交流及相关学术活动我们也非常重视，并开展了多项交流活动，这也可以说是我们基地的又一项重要工作吧。首先是"岭南学讲坛"的创办和对外交流的发展。基地创办了"岭南学讲坛"系列学术讲座，并注重与国外、境外、国内学界的学术交流，先后邀请了日本、韩国等国家和台湾、香港、北京、上海、江苏、河南、吉林、广东等省市、地区的学者数十人次前来讲学。讲座内容涉及学术研究的方法及态度、学术研究的前沿信息、岭南学术个案与专题研究等，沟通了研究信息，开阔了教师和学生的学术视野，也扩大了基地的学术影响。

另一方面，基地地处广州，除与中山大学、暨南大学、广州大学、广东省社会科学院、广州市社会科学院等高校和研究机构建立了密切的学术联系外，还重视与省内高等学校建立比较密切的学术联系，与五邑大学、嘉应学院、韩山师范学院等建立了密切的学术联系并开展学术协作。基地也注重加强与相关宣传文化部门的联系与合作，先后与广东省文史研究馆、澳门中华诗词学会、广东省文化厅、广东省档案馆、广东省人民政府侨务办、广州市地方税务局、中山市社科联、韶关市人民政府等单位合作进行相关学术问题的探讨，共同促进岭南文化研究的发展。基地还积极与国内外大学和研究机构建立联系并寻求共同研究的可能性，与中国社会科学院、北京大学、北京师范大学、山东大学、河南大学、复旦大学、华中师范大学、香港中文大学、香港科技大学、澳门大学等建立了学术联系。基地也注重将基地建设成专门人才培养和深度学术交流的重要平台，接受博士后研究人员进站从事研究工作，接受外校教学和研究人员前来进修访学，已接受博士后研究人员、访问学者多人。

此外，华南师范大学岭南文化研究中心网站（http://wxy.scnu.edu.cn/lnxy/）于2006年12月3日开通运行，2009年6月进行了第一次更新，2012年10月又完成了第二次更新升级。网站为基地的研究与交流提供了便捷的沟通渠道，也为岭南文化研究的信息交流与学术进展提供了开放性的学术信息平台。基地网站开通以来，已有国内外学者及其他学术文化界人士通过这一平台与基地取得联系，进行学术交流，其作用已逐渐得到体现和发挥。

问：上面您所谈的主要是围绕"岭南学"建构开展的学术活动及相关支持，这当然是重要的而且是必不可少的。同时，更加关键的可能是对"岭南学"的理论阐述和实践探索，这对于岭南文化研究的促进应当是更深层面的。从"岭南学"的基本设想、理论阐述方面来看，您的想法和计划有哪些？

答：是的，目前我们开展的一项重要研究工作就是"岭南学"建构。这一工作实际上已经进行了几年，取得了一批研究成果，明显推进了这一领域的研究，产生了愈来愈广泛的学术文化影响。

起初关于"岭南学"的设想，主要是基于近年来大陆关于中国文化的地域性研究、地方专学在兴起及其带来的学术视野、观念与方法等方面的变革，基于我们对岭南文化研究发展方向与学术可能的认识，也反映了我们的一些独立思考。在与海外学者的接触交流过程中，我们受到了更深切的启发，愈来愈深切地意识到仅仅局限于中国地域文化范围内、仅仅从国内学术动向来思考这一问题已经远远不够，必须自觉扩大学术视野，具有必要的国际眼光和更高目标。因此，在国际汉学或中国学视野之下，特别是在与台湾学界关于物质文化、台湾文化的研究中，我们获得了非常重要的参照维度。因此,我们目前关于"岭南学"概念、运用及"岭南学"建构的问题的理解,主要是基于以下一些考虑。

近年来,地域文化研究的一个重要变化就是从一般性的人文社会科学研究向地方专学的转换。这种转换反映了纯学术研究的学理性与现实文化关怀相统一的通达观念,也反映了学术与文化发展的必然。从岭南文化研究的学术传统、建设发展和岭南社会文化变革对相关学术文化领域提出的更高要求来看,有必要强调建设岭南文化研究的学术体系,使之走向系统化、学科化的道路。因此,提出和构建"岭南学",就是在反思总结以往的岭南文化及相关研究经验的基础上,怀有新的学术视野和更高的学术期待,将一般意义上的岭南文化研究提升到新的学术层面的一种努力,是岭南文化研究在经过较长时间的学术积累、学术史反思之后进行新探索、寻求新发展的一种表征,也是学术研究逻辑发展与社会文化进步的共同期待。"岭南学"的提出就反映了这种趋势,而且具有唯一性和不可替代性,是地域文化与人文学术研究寻求突破、深入发展的学术化体现,也是岭南文化研究水平显著提升和学术价值充分彰显的突破口与生长点。

问:近现代以来,中国学术的发展一方面深受西方学术话语、学术逻辑的影响,另一方面也传承着中国传统学术与知识谱系,从而形成了多种多样的具有近现代思想特色的学科体系。这是直到目前为止我们仍在运用的学科和知识系统。在"岭南学"的建构中,您是如何考虑这些因素的呢?

答:从历史上看,西方的学术观念只有在与中国学术传统的接触、交融过程中才可能获得具有中国特色的新的学术价值。就现实而言,包括岭南文化研究在内的地域文化研究也面临着深化发展、持续进步的任务,也应当在理论构建、实践应用、思想内涵、文化价值等方面做出思考和尝试,在建设发展的过程中积累各方面的经验,保持其学术品格和现实文化关怀。就岭南文化研究学科建设、学术发展和未来文化进程、建设目标的角度而论,提出"岭南学"的学术概念并对之进行有效的理论阐发与实践探索,在此基础上进行学科建构的各种努力,不仅是适时的,而且具有明显的必要性和可能性,因此也可以说反映了学术发展与文化进程某种必然性。

因此我认为,"岭南学"的提出,反映了学术研究的一般规律和逻辑进程。现代学术的发展主要呈现出两种趋势:一是分门别类日益精细,产生了愈来愈多的新学科；一是学科交叉融通综合，形成了许多交叉学科。而这两种变化路径恰恰反映了人类对于自身和外在世界认识的不同方向，二者构成了具有启发意义的相反相成关系。总体来看，现代学术的发展趋势既在一些方面与中国传统学术相异，又在一些方面与之相同。但无论如何，有着较为充分的学理依据的学科概念的提出，往往是一个新的学术领域被开拓和认同的起点，也往往反映了学术研究的一般规律和逻辑进程。

明代广东新会哲学家、理学家陈献章即已表现出明显的岭南意识，而明末清初广东番禺的学者、文学家屈大均则以《广东新语》《广东文选》等著作标明具有深刻文化内涵和历史意味的岭南精神。20世纪初以来，在传统学术向现代学术转换的过程中，多位著名人文学者、思想家不仅表现出更加明晰、更加紧迫的岭南意识，甚至明确提出了"岭学""南学""粤学"等具有深刻学术内涵和文化价值的构想，梁启超、黄节、陈寅恪、岑仲勉、冼玉清、陈垣、罗香林、李沧萍、詹安泰、吴天任等都曾对岭南或广东的地域文化问题予以不同形式的关注。除这些岭南籍学者或寓居岭南的学者外，刘师培、汪辟疆等也曾对岭南予以特别的关注。近现代以来，几代学者一直不懈探索并呼唤"岭南学"这一地域性专学的成立。"岭南学"概念的正式提出，就具有这样的标志性意义。

问： "岭南学"的提出确有新意。除上述因素外，从岭南文化研究的历史进程和可能前景来看，"岭南学"这一概念的提出和建立有什么学术价值，可能产生怎样的影响？

答： "岭南学"的提出，反映了岭南文化研究的学术进展与内在要求。在广阔丰富的中国文化格局中，岭南地区一向具有显著的特质。关于这一点，梁启超在作于1902年的长篇论文《中国地理大势论》中就有过充分的论述。岭南人也一向在本土文化、主流文化与外来文化之间进行着颇有文化史意味的选择。这一点，在近现代以来的中国社会变迁、政治变革中表现得尤其突出。因此，经常处于时代变革前沿的岭南地区，不仅有必要对自己的文化形态、文化精神进行深入清醒的反思，而且应当对丰富的文化体验、思想经验进行学理认识和学术总结，从而为中国文化的现代建设与发展贡献应有的思想成果。

"岭南学"的提出，与相关学科领域的发展趋势相呼应，共同昭示着地域文化与学术研究的自觉。继20世纪80年代前中期兴起的多个地域文化研究热潮和90年代以来兴起的国学研究热潮之后，近年来地域文化研究有明显的再兴之势,而且朝着更加细致充分、更加深入广泛的方面发展。在这样的文化背景和学术语境下,具有深厚的文化传统、独特的文化形态、深邃的文化精神,并对中国历史进程做出了独特而且重要贡献的岭南,不应该无动于衷,也不应该无所作为。因而,"岭南学"概念的正式提出、理论阐述和建设实践,就具有了更加重要的学术文化价值,同样是地域文化与学术寻求突破、深入发展的愿望的集中体现。

问:您以上所谈,主要是从岭南文化研究发展的理论需要、内在逻辑、创新发展等方面对"岭南学"的概念进行解读,这当然是最为重要的面向。另一方面,人文学术有时候也具有一定的实践价值,在有的情况下可以而且应当发挥一些现实作用,比如对现实文化建设与发展、对人文状况的优化和改善产生促进作用。三十多年来,广东是大陆经济最为活跃、发展最为迅猛的地区之一。在这一地区提出"岭南学"的建构,有什么特殊含义或特殊考虑吗?

答:"岭南学"的提出,与当下的文化建设目标和发展方向相一致,具有广泛的思想文化价值。地域文化研究经常以比较中观、比较明显的方式直接参与地方文化建设,从而对整体文化建设和发展做出重要贡献;或者反过来说,任何一个地方的社会文化建设与发展都离不开富于地方特色和学理依据的人文学术的支撑。历史的经验一再证明,缺少了丰富文化品格、深厚文化底蕴的时代精神总是苍白无力、不能持久的,人文学术正是以其无用之大用对社会发展和历史进步做出不可或缺、无可替代的贡献。"岭南学"的提出实际上与岭南地区当下和今后的发展进步关系十分密切,它也必将承担起这种社会文化建设与发展的使命,其意义不仅仅是纯学术的,而应当具有更加广泛的社会文明、思想文化价值。

假如说对于建构地域文化专学的必要性的思考主要是基于思想逻辑、学理可能、主观观念的话,那么对其可能性的估价就更多地需要关注客观条件、学术基础、学术目标及效果,将这种理论思考与不可脱离的现实性、实践性结合起来。从学术建设与文化发展的角度思考和探寻建构"岭南学"的可能性,并对相关问题进行更深入的考察,不仅可以增强其实践品格,而且可以将理论阐述与建构实践、思想逻辑与践行可能更加密切地结合起来,从而丰富和完善"岭南学"的理论内涵和实践意义。

问:是的,在许多情况下,一个学术概念的提出,其基本内涵、运用的主要方法和追求的学术目标非常重要,甚至可以说是其是否得以存在的重要学术根据。从这一角度考虑"岭南学"的相关问题，您有什么认识或判断？

答："岭南学"的概念清晰、重点明确。作为地域文化专学的"岭南学"的阐述和建构，一方面必须与岭南文化传统、特殊地位与文化精神的总体趋势、基本构成相适应；另一方面也必须与现代学术观念、理论方法相协调。唯有如此，才有可能赋予"岭南学"以真正的学术内涵、理论价值和实践可能。基于这样的理解，就可以说，"岭南学"的重点，以时代而论，当以其核心时代为重点，即当在唐宋至现代之间，在此基础上兼顾其他时代；以学科门类而论，当以人文学科为重点，适当兼顾社会科学及自然科学门类，使其获得应有的综合性、开放性特点，使之保持足够的学术敏感和学术活力。

"岭南学"必须运用科学的理论和方法。岭南学的研究领域非常广阔，涉及的问题复杂众多，而且经常处于变化生新之中。因此，在理论上应当主张以宏通的视野和博采众长的气度，根据具体的研究对象有效借鉴和运用科学的理论，建立牢固的学科理论基础。既可以运用中国传统的理论观念与范畴，也可以运用外国的理论观念，重要的是选择和运用最有效的科学理论进行具体问题的实证性研究。在具体方法上，应当强调继承中国传统的学术方法，如经史、舆地、方志、小学、文献学的研究方法，兼得义理、考据、经济、辞章之所长；也可以运用外国近现代学术方法，如文化人类学、考古学、心理学、语言学、民俗学、国际汉学或中国学、比较文化学等。比较理想的境界是能够自如地综合运用古今中外多种学术方法对研究对象进行最有效的研究考察，达到古今融通、中西合璧的境界，实现传统方法与现代方法的完美结合。

问：您所谈的这些见解，许多是我没有研究甚至根本没有考虑过的，因而受到了许多启发。还有一个方面也是我想了解的，就是学术基础和研究队伍问题，因为这是一切学术研究的前提。目前"岭南学"研究的基础如何？

答："岭南学"要建设坚实的学术基础和完善的学术队伍。一般意义上的人文学术基础主要体现在两个方面：一是原始文献，经过多年的积累，岭南及有关的传世文献和出土文献已达到一定的规模，近年更有重要的出土发现和重大文献整理工程的开展，这是"岭南学"有可能成立的最为重要的学术基础；二是研究成果，这是学术史历程的展示，也经常是前沿学术水平的标志,对"岭南学"的建设与发展具有关键性作用。应当清醒地看到,目前的岭南文化与岭南学研究基础远未达到令人满意的程度。"岭南学"研究亟需一批高水平的创新型专业人才,这是岭南文化和岭南学研究能否取得进步并产生重要学术文化影响的关键所在。多年来以广东高校、科研院所为主体的多个人文社会科学学科已经培养了一些学术人才,但是从建构"岭南学"学科的角度来看,目前我们在学术队伍建设方面做的工作还远远不够,还不能满足岭南学术建设、社会文化发展的需要。学术基础建设和人才培养的重要性还没有引起有关主管部门和社会公众的足够重视。

问:通过今天的谈话,我对您和您主持的岭南文化研究中心的研究计划有了更充分的了解,特别是对岭南文化和"岭南学"研究的目前状况与发展前景有了更深切的认识,为我们进一步深化了解、增强合作奠定了重要的基础。您所谈到的将岭南文化研究置于国际汉学、物质文化研究的背景下,将"岭南学"的理论建构与具体研究结合起来的学术思路,都是我特别赞同也愿意一同努力的。关于"岭南学",您还有什么意见需要补充吗?

答:当然,我们也清醒地知道,从严格的学术意义上说,"岭南学"的建构还处于理论探索和实践尝试阶段,有许多理论问题和实践问题有待思考探索、研究解决,也有一些困扰着研究者的学术文化现象需要做出认识和判断。从目前国家和广东对教育发展、学术创新、文化进步提出的要求来看,可以认为"岭南学"建设和研究恰逢其时,大有可为,也应当大有作为。希望经过岭南学术界以及海内外学者的共同努力,将以"建岭南之专学,昌中华之文明"为宗旨的地域文化专学"岭南学"的理论阐述和建构实践不断向前推进,将岭南学的建构汇入其他地域文化专学建设与发展的进程中,共同为方兴未艾的地域文化研究做出贡献,推进中国文化研究和当代文化建设的繁荣发展。

后 记

算起来，我是从攻读硕士学位的时候开始才比较自觉地进行一些岭南文献、文学与文化研究的，至今已有二十七八年了。这对于一个按照常规一步一步走过来的学习者和研究者来说，这样的时间并不能说很短；而对于这个研究领域所具有的丰富性和深刻性来说，则不能说时间已经太久。特别是对于我这样资质平平、基础未牢且不够勤奋、时有怠惰的人来说，在岭南文献、文学与文化方面所体会、所获得的实在数量无多、乏善可陈。每忆及这种境况，则有内未能惬于心、外颇觉愧于人的惶惑之感。

如今这种境况和心绪，并不是我的有意为之。还记得 2007 年整理有关文章辑为《黄遵宪与岭南近代文学丛论》一书的时候，我就分明感受到自己在岭南文献、文学与文化方面存在研究范围较小且欠缺深度、研究方法比较单一且缺乏变化的问题，那时也曾经下过比较大的努力寻求突破、改变现状、继续提高的决心。时间一晃又过去了七八年，再次回顾自己这些年来的研究经历，检点其间撰写或发表的那些文字，却又一次令我陷入出乎意外的困窘之中。也就是说，几年来我在这个自己已经浸润多年的领域虽然不能说没有任何进步与任何收获，甚至有的方面还取得了那么一点被高明的研究者注意或赞扬的成绩，但总的说来，自己当初的决心和希望并没能随着时间的无声推移、年华的平静老去而发生根本性的改变。虽然这给了我又一次下决心的机会和必要，但并不能保证我需要多少时间、什么条件、如何努力才能实现自己的学术目标或者说学术理想。这样说，并不是想给自己制造一个停顿或逃遁的理由，而是想表达现在比先前更加清楚地认识到学术道路上前行的缓慢和遂人心愿的艰难，只是想再次提醒自己应当在这条道路上、在这个领域更加努力、继续探索。

辑入本书中的这 20 篇文章，大体都是关于岭南文献、文学与文化研究的，陆续产生于最近七八年间。除此之外，近年来及多年前写成的关于近代戏曲文献与戏曲史、近代文学与学术史的主要文字，已陆续结集为《晚清民国传奇杂剧文献与史实研究》（2011）、《近代曲家与曲史考论》（2013）、《近代文学与学术史观》（2015）等书并获出版。本书中这些文字，有的纯粹是自己阅读和研究兴趣的结果，比如关于厓山记忆与岭南遗民精神、屈大均的岭南情结与遗民情怀的考察就是。我总觉得，在众说纷纭、林林总总的的岭南文化研究中，对于岭南文化长期蕴含并在历史关键时刻迸发出来的正义与崇高、善良与忠诚、操守与担当、果敢与血性、信念与理想，今天的研究者应当有意识地唤醒、继承和弘扬。这是非常值得珍视的思想禀赋和精神遗产，决不应该因为种种眼前的是非和世俗的认识而被轻视甚至淡忘。也有的是为了某个会议或活动而急就，比如对东莞文献与遗民文化精神的考察、对丘逢甲的台湾情结与广东认同的探讨就是。这些论题本来就是岭南文献、文学与文化研究题中应有之意，只不过是借着某个会议或活动的机缘形诸文字而已。这对于我，不仅仅是由此获得了参加会议或活动的资格，也有着某种急切中补课、匆忙中用心的味道。这虽然颇有些不得已，但还是让我在受到约束的同时也得到了在直接要求下努力学习的机会。由此也可以证明外在环境、客观条件对于像我这样的学习者、研究者的影响还是相当明显的，尽管我不知道这样的影响究竟应当怎样评价。还有的是自己思考的问题与某些外在机缘相结合的产物，比如关于詹安泰诗学观念与诗歌创作的论述就是由于参与编辑并亲自点校《詹安泰全集》之诗词集的机缘，对于梁启超小说戏曲中运用粤语现象的考察，是由于自觉延续或努力深化对这位杰出人物关注的结果，而对于黄遵宪诗歌理论、文化态度、思想经验的再认识，则主要是出于纪念黄遵宪逝世110周年的触发，而深层的原因则仍然是想把这个从攻读硕士学位的时候就开始涉及的论题做得尽可能丰富全面一些，也希望能在旧领域中获得一点新认识和新想法。因为我觉得，对于岭南文献、文学与文化研究来说，新领域的开拓、新问题的提出固然重要，而对于已有核心领域、关键问题的创新性研究可能更重要，更能反映学术的进展和研究的动向。另有一些文字的写成，或是由于自己对于岭南文献、人物、史实的好奇，将一些稀见文献公之于众、对一些冷僻史实考察描述，以期引起同道者的注意，对拓展或细化岭南文献研究有所裨益；或是出于努力把一般意义上的岭南文化研究向作为地域文化专学的岭南学推进的需要，希望通过几篇文章把这种学术意图及其面临的艰难、有待深化拓展、突破创新的方面比较真实地反映出来，既是给自己一个提醒，也可供其他研究者参考或批评。无论这些文字的水平如何，或者他人的看法如何，我都对它们怀有一些感情。这可能主要不是敝帚自珍或顾影自怜，因为我早已过了可以这样任性的年纪，而是内心里对于自己研究对象和研究过程的尊重。因为我觉得，就学术研究和思想交流来说，尊重他人和他人的研究成果、思想结晶固然很重要，而对于自己和自己的思考历程，也不是不需要予以应有的尊重。

本书的主要内容，是我主持完成的广东省普通高校人文社会科学"十一五"规划研究项目"岭南近代稀见文学文献调查与研究"（06JDXM75004）的最终成果，有一部分还是广东省哲学社会科学"十一五"规划项目"岭南遗民文学研究"（09J-05）的研究成果，也是广东省普通高校人文社会科学重点研究基地华南师范大学岭南文化研究中心项目成果。我应当对资助此项目的各有关部门表示感谢！这些文字或在一些学术刊物上发表过，或在某些学术研讨会上交流过，我从中也获得了来自学界先进、同道和年轻朋友的许多教益。我应当对为这些文字提供发表交流机会、使之面世的刊物编辑、会议主办者表示感谢！本书能够顺利出版，也应当感谢中山大学出版社特别是编辑嵇春霞女史。她不仅是"岭南学丛书"第一辑的编辑策划人，而且一直是学术集刊"岭南学"的策划编辑。为了编辑这些书稿，嵇老师和她的同事们花费了难以想象的精力，而且表现出难得的敬业乐业精神和出色的专业水准。"岭南学丛书"第一辑出版后，除了获得省级出版奖励外，其中的四种还被台湾的出版社引进，中文繁体字版即将面世。非常明显，假如没有嵇春霞老师的精心安排和高效工作，这套丛书不可能产生如此令人欣喜的结果。

每当回顾自己的成长经历，我觉得最应该感谢的仍然是我从上高中、大学、攻读硕士学位、博士学位到做博士后研究等不同时期的老师们，特别是我处于求学、就业、教学和研究困难之中甚至危急之际主动向我伸出援手、给我精神力量和巨大支持的老师们。前几天，我把这份书稿基本编定、打印出来送呈业师钟贤培先生指教并请序，就像当年读书时的有求必应一样，老师爽快地答应了我的请求。过了几天接到钟老师的电话，告诉我序已写好，可以去取了。等我到钟老师府上看到那一笔一画写在白纸上、经过反复修改的字迹，竟有13页、将近3500字，实在出乎我的意料之外！虽然钟老师的认真严谨、一丝不苟是我早已知道的习惯，但已经82岁高龄的他竟用了几天的时间通读了这本30万字的书稿之后，写下了这么长一篇于我多有鼓励奖掖的文章作为序言，还是令我感动不已甚至于心难安。细想起来，时间过得真快，快得甚至有些残酷。遥想二十七八年前我有幸得到管林先生、钟贤培先生和陈永标先生的青睐，来到他们身边求学的时候，老师们的年龄恰与现在的我差不多，而今他们都已是八旬上下的老者了。我攻读博士学位时的导师吴国钦先生年轻些，也已经77岁，恰与我父亲同龄，比我的母亲年长一岁。我从事博士后研究时的导师黄霖先生是最年轻的，也已经过了73岁。看到老师们一年年变老，作为学生的我，心中总是涌起难以抑制的伤感。不敢说这本稚嫩粗疏的小书是送给老师们的合适礼物或是多年后呈交给老师们批改的作业，作为一名人到中年的老学生，只想借此机会祝愿倾心尽力培育我、教导我、改变了我的命运的恩师们健康幸福，也祝愿给了我生命、含辛茹苦将我培养成人的父母双亲安康平安！

时间过得真快！广东省普通高校人文社会科学重点研究基地华南师范大学岭南文化研究中心成立至今，已经十年了。遥想当年奉命申报时，我们对于文科基地的认识了解几乎一无所有，有的就是一张学校的通知、一个基地的名称，再有就是前一批基地的申报材料可以作为参考。好在当时有学校领导的关心支持、职能部门的具体指导、相关院系同事们的理解配合，更有申报组三五同道的全力以赴和二三学生的倾情帮助。还记得2004年秋季开学之初，几名同事团结协作、夜以继日地奋斗了十六天，硬是把全部申报材料给完成了，当材料交出去的那一刻，不知道为什么，心中突然感觉到一种失落和惆怅；还记得那个中秋节的晚上，当许多人已经沉浸在节日气氛里的时候，学校文科楼四楼中厅那间狭窄的房间里仍然亮着灯光，仍有两三名教师和学生在吃过盒饭之后，根本顾不上窗外不时传来的欢声笑语而持续工作到深夜。在随后十年基地的建设发展中，我们既遇上并抓住了一些机遇，做了一些被认可甚至被高度评价的工作，也遇到了一些意料之中或想象不到的困难。但无论如何，坚持不懈和努力奋斗的初衷我们一直不肯放弃。当政策和环境比较适宜的时候，我们希望积极进取、多做实事、有所贡献，当许多可以理解和不可思议的困难摆在面前的时候，我们的选择仍然是坚韧不拔、不离不弃。每当回想起这些，我不敢说"十年辛苦不寻常"那样自诩的话，因为我们从中也得到了锻炼成长、发展进步，但想想从一张通知到建成一个基地、从人财物一无所有到形成一支队伍的这十年，心中确会产生一种莫名的感动。我不知道这一切是否可以感动别人，只知道那些点点滴滴的往事和经历，足以感动我们自己。因此，当2015年9月我们举行会议纪念基地成立十周年的时候，选用的名称是"十年心迹十年心"，既不是为了摹仿古人，也不是为了追求时尚，只是想表达那么一点情感和心境。

  我不知道对于自己年龄的更多注意、对于时间的更多敏感是不是年纪增长带来的必然反应，但从这种变化中我却比以往更加分明地感受到，应当以自己喜欢且恰当的方式对一些特殊事件和人物表示敬意或怀念，对一些事件表达自己的态度和情感。去年是甲午年，我们曾主办了以"前事不忘，后事之师——纪念甲午战争120周年高峰论坛"，算是了却了一桩学术心愿。今年是乙未年，3月28日我们又主办了"黄遵宪与近代中国——纪念黄遵宪逝世110周年高峰论坛"，算是对这位杰出思想家、外交家、爱国诗人的纪念。这些当然都是我作为一名大学教师、一名人文科学研究者的有意为之甚至可以说是处心积虑。但是今年这个乙未年里不应当忘却、值得纪念和追忆的远不止于此，至少还有彻底改变中国近代历史进程和中日关系的《马关条约》签订120周年，更有世界反法西斯战争和中国人民抗日战争胜利70周年。这一切，每一个中国人都不应该也不可以轻易忘却，而应当刻骨铭心地记住。此刻，我想起了陈寅恪先生的《乙酉九月三日日本签订降约于江陵感赋》："梦里匆匆两乙年（乙未、乙酉），竟看东海变桑田。燃萁煮豆萁先尽，纵火焚林火自延。来日更忧新世局，众生谁忏旧因缘。石头城上降幡出，回首春帆一慨然（光绪乙未，中日订约于马关之春帆楼）。"这样的忧思感慨、入世情怀，不应当以种种糊涂无能的借口和虚假苍白的推托被有意无意地淡忘或回避，而应当予以更深刻的唤起和更充分的尊重；这样的忧国忧时、爱国情深，不应当仅仅属于整整120年前那个乙未年或70年前那个乙酉年，也应当属于更久远的过去和更长远的将来。倘若这种精神和情怀不死，我们就会离那理想的目标和美好的境界渐近。

左鹏军
2015年7月23日
2016年1月24日修改补充